教育部人文社会科学研究规划基金项目（19YJA630064）、国家自然科学基金项目（71401135；71171159；72172122）、教育部人文社会科学研究青年基金项目（14YJC630116）、陕西省社会科学基金项目（2022R309）、中国博士后科学基金面上项目（2013M540769）、中国博士后科学基金特别资助项目（2014T70934）

VUCA
环境下领导有效性探究

Research on Leadership Effectiveness in the VUCA Environment

谭乐　蒿坡◎著

中国经济出版社
CHINA ECONOMIC PUBLISHING HOUSE

·北京·

图书在版编目（CIP）数据

VUCA 环境下领导有效性探究 / 谭乐，蒿坡著 . -- 北京：中国经济出版社，2023.12
ISBN 978 - 7 - 5136 - 7566 - 6

Ⅰ. ①V… Ⅱ. ①谭… ②蒿… Ⅲ. ①企业领导学 - 研究 Ⅳ. ①F272.91

中国国家版本馆 CIP 数据核字（2023）第 222948 号

责任编辑	杨元丽
责任印制	马小宾
封面设计	任燕飞设计

出版发行	中国经济出版社
印 刷 者	河北宝昌佳彩印刷有限公司
经 销 者	各地新华书店
开 本	710mm × 1000mm 1/16
印 张	23.5
字 数	336 千字
版 次	2023 年 12 月第 1 版
印 次	2023 年 12 月第 1 次
定 价	88.00 元

广告经营许可证　京西工商广字第 8179 号

中国经济出版社 网址 www.economyph.com 社址 北京市东城区安定门外大街 58 号 邮编 100011
本版图书如存在印装质量问题，请与本社销售中心联系调换（联系电话：010 - 57512564）

版权所有　盗版必究（举报电话：010 - 57512600）
国家版权局反盗版举报中心（举报电话：12390）　　服务热线：010 - 57512564

前言
Preface

关于领导科学的研究是作者及其所在团队一直以来的研究方向，可以说在领导科学研究之河中作者经历了从对科学研究的懵懂到逐步理解，再到深入体会其中乐趣这一成长过程。而本书的完成也是这一成长过程的一个小小的见证。

前期我们在自然科学基金项目"基于情景的领导素质理论"中，研究了不同组织文化、危机、任务结构性、高层团队因素、工作特性、组织承诺、中层部门沟通状况等情境下有效领导者的特质特征，探讨了相应情境下领导者特质与领导效果的相互关系，并建立了描述这种关系的权变模型；建立了领导情境与领导特质的匹配模型以及基于情境的领导者的特质、胜任力模型。这些研究表明，不同情境下有效领导者的特质特征是不同的。但是，我们在研究中也遇到了一些困惑，主要表现为：在理论分析中，某些特质应该对领导的有效性有作用（尽管这种作用不是在所有情境下都有所表现），但实证研究却没有证明这种作用（在特定情境下也没有发挥作用），这使很多特质难以对领导有效性进行清晰的解释。究其原因，可能是我们前期对影响领导有效性的最关键的情境因素（尤其是环境的不确定性这一因素）缺乏研究。

这些困惑引发了我们更深入的思考，于是我们尝试申请了后续研究项目——"环境不确定条件下领导者人格类型对领导有效性作用机制研究"（国家自然科学基金面上资助项目）、"环境不确定性对领导有效性的影响机制研究：认知透镜下的质性与实证研究"（国家自然科学基金面上资助项目）以及"情境对领导有效性的影响：系统视角下的质性与经验研究"，希望通过后续项目的进一步探讨解答困惑，推动不确定性环境下领导理论的进一步发展。正是由于这些项目顺利获得资助，我们才有机会对前期的困惑做深入探讨，获得更多更为深入系统的研究发现，进而得以诞生此书。

  基于系统论视角，通过理论探讨、量化与质性研究并举，本书对领导特质、领导行为与 VUCA 环境不确定性多要素对领导有效性的互动影响展开了系统研究，试图阐明 VUCA 环境下领导要素互动影响领导有效性的作用机制和深层机理，以弥补现有研究的不足。具体来说：第一，本书将 VUCA 中的环境不确定性作为主要关注对象，从理论层面梳理分析 VUCA 环境对领导有效性影响的底层逻辑，作为后续实证量化研究及质性研究的逻辑指引；第二，基于问卷调查数据，实证研究了领导特质对 VUCA 环境下领导有效性的作用机制以及 VUCA 环境对领导特质、领导行为及领导有效性的调节机制；第三，聚焦 VUCA 环境下具有典型性的新型领导行为——共享型领导以及悖论式领导，进一步实证量化研究了 VUCA 环境对共享型领导、悖论式领导及团队结果的作用机制；第四，为了深入揭示 VUCA 环境下领导要素为什么以及如何互动影响领导有效性的深层机制和影响模式，将通过多案例比较研究的质性方法深入剖析和解构 VUCA 环境下领导者特质对领导有效性的影响模式及作用机制；第五，整合前面量化和质性研究的结果，在规范分析的基础上，建构 VUCA 环境下有效领导者人格类型或领导特质、领导行为与情境的互动及匹配模型，进而系统化形成 VUCA 环境对领导有效性作用机制整合模型，为更好地应对不确定性的领导能力提升和管理实践提供思路和依据。

  通过研究本书得出以下结论：①研究表明变革型领导行为是领导者

人格类型对领导绩效的重要作用机制之一，外倾型（E）、直觉型（N）、知觉型（P）领导者更容易表现出变革型领导行为，进而导致更低的任务绩效、更高的关系绩效以及更高的适应性绩效；在不同环境不确定性情境下，领导者人格类型通过变革型领导行为对领导绩效产生作用的机制不同。②共享型领导通过团队信息交换（Team Information Exchange）以及团队激情（Passion）氛围这两种机制间接影响团队产出，但是对团队绩效和团队创造力的间接作用机制存在差异化的影响，且 VUCA 环境下共享型领导发挥作用存在边界条件，即环境不确定性越高，共享型领导对团队激情氛围的作用效果越强，但是对团队信息交换的作用效果越差。③采用"二者皆"（both-and）逻辑的悖论式领导，通过增强团队观点采择（Team Perspective Taking）来促使团队表现出更高的适应性绩效，且环境不确定性作为悖论式领导发挥作用的边界条件，不仅调节了悖论式领导与团队观点采择的关系，而且调节了悖论式领导通过团队观点采择影响团队适应性绩效的间接效应。④通过多案例比较研究发现，有助于成功应对 VUCA 环境尤其是危机情境的有效领导特质包括以下几个方面：一是保持积极乐观的心态，有助于企业在危机中看到希望和转机；二是领导者要具有包括创新精神、深度责任感以及长期战略思维的企业家精神，这些是带领企业更好地应变所需具备的核心特质；三是领导者必须具备应对突如其来危机的适应能力，包括危机应对能力、学习思考能力和市场捕捉能力等。这些领导者特质可以通过影响组织印记进而帮助企业更好地应对危机，提升组织"韧性"。⑤系统化建构形成 VUCA 环境对领导有效性作用机制整合模型，揭示了 VUCA 环境对领导有效性存在多重作用路径及影响机理，包括以下几个方面：VUCA 环境影响了领导者特质与领导行为之间的关系，在不同类型及不同程度的环境不确定性下，领导者人格类型对领导行为的影响存在差异；VUCA 环境影响了领导行为与领导有效性之间的关系，如团队创造力、团队绩效以及领导绩效等；VUCA 环境影响了领导者特质通过领导行为间接影响领导有效性的作用机制；VUCA 环境触发了一些新型领导行为的产生及有效性；VUCA 环境会激活一些特定领导者特质进而影响领导有效性。

　　科学研究就是一步步深入的过程，尽管本书的研究取得了一些研究成果，但也带来了一些新的思考，比如随着新冠疫情的冲击以及数字化、智能化转型的不断涌现，这些新型情境因素给组织中的领导者带来哪些新的挑战？组织如何更好地应对这些新的不确定性从而提升组织"韧性"？领导在这一过程中将扮演什么样的角色？数字化领导力又将被赋予哪些新的内涵？数字化领导力对领导有效性的作用过程和作用机理如何？带着这些思考，我们于 2022 年和 2023 年分别尝试申请了两个后续研究项目——"数字化准备度对陕西制造业企业组织韧性的影响研究"（陕西省社会科学基金项目，项目编号：2022R309）以及"数字化悖论领导的内涵、测量及对领导有效性的影响机制研究"（国家自然科学基金面上资助项目，申请中），希望通过后续项目的进一步探讨解答困惑。幸运的是，前者已经获得陕西省社会科学基金项目资助，后者也正在申请中，我们对再次获得机会将现有研究纵深推进表示深深感谢。

　　我要衷心感谢我的博士导师宋合义教授的悉心指导，感谢国家自然科学基金委、教育部基金、中国博士后科学基金以及陕西省社会科学基金委的鼎力资助，感谢在成书过程中给予无私帮助的每一位老师、学生以及同人。鉴于作者水平有限，书中难免存有不妥之处，敬请批评指正。谨以此书献给一直致力于领导研究的同行们，献给在实践领域不断付出的工作者们！

西北大学　谭　乐

目录 Contents

1 绪　论 …………………………………………………………… 1
　1.1　研究背景 ………………………………………………… 2
　　1.1.1　研究的实践背景 ………………………………… 2
　　1.1.2　研究的理论背景 ………………………………… 4
　1.2　研究主题与研究意义 …………………………………… 7
　　1.2.1　研究主题 ………………………………………… 7
　　1.2.2　研究意义 ………………………………………… 9
　1.3　研究思路与研究方法 …………………………………… 12
　　1.3.1　研究思路 ………………………………………… 13
　　1.3.2　研究方法 ………………………………………… 15
　1.4　逻辑框架 ………………………………………………… 17

2 文献综述 ……………………………………………………… 19
　2.1　领导理论概况 …………………………………………… 19
　　2.1.1　领导的概念 ……………………………………… 19
　　2.1.2　领导理论的发展历程 …………………………… 21
　　2.1.3　小结 ……………………………………………… 24

2.2 领导特质理论 ·· 25
2.2.1 领导特质理论的历史回顾 ·· 25
2.2.2 MBTI 的研究综述 ··· 26
2.2.3 小结 ··· 38
2.3 VUCA 环境下的领导行为 ··· 39
2.3.1 变革型领导研究综述 ·· 39
2.3.2 共享型领导研究综述 ·· 42
2.3.3 悖论式领导研究综述 ·· 51
2.3.4 小结 ··· 68
2.4 现有研究总体评述 ·· 68
2.4.1 领导研究现状小结 ··· 68
2.4.2 领导研究不足以及发展趋势 ··· 69

3 VUCA 环境对领导有效性影响的底层逻辑探究 ··· 71
3.1 环境不确定性的概念界定 ··· 71
3.1.1 环境不确定性的内涵及外延界定 ··································· 71
3.1.2 环境不确定性的挑战及应对逻辑 ··································· 72
3.2 情境对领导有效性的影响机理研究 ·· 72
3.2.1 问题的提出 ·· 72
3.2.2 影响领导有效性的情境因素及分类 ······························· 74
3.2.3 情境对领导有效性的影响 ·· 77
3.2.4 情境与领导力其他要素对领导有效性的共同作用 ············ 82
3.2.5 小结 ··· 85
3.3 VUCA 环境对领导有效性影响的底层逻辑及研究思路梳理 ······· 87
3.3.1 VUCA 下情境、领导者特质、行为以及领导有效性之间的系统关系 ·· 87
3.3.2 研究思路梳理 ··· 88

4 领导特质对 VUCA 环境下领导有效性的作用机制研究 …… 89

4.1 问题的提出和研究假设 …… 89
4.1.1 问题的提出及研究模型构建 …… 89
4.1.2 领导者人格类型对领导有效性的影响——主效应假设 …… 96
4.1.3 领导者人格类型对领导有效性作用机制——中介效应假设 …… 105

4.2 研究设计 …… 110
4.2.1 研究对象及数据收集 …… 110
4.2.2 研究变量测量 …… 112
4.2.3 数据分析方法 …… 115

4.3 实证分析结果 …… 120
4.3.1 描述性统计分析结果 …… 120
4.3.2 量表信度及效度验证结果 …… 125
4.3.3 主效应相关假设验证结果 …… 130
4.3.4 中介效应相关假设验证结果 …… 140

4.4 研究结论与贡献 …… 154
4.4.1 研究结论 …… 154
4.4.2 研究贡献 …… 157

5 VUCA 环境对领导特质、领导行为及领导有效性的调节机制研究 …… 159

5.1 问题的提出和研究假设 …… 159
5.1.1 问题的提出及研究模型构建 …… 159
5.1.2 环境不确定性的主调节效应假设 …… 162
5.1.3 环境不确定性的有调节的中介效应假设 …… 166

5.2 研究设计 …… 170
5.2.1 研究变量测量 …… 170

5.2.2　数据分析方法 ·· 170
　5.3　实证分析结果 ··· 178
　　5.3.1　变量描述性统计分析结果 ·· 178
　　5.3.2　量表信度及效度验证结果 ·· 178
　　5.3.3　主调节效应相关假设验证结果 ·· 179
　　5.3.4　有调节的中介效应相关假设验证结果 ································· 193
　5.4　研究结论与贡献 ··· 203
　　5.4.1　研究结论 ··· 203
　　5.4.2　研究贡献 ··· 208

6　VUCA 环境对共享型领导及团队产出的作用机制研究 ············ 210
　6.1　问题的提出和研究假设 ·· 210
　　6.1.1　问题的提出及研究模型构建 ··· 210
　　6.1.2　共享型领导对团队产出中介机制假设 ································· 212
　　6.1.3　环境不确定性的有调节的中介假设 ··································· 216
　6.2　研究设计 ··· 218
　　6.2.1　研究对象及数据收集 ··· 218
　　6.2.2　研究变量测量 ·· 219
　　6.2.3　数据分析方法 ·· 221
　6.3　实证分析结果 ··· 222
　　6.3.1　描述性统计分析结果 ··· 222
　　6.3.2　中介效应相关假设验证结果 ··· 223
　　6.3.3　有调节的中介效应相关假设验证结果 ································· 224
　6.4　研究结论与贡献 ··· 226
　　6.4.1　研究结论 ··· 226
　　6.4.2　研究贡献 ··· 226

7 VUCA环境对悖论式领导及团队适应性的作用机制研究 …… 230
7.1 问题的提出和研究假设 …… 230
7.1.1 问题的提出及研究模型构建 …… 230
7.1.2 悖论式领导对团队适应性绩效的中介机制假设 …… 233
7.1.3 环境不确定性的有调节的中介假设 …… 238
7.2 研究设计 …… 240
7.2.1 研究对象及数据收集 …… 240
7.2.2 研究变量测量 …… 240
7.2.3 数据分析方法 …… 241
7.3 实证分析结果 …… 242
7.3.1 描述性统计分析结果 …… 242
7.3.2 量表信度及效度验证结果 …… 242
7.3.3 中介效应相关假设验证结果 …… 243
7.3.4 有调节的中介效应相关假设验证结果 …… 244
7.4 研究结论、贡献、局限性和未来展望 …… 245
7.4.1 研究结论 …… 245
7.4.2 研究贡献 …… 245
7.4.3 研究局限性和未来展望 …… 248

8 VUCA环境下领导者特质对领导有效性影响模式的案例研究 …… 249
8.1 问题的提出及研究设计 …… 249
8.1.1 问题的提出 …… 249
8.1.2 研究设计 …… 252
8.2 华为领导者特质对领导有效性影响模式 …… 255
8.2.1 华为领导者展现出的领导特质 …… 255
8.2.2 华为领导者特质对组织应对危机的影响机制 …… 261

8.3 字节跳动领导者特质对领导有效性影响模式 ………………… 263
　　8.3.1 字节跳动领导者展现出的领导特质 ………………… 264
　　8.3.2 字节跳动领导者特质对组织应对危机的影响机制 ……… 264
8.4 格力领导者特质对领导有效性影响模式 …………………… 265
　　8.4.1 格力领导者展现出的领导特质 ……………………… 265
　　8.4.2 格力领导者特质对组织应对危机的影响机制 ………… 272
8.5 农夫山泉领导者特质对领导有效性影响模式 ……………… 273
　　8.5.1 农夫山泉领导者展现出的领导特质 ………………… 273
　　8.5.2 农夫山泉领导者特质对组织应对危机的影响机制 …… 277
8.6 案例对比研究与总结 ………………………………………… 278
　　8.6.1 案例对比研究结论与讨论 …………………………… 278
　　8.6.2 研究贡献 ……………………………………………… 283

9 研究结论及展望 ……………………………………………… 286
9.1 研究的主要结论和管理启示 ………………………………… 286
　　9.1.1 主要结论 ……………………………………………… 286
　　9.1.2 管理启示 ……………………………………………… 296
9.2 研究的创新点 ………………………………………………… 298
9.3 研究的不足之处与后续研究方向及建议 …………………… 301
　　9.3.1 研究的不足之处 ……………………………………… 301
　　9.3.2 后续研究方向及建议 ………………………………… 303

参考文献 ………………………………………………………… 305
附　录 …………………………………………………………… 352
索　引 …………………………………………………………… 358
后　记 …………………………………………………………… 362

1　绪　论

从企业管理要素角度看，领导能够调控组织资源和人力资源，影响企业的战略决策、管理效率和员工士气，保证组织功能与外部环境相适应，进而决定企业的成败（Zaccaro and Klimoski，2001；Yukl，2002）。对领导有效性影响因素的探索，以及如何提高领导有效性的研究，是领导理论研究的核心。主导当前理论研究的有效领导传统模式是以相对稳定的市场和环境为前提的，在此条件下，先前的经验使领导者具备驾驭业务战略和执行决策所需的知识（Saleh and Watson，2017）。然而，当前组织所面临的环境变得越来越不稳定、不确定、复杂和模糊（VUCA，即 Volatility、Uncertainty、Complexity、Ambiguity 四个单词首字母缩写），正在阻碍领导者寻求成功的新途径。此外，综观已有的领导研究，无论是早期脱离情境直接探寻有效领导者的个人特征，还是后来结合情境的权变领导理论，尽管研究成果丰硕，但从中不难发现领导研究的"碎片化"特征。这一特征在一定程度上局限了我们对于领导概念的深刻理解。因此，基于系统认识论的观点，全面探索 VUCA 环境下领导者特质、领导行为、情境之间的关系，更为系统地挖掘领导作用的边界条件以及深层作用机理，对于全方位构建 VUCA 环境下有效领导理论具有重要意义，并对科学地选拔和培训领导者以及提高领导者的自我意识、有效应对 VUCA 环境等领导实践有所助益。

"我们基本上不知道明天的世界将会如何，除了它将变得更不同、更复杂、节奏更快、文化更多元……"

"We basically do not know what the world of tomorrow will really be like, except, that it will be different, more complex, faster-paced, and more culturally diverse…"（Schein and Schein, 2017: 343）

1.1 研究背景

1.1.1 研究的实践背景

随着全球化的日益加剧、数字化智能化转型，以及工业革命 4.0 时代技术、社会、经济和政治领域的快速变化，组织所面临的环境变得越来越不稳定、不确定、复杂和模糊，越来越多的研究将我们的当代环境描述为 VUCA 环境（Bennett and Lemoine, 2014; Millar et al., 2018; Peterson, 2021; Troise et al., 2022）。尤其是 2019 年突然暴发的新冠疫情凸显了当前世界正在经历的极其不稳定的环境，使得 VUCA 环境越发显著，甚至成为一种"新常态"。新冠疫情的暴发推动并加速了远程办公模式的普及，进而推动着相关信息技术、数字化技术、人工智能等应用的升级与完善（Leroy, Schmidt, and Madjar, 2021）。与此同时，工业革命 4.0 时代为企业管理带来的新范式也在不断涌现，该范式正在通过自动化和数字化技术［包括智能制造、物联网（the Internet of Things, IoT）、网络物理系统（CPS）、云制造等］来帮助实现企业的可持续发展（Karadayi-Usta, 2020; Pacchini et al., 2019）、批量定制和服务化及智能化（Wang et al., 2017; Whysall, Owtram, and Brittain, 2019; Oztemel and Gursev, 2020），且在这一过程中必须考虑到技术及其对人机协作、工作设计、职业管理、代际和文化差距、工作重新配置（流程再造、零工经济、众包等）以及组织敏捷性等的影响。可见，VUCA 环境给组织带来了一系列独特的挑战，如何有效应对经营环境的不确定性所带来的新挑战成为组织能否生存和持续发展的关键议题。同时，这些不确定性给领导活动的开展带来了非常大的挑战，无论是谁都无法避免环境不确定性对领导效能产生的影响。

领导，作为重要的管理职能之一，是连接计划、组织、控制等管理职能的不可或缺之纽带，是实现组织目标的关键。尽管目前关于领导的理论研究和实践活动已经取得了相当丰硕的成果，但是随着领导环境——领导者所处的组织内外环境系统不确定性的增加，研究者和实践者面临更多复杂的领导难题。在过去10年左右时间里，来自实践界和学术界的作者创作了越来越多的文章、书籍、博客文章和YouTube视频，讨论VUCA及其对领导者和组织的影响。VUCA环境下的人工智能（Artificial Intelligence）、机器学习（Machine Learning）、深度学习（Deep Learning）、虚拟和增强现实（Virtual and Augmented Reality）、多边数字平台（Multi-Sided Digital Platforms）以及协作经济（Collaborative Economy）等新现象的出现，都给组织管理、人力资本管理及领导力带来了严峻的挑战和压力（Nadkarni and Prügl, 2021；Hanelt et al., 2021）。组织及其员工需要进入无限调整适应的螺旋中，管理者和领导者则需要跳出常规思维，吸收新的想法以适应这种不断变化的新环境（Millar et al., 2018；Rath, Grosskopf, and Barmeyer, 2021）。比如，联想提出了将数字化底座作为"业务中台+数据中台"架构的重要支撑，从而推动组织进行数字化智能化转型，以更有效地应对VUCA环境挑战。再如，小米通过发展智能互联产品，推动企业边界持续拓展重塑，从而实现物联网战略转型以更好地应对VUCA环境挑战。还有，华为总裁任正非倡导妥协精神，构建"合作—竞争"战略，从而保证华为与竞争对手基本达成动态战略平衡，秉持妥协、宽容、开放的灰色哲学思维与态度，兼容多方力量，实现组织内部的最大合力，从而能够更高效地应对VUCA环境挑战。

综上可见，VUCA新常态环境下，如何科学地选拔领导、领导者如何跳出常规思维从而呈现出更具灵活适应性的领导行为模式、如何提高领导的自我意识从而更有效地应对不确定性并提高领导有效性等，成为当前实践界关注的焦点。当环境不确定性高时，对未来的预测变得困难，过去一些能够适应稳定环境的领导者选拔方式、培训模式以及管理方式难以应对现在突然出现的管理实践问题。因此，在不确定性环境下，选择什么样的领导者以及通过什么方法来保证领导的有效性,就成为组织以及组织中的领导者们急需解决的关键问题。结合 VUCA 环境系统地分析和研究领导者的特质、领导行为和绩效间的关系,对于培养企业领导者的综合素质,提高组织领导的有效性以及迅速适应环境变化的灵活性,成功获取组织竞争优势,具有十分重要的现实意义。

1.1.2 研究的理论背景

关于领导的研究,除了传统的特质学派、行为学派和权变学派外,还包括领导相对学派(Relational School of Leadership)、领导怀疑学派(Skeptics School of Leadership)、领导信息处理学派(Information-Processing School of Leadership)、新型(新魅力型/变革型/愿景型)领导学派[the New Leadership (Neocharismatic/Transformational/Visionary) School](Antonakis, Cianciolo, and Sternberg, 2004),以及近年来关注较多的服务型领导(Wu et al., 2021)、道德型领导(Ng et al., 2021)、共享型领导(Hoch and Kozlowski, 2014)等。

领导研究的切入点以及关注核心是领导有效性问题。从领导理论的发展演化以及近年来的发展趋势可以看出,研究者从最初试图寻找普遍适用的有效领导者特质到探讨普适的有效领导行为,再到考虑情境因素的权变领导理论,人们对领导的认识在逐步加深,并积极利用相应的研究成果来指导实践活动。但是,已有研究仍然缺乏对领导特质、领导行为与情境三者关系的全面、整体的研究,难以深入揭示领导特质影响领导有效性的作用机制,领导系统内部要素之间的相互作用机理亦尚不清楚。特别是随着领导不得不面对日趋常态化的 VUCA 环境——领导者所处的组织内外环境系统不确定性的增加,研究者和实践者将面临更多复杂的领导难题。

学者们将 VUCA 作为一个关键概念,广泛应用于不同学科和不同学术领域,尤其是近年来更频繁地应用于商业和组织管理领域。VUCA 一词由美国陆军战争学院提出,用来描述冷战时期的情况。到 2008 年国际金融危机后,其更多地被用来描述混乱、动荡和快速变化的商业环境(Doheny et al.，2012；Bennett and Lemoine，2014）。VUCA 提出了两个问题，即我们对环境内涵的理解程度如何以及我们能在多大程度上预测行动的影响。基于这两个问题及其程度高低生成一个 2×2 矩阵，4 个象限分别对应 VUCA 的 4 个构成要素，即环境易变性（Voiliatity）、环境不确定性（Uncertainty）、环境复杂性（Complexity）和环境模糊性（Ambiguity），具体如图 1-1 所示。

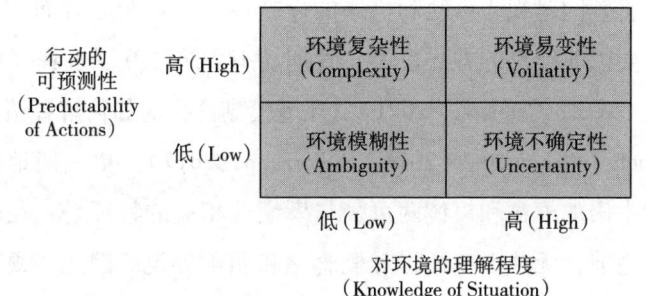

图 1-1　VUCA 矩阵

资料来源：http：//mybusinessagility.com/．

VUCA 环境的特征会影响领导及其有效性。过去稳定环境下的一些有助于提高领导有效性的相关理论和发现，可能不再适合于 VUCA 环境。具体来说，环境易变性指快速且难以预测的环境变化（Bennett and Lemoine，2014），更关注变化的性质、速度、数量、幅度和动态，体现了环境的波动性。环境的波动可能会影响领导及其有效性，因为领导工作需要围绕不断变化的环境进行组织重构和资源配置。故而过去的经验和最佳做法不一定适合未来变动的环境，这使得领导者很难通过阅读过去辨识现在，从而使预测更为困难，决策更具挑战性。环境不确定性指的是缺乏与环境变化的频率和重要性相关的知识或信息（Bennett and Lemoine，2014；Silberzahn，2017）。在管理和复杂性文献中，不确定性被描述为由复杂性和变化率导致的环境特性（Durkin，1972）。一些学者从信息视角看待不确定性，认为不确定性不在于客观环境变化，而在于作出组织决策时领导者对环境的主观解读（Hatch，2018）。对领导者而言，这意味着无法客观地理解实际情况，建立因果关系，预见决策的后果。因此，领导者可以考虑他们能作出哪些认知调整以及行为调整，以更有效地适应不确定的环境（Kail，2010；Rath et al.，2021）。环境复杂性指系统中多个要素之间的互联性及相互依赖性（Bennett and Lemoine，2014；Silberzahn，2017）。信息化、数字化、智能化时代给组织环境带来了前所未有的复杂性（Hanelt et al.，2021；Nadkarni and Prügl，2021；Whysall et al.，2019）。环境复杂性需要一种将其同时视为威胁和机遇的悖论视角。对领导者而言，突破复杂性意味着要以非线性的方式思考，管理动态系统和互联过程（Henderikx and Stoffers，2022；Peterson，2021）。环境模糊性指对如何解释情况缺乏明确性（Bennett and Lemoine，2014；Silberzahn，2017）。更一般地说，它指的是思想和术语的模糊和模棱两可。与模糊性相关的特征是，在威胁和机会变得致命之前，无法准确地将其概念化和明确界定。因此，领导者必须提供必要的明确性，以调整工作任务和目标。同时需要建立扁平化的沟通反馈平台，不断帮助员工调整其努力的目标和方向。Kail（2011）认为，易变性、不确定性和复杂性带来的挫败感可能会压倒个体并使其感到疲惫，而模糊性主要导致效率降低且错失良好机会。总之，这些不确定性给领导活动的开展带来了非常大的挑战，无论是谁都无法避免环境不确定性对领导效能产生的影响。

可见，面对VUCA环境带来的这些新的挑战，领导者必须能够更灵活地进行调整，更具适应性，才可能提升VUCA环境下的领导有效性。与相对稳定环境不同，VUCA环境下的领导有效性需要更加侧重于关注不确定性环境下哪些领导特质更有效；领导者需要作出哪些思维方式调整及行为风格调整，才能更有效地适应这些新条件的挑战；当所处组织情境不断发生变动时，领导者如何在不同的领导行为（这些领导行为甚至可能是相互对立和相互矛盾的）之间灵活、无缝切换以更好地呈现权变性。鉴于上述对理论研究的新的挑战，我们认为有必要基于系统视角，结合复杂性和适应性理论，对VUCA环境下领导特质、领导行为与情境之间如何互动以提高领导有效性的深层机理进行研究和深入挖掘，从而为不确定性环境下的领导理论和实践作出贡献。

1.2 研究主题与研究意义

基于上述研究背景及研究问题的分析，结合领导研究领域的新型领导行为理论，进一步确定本书的具体研究主题和内容，最后阐述研究的理论和实践意义。

1.2.1 研究主题

在对研究的实践背景和理论背景进行分析的基础上，进一步明确本书的研究主题：本书将基于系统论视角，聚焦领导者特质、领导行为与VUCA环境不确定性等多要素对领导有效性的互动影响，并基于荣格的心理类型论、管理认知视角、领导权变理论、悖论理论以及特质激活理论，提出我们解决问题的理论依据，从而综合研究领导者特质、领导行为与环境不确定性对VUCA环境下领导有效性的系统影响及作用机理，从理论层面为组织和领导者如何更好地应对不确定性从而提高领导有效性的管理实践提供相应的理论指导。

基于此，本书将坚持理论探讨、量化与质性研究并举对上述问题进行系统研究。本书研究的主要工作和内容具体如下：

第一，进行研究文献的系统回顾和评述，分析领导理论及VUCA环境下领导有效性的研究现状及研究缺口。通过对领导理论发展演变的回顾和梳理剖析，从传统的领导特质理论、领导行为理论、权变领导理论到新型领导理论的发展，尤其是VUCA环境下更突出和显著的领导行为，比如变革型领导、水平型的共享领导以及平衡矛盾的悖论式领导等研究现状的分析，可以看出，在当前不确定性环境成为常态的VUCA背景下，想要更好地剖析领导有效性问题，就必须结合系统视角和矛盾理论，综合深入探讨领导系统内部要素之间的相互作用机理。基于对现有研究文献的回顾和评述，为后续研究主题的提出及进一步研究打下理论基础。

第二，从理论层面梳理分析 VUCA 环境对领导有效性影响的底层逻辑，并将其作为后续实证量化研究及质性研究的逻辑指引。将 VUCA 中的环境不确定性作为主要关注对象，首先从泛化视角分析情境对领导有效性的影响路径和影响机理，进而聚焦剖析环境不确定性对组织管理和领导实践的挑战、应对逻辑及其对领导有效性的影响与作用机制。在此基础上，进一步对 VUCA 下情境，领导者特质、行为以及领导有效性之间的系统关系进行整合，梳理出后续实证量化研究的逻辑和思路。

第三，基于问卷调查数据，实证研究领导特质对 VUCA 环境下领导有效性的作用机制以及 VUCA 环境对领导特质、领导行为及领导有效性的调节机制。由于在过去几十年的领导者特质研究中，有关领导者人格研究所占的份额最大（Tuncdogan, Acar, and Stam, 2017；Zaccaro, Kemp, and Bader, 2004），且考虑到与领导者行为和领导实践的密切相关性，故而选取领导者人格类型为切入点，将荣格的心理类型论、管理认知视角等作为理论依据，基于调查数据，结合 VUCA 环境下的变革型领导行为，实证研究领导特质对 VUCA 环境下领导有效性的作用机制。进一步，为系统分析探讨领导系统内部要素之间的相互作用机理，以环境不确定性为切入点，深入剖析 VUCA 下环境不确定性对领导特质、领导行为及领导有效性的调节机制。

第四，聚焦 VUCA 环境下具有典型性的新型领导行为——共享型领导以及悖论式领导，进一步实证量化研究 VUCA 环境对共享型领导、悖论式领导及团队结果的作用机制。之所以聚焦关注共享型领导及悖论式领导，其原因在于：一方面，随着组织外部竞争日益激烈，单一、垂直的正式领导模式往往无法对组织内部产生的大量信息进行及时加工、处理与传递，更无法让领导者拥有所有必需的知识、技能来带领团队或组织实现目标，因此随着内部管理结构逐渐扁平化以及团队管理模式的流行，一种自下而上的非正式领导模式——共享型领导成为 VUCA 环境下的重要领导方式之一；另一方面，管理中的矛盾冲突越发显著，权变视角下领导者二选一（Either-or）的领导方式难以平衡和协调矛盾冲突，领导者需要转向"二者皆"的逻辑，通过悖论思维发挥整合矛盾的协同效应，从而更好地应对组织中的矛盾冲突，因此基于中国传统阴阳哲学理论提出的悖论式领导成为 VUCA 环境下的重要领导方式之一。将社会认知理论、社会信息处理理论等作为理论依据，基于调查数据，实证研究共享型领导对团队产出的中介机制以及环境不确定性的有调节的中介效应；实证探讨悖论式领导对团队适应性绩效的中介机制以及环境不确定性的有调节的中介效应，从而揭示 VUCA 环境对共享型领导、悖论式领导及团队结果的作用机制。

第五，为了深入揭示 VUCA 环境下领导要素如何互动影响领导有效性的深层机制和影响模式，将通过多案例比较研究的方法深入剖析和解构 VUCA 环境下领导者特质对领导有效性的影响模式。随着新冠疫情等公共危机事件的发生，领导者具备哪些特质会有助于企业度过危机？为什么是这些特质？这些特质又是如何影响领导有效性的？其背后的"黑箱"如何解构？本书采用多案例比较的研究方法，选取华为技术有限公司（以下简称"华为"）、北京字节跳动科技有限公司（以下简称"字节跳动"）、珠海格力电器股份有限公司（以下简称"格力"）及农夫山泉股份有限公司（以下简称"农夫山泉"）4 家企业为案例研究对象，将组织印记纳入领导有效性形成的研究范畴，通过多案例比较分析，解构领导特质对领导有效性的影响模式，进一步打开 VUCA 下领导系统内部要素之间相互作用机制的"黑箱"。

第六，整合前面量化和质性研究的结果，在规范分析的基础上，建构 VUCA 环境下有效领导人格类型或领导特质、领导行为与情境的互动及匹配模型，进而系统化形成 VUCA 环境对领导有效性作用机制整合的模型，为更好地应对不确定性的领导能力提升和管理实践提供思路和依据。此外，本书总结了研究的理论贡献和实践意义，以及未来研究方向。

本书的研究主题与内容见图 1-2。

1.2.2 研究意义

本书通过理论和实证研究，科学系统地探讨了 VUCA 环境下领导者特质、领导行为与情境对领导有效性的系统综合作用机制和影响机理，并基

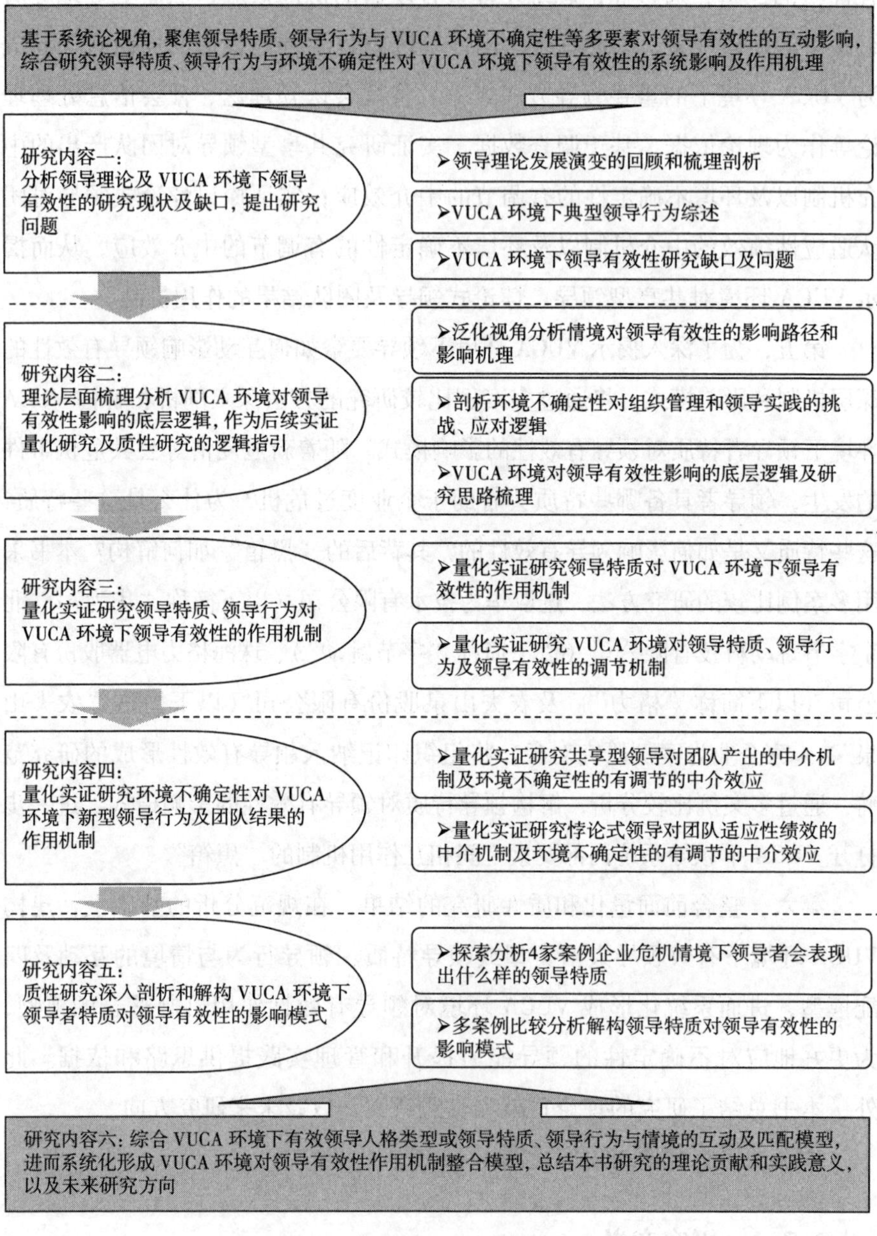

```
┌─────────────────────────────────────────────────────────────────────┐
│ 基于系统论视角，聚焦领导特质、领导行为与 VUCA 环境不确定性等多要素对领导有效性的互动影响， │
│ 综合研究领导特质、领导行为与环境不确定性对 VUCA 环境下领导有效性的系统影响及作用机理    │
└─────────────────────────────────────────────────────────────────────┘
                                    ↓
```

研究内容一： 分析领导理论及 VUCA 环境下领导有效性的研究现状及缺口，提出研究问题
- ➤ 领导理论发展演变的回顾和梳理剖析
- ➤ VUCA 环境下典型领导行为综述
- ➤ VUCA 环境下领导有效性研究缺口及问题

研究内容二： 理论层面梳理分析 VUCA 环境对领导有效性影响的底层逻辑，作为后续实证量化研究及质性研究的逻辑指引
- ➤ 泛化视角分析情境对领导有效性的影响路径和影响机理
- ➤ 剖析环境不确定性对组织管理和领导实践的挑战、应对逻辑
- ➤ VUCA 环境对领导有效性影响的底层逻辑及研究思路梳理

研究内容三： 量化实证研究领导特质、领导行为对 VUCA 环境下领导有效性的作用机制
- ➤ 量化实证研究领导特质对 VUCA 环境下领导有效性的作用机制
- ➤ 量化实证研究 VUCA 环境对领导特质、领导行为及领导有效性的调节机制

研究内容四： 量化实证研究环境不确定性对 VUCA 环境下新型领导行为及团队结果的作用机制
- ➤ 量化实证研究共享型领导对团队产出的中介机制及环境不确定性的有调节的中介效应
- ➤ 量化实证研究悖论式领导对团队适应性绩效的中介机制及环境不确定性的有调节的中介效应

研究内容五： 质性研究深入剖析和解构 VUCA 环境下领导者特质对领导有效性的影响模式
- ➤ 探索分析4家案例企业危机情境下领导者会表现出什么样的领导特质
- ➤ 多案例比较分析解构领导特质对领导有效性的影响模式

研究内容六： 综合 VUCA 环境下有效领导人格类型或领导特质、领导行为与情境的互动及匹配模型，进而系统化形成 VUCA 环境对领导有效性作用机制整合模型，总结本书研究的理论贡献和实践意义，以及未来研究方向

图 1-2　本书的研究主题与内容

资料来源：笔者研究整理。

于研究结论建构了 VUCA 环境下领导有效性的综合系统模型。科学系统地研究解决这些问题，可以丰富领导理论及不确定性管理理论，具有重要的理论和实践意义。

首先，基于系统论的观点昭示领导要素之间的互动关系对于领导理论发展将具有重要意义。尽管现有研究已经采取多元化视角探讨领导有效性的发展规律，但是关于 VUCA 环境下系统内部各要素——领导者特质、领导行为、情境、领导有效性——之间如何有效互动的关系依然不是非常明确。本书将 VUCA 情境、领导者特质、领导行为以及领导有效性综合在一个模型中加以探讨，且采用质性与实证相结合、探索和经验研究并举的多研究范式，系统回答了"为什么"（Why）以及"怎么样"（How）的问题。在深入研究现场逼近管理事件真相的同时，结合经验研究方法验证理论构建得出的规律性，通过系统深入的分析，揭示领导者特质、领导行为、情境以及领导有效性之间的互动关系，有助于打开互动作用过程的"黑箱"，从微观和宏观的视角探讨领导有效性的原因。

其次，丰富并推进了 VUCA 环境下新型领导行为理论研究，尤其对本土化领导理论发展作出了贡献。VUCA 环境下涌现了一些新型的领导行为，本书特别关注了水平共享型领导以及基于"二者皆"逻辑的悖论式领导行为在 VUCA 环境下如何发挥作用。一方面，基于认知与情感双视角挖掘了共享型领导与团队产出之间的"黑箱"机制，且通过整合与系统性对比分析两种机制的作用，发现了共享型领导通过这两种机制对团队绩效和团队创造力有着差异化的影响，且从外部环境不确定性上拓展了共享型领导发挥作用的边界条件。另一方面，悖论式领导是基于中国阴阳哲学理论提出的新型领导行为。本书基于认知视角揭示了悖论式领导通过团队观点采择影响团队适应性绩效的作用机制，进一步证明了悖论式领导在不确定性环境中的重要作用，突出了悖论式领导发挥作用的情境条件。作为"特定情境下的研究"（Context – Specific）（Tsui，2007，2009），悖论式领导研究对推进本土化研究及本土化领导理论发展作出了贡献。总之，这些实证研究证据为 VUCA 环境下领导者采用新型领导行为尤其是本土化领导行为，以更有效地提升领导有效性提供了有力的理论支撑和灵活的管理思路。

再次，本书建立的 VUCA 环境下有效领导人格类型或领导特质、领导行为与情境的互动及匹配模型，在实践上将为领导者的选拔和培训提供依据，且可以应用于职业测评咨询及指导等，具有重要的实践指导意义。通过研究特定情境下领导者人格类型或领导特质对领导有效性的影响模式以及作用机制，可以预测哪些人格类型的领导者更适合特定环境下的某种职位，以及具备哪些特质的领导者能更有效地应对危机和突发事件。同时，研究结果也有助于了解不同人格类型的领导者所具备的优缺点，进而结合岗位的需求为其选择适合的培训方式，提高领导有效性。此外，基于迈尔斯—布里格斯类型指标（Myers–Briggs Type Indicator，MBTI）理论探讨领导者特质的主要作用，对 MBTI 理论在领导领域的应用具有独特贡献，研究结果也为 MBTI 在中国企业的实践应用提供了更多理论支撑。

最后，本书的研究结论为 VUCA 环境下团队管理和团队激励实践提供了思路和指导。工作团队本身就是有助于不确定性环境下更好应变的组织模式之一，而本书的研究则表明在实际团队管理工作中，可以适当地实施共享型领导，如可以通过设置期望并鼓励成员参与到团队内部的领导角色中，来增强团队信息交换能力，营造团队整体的激情氛围，激发团队活力，从而更好地提升团队创造力和团队绩效。此外，组织可以通过培训帮助团队领导者发展悖论式领导行为，加强对团队面对矛盾问题时的态度和认知方式的引导和培养，促使团队成员形成更全面和平衡的观点来应对不确定性和动态性的挑战，从而更有效地管理团队，提升团队适应及应对危机的能力。

1.3 研究思路与研究方法

为解决本书提出的研究问题，围绕研究主题和研究内容展开具体的研究，本节将首先确定具体的研究思路，进而阐释相关的研究方法。

1.3.1 研究思路

基于研究内容及研究过程，本书分4个研究阶段进行，具体研究思路和技术路线见图1-3。

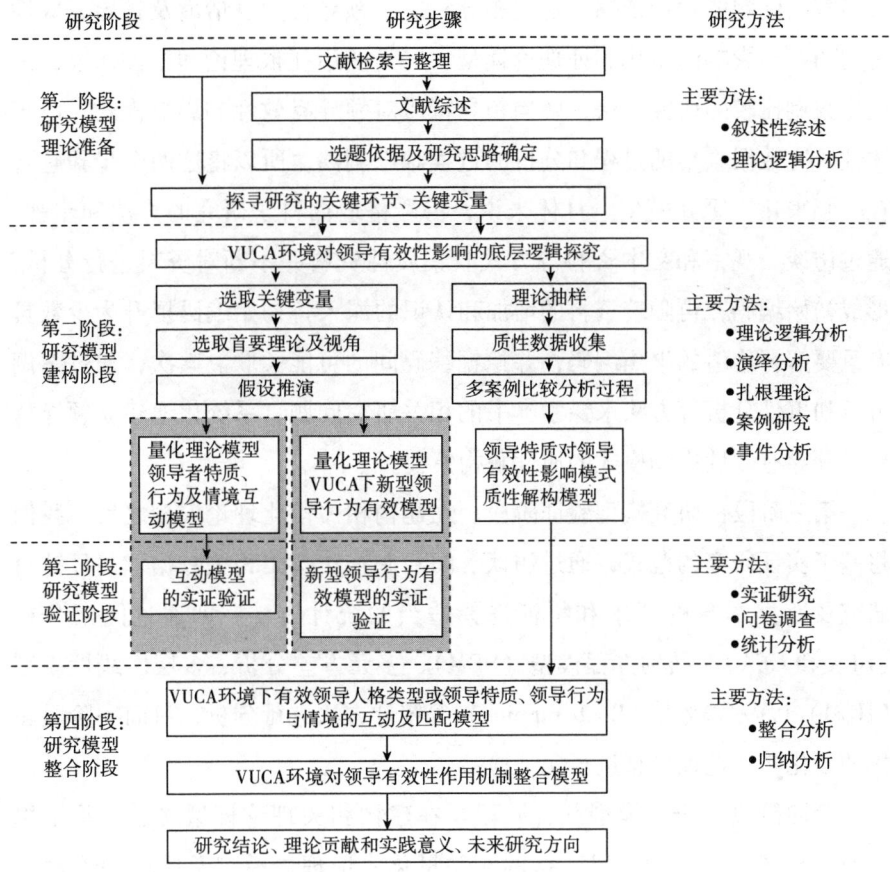

图1-3 本书的研究思路和技术路线

资料来源：笔者研究整理。

第一阶段：研究模型理论准备。该阶段主要通过阅读大量国内外相关文献，采用叙述性方法对已有研究进行文献综合评述。该阶段主要目的有二：一方面为本书研究提供厚重的理论积淀，另一方面有助于后续研究中对研究设想的进一步细化。

第二阶段：研究模型建构阶段。首先，对 VUCA 环境对领导有效性影响的底层逻辑进行理论探讨。由于本书的研究包括量化和定性研究，因此研究模型建构包括两部分。一是基于前面提出的研究主题，结合荣格的心理类型论、管理认知视角、领导权变理论、悖论理论以及特质激活理论，提出解决问题的理论依据，建构领导特质、领导行为、情境及领导有效性之间的互动影响的量化实证理论模型。二是使用扎根理论和案例研究，采用多案例比较的研究方法，解构领导特质对领导有效性的影响模式。由于质性研究数据收集的过程和分析的过程难以剥离，所以将这两个步骤整合在一起来建构研究模型。具体来说，将严格遵循科学研究的方法和步骤，通过访谈、观察和文本资料等方式收集质性资料并不断对资料进行分析，形成初始编码，再随着资料的增加和认识的深入将初始编码提升为少数具有重要解释价值的聚焦编码，并挖掘编码间的可能关联。其次，通过案例分析和事件分析等方法来探索本书的相关研究问题，系统化地建立领导特质对领导有效性影响模式的质性解构模型。

第三阶段：研究模型验证阶段。在建构相关量化理论模型之后，我们将基于实证研究的范式，通过访谈、问卷调查法收集相关数据，并且针对研究及数据本身的要求和特征选择适当的统计方法，即通过因素分析（EFA 和 CFA）、结构方程模型（SEM）、多元方差分析、多层次线性模型（HLM）以及拔靴法（Bootstrapping）等统计方法进行分析，对前一阶段建构的量化实证理论模型进行实证检验。

第四阶段：研究模型整合阶段。在建构相关理论模型之后，基于规范研究范式，对前面阶段建构的相关量化实证理论模型及质性理论模型进行整合分析，建构 VUCA 环境下有效领导人格类型或领导特质、领导行为与情境的互动及匹配模型。最后，综合研究模型建构阶段（第二阶段）和研究模型验证阶段（第三阶段）的分析结果，系统化形成 VUCA 环境对领导有效性作用机制整合模型，并在此基础上提出相应的研究结论及管理建议。

1.3.2 研究方法

本书属于理论导向型的量化与质性相结合的研究,也可以称之为演绎逻辑与归纳逻辑并举的多元整合研究。顶级管理及领导研究期刊(如 Academy of Management Journal、Administrative Science Quarterly、Leadership Quarterly 等)已经开始不断倡导研究者尝试通过多种研究范式(包括实证主义以外的诠释主义)(Kempster and Parry, 2011)、多种资料形式(如质性资料)开展领导研究(Gephart, 2004; Suddaby, 2006; Mumford, 2011)。本书的研究策略和方法的主要特点是将质性研究和量化研究相结合,与领导研究的新趋势相吻合,也与 Tashakkori 和 Teddlie(2010)提出的社会和行为研究中混合方法——定性方法与定量方法的结合——趋势相一致。具体来说,本研究将主要采用文献研究法、扎根理论、案例研究、事件分析法,以及以访谈和问卷调查为基础的实证研究方法来建构理论结构,并验证具体的研究假设。

1.3.2.1 文献研究及理论研究法

通过研究文献的系统回顾和评述,对比不同视角、不同阶段对领导有效性的研究,掌握当前研究进展,分析领导理论及 VUCA 环境下领导有效性研究存在的理论缺口。进而,将基于系统及多元视角梳理分析 VUCA 环境对领导有效性影响的底层逻辑,作为后续实证量化研究及质性研究的逻辑指引。

1.3.2.2 量化实证研究方法

遵循实证研究的范式,首先基于关键理论和视角,通过演绎分析建构假设关系及理论模型,进而通过问卷调查等方法和技术收集资料和数据,并且采用因素分析(EFA 和 CFA)、SEM、多元方差分析、多层次线性模型(HLM)以及 Bootstrapping 等多种统计分析方法,来验证研究的理论结构和具体的研究假设。我们将使用该方法对领导特质对 VUCA 环境下领导有效性的作用机制,VUCA 环境对领导特质、领导行为及领导有效性的调节机制,以及 VUCA 环境对共享型领导、悖论式领导及团队结果的作用机制进行实证验证和分析。

1.3.2.3 扎根理论和案例研究

扎根理论是质性研究的一种(Glaser and Strauss,1967;Strauss and Corbin,1990;Charmaz,2009)。在具体研究程序上,主张遵从"扎根精神",从研究兴趣出发,确定若干开放性的研究问题,根据这些问题广泛搜集关于领导过程中的情境约束等方面的资料并不断对资料进行分析,形成初始编码,再随着资料的增加和认识的深入将初始编码提升为少数具有重要解释价值的聚焦编码,并挖掘编码间的可能关联,将持续的资料补充作为完善构念及其间关系的基础,形成一套解释领导与情境关系的框架,最终形成模式和理论(Charmaz,2009)。

案例研究多遵从质性研究的传统,是运用一个或多个案例,根据案例中的实证数据创建理论构念、命题以及中程理论的一种研究策略(Eisenhardt,1989),是一种呈现典型研究对象特征的研究策略,适用于探讨"为什么"以及"怎么样"的研究问题。本书采用多案例比较研究的方法,选取华为、字节跳动、格力及农夫山泉4家企业为案例研究对象,结合事件分析法,通过多途径数据来源和多案例比较分析强调跨案例的比较和印证逻辑,解构领导特质对领导有效性的不同影响模式,进一步打开 VUCA 下领导系统内部要素之间相互作用机制的"黑箱"。

1.3.2.4 事件分析法

目前对质性资料的分析并没有统一的操作路径。我们认为,领导者通过做事来发挥他的领导作用。要从事件中把握领导认知和行为,看领导者到底做了什么、与谁互动、互动的过程、互动的情境,再从事件的结果来看领导的行为是否有效。因此我们提出了以事件为切入点,进行资料的整理、描述、分析与诠释,暂且可称之为"事件分析法"。针对领导过程中发生的事件,采用"事件—行为—结果"的分析模式,通过探索事件内容(What)、事件影响(How)以及事件原因(Why),用"因果分析方法"不断追问"为什么",进行深入挖掘和诠释。本书中使用事件分析法的关键是结合事件呈现出的情境,在整个过程中不断问"为什么",逐层剖析,不断提炼与升级构念,建构理论,寻找规律。整个分析过程遵循了波普尔(Popper,1968)的科学发现的逻辑,分析逻辑分为四步:①从领导者的关键事件和事件中表现出的行为分析描述开始(Phenomenon – PH);②通过问"为什么"对现象背后的问题进行尝试性的诠释和解决(Question1 – Q1);③将这些结论,在它们相互之间并和其他有关的陈述加以比较,来发现它们之间存在的逻辑关系(如等价性、可推导性、相容性、不相容性)(Explanatory and Comparison – EC);④找出现象背后的规律,得出或凝练结论,并发现新的问题(同一层级或更高层级)(Question2 – Q2)。这四步是循环的过程。

1.4 逻辑框架

基于上述研究主题和研究思路,本书的结构分为三大部分9个章节:

第一部分:提出问题。第1章绪论部分,介绍了研究背景、研究主题与意义、研究思路、方法与框架等;第2章为文献综述,重点对领导理论的发展和演变、领导特质理论、VUCA环境下的领导行为理论等进行综述,在分析评价现有研究及未来研究发展方向的基础上,提出将领导者特质、行为、情境结合起来探讨领导有效性作为未来研究的主要关注点,选取人格类型作为本书研究的切入点,确定了在基于VUCA情境探讨领导特质以及行为对领导有效性的作用机理这一思想指导下开展研究,力求为系统研究领导各要素之间关系作出自己的贡献。

第二部分:分析问题。该部分的基本逻辑为,从理论研究到量化实证研究,再到质性案例研究,通过多视角、多方法及多元分析,理论挖掘和实践验证探索相结合,系统分析研究VUCA环境、领导者特质、领导行为互动影响领导有效性的作用机制及深层影响模式和机理。具体来说,第3章选取环境不确定性作为主要关注对象,从理论层面梳理分析VUCA环境对领导有效性影响的底层逻辑，并将其作为后续实证量化研究及质性研究的逻辑指引。第 4 章和第 5 章为基于问卷调查数据，建构量化研究理论模型，并基于调查问卷数据，实证研究领导特质对 VUCA 环境下领导有效性的作用机制以及 VUCA 环境对领导特质、领导行为及领导有效性的调节机制。第 6 章和第 7 章聚焦 VUCA 环境下具有典型性的新型领导行为——共享型领导以及悖论式领导，进一步实证量化研究 VUCA 环境对共享型领导、悖论式领导及团队结果的作用机制。第 8 章通过多案例比较研究的质性方法，深入剖析和解构 VUCA 环境下领导者特质对领导有效性的不同影响模式，深入揭示 VUCA 环境下领导要素为什么以及如何互动影响领导有效性的深层机制和影响模式，进一步打开 VUCA 下领导系统内部要素之间相互作用机制的"黑箱"。

第三部分：解决问题。第 9 章研究结论及展望部分，基于规范研究范式，对前面阶段建构的相关量化实证理论模型及质性理论模型进行整合分析，建构 VUCA 环境下有效领导人格类型或领导特质、领导行为与情境的互动及匹配模型，系统化形成 VUCA 环境对领导有效性作用机制整合模型，得出结论，探讨本研究对理论的贡献，并为组织领导实践提出一些相关建议，最后指出本研究存在的局限性，提出了未来需要进一步完善和探讨的问题。

2 文献综述

本章将进行研究文献系统回顾和评述,分析领导理论及 VUCA 环境下领导有效性的研究现状及研究缺口。通过对领导理论发展演变的回顾和梳理剖析,从传统的领导特质理论、领导行为理论、权变领导理论到新型领导理论的发展,尤其是 VUCA 环境下更突出和显著的领导行为,比如变革型领导、水平型的共享领导以及平衡矛盾的悖论式领导等研究现状的分析,总结当前领导研究的缺口,为后续研究主题的提出及进一步研究提供理论基础。

2.1 领导理论概况

2.1.1 领导的概念

对领导(Leadership)的关注贯穿东西方古典文献,学者们普遍认为领导对组织及社会的有效运转非常重要。关于领导的定义一直以来学者们都是各执己见,无法统一,正如 Bass(1990)提到的"对领导的定义差不多和领导研究者一样多"。尽管如此,从哲学思维角度看,不同领导理论和领导定义背后的本体论是一致的,学者们普遍认可的是领导的三因素本体论(the Ontology of the Tripod)——"领导"最简单的 3 个组成要素:领导者、下属及他们想要达到的共同目标(Bennis,2007)。

大多数领导定义和理论以不同的方式组合这 3 种要素:"领导是个体影响群体中的其他个体以达到共同目标的过程"(Northouse,2003:3);

"领导是劝说或者示范的过程，通过这一过程个体（或者领导团队）促使群体完成领导者指定的目标以及领导者和下属共享的目标"（Gardner，1990：1）；领导是"领导者和（反映他们共同目的的真实变化）下属之间的影响关系"（Rost，1991：102）。Chemers（1997）的研究表明大多数理论学者接受领导是"一个社会影响过程，这一过程中，领导者能够得到他人的帮助和支持完成某项任务"。在讨论领导概念时，Bass（1990）总结认为"定义有效领导为领导者成功地影响下属完成目标……是特别有用的"。因此，尽管有很多关于领导的定义，但是几乎都共享了本体论假设，即认为领导概念包含3个实体要素：领导者、下属以及共同目标。这一本体论表明了领导研究的根本，是领导最简化的形式，也是任何领导理论都将涉及的必不可少的要素。同时，这一本体论也意味着讨论领导就要讨论领导者、下属以及他们的共同目标，而且领导实践本质上是领导者和下属围绕其共同目标的相互影响的实践。

领导的三要素本体论未包含的一个重要因素是情境（Avolio，2007；Johns，2006；Osborn，Hunt，and Jauch，2002）。领导本体论之所以未包含情境，是由于该三要素模型指的是个体间的相互影响，这些个体一般假设具有内在的特征，因此领导者、下属以及他们的共同目标往往被认为独立于任何特别的情境。然而，情境被广泛认为是一个独立的变量，作为领导理论构建和发展的重要边界条件（Liden and Antonakis，2009），这一独立变量对身处其中的领导者和下属具有一定的影响。因此，除了领导本体论的3个基本要素之外，情境也是领导理论研究需要关注的必不可少的要素（Avolio，2007）。

引入情境要素的领导本体论基本框架如图2-1所示，这些要素与Yukl（2002）所描述的领导变量相似。对该框架的具体描述如下：首先，图中领导者和下属之间不对称的箭头表明领导者对下属的影响多于下属对领导者的影响。领导者通过对下属的不对称影响进而达到共享目标的完成。其次，领导者和下属的本质区别通过其特征和行为加以反映。同时，领导者和下属的特征及行为之间相互产生不对称的影响。最后，情境作为一个独立变量，影响了领导者、下属及二者之间的交互作用。需要强调的是，图2-1仅是领导本体论的基本框架，更多发展的和详细描述的框架可能以不同的方式展示变量之间的相互关系，但是都将包含本体论的3个基本要素：领导者、下属及共享目标。

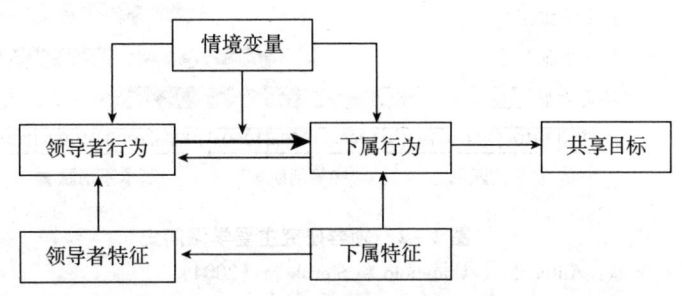

图2-1 领导本体论基本框架

资料来源：Drath、McCauley和Palus等（2008）。

基于上述的领导本体论并且考虑情境要素，Antonakis等（2004）给出了更为完整且可能被大多数领导研究学者接受的定义："领导指的是领导者和下属相互影响过程的本质，因之产生的结果，以及领导者个性和行为、下属认知和领导者归因及其环境等是如何决定这一过程的。"

2.1.2 领导理论的发展历程

由于领导者在组织中的独特地位及独特的作用，他们往往成为一个组织成败的关键因素。关于领导的研究除了传统的特质学派、行为学派和权变学派之外，还包括领导关系学派（Relational School of Leadership）、领导怀疑学派（Skeptics School of Leadership）、领导信息处理学派（Information-Processing School of Leadership）以及新型（新魅力型/变革型/愿景型）领导学派［the New Leadership（Neocharismatic/Transformational/Visionary）School］等（House and Aditya，1997；Lowe and Gardner，2000；Antonakis，Cianciolo，and Sternberg，2004）。领导研究的各主要学派及其研究高产期见图2-2。

领导特质理论、领导行为理论以及领导权变理论是传统领导理论研究

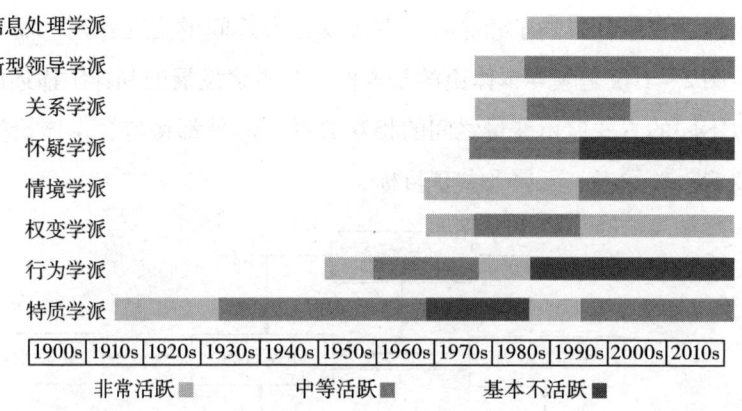

图 2-2 领导研究主要学派简史

资料来源：Antonakis、Cianciolo 和 Sternberg (2004)。

的三大学派。领导特质理论的研究者付出大量努力，试图寻找有效的领导者的个人特质，但是这些研究存在两方面的不足：一是那些试图识别不同的或者成功的领导者的共同特质或者心理、精神特征的研究，没有一项是成功的；二是没有一项研究能够成功地区分领导者和非领导者（Stogdill，1974；Mullins，1999）。领导特质学派是最早对领导进行科学研究的学派，也是经历波折最多的领导研究学派（Bass，1990）。虽然关于领导特质的研究面临危机曾一度中断，但是经过一些学者的研究努力，20 世纪 80 年代以来特质理论研究开始复兴（Lowe and Gardner，2000），特别是近 20 多年形成了领导特质学派的又一个研究高峰（第一个研究高峰大约是 20 世纪 20 年代到 50 年代）（Antonakis, Cianciolo, and Sternberg, 2004）。分析传统的特质理论失败的原因，我们认为，传统的领导特质理论的致命缺陷在于它试图寻求一套在各种情境下都适用的领导特质特征。由于无法找到一套在各种情境下都适用的领导特质特征，研究者们又将视角转向研究领导者的行为风格。

领导行为理论的相关研究者们试图寻求一种普遍有效的领导的行为方式，其应用意义在于对领导者的培训。在这一研究过程中，有代表性的研究有 Lewin（1938）的领导作风理论、美国俄亥俄州立大学领导行为研究组 Stogdill（1957）等人的四分图理论、Blake 和 Mouton（1964）的管理方格理论、日本大阪大学学者三隅二不二于20世纪60年代提出的PM理论等。我国学者在领导行为理论方面也进行了水平很高的研究。其中最有代表性的是我国著名管理心理学家许联仓教授与日本学者三隅二不二合作，在PM理论方面进行的研究，以及我国著名管理心理学家凌文辁教授在PM理论的基础上进一步发展而提出的CPM理论。目前，关于领导行为理论的研究结论依然存在矛盾。究其原因，传统领导行为理论试图探讨普适有效的领导行为模式。尽管没有找到一套对各种情境普遍适用的领导行为模式，但是研究者们发现，探讨领导有效性的时候，领导者的行为方式和领导环境都非常重要。因此，经过20世纪50年代至60年代的研究高产期，领导理论研究逐步转向权变研究。尽管行为理论至今仍然处于低潮（Lowe and Gardner，2000），但其产生的很多成果已经为其他领导理论所吸收（如权变理论、变革型领导理论等）。

领导权变理论的研究。通过引入情境变量，将领导行为与领导者所面临的情境结合起来研究对领导效能的重要影响，也可以称之为基于情境的领导行为理论。这一理论及其研究成果在一定程度上有助于指导领导者培训以及如何选择具体情境下最适合的领导行为模式。但是，权变理论只探讨了情境与领导行为的相互作用，没有涉及情境与领导特质的相互关系，使得权变理论缺乏完整性。权变理论的高产期是20世纪70年代至80年代。

依循权变的研究方法论，学者们对情境与领导特质的相互作用进行了探讨，形成了基于情境的领导特质理论，并将其作为对领导权变理论不足的补充（宋合义、朱丹，2003）。基于情境的领导特质理论研究了组织文化、危机、任务结构性、高层团队因素、工作特性、组织承诺、中层部门沟通状况等不同情境下有效领导者的特质特征，探讨了相应情境下领导特质与领导效果的相互关系，并建立了描述这种关系的权变模型；建立了领导情境与领导特质的匹配模型以及基于情境的领导者的特质、胜任力模型。这些研究表明，不同情境下，有效领导者的特质特征是不同的。但是，研究中也遇到了一些困难，具体表现为：一是某些特质在特定情境下没有发挥作用，很多特质难以对领导有效性进行清晰的解释；二是无法解释特质是如何对领导效果起作用的。可见，基于情境的领导特质理论仍然无法解释那种使我们能从特质与情境的相互作用中预测绩效的具体过程。

综观领导理论的发展以及已有领导理论的不足，对领导特质、领导行为与情境三者关系的全面、整体的研究，成为领导研究的发展趋势之一（见图2-3）。领导的每一个要素都是重要的和必需的，因为每一个要素与其他要素都是相互依赖的。于是，领导研究趋向于全面综合化，出现了一些新型的领导研究理论，具体包括：魅力型领导理论（Conger and Kanungo，1987）、变革型领导理论（Burns，1978；Bass，1985）、以价值为本的领导理论（House，1996），以及道德领导（Brown，Treviño，and Harrison，2005）等。后文将对其中研究最广泛的变革型领导理论等加以回顾述评。

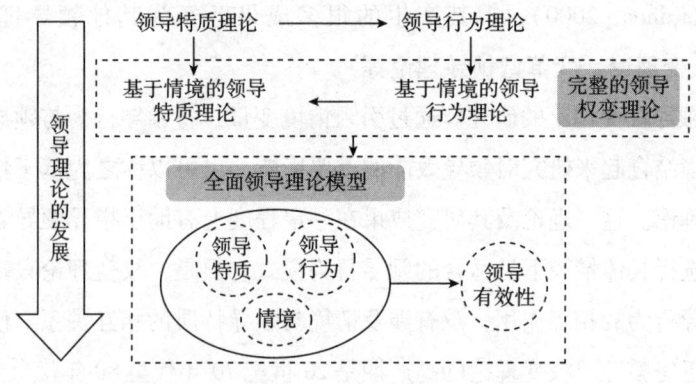

图2-3 领导理论的发展以及全面领导理论模型的趋势
资料来源：笔者研究整理。

2.1.3 小结

通过对领导理论的回顾与剖析可以看出，在当前不确定性环境成为常态的背景下，想要更好地剖析领导者特质及其行为的有效性，就必须考虑情境的作用。此外，领导者特质与其行为之间的关系可能也受到情境的影响。

2.2 领导特质理论

2.2.1 领导特质理论的历史回顾

特质是"相对稳定而且连贯的个体特征综合体,反映出一定范围的稳定的个体差异"(Antonakis et al., 2004:104)。通过对 20 世纪 80 年代以来中西方学者关于领导者特质的研究进行回顾,我们可发现其主要包括以下几大类特质:领导者人格、领导者动机、领导者能力、领导者价值观和职业兴趣等特质。具体描述如下。

首先,人格特质是个体先天拥有的,产生人类的典型行为,也就是最自然的行为。在西方学者近 20 多年来的领导特质研究中,有关领导者人格(Personality)的研究在整个研究中所占的比例最大(Zaccaro et al., 2004; Tuncdogan et al., 2017)。其次,动机也是较为稳定的特质之一,是能够引起、维持和指引人们从事相关活动的内在动力,这部分研究在传统范式基础上又有了崭新突破(Johnson et al., 2015; Kark and Dijk, 2007)。再次,作为一种技能,能力特质能产生人类最高行为。在过去研究中学者们关注的领导者能力主要包括三大类:认知能力(Cognitive Abilities)、社交能力(Social Abilities)及心理能力(Psychological Abilities),这些能力源于对领导者的角色要求(Mumford and Connelly, 1991; Krishnan, 2001)。对领导者的一项重要要求是从大量信息中区别出重要部分,并记住最重要部分,这就对领导者的认知能力提出了较高要求,即领导者在知识收集时要具备较高的智力水平和才能。同时,领导者的角色也需要其拥有较高的社交能力,能与下属进行有效沟通并很好地激励下属,还需要积极的心理能力去面对问题,特别是不确定情境下的突发问题。最后,价值观、职业兴趣等领导特质体现了领导者希望从事某种行为的意愿,是影响领导有效性的关键特质因素(Fu et al., 2010; Guzman and Fu, 2022)。

2.2.2 MBTI 的研究综述

本节将对 MBTI 理论进行介绍。首先介绍人格类型的概念；其次具体描述人格类型背后的理论——荣格的心理类型论；再次对 MBTI 进行详细介绍；最后对 MBTI 与领导力相关研究进行回顾和述评。

2.2.2.1 人格类型

正如前文提到的，人格指典型的、持久的思维、情感和行为方式，它们都是比较稳定的并且可以解释个体在不同情境中的具体行为（Funder，2001）。研究人格有两条基本的途径，经典的人格研究途径是"特质论"，其在人格研究中一直占有中心地位。特质是指由人格的不同构成要素组成并建构形成个体完整的人格结构。一些著名的测验如卡特尔 16 种人格因素测验（16PF）、加利福尼亚心理调查表（CPI）以及测量大五模型的量表 NEO – PI（McCrae and Costa，1991），都是以特质论为基础开发的。研究人格的另一途径是"类型说"。人格类型的概念属心理学的范畴，有广义和狭义之分。广义上，人格类型通常是指一组人表现出特定的、相似的心理特征，同一类型的人群在一定范围内更相像，而且具有显著的区别于其他类型的特点（Miller，1991）。作为个体在过去经历中逐步形成的较为稳定的行动方式和倾向，它反映了不同个体在心理和行为倾向上的共性和差异性。狭义上，人格类型通常是指个体的认知方式和认知倾向，是人们在认知活动中所表现的个别差异，即个体知觉、理解、储存和应用信息的独特而又稳定的方式。本书采用狭义上的定义。

类型说旨在说明人与人所属类别的不同，提供了一种可以比较的标准或分类。相对于特质论，类型说的分析不是与"标准人"相比较，而是归纳和抽象出特定人群的共有特征，强调每个个体人格的整体性，强调行为的可推断性。人格类型不是一种标签，它只是揭示了人的最典型和最主要的方面。正如克瑞奇米尔所强调的："真正的类型不仅仅是为了分类，类型的本质内容也不是有多少人属于哪个类型，而是类型对我们表明了什么。"也就是说，人格类型旨在为人与人所属类别的不同提供一种可以比较的标准或分类。

2.2.2.2 荣格的心理类型论

从心理机制角度看，人格是解释一个人为什么以特定方式行动的，尽管这种结构和过程是看不见的，但它可以由外显的行为加以推断并证实其存在。典型的类型说包括卡尔·荣格（Jung，1923）的心理类型说、加拿大心理学家米勒提出的人格类型、克瑞奇米尔的体质说、斯普兰格的文化—社会类型论等。而类型说中最重要的当属荣格的心理类型论，我们将在以下部分进行详细介绍。

作为从心理角度对人格类型进行研究的第一人，瑞士心理学家卡尔·荣格（Carl G. Jung）根据人的意识倾向性和心理功能，将人分为8种类型。首先，基于与周围世界发生联系时人们精神能量（Psychic Energy）的不同流向，将人群划分为两种类型——内倾型（Introversion）和外倾型（Extraversion）。荣格认为，在与外界发生联系时，人的精神一般有两种意识倾向，一种是指向个体的内在世界，称为内倾型；另一种是指向外部世界，称为外倾型。内倾型的人注重主观世界，喜欢沉思，善于内省，喜好安静，富于想象，防御性强，且对人的兴趣淡漠；而外倾型的人重视外在世界，他们乐于与人交往，坦率随和，开朗乐观，容易相信他人并且容易适应环境的变化。内倾和外倾是人格的两大态度类型，是个体反应的两种态度或方式。

同时，荣格的心理类型论提出，个体通过4种功能（Function）类型反映其意识活动。功能指的是一种特殊心理活动形式，这种心理活动形式的特殊之处在于其跨情境的稳定性和一致性（Jung，1999：473）。这4种功能类型又分为两类：一是人们搜集或获取信息的方式，即感觉（Sensing）和直觉（Intuition）；二是人们评价判断和处理信息的方式，即思考（Thinking）和情感（Feeling）。这4种功能类型具体含义如下：感觉，是一种表象因素，指通过感官和"体感"来传送知觉，这种知觉告诉我们存在着某种事物；直觉，通过第六感或者预感告诉我们事物来自何方和向何处发展变化；思考，通过逻辑分析告诉我们信息是什么；情感，通过主观判断告诉我们事物可否为我们所接受，决定事物对个体的价值。

在荣格看来，个体的人格都是意识倾向性和心理功能组合的结果。每个人在行动中都是一种意识倾向和一种功能占优势，其他的心理功能皆处于无意识之中。占优势的功能表现了一个人人格的基本而突出的特点，同时排斥或抑制与其对立的机能的发展。由于不同的心理功能对不同的人来说可能是优势功能或劣势功能，因此根据两种意识倾向和 4 种功能的组合，荣格将人格分为 8 种类型：外倾感觉型、内倾感觉型、外倾直觉型、内倾直觉型、外倾思考型、内倾思考型、外倾情感型以及内倾情感型。

2.2.2.3 MBTI 的概念与测量

荣格的心理类型论，通过 MBTI 得以操作，已经在组织研究和实践方面得到了广泛的应用（Gardner and Martinko, 1996; Berr, Church, and Waclawski, 2000）。以下部分将详细介绍 MBTI 理论及应用。

以荣格（Jung, 1923, 1971）的心理类型论为基础，Myers 和 Briggs 母女二人经过近 40 年的研究努力以及实践发展而开发出 MBTI——用以测量正常人格差异的人格测量工具。基于荣格心理类型论的 3 个维度，Myers 和 Briggs 补充了一个新维度——行动方式，包括判断（Judging）和知觉（Perceiving）两个极。

根据 MBTI 理论，个体的人格组成来源于 4 个基本的偏好，每一个都提供了两种选择，最后形成 16 种人格类型。4 个维度分别为：对于精神能量的态度，即一般心理倾向（外倾 E - Extraversion vs. 内倾 I - Introversion）；获取信息的方式（感觉 S - Sensing vs. 直觉 N - Intuition）；处理信息的方式（思考 T - Thinking vs. 情感 F - Feeling）；朝向外部的感知态度，即行动方式（判断 J - Judging vs. 知觉 P - Perceiving）。上述 4 个维度构成完整的心理过程，即接触信息—获取信息—处理信息—行为输出。各个维度及其特点的描述得到了大量理论支持和实践应用,具体描述如下①。

2.2.2.3.1 维度一:对于精神能量的态度,即一般心理倾向

基于个体精神能量来源,一般心理倾向分为外倾型和内倾型。外倾型个体能量指向外部世界,更关注外部世界,包括环境、组织以及人员等,他们通过积极参与活动获得能量,因受到他人鼓舞而充满活力。外倾型个体由于外界需要而精力充沛,更喜欢与他人一起相处、工作,相应地,当独处时,他们会感到不舒服,因为独处抑制了其渴望与人交往、友好交谈、容易接触的偏好。外倾型个体善于与他人沟通,更倾向于通过沟通解决问题。

相反,内倾型个体的能量来源于内心世界,更注重通过思考、自我意识以及反省获取能量。内倾型个体更喜欢独处,喜欢沉溺于自我的内心世界,倾向于花更多的时间进行自我思考。内倾型个体相对有些保守,喜欢安静,可以很好地控制和深藏自己的情感,轻易不外露,也使他们不容易被他人了解。内倾型个体更加冷静,很少与他人沟通,会给他人留下冷酷的印象。

2.2.2.3.2 维度二:获取信息的方式,即知觉过程

感觉是一种表象因素,指通过感官和"体感"来传送知觉。感觉型个体倾向于通过感官直接获取信息,更喜欢具体的信息,更注重细节和当前情况,通过可证实的事情来作出推断。感觉型个体很现实也很实际,喜欢制定规则,喜欢依据事实讨论问题。感觉型个体更重视现在而非对未来的推测。

直觉则被认为是一种以无意识的方式传达感性知识的基本心理功能,而感性知识的对象包含外在对象、内在对象以及二者之间的关系等。直觉型个体倾向于通过第六感或者预感获取信息,更关注概念、意见、理论及推论等。直觉型个体更关注信息的整体趋势,喜欢推断和预测。由于喜

---

① 以下关于MBTI维度的具体描述引自内奥米·斯隆克. 人格测评[M]. 李剑锋,译. 北京:华夏出版社,2004.

追求新的挑战，直觉型个体更重视未来的可能性而不是现实世界的。

2.2.2.3.3 维度三：处理信息的方式，即判断过程

基于人们处理信息的差异，将个体分为思考型和情感型。该维度反映了个体如何处理信息以及制定决策的不同方式。思考型个体的行为和决策产生于理智的思考动机以及逻辑的思维判断。逻辑分析对于思考型个体非常重要，客观事实及变化过程都会成为其至关重要的决策依据。

情感型个体基于自身与他人的价值倾向以及主观评价处理信息和作出决策。个人的信念、与下属的关系以及组织整体的和谐性对于情感型领导者非常重要，他们更多地从自己的角度出发分析问题，作出决策的时候兼顾他人的价值观和感受。因此，他们更多地具有同理心，善于理解他人。但是，情感型个体过分注重情感会导致决策时更具主观性而缺乏客观性。

2.2.2.3.4 维度四：朝向外部的感知态度，即行动方式

最后一个维度是个体朝向外部世界的态度，也反映了个体的行动方式，分为判断与知觉两个极。判断型个体对信息的包容度有限，一旦感觉有足够的信息，就会立刻作出决策，他们更注重结果而非过程。相应地，判断型个体更喜欢制订计划，喜欢清晰的界限和分类，喜欢有组织的生活方式。

相反，知觉型个体对信息的包容度较高，追求信息的整体性，对所有信息都感兴趣。他们喜欢变化和挑战，喜欢新奇的事物，更加注重过程而非结果。相应地，知觉型个体更喜欢随机性和灵活性，追求自由而不喜欢制定长远规划。

MBTI 是当今最普遍的用来测量人格类型的工具之一（Myers et al.，1998）。国内外相关研究表明，MBTI 是一种中性甚至带有正面评价的人格理论，强调从整体认识个体背后隐藏的差异。而且，MBTI 是一个结构化的模型，有稳固的理论基础。相对于其他人格量表，MBTI 之所以得到如此广泛的关注和应用，是因为 MBTI 的维度更多地从认知角度解释个体人格差异，比如获取信息方式（感觉—直觉）、处理信息方式（思考—情

感)、基于信息判断而作出行动决策的方式(判断—知觉),而"工作"在更多的时候可以说是一种认知任务,特别是对于领导者来说,这些维度与领导行为方式以及决策判断密切相关。由此可见,研究领导者的人格类型能够更好地预测领导者的行为风格。

基于荣格的心理类型论,美国学者 Myers 和 Briggs(1978)开发了 MBTI 量表,用来测量人格类型的 4 个维度。这一量表自开发以来,经过近百年的发展,从最初的版本 A 到较新的版本 F(含 166 道题)、版本 G(含 126 道题)以及扩充的版本 J 和 K,已成为多语言、跨文化广泛应用的测量个体人格差异的量表。MBTI 所有题项都是采用中立的、肯定的措辞。通过迫选法(Forced – Choice),由被试者自我报告计分。MBTI 共包括 4 个维度 8 个极。这种方式使得被试者在两种选项中必须选出一个,从而进行更细致的划分。

自 1994 年以来,MBTI 量表在我国得到了修正和应用。以苗丹民教授为首的学术团队翻译并修订了 MBTI – G 量表;蔡华俭等翻译修订了 MBTI 的 M 版本量表。这些研究结果已经表明,量表在中国实施测量的信度和效度良好,结构效度很好。

2.2.2.4 MBTI 与领导力相关研究综述

2.2.2.4.1 MBTI 与领导力相关研究总体概述

在国外,关于 MBTI 在组织管理及领导研究领域的应用研究相对较多。很多研究者试图探讨领导力与人格之间的关系(Church,Walcawski,and Burke,1996),并且特别关注 MBTI(Myers and McCaulley,1985)。例如,Church 和 Waclawski(1998)研究了 MBTI 测量的个体倾向与领导行为之间的关系。而且,Brockmann 和 Simmons(1997)探讨了 MBTI 人格与 CEO 战略决策过程的关系。Abramson 等(1993)研究比较了日本和加拿大管理者的 MBTI 认知风格。相关的研究大致可以分成以下几个部分:

第一,相对于总体而言,领导者样本中的人格类型分布及特点(Gardner and Martinko,1990)。关于 MBTI 与领导关系的研究表明,不同行业的成功领导者拥有特定的人格类型。具体来说，成功领导者中外倾者与内倾者比例几乎一样，尽管外倾者略微多于内倾者。而且，领导者基本都是判断型倾向而非知觉型倾向（McCaulley，1994）。另外，领导者中思考型远多于情感型。最后，尽管很多高层管理者是直觉型，但是大多数还是感觉型（McCaulley，1994）。Johnson（1992）研究发现，组织管理者中最显著的类型就是ESTJ。而且，Myers和McCaulley（1985）研究发现公司创始人中最显著的类型是STJs，企业领导者中最显著的类型是NTJs。此外，Gardner和Martinko（1996）研究发现，领导者更多地倾向于思考、判断型而不是情感、知觉型。也就是说，思考和判断型（TJs）是管理者中最普遍的。因此，学者们认为逻辑决策者最适合就职于管理岗位。

尽管相关研究较为丰富，但是由于这些研究结论基本上基于管理者自评数据得出，因而可能在一定程度上受到社会称许性偏见（Social Desirability Biases）的影响，认为思考、判断型是管理者应该具备的特质（Kummerow，1988；Walck，1992）。

第二，MBTI与领导者信息偏好、行为变量之间的关系（Gardner and Martinko，1996；Hautala，2006；Gallen，2006；Gentry，Mondore，and Cox，2007）。Gardner和Martinko（1996）对人格类型与管理者信息偏好、行为等的关系做了综述性研究，结果总结了8种类型管理者的信息、行为偏好，同时表明管理层级调节了信息获取方式与管理绩效之间的关系。具体来说，对中层和基层领导职位而言，感觉型领导者的绩效更高，而在高层领导职位上，直觉型领导者表现得更出色。特别是，根据Roach（1986）的研究结果，成功者的人格特征影响了他们的行为、管理冲突的能力以及胜任管理职位的能力。Church和Waclawski（1998）的研究结果表明，对于领导者自测人格类型而言，人格类型与变革型领导方式存在相关性。与感觉型、判断型和内倾型领导者相比，直觉型、知觉型和外倾型领导者更容易表现出变革型领导行为。Hautala（2006）也对MBTI与变革型领导的关系进行了实证研究，研究结果表明外倾、直觉、知觉偏好有助于成为变革型领导，其结论有助于领导的培训和发展。而且，对于不同评估来源——领导者自评和下属他评——得出的结论存在差异,具体表现在感觉—直觉倾向维度上,与领导者自评结果相反,下属的评价结果认为感觉型领导者更容易表现出变革型领导行为。作者认为,这种差异可能与下属的特征有关,如果下属是强感觉型的,他们可能会对直觉型领导的比较抽象和不清晰的观点产生反感。这也提醒直觉型领导者在描述他们富有想象力和挑战性的想法时,要注意通过实在的具体的方式加以表达。Gallen(2006)研究了 MBTI 与管理者战略决策之间的关系,结果表明直觉型领导者更可能偏向于进攻型或分析型战略;感觉型领导者更可能偏向于防守型或分析型战略。Gentry、Mondore 和 Cox(2007)关于 MBTI 与领导者出轨(Derailment)特征之间的关系研究是该领域相对较新的研究,结果表明直觉型、知觉型领导者更容易表现出出轨特征。

这些研究基本都是关注 8 种偏好,但是研究结果在一定程度上存在不一致性。而且关于 MBTI 的版本、信度、效度等技术指标的报告不是非常清晰。同时,仅有少量研究的数据同时来源于自评和他评。这些都不同程度地降低了研究成果的可靠性。

第三,MBTI 与领导有效性的关系研究。研究者们探讨了领导者的 MBTI 类型与领导有效性的关系。已有研究表明,评估个体的人格类型组合更有助于个人能力与工作需求的匹配(Myers,1998)。进而,领导者的人格特征与其技能可能共同决定了企业的成功。例如,Hirsh 和 Kummerow(1990)的研究警告特定的人格类型可能会对企业成功起到阻碍作用。而且,Kepner(1991)研究表明家族企业中领导者的人格可能会影响家族企业的传承,比如,传承的失败可能部分是由于领导者的人格特征,使得他们难以有效处理公司长期的繁荣以及传承问题等(Roach,1986)。Gordon 和 Annie(2005)研究了 MBTI 人格类型偏好和领导有效性(以坎贝尔领导绩效指标量表 CLI 为测量工具)的相关性,研究结果表明人格类型确实与领导有效性存在不同程度的相关。比如,一般心理倾向(EI)维度与领导有效性存在相关,具体来说,"外倾型"与领导能力维度中的"大胆"和"动态性"这两个子维度显著正相关;与亲和力维度中"友善""愉悦"以及"亲切"这3个子维度显著正相关;与可信赖的这一维度中的所有子维度都显著负相关。信息收集方式(SN)维度与领导有效性存在相关,具体来说,"感觉型"与"可靠性"维度中的"节约"这一子维度显著负相关。信息处理方式(TF)维度与领导有效性存在相关,具体来说,情感型领导者更容易表现出亲和力。研究者认为,探讨领导者人格类型的4个维度与领导有效性的各个指标之间的相关性,将有助于领导者了解他人对自己外在行为方式的感知,并且制订计划来提高领导有效性。

Fleetham和Griesmer(2006)以土木工程领域领导者为研究对象,研究结果表明感觉—情感型(SF)领导者带来的客户满意度最高,其次是感觉—思考型(ST)和直觉—情感型(NF),直觉—思考型(NT)领导者带来的客户满意度最低。Gehring(2007)通过调查研究,分析了领导者的人格类型与领导者的胜任能力之间的关系。结果发现,MBTI 4个维度两个极所组合的16种类型中,并未发现某一种类型的领导者普遍最有效。同时,研究表明得分最高的3种类型——内倾—直觉—思考—判断(INTJ)、外倾—直觉—思考—判断(ENTJ)和外倾—感觉—思考—判断(ESTJ),分别与领导者胜任能力的13个维度中的8个维度相对应。因此可以发现,思考—判断型(TJ)在成功的研究管理者中最为常见。

尽管在组织及管理领域有很多MBTI相关的研究,但是将MBTI与领导有效性相关联的研究相对较少。仅有的一些研究由于选择的结果变量不同而导致了不一样的研究结果,因此需要更多的相关实证研究来对之作出更深入的探讨。

第四,其他相关研究。除了上述三大类研究外,还有学者探讨了MBTI类型在职业选择以及在团队领导及发展中的应用。具体来说,MBTI与职业发展相关研究主要是通过个体的心理类型和职业的匹配来对职业选择和发展作出指导。选拔组织的领导者可以使用某些测评问卷,MBTI作为心理学中的成熟有效的测评工具,将把领导者人格类型、技巧、态度的评估与领导者的绩效联系起来,这些工具不仅让领导者明白自己的类型,提高自我意识，更重要的是让领导者们在相应情境下更好地实现自我管理和自我发展。但是，该部分研究只是将领导者或者领导职位作为职业发展的策略之一，而且主要停留在静态的层次，仍未达到对于个体心理功能之间的互动、个体的心理功能的跨时段发展等动态层次的、更具深度和可靠性的研究。此外，MBTI 与团队领导及发展的关系研究主要包括团队中的个体差异（包括领导者与下属的个体差异）对于团队功能和绩效的影响、利用 MBTI 解释团队环境中的冲突以及进行团队建设等（Sample，2004）。MBTI 被广泛用于公共和私营公司的人力资源管理，以帮助领导者更好地了解他人以及他们自己的管理风格（Fox，Davis，and Baucus，2020）。但是这方面的实证研究相对较少，更多的研究应该关注类型组合对团队有效性的影响以及 MBTI 对于发展高效团队的价值。

综上所述，MBTI 人格类型与领导力相关要素之间存在着一定的关系，相关研究更多关注的是领导者 MBTI 人格类型对领导者行为以及领导绩效的影响。但是，在已有研究中实证研究相对不足。本书研究试图通过实证地探讨领导者 MBTI 人格类型与领导行为及领导有效性之间的关系来弥补上述不足。正如 Hayes 和 Allison（1994）研究指出，评估领导者的人格类型有助于帮助领导者更好地与工作要求相匹配。同时，领导者的人格类型也可以预测他的领导绩效。

2.2.2.4.2　MBTI、领导力与情境相关研究综述

从领导权变理论提出开始，情境要素在领导理论的发展和领导有效性探讨中便成为一个极其重要的因素。MBTI 人格类型与领导力的相关研究也开始关注情境要素。现代心理学家 Hogan（Hogan 人格量表的开发者）等（1994）指出，对领导有效性的研究，要将特质和情境结合起来。Spangler、House 和 Palrecha（2004）也认为，未识别具体特质起作用的条件，也就是缺乏对所处情境的考虑，限制了"人格"在领导领域的研究进展。以下部分将详细回顾人格类型、领导有效性与情境的相关研究，并进行述评。

情境会对人格类型和领导绩效之间的关系产生影响。有学者探讨了组织层级对领导者人格类型与领导有效性关系的调节作用。研究表明，在较

低的领导者职位层级上，任务较多为常规性事务，感觉型领导者比直觉型领导者具有更高的有效性；而对于中层或高层领导者而言，直觉型领导者有效性更高（Gardner and Martinko，1990）。Gardner 和 Martinko（1996）根据过去相关研究结果提出命题："感觉—思考型（ST）领导者在和谐的环境下感知到更少量风险且具有最大的风险容忍度，但是感觉—情感型（SF）、直觉—思考型（NT）以及直觉—情感型（NF）的管理者在矛盾的环境中感知到更少量风险且具有最大的风险容忍度。"该命题表明，环境的和谐性调节领导者 MBTI 人格类型与感知到的风险以及对风险的容忍度之间的关系。进一步，研究提出在环境所需要的管理行为明确的"强情境"下，领导者 MBTI 人格类型对风险感知和容忍的影响将变弱。但是，相关命题尚未得到实证验证。

中国台湾学者郑森皓（2003）通过对 1015 名研发项目领导者的研究发现，研发项目领导者面临 4 种项目任务类型：未来导向型、关键技术型、服务型和自我激励型。针对不同任务类型，具有某些人格类型倾向的领导者更有效。比如，直觉型领导者总是不断试图找寻问题内部深层含义，因此在完成自我激励型的新颖任务方面更有效。相反，感觉型领导者往往更加关注感官感觉到的和过去的经验，因此在完成指派给他们的明确具体任务方面更有效。再如，与知觉型领导者相比，判断型领导者在指派型和封闭型研究方面取得的结果更好。

除了任务类型，Gardner 和 Martinko（1996）提出任务需求也会调节感觉—直觉偏好与管理有效性之间的关系。具体来说，感觉型领导者更适合常规以及具体的活动，而直觉型领导者在非常规任务以及解决创新性问题方面表现更好。但是，该命题尚未进行实证验证。Stavrou、Kleanthous 和 Anastasiou（2005）研究了家族企业中领导者人格类型、组织文化和领导绩效三者之间的关系。研究发现，一定的领导人格类型有益于领导有效性，文化结构情境与人格类型共同作用于有效领导。研究结果还表明，高绩效的领导者中，83% 的类型是感觉型、75% 的是外倾型、83% 的是思考型、83% 的是判断型。

尽管结合情境探讨领导者人格类型与领导有效性关系的相关文献不多，但是，通过系统的途径研究领导者人格类型、情境以及领导有效性关系已经成为当前领导理论的研究主流。正如魅力型领导理论、变革型领导理论等这些最新的领导理论一样，情境因素已经成为研究领导有效性的不可或缺的要素之一。但是，我们发现已有的研究中对情境因素的考虑尚存在不足，如影响人格类型与领导有效性之间关系的重要环境因素——环境不确定性，仍然没有引起学者们的足够重视。另外，尚没有相关的研究结合领导者人格类型、领导行为以及情境因素探讨其对领导有效性的影响。因此，本书将结合环境不确定性情境进行综合的实证探讨，以寻求人格类型、领导行为、情境对领导有效性的共同作用。

2.2.2.4.3 MBTI与领导力国内相关研究综述

国内关于MBTI的研究很少，主要包括以下几个方面：第一，苗丹民、皇甫恩等（2000）对MBTI量表G版本进行了相关研究。研究工作主要集中于对MBTI量表G版本进行翻译，基于中国人样本对翻译后的量表进行信度和效度验证，进而进行修订，并且在军事领域加以应用。第二，蔡华俭等（2001）则对MBTI量表M版本进行翻译和初步修订。第三，MBTI模型与其他相关模型的比较。比如，过广宇和唐薇（2003）比较了MBTI模型与大五人格模型的异同，研究发现与大五人格相比，MBTI模型是一种中性甚至带有正面评价的人格理论，在客观性和公正性方面略胜一筹。此外，MBTI作为一种结构化模型，无论是在传播还是在理论分析方面都有着大五人格模型难以比拟的优势。再如，曾维希、张进辅（2006）对MBTI模型和基于中国传统文化建立起来的本土化人格类型理论——周易人格模型进行了比较，研究分析了二者在理论建构之指导思想、人格因素、人格类型测量方法及人格模型演变规则等方面的区别和联系，研究表明这两个模型在方法上同源同根，在内容上各有特色。第四，其他关于MBTI的介绍性和描述性研究。唐军（2002）以103名人力资源管理专业硕士生为样本，探讨了人力资源管理者的MBTI类型分布。研究表明人力资源管理者MBTI人格类型维度分布特点如下：人数分布上E型高于I型，

F 型高于 T 型，S 型高于 N 型，J 型高于 P 型，并且差异均在 $P < 0.01$ 水平上。类型分布结果表明，ESFJ 型在中国是最适合从事人力资源管理工作的管理者。杨慧芳、赵曙明（2004）研究发现，企业管理者中，最典型的人格类型是 ESTJ 型和 ISTJ 型；同时研究发现，领导者人口统计学变量对管理者的典型人格类型分布的影响不显著。贾玉玺（2007）对企业管理人员与非管理人员人格类型进行了比较研究，发现管理人员人格类型分布中最多的是 ESTJ 型，非管理人员人格类型分布中最多的是 ISFJ 型；就性别而言，男性 E、N 类型分布高于女性，而 S、P 类型分布低于女性。

综上，国内学者对 MBTI 研究相对较少，但是已有研究表明了 MBTI 在中国应用的有效及可靠性。同时，尽管已经有学者将 MBTI 应用到领导领域的研究中，但是对于领导者 MBTI 人格类型的分布仅局限于简单的描述统计，尚未进行更深层次的理论探讨和实证分析。本书将通过相关实证研究为 MBTI 在中国领导领域的应用提供理论指导和借鉴。

2.2.3 小结

本节简要回顾了领导理论研究的发展历程，基于对相关文献的回顾和述评，总结归纳出领导特质理论的研究现状及其研究不足和未来趋势，在此基础上确定了本书的基本定位。接下来对人格类型 MBTI 理论进行简单介绍，并且进一步对人格类型、情境以及领导绩效之间的关系的相关研究进行了综述。过去学者们的这些研究为本书系统探讨领导者人格类型、领导行为、环境不确定性与领导绩效的关系，提供了理论和实证基础。对这些文献的回顾为本书建立研究模型，以及提出相关假设提供了依据。

2.3 VUCA 环境下的领导行为

2.3.1 变革型领导研究综述

2.3.1.1 变革型领导的提出背景

变革型领导的概念最初由 Burns 于 1978 年提出，他认为变革型领导是组织变革过程中，领导者试图唤起组织成员的内在动机，努力去满足他们更高的需求，全面而整体地关注追随者，形成相互激励与提高的关系，进而转变组织原有的价值观念、组织文化、行为模式、人际关系等，提出更高的理想和价值（Burns，1978）。

2.3.1.2 变革型领导的内涵与维度

变革型领导（Transformational Leadership），是指那些通过隐性或显性的交换协议的方式，扩展和提升员工的目标，给他们提供可以超过预期的信心的领导行为（Dvir et al.，2002：735）。Bass（1985）在变革型领导理论概念的操作化上，提出了变革型领导的 4 个维度，分别为个性化关怀、智力激发、鼓舞性激励和理想化影响（Bass，1985）。其中个性化关怀（Individualized Consideration），是指领导者在激励员工和向员工授权的过程中，为他们提供定制化的社会情感支持（Antonakis and House，2002：10）；智力激发（Intellectual Stimulation），是指领导者通过鼓励下属诉诸自身的智慧来质疑他们所提出的假设，并鼓励他们提出创造性地解决问题的方法（Antonakis and House，2002：10）；鼓舞性激励（Inspirational Motivation），是指领导者通过提高员工的期望，并传达他们可以实现伟大目标的信息，来鼓舞和激励他们实现那些以前看似不可能实现的伟大目标（Antonakis and House，2002：9-10）；理想化影响（Idealized Influence）又或领导者魅力，是指反映领导者自身的价值观和信念、对任务和目标的责任感，以及他们的伦理和道德导向的行为（Antonakis and House，2002：9）。

此外，最近有学者将整体的变革型领导划分为个体导向的和团队导向的两种类型（Wu, Tsui, and Kinicki, 2010; Wang and Howell, 2012）。其中，个体导向的变革型领导（Individual - Focused Transformational Leadership）强调领导者提升个体成员的能力和技能，增强他们的自我效能，并通过向他们授权来激发他们的潜能，即领导者会根据每个成员的特征而采取不同程度的领导行为（Wu et al., 2010; Wang and Howell, 2010），包括个性化关怀和智力激发2个维度。团队导向的变革型领导（Group - Focused Transformational Leadership）则强调领导者向团队成员传递集体目标的重要性，提升他们集体共享的价值观和信念，并鼓励他们通过统一的行动来实现集体目标（Wu et al., 2010; Wang and Howell, 2010），影响的是整体团队而非团队中的单个成员，包括鼓舞性激励和理想化影响2个维度。

2.3.1.3 变革型领导相关研究综述

由于目前关于变革型领导的研究非常多，故而，本书仅梳理了与本书第4~7章相关的文献研究。

2.3.1.3.1 前因变量

学者们探讨了变革型领导的个体差异以及情境前因变量，研究表明领导者个人特征（Atwater and Yammarino, 1993; Judge and Bono, 2000; Pillai et al., 2003）、情商、人格、情感（Rubin, Munz, and Bommer, 2005）、组织结构（Pawar and Eastman, 1997）等均与变革型领导相关。同时，也有研究结合情境因素来探讨变革型领导理论，Hoogh、den Hartog 和 Koopman（2005）验证了工作环境的动态性对人格与魅力型/交易型领导行为之间的关系的调节效应，研究结果表明感知到的动态的工作环境调节了人格与魅力型、交易型领导行为之间的关系。Bono 和 Judge（2004）通过元分析探讨了领导者特质与变革型和交易型领导行为之间的关系。将人格五因素模型作为研究对象，他们系统分析了 26 项研究的 384 个相关关系。研究发现，人格特质与变革型领导的 3 个维度——理想化影响、智力激发和个性化关怀积极相关，其中外向性是变革型领导的最强和最一致的相关因素。

2.3.1.3.2 作用机制

目前关于变革型领导作用机制的研究有很多,比如 Koh、Lee 和 Joshi (2019) 通过对 127 项研究进行元分析,探讨了变革型领导作用于创造力的机制。元分析结果表明,变革型领导会通过创造力认同(Creative Identity)、创造力自我效能、创造力内在动机、心理授权、领导认同和创新氛围等中介机制对员工创造力产生积极影响。

Nohe 和 Hertel (2017) 以社会交换理论为基础,考察并对比了态度型中介(组织情感承诺、工作满意度)和关系型中介(领导信任、领导—成员交换)在变革型领导与组织公民行为(OCB)之间的中介作用。在测试单一中介模型时,结果发现每个中介都解释了变革型领导与组织公民行为之间的关系。在测试多中介模型时,结果发现领导—成员交换是最强的中介变量。

2.3.1.3.3 作用效果

(1)个体产出。Wang 等(2011)指出尽管变革型领导已被广泛研究,并被认为是不确定环境下的重要领导行为之一,但变革型领导对不同绩效维度及不同层面绩效的具体影响仍不清楚。基于对 113 项初始研究中的 117 个独立样本的元分析结果表明,变革型领导与个体层面追随者绩效在各维度均呈正相关关系。在大多数研究情境中,变革型领导对追随者关系绩效的影响大于对其任务绩效的影响。此外,变革型领导与团队绩效、组织层绩效均呈正相关关系。元分析结果进一步发现,在预测个体层面追随者的关系绩效和团队绩效方面,变革型领导比交易型领导(权变奖励)具有更强的预测效应。然而,在预测个体层面追随者的任务绩效方面,交易型领导(权变奖励)比变革型领导具有更强的预测效应。

目前关于变革型领导作用效果的研究已经很多,如有研究发现变革型领导会正向影响个体创造力(Shin and Zhou, 2003;Gong, Huang, and Farh, 2009)和团队创造力(Zhang et al., 2011)。学者们还发现,个体导向的变革型领导和团队导向的变革型领导会带来不同的作用效果。如 Wang

和 Howell（2012）研究发现，团队导向的变革型领导会通过团队认同的中介作用影响团队绩效和集体效能，而个体导向的变革型领导则会通过领导认同的中介作用影响个体绩效和心理授权。

（2）团队产出。Zhang 等（2011）发现变革型领导正向影响团队创造力，还有学者发现团队导向的变革型领导有利于团队创新（Jiang，Gu，and Wang，2015）和团队效率（Wu et al.，2010）。Burmeister 等（2020）使用来自中国一家大型制造企业的 118 个工作团队的时间滞后数据，结果发现，变革型领导会通过团队知识目标生成和团队知识目标奋斗以及团队协作的中介作用，正向影响团队知识交换，且团队层的团队成员交换可以通过团队知识目标生成强化变革型领导对团队知识交换的正向作用。Peng 等（2021）使用了来自 6 个中国制造组织的 113 个团队的三波数据，发现环境特异性变革型领导与团队亲环境行为呈正相关关系，这种关系是通过团队亲环境目标清晰性和团队亲环境和谐激情来中介的。此外，团队权力距离增强了上述中介效应，在高权力距离水平的团队中，环境特异性变革型领导强烈激发了团队成员的亲环境目标清晰性、亲环境和谐激情以及随后的亲环境行为。

（3）组织产出。朱慧、周根贵（2016）通过元分析方法，发现变革型领导对组织绩效存在显著的正向影响；变革型领导对不同类型组织绩效的影响存在差异，相对于财务绩效而言，变革型领导行为对非财务绩效的影响更显著；在不同文化背景下和不同组织规模中，变革型领导对组织绩效影响的差异不显著。王凤彬、陈建勋（2011）证实企业高层领导者的变革型领导行为会正向影响组织绩效，且探索式技术创新在两者之间发挥中介作用；环境动态性会调节变革型领导行为与探索式创新之间的关系，环境动态性越高，两者之间的关系越显著。

2.3.2 共享型领导研究综述

2.3.2.1 共享型领导的提出背景

随着组织内部管理结构逐渐趋于扁平化，以团队为基础的管理模式开始在组织中流行起来。一项在高层管理者中的调查显示,91%的人认为"团队是组织成功的关键"(Morgeson, DeRue, and Karam, 2010),因而越来越多的企业开始依赖团队管理。同时,劳动力本质和欲望的变化也使得员工对自身角色的期望越来越多元化,他们希望可以体验到不同的工作角色。在这种背景下,单一的正式领导往往无法对组织内部产生的大量信息进行及时的加工、处理与传递,更无法拥有所有必需的知识、技能和能力来带领团队或组织实现目标。华为总裁任正非强调,在这种情境下要"让听得见炮声的人去指挥",为此组织内部由员工主动参与的、一种自下而上的非正式领导模式开始出现。这种集体的领导力被称为共享型领导(Shared Leadership)。共享型领导,是指一种群体内部动态的、相互影响的互动过程,目的是通过成员之间的相互领导从而实现集体或/和组织目标(Pearce and Conger, 2003)。在管理实践中,也有越来越多的企业开始实施这种水平的团队领导力模式,如谷歌公司的"小团队管理",小米公司的"矩阵式管理"。可以看出,随着团队管理的深入,共享型领导这一集体领导力模式在组织中应用的时代已经到来(Denis, Langley, and Sergi, 2012)。

2.3.2.2 共享型领导的内涵、维度与测量

2.3.2.2.1 共享型领导的概念内涵

目前,关于什么是共享型领导并没有统一界定。Pearce 和 Sims (2002)认为共享型领导是一种团队成员之间水平的影响力;Day 等 (2004)则将共享型领导定义为一种动态涌现状态(Emergent State),即一种贯穿于整个团队生命周期之中,且随着团队投入、过程和产出变化而变化的团队动态过程;Ensley 等(2006)认为共享型领导是垂直领导行为在团队成员之间的表现;Carson 等(2007)则强调共享型领导是一种由于领导力的分布从而影响整体团队成员的新的团队属性。但现有研究使用较多且较广泛的是 Pearce 和 Conger(2003)在其著作《共享型领导:重塑领导力的发展形势和原因》中对共享型领导的定义,即一种在群体中成员之间动态

的、相互影响的过程，目的就是相互领导从而实现群体和/或者组织目标。

共享型领导独立于组织正式的领导角色或层级结构，是一种成员之间相互领导的团队过程（DeRue and Ashford, 2010）。它不仅强调传统垂直领导行为或角色在成员之间的共享，如决策制定、共享结果、共担责任等，还强调成员之间的相互影响与相互协作，属于一种分布于成员/同事之间的水平影响力。与以往垂直、自上而下、单一的传统领导力模式不同的是，共享型领导属于一种水平的、自下而上的、集体的领导力模式，是组织内部由员工主动参与、自主管理并相互领导的一种非正式集体领导力模式，具体区别如图 2-4 所示。可以看出，共享型领导具有以下几个特征：第一，属于一种非正式的、团队内在控制的领导力类型；第二，关注垂直领导职能在成员之间的共享，即由团队成员来担任领导角色；第三，强调成员之间的社会交互和集体角色定制过程。

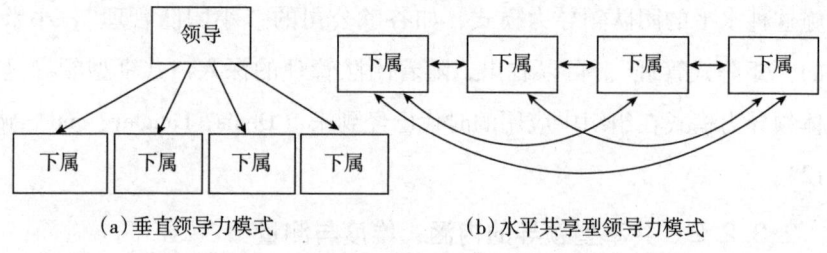

(a) 垂直领导力模式　　　　　　(b) 水平共享型领导力模式

图 2-4　垂直领导力模式与水平共享型领导力模式
资料来源：笔者研究整理。

2.3.2.2.2　与其他相关概念的区别

（1）与授权型领导的区别。共享型领导与授权型领导的区别在于：①表现形式不同。根据领导力正式程度（正式的/非正式的）和领导力控制点（外在控制/内在控制）的不同，团队领导力可以被划分为 4 种类型：其一，团队正式领导或项目经理（正式的内控型领导）；其二，共享型领导（非正式的内控型领导）；其三，赞助者或教练、团队顾问（正式的外控型领导）；其四，导师或者执行协作者（非正式的外控型领导）（Morgeson et al., 2010）。根据这一标准，授权型领导属于正式的内控型领导，共享型领导则属于非正式的内控型领导。②定义不同。授权型领导是指正式领导通过增加员工工作的意义,培养其决策制定的参与度、在工作中表达自信,并为其提供自主性,与其一起分享权力的行为(Ahearne,Mathieu,and Rapp,2005),属于一种垂直的领导力模式;共享型领导则是团队成员之间动态的、相互领导与相互影响的过程,属于一种水平的领导力模式。③作用方式不同。授权型领导通过给予团队成员工作自主性和控制力来提升团队效率,而共享型领导则是让团队成员之间相互影响与领导来提升团队效率。两者之间的联系在于,授权型领导在增加员工工作意义的同时,可能也会允许他们扮演领导角色,从而有利于共享型领导的形成;而在共享型领导过程中,随着团队成员之间相互影响力的建立,成员的自信和自主性也会提升,从而也会有利于增强授权型领导的某些功能(Drescher et al.,2014)。

(2)与分布式领导的区别。李洁芳(2008)在对分布式领导(Distributed Leadership)的文献综述中将分布式领导与共享型领导均视为一种水平的集体领导力,并没有对两者作出区分。然而,在《集体领导力》一文中,Contractor等(2012)指出虽然共享型领导和分布式领导都属于集体领导力,都强调团队成员可以参与到领导职能中,但却是两个不同的概念。两者之间的区别体现在以下几个方面:

第一,概念不同。分布式领导是一种根据任务的不同,将领导的职能分布于团队成员之间的集体领导力(Gronn,2002);而共享型领导不仅强调领导力在团队成员之间的分布,还强调成员之间相互影响和社会交互,具体区别如图2-5所示。

第二,表现形式不同。根据DeRue(2011)的观点,在分布式领导情境下,尽管团队成员可以参与到领导和被领导的行为中,但这两种行为是有序的,不是同时发生的。即在某一时间点,成员A(S_A)担任领导角色,而其他成员都扮演着下属角色;而在另一时间点,成员B(S_B)则担任领导角色,而成员A与其他成员都扮演着下属角色。在共享型领导情境下,团队成员可以同时参与到领导和被领导的行为中,即这两种行为是并存的，且可以在团队成员之间随时进行轮换。具体地说，在一个工作团队中，成员 A 担任了带领其他成员开拓市场并寻找新的客户这一领导角色，成员 B 在这一职能中担任下属角色。同时，成员 B 担任了维持与销售客户之间的良好关系这一领导角色，而成员 A 则在这一职责中担任下属的角色。

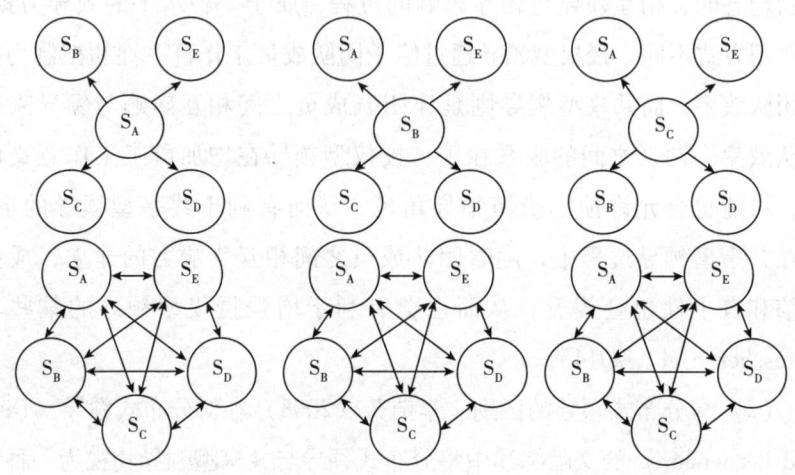

图 2-5　分布式领导（上）与共享型领导（下）
资料来源：DeRue（2011）。

第三，从社会网络视角看，分布式领导和共享型领导还拥有不同的领导力网络密度和网络中心度。网络密度是指在社会网络中实际的关联数与可能关联数之间的比例，密度越高，表明网络中成员之间的社会交互越明显。网络中心度则是指网络关系聚焦于一个或少数几个成员而不是均等分布于所有成员之间的程度，中心度越高，表明一个或少数几个成员在网络中的地位越高，而其他的成员均与这些人有关联；反之，中心度越低，表明所有成员在网络中都处于均等的地位。基于此，DeRue（2011）认为，在分布式领导情境下，由于领导角色在某一时间点或任务下只能由一个成员担任，且成员之间的交互程度较低，故而拥有较高的网络中心度和较低的网络密度；在共享型领导情境下，由于领导角色和下属角色可以随时在不同团队成员之间轮换，且成员之间的交互程度较高，故而具有较低的网络中心度和较高的网络密度。

(3) 与团队过程的区别。团队过程包含了一系列合作导向的认知、态度和行为，通过这些过程可以整合其他成员的投入来提升团队产出；而共享型领导这一水平领导力则是团队过程形成的主要驱动因素，即当领导力在团队成员之间被共享时，他们会通过实施这些团队过程来提升团队效率（Hoch and Kozlowski, 2014）。

(4) 与个体非正式领导力涌现的区别。二者的区别主要包括以下几个方面：第一，概念不同。个体非正式领导力涌现，是指尽管在团队中存在正式的管理者，但相比于其他成员，一些成员会表现出更为显著的影响力。第二，表现层次不同。个体非正式领导力涌现属于个体层次的概念，共享型领导则属于团队层次的概念。第三，所涵盖的范围不同。个体非正式领导力涌现往往只聚焦于一个或两个非正式的领导，忽略了成员之间的社会交互影响（Carson et al., 2007），而共享型领导则关注团队内部领导角色的定制和成员之间相互影响的过程（Hiller et al., 2006）。

2.3.2.2.3 共享型领导的测量

目前，关于共享型领导的测量主要包括问卷法和社会网络方法。

(1) 问卷法。问卷法主要测量团队成员在多大程度上或以什么频率表现出某种领导行为或角色，包括以下3种形式：第一，基于传统领导行为的测量。这种测量是将共享型领导视为一种与垂直领导并行的水平领导力模式，主要测量团队成员在多大程度上表现出了某种垂直领导行为或风格，如共享的变革型领导（Avolio et al., 2003）、共享的授权型领导（Pearce and Sims, 2002）、共享的真诚型领导（Hmieleski, Cole, and Baron, 2012）。第二，基于领导角色的测量。团队成员往往并不一定会表现出与正式垂直领导相同的行为（Morgeson et al., 2010），在这种视角下，Hiller等（2006）提出了一种基于角色视角的共享型领导，主要测量团队成员以什么频率表现出不同的领导角色，具体包括计划和组织、解决问题、支持和关怀、发展与指导4个维度。第三，基于团队过程的测量。Hoch和Kozlowski（2014）将共享型领导视为一种可以提升团队效率的团队过程，即团队过程可以间接反映与测量共享型领导。具体地，他们认为团队过程包括认知、情感—动机和行为3个维度,并分别以团队学习、团队成员支持和团队成员交换来代表这3个维度。

上述3种测量方式各有侧重:第一种测量方式将共享型领导视为与垂直领导并行的领导力模式,关注的是某一种特定领导行为在团队成员之间的分布;第二种测量方式是基于角色定制视角,将共享型领导视为一种成员之间角色相互定制的过程,关注的是整体视角下领导角色在成员之间的共享;第三种测量方式则将共享型领导视为一种可以提升团队效率的团队过程(Hoch and Kozlowski,2014)。总而言之,3种方法均通过测量团队成员的表现,将其聚合到团队层次。

(2)社会网络方法。问卷法关注的是具体领导行为或角色在团队成员之间的共享程度,此外,学者们还采用社会网络方法对共享型领导进行测量。根据上文的描述,社会网络包括了网络密度和网络中心度两个特征,目前主要以网络密度来测量共享型领导(Carson et al.,2007;Drescher et al.,2014;Mathieu et al.,2015),即用团队成员之间的社会互动程度来反映共享型领导的水平高低。具体测量为:首先,让团队中每个成员相互评价,如"在多大程度上,你们团队依赖这个成员所提供的领导力";其次,通过计算网络密度来反映团队内部共享型领导的程度。

2.3.2.3 共享型领导相关研究综述

2.3.2.3.1 形成机制研究

(1)团队成员特征。根据领导力发展的过程,领导力主要是按照个体特征→领导力涌现→领导力效率这一路径形成的(Day and Dragoni,2015)。根据这一路径,共享型领导这一集体领导力的形成机制可以概括为团队成员特征→共享型领导→团队效率。例如,当团队成员具有较大的性别差异、较高的国籍多样性和较低的平均年龄时,共享型领导的水平会较高(Muethel, Gehrlein, and Hoegl,2012)。此外,团队成员自身的特质也会影响共享型领导的形成,如价值观(集体主义和权力距离)(Hoch,2013)、正直性(Hiller et al.,2006)、能力感知(DeRue, Nahrgang, and

Ashford，2015）和主动性等（Carson et al.，2007）。

（2）正式垂直领导。除了团队成员自身的特征外，正式垂直领导也会对共享型领导形成产生影响。文献回顾表明，正式垂直领导对共享型领导的作用效果主要取决于共享型领导是被视为一种团队过程还是一种与正式领导力并行的水平团队领导力。具体地，当共享型领导被视为一种团队过程时，正式领导会有助于共享型领导的形成，如领导的教练行为（Carson et al.，2007）、变革行为和授权行为等（Hoch，2013）。反之，当共享型领导被视为一种与正式领导力并行的水平团队领导力时，两者之间的关系并不清晰（Yammarino et al.，2012；Wang，Waldman，and Zhang，2014），甚至会相互替代。例如，Ensley 等（2006）对比分析了共享型领导与垂直领导力对企业绩效的影响，结果发现水平的共享型领导对企业绩效会产生正向作用，而垂直的变革和授权型领导则会负向影响企业绩效。他们认为，由于团队成员本身对企业绩效已有较为清楚的认知和较强的动机，因而垂直领导的激励和授权行为会被视为多余或无效。类似地，蒿坡等（2014）分别基于过程视角和投入视角，发现当共享型领导被视为一种团队过程时，垂直的授权型领导会正向影响共享型领导；反之，当共享型领导被视为一种与垂直领导力并行的水平领导力时，两者之间会对团队产出产生相互替代的作用。

2.3.2.3.2 共享型领导作用效果

（1）积极作用效果。共享型领导对结果的积极作用主要表现在以下几个方面：第一，组织层次的积极作用效果。Ensley 等（2006）以美国创业企业的高管团队为样本，发现共享型领导对企业绩效（收益增长率和员工成长）有着强烈的预测作用。第二，团队层次的积极作用效果。在远端（Distal）产出方面，现有大部分研究发现共享型领导会正向影响团队绩效；在近端（Proximal）行为产出方面，Solansky（2008）发现共享型领导会积极影响团队集体效能和交互式记忆系统，但与关系冲突之间的负向作用却没有得到验证。Liu 等（2014）基于社会网络方法，发现共享型领导会正向影响团队学习行为。Aime 等（2014）通过实验研究，发现团队成员之间权力轮换程度越高,越有利于团队创造力的提升。国内学者也发现了共享型领导对团队绩效(王永丽、邓静怡、任荣伟,2009;郑晓明、李祎,2009;赵鹏娟、赵国祥,2013)和团队创造力(蒿坡、龙立荣、贺伟,2014,2015)有积极影响。第三,个体层次的积极作用效果。目前只有 Liu 等(2014)考察了共享型领导对个体学习行为的积极影响。此外,Zhang 等(2012)从个体非正式领导力涌现视角出发,探讨了领导—成员交换、个体领导力涌现与个体绩效和团队绩效之间的关系,结果表明个体的非正式领导力涌现会通过领导—成员交换对个体绩效和团队绩效之间的关系起到中介作用。

(2)消极作用效果。除了积极的影响外,学者们还发现共享型领导有一定的消极作用。例如,Hmieleski 等(2012)分析了高管团队内部共享型领导对企业绩效的影响,但结果却表明当高管成员们表现出较高的真诚领导行为时,企业绩效较低。同样地,Boies 等(2010)发现当团队成员表现出变革型的领导行为时,这种共享的领导力会负向影响团队绩效。类似地,Mehra 等(2006)探讨了分布式领导对团队绩效的影响,但并没有证实两者之间的积极关系。

2.3.2.3.3 共享型领导的作用机制研究

(1)中介机制研究。目前关于共享型领导与结果变量之间中介机制的研究相对较少,且缺乏理论基础。通过文献综述,共享型领导的中介机制可以概括为:第一,认知机制。Liu 等(2014)基于社会学习理论,发现团队安全氛围会分别中介共享型领导与个体学习和团队行为之间的关系;蒿坡等(2015)基于社会认知理论,发现共享型领导会通过团队信息交换的中介作用对团队绩效产生影响;赵鹏娟、赵国祥(2013)还发现团队学习会对共享型领导与团队绩效之间的关系起到中介作用。第二,动机机制。有研究发现,团队效能(Boies et al.,2010;Sivasubramaniam et al.,2003)、团队信心(D'Innocenzo, Mathieu, and Kukenberger, 2016)、团队凝聚力(Mathieu et al., 2015)等动机机制会对共享型领导与团队绩效之间的关系起到中介作用。第三,情感机制。Hmieleski 等(2010)基于情感事件理论，发现共享型领导会通过积极情感氛围的中介作用对企业绩效产生影响。另外，有研究还表明团队激情氛围这一情感性动机也会对共享型领导与团队创造力之间的关系起到中介作用（蒿坡等，2015）。

（2）调节机制研究。目前关于共享型领导与结果变量之间的调节机制主要包括：第一，任务特征。有研究发现任务复杂性（蒿坡等，2015；D'Innocenzo et al.，2016；Nicolaides et al.，2014）和任务互依性（Nicolaides et al.，2014；Burke et al.，2006）均会正向影响共享型领导与团队绩效之间的关系。第二，团队成员特征。Hoch 等（2010）发现团队成员年龄多样化会负向调节共享型领导与团队绩效之间的关系。基于领导力替代理论，他们认为在特定的组织情境下，任务结构或团队成员属性会补偿低领导力对团队结果的影响。团队成员的年龄多样性作为一种能补偿领导力的替代物，会代替共享型领导对团队绩效的影响。第三，团队属性。Hoch 和 Kozlowski（2014）探讨了团队虚拟性对共享型领导与团队绩效之间的调节作用，但结果却并未证实团队虚拟性对两者之间关系的调节作用。第四，团队外部因素。蒿坡等（2015）发现环境不确定性会影响共享型领导与团队激情氛围之间的关系。

综上所述，尽管现有关于共享型领导的研究取得了较为丰富的成果，但仍具有一定的局限性。正如 O'Toole 等（2003）所指出的，共享型领导既存在着"前景"，也存在着"陷阱"，目前关于共享型领导与团队绩效之间的关系不仅缺乏一致的研究结论，也鲜有研究探讨其为什么会负向影响团队绩效。

2.3.3 悖论式领导研究综述

2.3.3.1 悖论式领导的提出背景

在越来越复杂多变的竞争环境下，组织会不可避免地面临各种矛盾冲突，如实施变革与保持稳定的矛盾、短期盈利和长远可持续发展的冲突（Slawinski and Bansal，2015）等。这些需求看似矛盾，实则又相互依赖，该现象被称为"悖论"（Paradox）（Smith and Lewis，2011），且矛盾和悖论已成为当前不确定组织环境中的"新常态"（Putnam et al.，2016）。因此，在环境不确定性情况下，领导者如何有效应对这些矛盾和张力，对组织生存和发展至关重要，也成为研究者和实践者均亟须解决的关键问题。

针对该问题，实践界和理论界都在积极寻求解决之道。实践中，华为采用了灰度管理方法来应对组织矛盾和张力，即摒弃以往"非黑即白"的管理思维，将看似对立的事物协调统一起来（武亚军，2013），这种悖论整合的管理模式对华为构建持续竞争优势至关重要。在理论界，学者们则将悖论思想引入到领导研究中（Smith et al.，2012；Smith，2014），基于中国传统阴阳哲学理论提出悖论式领导这一概念（Zhang et al.，2015；Zhang and Han，2019）。悖论式领导（Paradoxical Leader Behavior，PLB）指"领导者采用看似竞争却相互关联的行为，旨在同时满足工作中的竞争性需求"（Zhang et al.，2015：539），其突破了权变视角下领导者二选一（Either - Or）的局限性，转向"二者皆"逻辑，通过悖论思维发挥整合矛盾协同效应，有助于更好地应对组织中的矛盾冲突，故其成为当前研究热点之一。

2.3.3.2 悖论式领导的内涵、维度与测量

悖论最早是哲学领域的概念，近来被应用到组织管理中（Lewis，2000；Smith and Lewis，2011；Schad et al.，2016）。在管理领域，"悖论"被界定为"长久相互依存又相互矛盾的要素"（Lewis，2000）。该定义包含了悖论的两个核心特征：相互矛盾性和相互依存性。一方面，相互矛盾性是该概念的核心。如早期哲学家和心理学家提出的，矛盾出现在对立元素中（如黑—白、阴—阳），带来组织中对立冲突的需求，这些需求"单独出现时似乎合乎逻辑，同时出现时却是荒谬和不合理的"（Lewis，2000：760），因此给组织成员带来了张力，进而促使竞争更为激烈。另一方面，相互依存性强调了对立元素之间不可分割的联系。由于这些元素彼此定义，在一个连续体上存在，因而永远不能完全分离，就如同一枚硬币的两面。早期的管理研究也提出，这些元素同时存在会产生更大整体感，并能提高效率和创造力（Poole and Van de Ven，1989）。这两个特征给出了悖

论的边界，使其与其他相关概念（如辩证法、二元论等）得以区分（Putnam et al.，2016）①，并被视为组织管理及领导研究元理论（Meta-Theory），代表了总体理论视角，补充了已有理论并在先前应用理论之间建立起桥梁。

随着组织所面临的环境越来越复杂多变，领导者不可避免地要面对更多看似矛盾却又相互关联的需求及由此而产生的张力（Tension）（Lewis，2000），如何有效应对悖论带来的挑战对组织的生存和发展至关重要（Smith and Lewis，2011）。为更好地应对悖论带来的挑战，领导者需扮演多重矛盾角色，采用悖论行为（Lewis et al.，2014，Zhang et al.，2015）。于是，将悖论视角与领导研究相结合，Zhang等（2015）基于中国阴阳哲学理论提出"悖论式领导"（PLB）概念。以下将对悖论式领导概念、内涵及测量等相关研究进行回顾述评。

2.3.3.2.1 悖论式领导的概念及内涵

Zhang及其合作者探讨了两种情况下的悖论式领导：人员管理中的悖论式领导（PLB in People Management）及企业长期发展中的悖论式领导（PLB in Long-Term Corporate Development）。

人员管理中的悖论式领导，主要针对基层领导者，此时领导行为面临的悖论是需同时满足组织结构需求和下属个体需求这两种竞争性需求，于是，悖论式领导被界定为领导者采用看似竞争却相互关联的行为，同时或随时间推移满足组织结构化及员工个人化需求（Zhang et al.，2015）。相应地，基于同时"满足组织结构化需求"和"满足员工个人化需求"双重含义，Zhang等（2015）提出悖论式领导5个维度：①自我中心与他人中心相结合（Combining Self-Centeredness with Other-Centeredness，SO）；②既维持亲密又保持距离（Maintaining both Distance and Closeness，DC）；

---

① 辩证（Dialect）指对立两极之间的联系和动态相互作用过程（Putnam et al.，2016），对立两极之间的矛盾通过整合暂时得以解决，而悖论两极之间的矛盾长久存在；二元论指形成双重关系的两极之间相互依赖但不一定相互排斥（Putnam et al.，2016），构成二元性的两极都重要但在一定程度上又是彼此冲突的，如探索和应用，而悖论两极之间是矛盾的但却同时运行。

③对待下属一视同仁且允许个性化（Treating Subordinates Uniformly, While Allowing Individualization, UI）；④严格执行工作要求且保持灵活性（Enforcing Work Requirements, While Allowing Flexibility, RF）；⑤维护决策控制且允许自主性（Maintaining Decision Control, While Allowing Autonomy, CA）。这5个维度分别解决了基层领导者在人员管理中的不同悖论。

企业长期发展中的悖论式领导，主要针对CEO，此时领导行为面临的悖论是要满足企业发展中的竞争性需求。悖论式领导被界定为领导者采用看似竞争却相互关联的行为，同时或随时间推移满足企业发展中的竞争性需求（Zhang and Han, 2019）。相应地，基于企业发展中的竞争性需求，即解决"当前—未来"悖论及"组织—环境"悖论，Zhang和Han（2019）提出悖论式领导4个维度：①维持短期效率和长期发展（Maintaining both Short-Term Efficiency and Long-Term Development, SL）；②维持组织稳定性和灵活性（Maintaining both Organizational Stability and Flexibility, SF）；③关注股东和利益相关主体（Focusing on both Shareholders and Stakeholder Communities, SS）；④遵守和塑造环境中的集体力量（Conforming to and Shaping Collective Forces in the Environment, CS）。

2.3.3.2.2 悖论式领导与其他领导行为的区别

（1）与权变型领导的区别。悖论式领导概念的提出为领导有效性研究提供了一个新的解读视角——悖论视角。将悖论式领导与权变型领导进行对比，二者在概念、思维逻辑和认识论、方法论假设和管理策略方面存在区别。第一，从概念视角来看，权变型领导更强调情境与领导方式的匹配性，而悖论式领导更强调对矛盾的接受和协同。如前文所述，领导者不可避免需面对一些矛盾需求（如维护决策控制—"A" vs. 允许自主性—"B"），到底选择矛盾哪一端以提高领导有效性是领导者必须面对的决策。传统权变领导理论认为，不存在"最好的领导方式"，其有效性取决于情境，要关注领导方式与情境的匹配性。而基于阴阳哲学理论的悖论式领导更强调矛盾两端之间的联系和相互依赖及在更大系统中共存的可能性（Zhang et al., 2015），如管理者可能通过给予员工更大自主性来维持长期控制。第二，从思维逻辑和认识论视角来看，权变型领导对应"二选一"取舍逻辑（"A"或"B"），如维护决策控制（"A"）或允许自主性（"B"），依赖于情境；悖论式领导采用"二者皆"逻辑（既"A"又"B"），认为矛盾是内在的，在行为上同时接受、整合并协同矛盾需求两端（Waldman and Bowen，2016），利用矛盾取得成功。第三，从方法论假设和管理策略视角来看，领导者基于权变视角将时空线性和定量化（Smith and Lewis，2011），通过时空分离方式选择矛盾一端（"A"或"B"），采取分化管理策略；而悖论式领导关注矛盾需求之间相互关联性（Lewis，2000），不仅支持短期分化，也强调矛盾需求的整合协同管理策略。

当然，在面对矛盾需求时，悖论视角并非要替代权变理论，而是"一个补充选择"（a Complementary Alternative）（Smith and Lewis，2011：396）。在短期内解决包含有限变量且较稳定问题时，权变理论更具价值。然而随着环境变化加速，个体或组织不得不在矛盾需求间频繁转换，甚至同步展开，这可能限制了单一策略的有效性。此外，复杂多变的环境也使组织边界模糊，更多"混合"（Hybrid）组织正在出现，明确寻求同时实现利润和社会目标等多重矛盾需求。可见，高动态环境打破了时间线性及空间边界，对"二者皆"要求越高。权变方法可能过度简化更复杂和动态性情境，无法关注更全面信息（Smith and Lewis，2011），而悖论式领导在更为复杂的环境中能同时接受和协同矛盾两端，随时间推移动态地与环境复杂性共存（Zhang et al.，2015），在处理复杂多元问题方面更有效。

（2）与双元型领导的区别。最初 Rosing 等（2011）将双元型领导（Ambidextrous Leadership）界定为领导者培养探索和利用的能力，以及在两者之间灵活切换的能力，后来学者将双元型领导结构扩展到惯例视角（变革型和交易型领导）、权力视角（授权领导和命令式领导）等（赵红丹、郭利敏，2017）。作为复杂多变环境下应运而生的两种新型领导，都需同时解决看似竞争却皆重要的目标。然而，二者存在一些差异，具体体现在以下几个方面：第一，二者理论基础不同（彭伟、李慧，2018）。双元型领导以组织双元理论和权变理论为基础，强调领导者需平衡并根据需要在两种领导风格（如开放式和封闭式领导、变革型和交易型领导）之间灵活切换（Rosing et al.，2011；罗瑾琏等，2016）；而悖论式领导则以东方阴阳理论及悖论理论为基础，强调不仅关注矛盾目标冲突性，更要关注其关联性，从整体视角统一协调和整合矛盾目标（Zhang et al.，2015）。相对于双元型领导的平衡特征，悖论式领导更突出体现其协同共存性。第二，尽管两种领导行为均强调两极，但双元型领导两极的内涵相对更广泛。与悖论式领导相互矛盾的两极相比，双元型领导的两极之间不一定是相互排斥的（Putnam et al.，2016），如变革型和交易型领导。第三，二者作用机制不同，双元型领导强调通过追求平衡或妥协发挥作用，而悖论思维强调将对立两极进行协调和结合，即通过"优化或同时追求两极"来发挥协同作用（Waldman and Bowen，2016：321）。第四，双元型领导更强调两极之间的有益补充，像人的左右手一样灵活并用（罗瑾琏等，2016），以更加巧妙地解决竞争目标，带来积极效应；而悖论式领导则可能带来积极和消极"双刃剑"效应。

2.3.3.2.3 悖论式领导的测量

在悖论式领导测量方面，迄今为止学者们开发了两个量表：基层领导者在人员管理中的悖论行为测量以及 CEO 在企业长期发展中的悖论行为测量[①]。

（1）基层领导者在人员管理中的悖论行为测量。Zhang 等（2015）开发了一个包含 22 个题项的悖论式领导测量量表。量表题项来源有二：一是来自已有领导测量量表，如谦卑型领导、变革型领导的"个性化关怀"，即授权领导；二是来自企业领导者和下属访谈中描述的 86 起事件。进而，采用双边设计测量题目形成含 26 个题项的初步量表，经过探索性因子分析，通过对具有交叉载荷题项的修正和删除，最终获得 22 个题项量表（SO 和 UI 各个 5 题项，CA、RF 和 DC 各 4 个题项）。验证性因子分析结果

[①] 由于 Zhang 和 Han(2019)的研究较新，于 2019 年 3 月 25 日在线刊出，已有实证研究的学者们基本采用 Zhang 等(2015)开发的测量量表。

表明，上述五维度二阶因子结构与一阶五因子结构无显著差异，但由于5个维度共同反映了同一高阶因子——领导者行为同时满足竞争性结构需求和员工个人化需求，故二阶因子结构更优（Zhang et al., 2015），各分量表一致性系数均在0.84以上。

（2）CEO在企业长期发展中的悖论行为测量。Zhang和Han（2019）开发了一个包含20个题项的悖论领导量表。基于概念化和25位高管访谈，形成含24个题项的初步量表，通过探索性因子分析删除了4个交叉载荷题项，最终保留20个题项测量悖论式领导4个维度，每个维度含5道题。验证性因子分析结果进一步表明上述四维度二阶因子结构与一阶四因子结构无显著差异，但由于四维度共同反映了同一高阶因子——领导者行为同时指向企业长期发展，故二阶因子结构更优。各分量表Cronbach's α系数均在0.84以上。

2.3.3.3 悖论式领导相关研究综述

通过对已有文献深入梳理发现，虽然悖论式领导的内涵、维度、测量等已有初步界定，学者们的理论和实证探讨取得了一些关键成果，但由于该主题研究尚处于起步阶段，研究成果较为分散，缺乏系统分析框架来有效整合与拓展已有研究成果。因此，本书从悖论式领导前因、作用效果及作用机制三方面，结合个体、团队及组织三层面，提炼出一个整合分析框架（见图2-6），对现有研究成果进行梳理和述评，希望为悖论式领导未来研究拓展提供整体性参考。

2.3.3.3.1 悖论式领导前因研究

由于悖论式领导研究尚处于起步阶段，和探讨其作用效果相比，目前直接探讨悖论式领导前因的研究非常少，已有研究的内容主要包括领导者个体认知因素（包括整体思维、综合复杂性、长期导向）及组织情境因素（包括组织结构和环境不确定性）。

（1）个体认知因素。从个体认知视角出发，具有整体思维（Holistic Thinking）的领导者可能认为悖论矛盾两端皆正确（Choi and Nisbett,

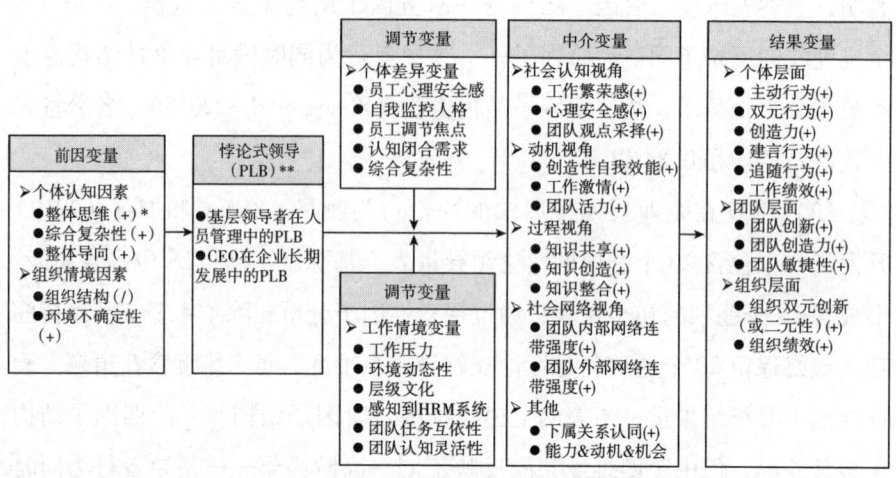

图 2-6 悖论式领导研究现状整合分析框架

注：*.（+）表示显著正相关，（/）表示相关性不显著；**.该表中提到的两类 PLB 是已有研究探讨过的，但并不表示只有这两类悖论式领导行为。

资料来源：笔者研究整理。

2000），更可能将矛盾两端相互关联并加以整合，寻找动态共存可能性；领导者综合复杂性（Integrative Complexity）程度越高，越容易对不同观点持开放态度，接受并寻求综合解决方案；而长期导向高层领导者在决策和采取行动时会同时考虑现在和未来。Zhang 等（2015）研究支持了整体思维和综合复杂性对人员管理中悖论式领导的显著预测效应，但关于长期导向是否影响悖论式领导有待进一步探讨（Zhang and Han, 2019）。此外，武亚军（2013）以华为领导者任正非为研究对象，通过扎根理论发现其思维具有"战略框架式思考""认知复杂性""悖论整合"等特征，进一步分析了中国转型经济中企业领导者的上述悖论思维模式影响企业经营战略发展、制度创新及管理进步的内在机制，该研究间接支持了悖论式领导的个体认知前因。

（2）组织情境因素。除个体差异外，情境也是领导行为形成的重要驱动因素。已有研究关注了组织结构和环境不确定性两种情境因素。Zhang 等（2015）基于情境视角认为与机械化组织结构相比，有机结构下领导者更可能在人员管理中表现出悖论领导行为,然而实证研究结果发现组织结构作为悖论式领导前因并不显著。此外,Zhang 和 Han(2019)提出环境不确定性可能会激励高管在矛盾的时间和社会关系框架中采取行动,然而作为领导行为的远端预测变量,环境不确定性对企业发展中的悖论领导是否存在影响及如何影响等问题还有待进一步验证。

综上,关于悖论式领导前因的研究还非常有限,已有研究仅证明了个体认知因素对悖论式领导的影响,但研究结论之间存在一定程度的不一致,可见有必要进一步探讨其背后的形成机制。此外,尚需更多研究结合组织内外部情境进一步探讨悖论式领导前因。总之,需从多层次多视角进一步探讨悖论式领导的影响因素,并深入挖掘其背后的形成机制。

2.3.3.3.2 悖论式领导作用效果研究

目前学术界对悖论式领导作用效果的探讨主要围绕员工工作行为和工作绩效,少量研究关注了团队创新和组织双元创新等。

(1)员工工作行为和工作绩效。国内外关于悖论式领导作用效果的研究更多建构在员工个体层面,聚焦于员工主动性行为、双元行为、创造力、建言行为、追随行为及工作绩效。

员工主动性行为指个体自觉预测并针对工作系统或工作角色中的变化采取行动(Griffin et al.,2007),这种行为在复杂多变环境下对组织生存和发展至关重要。Zhang 等(2015)发现悖论式领导通过向员工展示如何接受和拥抱复杂环境中的矛盾,并且同时平衡高工作要求和高自主性,从而促进下属的熟练工作行为、适应性行为及主动性行为。彭伟、李慧(2018)以中国 10 家高新技术企业的实证数据为基础,也发现悖论式领导对员工主动行为具有显著促进作用。

员工双元行为指个体在工作中对探索和利用活动兼顾且平衡(Kauppila and Tempelaar,2016)。Kauppila 和 Tempelaar(2016)基于芬兰 34 个组织员工数据,发现当部门经理既给予员工高管理支持又对其抱有高绩效期望,即表现出悖论式领导行为时,员工会表现出更明显的双元行为,且当员工学习导向较高时,悖论式领导对员工双元行为的影响最显著。王朝晖

(2018)基于中国山东和深圳2家大型酒店数据，也发现悖论式领导有助于促进一线服务员工的双元行为。可见，无论是西方还是中国样本，研究结论一致支持悖论式领导对员工双元行为的积极影响。

员工创造力是指个体产生关于产品、服务、进程和程序的新颖、有用的想法的过程（Amabile，1996）。已有研究关于悖论式领导与员工创造力之间的关系存在不一致结论。一方面，有研究发现悖论式领导有助于提高员工创造力（Yang et al.，2019；苏勇、雷霆，2018）。比如Yang等（2019）以中国企业领导者和员工为样本，基于自我决定理论，实证研究发现悖论式领导通过激发员工工作繁荣感进而增强了员工创造力。苏勇、雷霆（2018）的研究结果也进一步支持了悖论式领导对员工创造力的促进效应。另一方面，Shao等（2019）基于荷兰和德国的数据，发现高工作压力下，对于综合复杂性较高员工而言，悖论式领导促进其创造力提升，而对综合复杂性较低员工而言，悖论式领导阻碍其创造力提升。

造成上述不一致结论的可能原因包括：第一，样本差异所致。正如Shao等（2019）提到的，其研究是首批验证悖论式领导在西方情境下影响的研究之一。悖论式领导概念的提出是基于中国阴阳哲学理论（Zhang et al.，2015），该研究证明了悖论式领导在西方（欧洲）情境下的有效性，但也发现了其消极效应。第二，悖论式领导不同维度可能存在不同作用。与其他研究考察领导总体悖论行为的作用不同，Shao等（2019）只关注了与创造力密切相关的2个维度——RF和CA。那么，悖论式领导不同维度是否存在不同作用效果，这种积极领导是否具有"双刃剑效应"，未来研究需进一步探讨。第三，悖论式领导的积极效应是存在边界条件的。Shao等（2019）在探讨悖论式领导对创造力的影响时，同时考虑了两个边界条件——情境因素（工作压力）及下属差异（综合复杂性），研究表明悖论式领导仅在特定条件下起到积极作用。因此未来需进一步探讨悖论式领导起作用的边界条件，即何时（When）及对谁而言（for Whom）悖论式领导表现出积极（消极）效应。

员工建言行为及追随行为均是近年来被学者们关注较多的问题。员工建言在组织中被界定为一种行为而非感知或态度,指为帮助组织改善情境,提升效率而进行的建设性、以变革为导向的建议提出及交流沟通(Ng and Feldman,2012)。李锡元等(2018)以社会交换和社会信息加工理论为基础,发现悖论式领导有助于促进员工建言行为,包括促进性建言行为和抑制性建言行为。进一步,Jia 等(2018)研究则发现悖论式领导有助于有效整合和向下属解释冲突的社会信息,从而激发下属的追随行为。可见,已有研究支持了悖论式领导对员工建言行为和追随行为的积极影响,未来还可进一步关注悖论式领导对员工其他行为的影响,比如员工的适应性行为。

除影响员工工作行为外,已有研究进一步探讨了悖论式领导对其工作绩效的影响。如 Zhang 等(2015)发现悖论式领导有助于提高下属工作熟练度;She 和 Li(2017)以关系认同理论为基础,发现中国企业悖论式领导积极促进下属工作绩效提高。Zhang 等(2016)发现悖论式领导促进员工创新绩效提高。上述研究中员工工作绩效具体表现虽不相同,但研究结果都证明了悖论式领导的积极影响。

(2)团队创新和创造力。团队创新指将有益于团队的创意、产品和流程等有意识地引入并加以应用(West and Wallace,1991)。随着组织所面临的外部环境日趋复杂多变,创新过程中包含了更多的矛盾和张力,团队创新趋向显著的二元整合趋势(罗瑾琏等,2017)。罗瑾琏等(2015,2017)以创新相关理论、社会学习理论、亲社会动机和团队过程理论为基础,发现悖论式领导对不同类型团队创新均具积极影响,并进一步从不同视角揭示了其背后的作用路径及深层作用机制。Zhang 等(2016)的研究进一步支持了悖论式领导对团队创新的积极影响。此外,Li 等(2018)以中国两个国有银行金融研究中心团队为样本,也发现悖论式领导能帮助多样化团队克服"分化—整合"(Differentiating - Integrating)悖论进而促进团队创新。可见,上述研究一致认为悖论式领导对团队创新具有积极促进作用。

团队创造力指"团队成员共同呈现的有关服务、产品、流程和程序等新颖且有实用价值的想法"(Shin and Zhou, 2007)。彭伟、马越（2018）研究发现悖论式领导在权力分配授予、处理上下级关系、对待不同特质团队成员、团队任务执行及决策过程中，均能兼顾看似矛盾却又相互联系的行为，发挥二元整合效能，从而有效提升团队创造力。Liu 等（2017）则发现悖论式领导与认知多样性交互影响团队创造力，当悖论式领导行为较规范时，认知多样性正向影响团队创造力；反之则反是。可见，在复杂多变的环境中要想促进团队创新并提升其创造力，悖论式领导是非常关键的领导行为，但仍需考虑悖论式领导起积极效应的边界条件。

（3）团队敏捷性。在复杂多变环境下，敏捷性问题也受到了学者们关注，已有研究从理论上提出悖论式领导行为与团队敏捷性之间的关系（Mammassis and Schmid, 2018）。为促进方便、实用的软件开发，Mammassis 和 Schmid（2018）提出一个理论模型，认为权力不对称和悖论式领导交互作用并影响软件开发团队的敏捷性。具体来说，权力不对称可能会降低软件开发团队敏捷性，但若团队领导者表现出悖论式领导行为，有助于将权力不对称转化为积极因素，进而提高软件开发团队的敏捷性。但是该研究尚停留在理论层面，需更多实证研究加以验证。

（4）组织双元创新能力和组织绩效。组织双元创新能力或组织二元性（Organizational Ambidexterity）指组织能够有效地利用现有市场机会，同时创造和创新以应对未来市场挑战的能力（Patel et al., 2013），即同时进行利用式创新与探索式创新的能力，有效处理二者矛盾从而获得持久竞争优势。已有研究提出通过结构分离实现组织双元创新，但这在一定程度上只关注了二者对立却忽略了其相互关联性，因此学者们提出基于悖论视角看待组织双元创新。将悖论式领导与组织双元创新相结合，付正茂（2017）研究发现悖论式领导扮演了更能整合矛盾需求的"双元行为榜样"角色，进而推动组织双元创新能力，即悖论式领导对利用式创新和探索式创新均具有正向促进作用。王彦蓉等（2018）则通过案例研究，将华为作为研究对象，运用扎根理论进行编码分析，进一步支持了悖论式领导对组织二元性的促进作用，并揭示了悖论式领导对组织二元性的作用机制。除能够促进组织双元创新外，Zhang 和 Han（2019）还发现悖论式领导能促进企业研发投资、市场份额和企业声誉提升，但与企业利润增长之间相关性不显著，因此悖论式领导在一定程度上对组织绩效也有重要推动作用。可见，已有研究开始关注悖论式领导对组织发展和创新的影响，但仍需更多研究关注其背后的作用过程及边界条件。

综上，关于悖论式领导作用效果的已有研究取得了一定成果。从现有研究关注结果变量来看，无论是员工主动性行为、双元行为、创造力，还是团队创新及敏捷性，抑或组织双元创新能力等，几乎都是复杂多变环境下的关键变量，已有研究结果基本都支持了悖论式领导的积极作用，可见悖论式领导对当前处于复杂多变环境下的组织管理是一把极为关键的"利之刃"。然而，已有研究却不同程度地忽略了悖论式领导也可能带来消极影响，即"伤之刃"，比如对综合复杂性较低的员工，当其面临高工作压力时，悖论式领导反而会降低其创造力（Shao et al., 2019）。因此，未来研究需进一步关注悖论式领导的"双刃剑"效应及其作用机制。

2.3.3.3.3 悖论式领导作用机制研究

（1）中介机制。根据文献综述，悖论式领导对结果变量作用的中介机制主要基于社会认知、动机、过程、社会网络等视角。

第一，基于社会认知视角探讨悖论式领导对结果变量作用的中介机制。悖论概念背后反映的就是一种认知模式，因此多数已有研究从社会认知视角对悖论式领导如何发挥作用进行了阐述，具体包括个体认知和集体认知。在个体认知方面，Yang 等（2019）发现悖论式领导会通过员工的工作繁荣感影响下属行为；杨柳（2019）发现悖论式领导会通过员工的心理授权影响下属行为；李锡元等（2018）发现悖论式领导会通过员工的心理安全感影响下属行为；王朝晖（2018）进一步发现下属心理安全感和工作繁荣感在悖论式领导和员工双元行为的关系中起同步和连续中介作用。基于自我决定理论，个体都有 3 种基本需求——自主性、能力及关系需求（Deci and Ryan, 2000），而悖论式领导的 5 个维度可以满足下属这 3 种需求从而提升下属活力，提高下属工作繁荣感，进而影响员工创造力（Yang et al.，2019），同时也有助于激发下属对工作自主性、工作意义、工作胜任等方面的积极感知，提高下属心理授权感，从而加强工作投入（杨柳，2019）。此外，基于社会信息处理理论，个体周围环境因素会影响其态度和行为，悖论式领导给下属构建了开放和支持的环境，有助于提高下属心理安全感，进而促进其建言行为（李锡元等，2018）。

在集体认知方面，研究发现悖论式领导对团队创新绩效的集体认知间接作用路径——团队观点采择（Li et al.，2018）。团队观点采择指团队成员通过这个过程努力从其他成员视角理解世界（Hoever et al.，2012）。由于悖论式领导尊重并欣赏所有成员的观点和贡献，团队成员会模仿领导行为，同时悖论式领导也为成员提供了相对自主的工作环境，这些均促进了团队观点采择，进而有助于提高知识多样性团队创新绩效（Li et al.，2018）。

第二，基于动机视角探讨悖论式领导对结果变量作用的中介机制。一些研究发现悖论式领导通过影响员工"冷""热"动机进而影响员工的工作行为和绩效，基于动机视角的中介变量包括创造性自我效能、工作激情及团队活力。Parker等（2010）将动机分为"冷"（Cold）动机和"热"（Hot）动机，前者包括"能做"动机和"应该做"动机，源于个体的自我效能感等认知方面；后者包含"有热情去做"的动机，更多是由激活的情感状态而驱动的。基于Parker等（2010）的分类，创造性自我效能属于认知驱动的"冷"动机，而工作激情以及团队活力属于情感驱动的"热"动机。作为认知驱动的"冷"动机，创造性自我效能指个体相信自己拥有能够产生创造性结果的技能和能力的一种信念，研究发现悖论式领导通过自身建设性处理矛盾、为下属营造自主性环境、提供支持等方式增强员工内在动机，降低创新过程中的压力，从而提高员工创造性自我效能感，进而激发其创造力（Shao et al.，2019）。作为情感驱动的"热"动机，工作激情指个体对工作本身强烈喜欢的情感倾向（Vallerand et al.，2010），而团队活力则反映了团队成员对团队的满意度及留在团队中的意愿，是团队长久持续发展的关键情感驱动要素（Balkundi and Harrison，2006）。苏勇、雷霆（2018）研究发现了工作激情对悖论式领导与员工创造力关系的中介效应；罗瑾琏等（2017）则证明了团队活力对悖论式领导与团队创新关系的中介效应。可见，已有研究表明悖论式领导通过激发员工动机，包括认知驱动的"冷"动机及情感驱动的"热"动机，可以提高员工创造力及团队创新能力。

第三，基于过程视角探讨悖论式领导对结果变量作用的中介机制。除社会认知和动机作用机制外，悖论式领导还通过影响团队创新过程（知识创造和知识整合）及组织知识管理过程（知识共享），进而影响团队和组织创新。团队创新过程包含创意产生所代表的知识创造和创意执行所代表的知识整合两个阶段，但在资源和时间有限情境下，知识创造和知识整合面临两难困境难以兼得，而悖论式领导则有助于满足多重化和差异性竞争需求从而协调二者矛盾，进而促进团队创新（罗瑾琏等，2015）。此外，作为组织知识管理过程，知识共享指在整个部门或组织中交换员工知识、经验和技术，帮助他人并与他人合作解决问题，发展新思路。悖论式领导通过对待下属一视同仁且允许个性化、控制与柔性并存方式，增强组织成员分享知识的动力和意愿，因此知识分享是悖论式领导促进组织双元创新的一个重要作用机制（付正茂，2017）。

第四，基于社会网络视角探讨悖论式领导对结果变量作用的中介机制。少量研究从社会网络视角研究了悖论式领导对结果的作用机制。作为嵌套于组织的员工，其认知和行为会受到所在团队网络结构的影响，尤其在注重"关系"文化的中国组织情境下，基于社会网络视角探讨悖论式领导对结果的作用机制较为关键。已有研究表明，悖论式领导通过兼顾看似对立却又相互关联的行为，在团队中起到模范作用，营造和谐氛围，促使团队成员加强互动和交流，在一定程度上愿意、有能力且有机会与团队成员甚至团队外成员结成较强的连带关系，进而促进员工表现出主动行为，并且提高团队创造力（彭伟、马越，2018）。

第五，悖论式领导对结果变量作用的其他中介路径。还有研究从其他视角揭示了悖论式领导对结果的中介机制。例如，基于社会认同视角，研究发现悖论式领导通过影响下属关系认同促进下属绩效（She and Li，2017）；还有研究运用扎根理论，以华为及任正非为研究对象，建构了悖论式领导通过不同人力资源管理实践（AMO）对组织二元性的影响过程模型，揭示了悖论式领导影响组织二元性的三条并行路径——能力（培训体系、招聘体系、职业生涯管理）、动机（薪酬体系、绩效体系、企业文化、财务管理系统）、机会（组织结构、流程管理体系、合理配置资源）（王彦蓉等，2018）。

（2）调节机制。已有研究除探讨悖论式领导对结果的中介机制外，还引入了不同调节变量，进一步探讨悖论式领导发挥作用的边界条件，具体包括个体差异变量（包括员工心理安全感、自我监控人格、员工调节焦点、认知闭合需求等）和工作情境变量（包括工作压力、环境动态性、层级文化、感知到的 HRM 系统、团队任务依赖性及认知灵活性等）。具体综述如下：

第一，个体差异变量作为悖论式领导发挥作用的边界条件。Yang 等（2019）基于自我决定理论，研究发现心理安全感较强时，悖论式领导通过工作繁荣感对员工创造力的间接影响显著，而心理安全感较弱时，上述间接影响不显著。此外，苏勇、雷霆（2018）发现工作激情对悖论式领导与员工创造力之间的关系起到部分中介作用，且员工自我监控人格水平越高，悖论式领导通过工作激情影响员工创造力的作用越强，反之则越弱。李锡元等（2018）基于社会信息加工理论，引入员工调节焦点作为调节变量，调节焦点分为关注积极目标的促进型焦点（Promotion Focus）和关注消极目标的防御型焦点（Prevention Focus），发现高促进焦点员工更可能感知到悖论式领导为其提供的包容性的工作环境从而提高心理安全感，继而促进员工建言行为，反之，对于高防御焦点员工来说，上述间接影响会变弱。最后，She 和 Li（2017）基于关系认同理论，引入认知闭合需求作为调节变量，发现当员工认知闭合需求水平较低时，悖论式领导行为对下属关系认同的影响更大。

第二，工作情境变量作为悖论式领导发挥作用的边界条件。基于权变领导理论，已有研究还发现工作情境变量也是影响悖论式领导起作用的重要条件。具体来说，刘善堂等（2015）研究发现环境动态性对悖论式领导与团队创新关系存在调节效应，即环境动态性越高，悖论式领导对团队创新的正向影响越强。进一步，罗瑾琏等（2017）基于动机信息处理及认知视角，引入团队任务依赖性及团队认知灵活性作为悖论式领导影响团队创新的边界条件，研究发现团队任务依赖性越强，团队认知灵活性越高，悖论式领导对团队创新的积极影响就越强，并进一步支持了团队任务依赖性与悖论式领导的交互作用通过团队活力这一中介变量，进而影响团队创新，即支持了有中介的调节效应（Mediated Moderation）。彭伟、李慧（2018）基于社会网络关系视角的研究发现，上下级关系会削弱团队内部网络连接强度对员工主动行为的影响。此外，Shao 等（2019）研究发现当工作压力很大和综合复杂性很高时，悖论式领导在提升员工创造力方面最为有效，当综合复杂性较低时，无论工作压力大小，悖论式领导在提升员工的创造性自我效能感和创造力方面效果都较差。

（3）其他作用机制。还有少数学者将悖论式领导作为调节变量引入研究中。Kauppila 和 Tempelaar（2016）探讨了悖论式领导对员工学习导向与双元行为之间的调节效应，发现当悖论式领导行为及员工学习导向都高时，员工双元行为表现最明显。Liu 等（2017）研究发现悖论式领导与团队认知多样性交互影响团队创造性角色身份，进而激发团队创造力。Li 等（2018）研究表明悖论式领导行为对团队专业知识多样性与团队创新绩效之间的关系起到调节作用，当悖论式领导行为普遍存在时，具有专业知识多样性的团队表现出更高创新绩效。

综上，学者们已尝试揭示悖论式领导的作用机制，并取得了一定研究成果。但目前关于悖论式领导作用机制的研究较少，尤其是对悖论式领导起作用的边界条件探讨相对较少。此外，已有研究多采用单一视角，缺乏多视角互动研究，这为深入挖掘和剖析悖论式领导作用机制创造了更大的研究空间。

2.3.4 小结

通过总结在 VUCA 环境下的 3 种主要领导行为，即变革型领导、共享型领导和悖论式领导，可以看出这 3 种领导行为均是在不确定性环境的背景下产生的。那么环境究竟会如何影响 3 种领导行为的有效性，其中的作用机制可能又是什么，值得进一步思考。

2.4 现有研究总体评述

本节将对领导理论已有研究现状进行总结，并且对已有研究的不足进行述评，进而提出领导研究的未来发展趋势。

2.4.1 领导研究现状小结

综合以上对领导理论现有研究的回顾和评述，领导理论的发展演变趋势表明，领导力研究学者从最早试图探讨在任何情境下都普遍适用的有效的领导者特质，到试图寻找普适有效的领导行为风格，再到结合情境因素的权变领导理论，进而以综合视角全面探究领导者特质、行为、情境因素对领导有效性的系统影响，可见学术界对领导力及其有效性的认识逐步系统深入，并将这些系统化的研究成果积极应用到实践活动中。综观已有领导研究，无外乎是从领导者特质、行为、其所处的情境以及这几方面的相互组合对领导有效性的作用展开的。通过上述相关研究回顾，我们将对领导研究现状进行如下总结：

首先，研究视角的多元化。领导研究的范式不断呈现出多视角多元化趋势。从最初个体层面单纯研究有效领导者的特质和行为，发展为权变和综合地引入情境要素，进而扩展为多取向多层次的综合研究，充分显示出领导理论从简单到复杂、从孤立到系统的发展规律。同时，可以看出某些理论呈现出多研究视角和跨研究层面的交叉互补。

其次，领导研究对情境因素的日趋重视。不难看出，各个阶段的理论都具有鲜明的时代性，领导理论的发展与社会、文化和组织的发展与变化紧密相连。更重要的是，情境因素的考虑和权变研究方法的使用在领导理论的发展中起到了至关重要的作用。

再次，对领导特质理论的重新重视。复兴后的领导特质理论中相当一部分研究将领导者特质与行为结合起来对领导有效性进行探讨。在研究历史回顾中，我们发现相当部分的研究开始不只是研究特质和结果，或行为和结果的简单范式，而是把领导者特质、行为以及结果放在一个模型中来研究其与领导有效性的关系。

最后，领导领域本土化研究的崛起。许多对中国领导问题感兴趣的学者，不仅在做把有关西方领导理论放在中国背景下的验证研究，还大胆地开始进行本土化的领导特质和行为的探索，这对丰富中国领导理论研究并提高实践中领导的有效性必将产生深远的影响。

2.4.2　领导研究不足以及发展趋势

通过领导理论的研究历史及研究现状分析的回顾和述评，我们发现，尽管该领域的学者们已经得出了很多有价值的研究结论，但是依然存在一些问题。

首先，领导系统内部要素之间的相互作用机理尚不清楚。尽管现有研究已经基于多元化的视角系统探讨领导有效性的发展规律，但是关于系统内部各要素——领导者特质、行为、情境、领导有效性——之间的相互关系尚不明确。未来的研究需要进一步探讨这些领导系统要素之间的相互关系以及背后的作用机理。

其次，情境依赖问题。权变模式将领导者所处的情境引入研究中，无疑给领导研究带来了质的突破。然而，在早期的权变理论中，无论是将情境与领导者行为相结合，还是仅仅将情境与领导者特质相结合，都无法深入探讨具体情境下领导者特质、领导行为对领导有效性的共同作用及相应的作用机制。因此，未来研究需要进一步探讨具体情境下领导者特质、行为如何作用于领导有效性。

最后，复兴后的领导特质理论依然需要进一步深化。虽然过去的研究结果表明了领导者特质、领导行为对领导有效性具有重要影响，但是仍然没有阐述清楚为什么会存在这种影响，因而难以有效解释领导者特质或行为对领导结果起作用的影响机制，这一点突出反映在领导产生机制和作用机制等问题上。未来的研究需要进一步探讨具体情境下领导的产生机制和作用机制。

领导特质理论在 20 世纪 90 年代末重新得到重视之后，研究者们提出，复兴后该领域的研究应该集中探讨与领导有效性相关的个体特质，是由于"有效性是判断领导者的关键标准"（Hogan, Curphy, and Hogan, 1994: 494）。而且，随着 20 世纪 90 年代以来领导者所处的管理情境愈加复杂多变，领导者特质在预测领导有效性时将更具有决定性作用（Jacobs and Jaques, 1990; Zaccaro, 2001; Zaccaro, Kemp, and Bader, 2004）。比较著名的魅力型领导理论实质上是对特质理论的回归。最新的研究趋势也表明，领导的个体特质在领导有效性的研究中始终是一个非常重要的影响因素。魅力型领导理论、变革型领导理论等这些当今最流行和最受领导研究者们青睐的理论，也都体现出对特质的重视以及对领导特质、行为、情境综合考虑的必要性，这些研究代表了当今领导理论的发展方向。在此基础上，领导特质理论得到了很大发展，将特质、行为和情境结合起来研究的呼声也越来越高。根据 Avolio（2007）关于"以更加综合的研究途径来提高领导的科学研究和领导实践"的呼吁，系统地将领导者特质、行为、情境结合起来探讨领导有效性，应当成为未来研究的主要关注点。

正是在这样的研究背景下，本书确定了在基于 VUCA 环境探讨领导特质以及行为对领导有效性的作用机理这一思想指导下开展研究，力求为系统研究领导各要素之间的关系作出自己微薄的贡献。

3 VUCA环境对领导有效性影响的底层逻辑探究

VUCA时代，不确定性成为常态，企业领导者想要更好地发挥领导作用，就必须充分考量环境这一因素。由于同时考量这4种环境特征太过于复杂，故而本书仅把环境不确定性作为主要关注对象，试图剖析其对领导有效性的影响与作用机制。

3.1 环境不确定性的概念界定

3.1.1 环境不确定性的内涵及外延界定

环境不确定性，是指影响公司绩效的环境或者组织变量的不可预测性，相关信息的不充分或者不恰当（Duncan，1972；Milliken，1987）。相关研究基于3个角度探讨环境不确定性，即客观环境不确定性、感知环境不确定性或者同时关注客观和感知环境不确定性。Duncan（1972）强调了在研究环境不确定性时感知的重要性，因为感知在决定领导者如何响应环境时起了显著作用。然而，Milliken（1987）指出，关于环境不确定性的概念界定模糊导致研究结果存在不一致。进而，Milliken区分了领导者在试图理解和响应组织中的环境变化时面临的3种类型的环境不确定性——状态不确定性（State Uncertainty）、影响不确定性（Effect Uncertainty）以及响应不确定性（Response Uncertainty）。状态不确定性指的是管理者缺乏环境特征的信息；影响不确定性指的是管理者缺乏环境事件、变化或者变化趋势将如何影响特定组织的信息；响应不确定性指的是缺乏预测相应选择决策的可能结果的信息。研究表明这 3 种不确定性的本质是不同的，而无法区分它们导致了研究结果的不一致（Ashill and Jobber，2010；Doty et al.，2006）。

3.1.2 环境不确定性的挑战及应对逻辑

在稳定环境下，领导者的行为可能不需要大的变化，或者更多采用传统领导行为即可。但是在环境不确定性成为常态的今天，领导者想要更好地激励员工、管理团队，可能就需要根据不同的情境来调整自己的行为，尤其是在当下，随着数字化、不确定性等成为环境变化的代名词，领导者更需要作出适应情境的管理决策。

那么，环境不确定性会如何对领导者的行为及其有效性产生影响呢？可能首先需要界定清楚影响领导有效性的情境包括什么，是内部的还是外部的，是经济因素还是社会因素，是组织层因素还是个体层因素。然后再去剖析不同情境对领导者有效性的影响，同时需要考量情境因素会直接影响领导有效性，还是会与不同的领导行为共同作用于领导有效性，或者领导者的行为在不同的情境下本质是否会发生变化，从而形成新的领导行为，进而影响领导有效性。下一节将对情境对领导有效性的影响机理进行剖析。

3.2 情境对领导有效性的影响机理研究

3.2.1 问题的提出

情境（Context）在领导研究中被界定为一种环境（Milieu）——"领导被观察的物理和社会环境"（Liden and Antonakis，2009）。情境是多变的，对组织行为和领导的解读离不开情境（Johns，2006）。自从 20 世纪 50 年代至 60 年代领导情境（权变）学派将情境变量引入领导研究中，领导研究逐步转向权变研究。权变理论着重研究情境与领导行为的相互作用，试图了解在特定情境下采取什么样的领导行为最为合适。权变模式将领导者所处的情境引入研究中，无疑给领导研究带来了质的突破，成为领导研究进程中重要的转折点（Shamir and Howell，2018；Porter and Mclaughlin，2006）。之后的一些新型研究学派也对情境因素给予了很多关注（Carterdr et al.，2015）。总之，国内外的学者在注重领导研究"情境依赖"的特征上趋向一致（Oc，2018；Zaccaro et al.，2018；Liden and Antonakis，2009；Shamir and Howell，2018；Osborn，Hunt，and Jauch，2002；韩巍、席酉民，2012）。比如 Shamir 和 Howell（2018）提出"领导研究不仅要反映领导者个体特征及行为，也要关注影响领导产生和有效性的情境因素"；Osborn 等（2002）指出领导和有效性之间的关系很大程度上依赖于情境，"情境改变领导就会改变……"。

尽管随着领导情境（权变）学派的出现，情境化研究近年来在领导领域逐渐受到重视，有更多的研究开始关注情境因素（Context Factors）的影响，但是已有研究还存在一些不足。比如，影响领导有效性的重要情境因素有哪些？情境对领导有效性有哪些影响？情境与领导力其他要素如何共同影响领导有效性？基于这些思考，我们对近21年（1995—2015年）[①]来国内外组织行为、管理及领导研究领域与领导研究密切相关的21种学术期刊[②]进行了文献检索，并进一步对中西方领导情境相关的文献进行内容分析和述评。具体来说，分别以"Leadership""Leader""CEO""Entrepreneur"和"Entrepreneurship"为检索词在14种英文学术期刊上进行题名和关键词检索，同时分别以"领导""领导者""CEO""企业家"和"企业家精神"为检索词，在7种中文学术期刊上进行题名和关键词检索。我们

[①] 具体时间节点为：1995年1月1日至2015年12月31日。

[②] 英文期刊包括14种：*Academy of Management Journal*、*Academy of Management Review*、*Administrative Science Quarterly*、*Human Relations*、*Journal of Applied Psychology*、*Journal of Management*、*Journal of Organizational Behavior*、*Organizational Behavior and Human Decision Processes*、*Organization Science*、*Organization Studies*、*Personnel Psychology*、*Strategic Management Journal*、*The Leadership Quarterly*、*American Psychologist*；中文期刊包括7种：《管理世界》《南开管理评论》《心理学报》《管理学报》《心理科学进展》《外国经济与管理研究》《管理评论》等。

剔除了四大类文献：一是非组织环境中的领导相关研究（比如政治领导者的研究）；二是研究方法、元分析等相关文献；三是书评类相关文献；四是领导相关概念非核心的研究。最终得到与领导研究密切相关的文献1580篇。通过对文献内容进行编码①，我们发现其中不涉及情境的文献有1110篇（占70.3%），涉及情境的领导研究文献有470篇（占29.7%）。在涉及情境的470篇领导研究文献中，有324篇与领导有效性相关（占68.9%）。

以下将从3个方面进行具体内容的分析和评述：首先，基于涉及情境的470篇领导研究文献总结归纳了近21年（1995—2015年）来领导领域学者们主要关注的情境要素，指出已有研究不足且提出未来研究思路；其次，具体针对情境对领导有效性影响的324篇相关文献进行了回顾与述评，指出已有研究不足且提出未来研究思路；最后，聚焦到267篇情境与领导力其他要素（如领导者特质、领导行为）对领导有效性影响的相关研究，指出已有研究不足且提出未来研究思路。此外，综合分析了已有研究存在的不足，并且提出未来研究方向，以期进一步推动领导与情境互动研究。

3.2.2 影响领导有效性的情境因素及分类

本部分针对涉及情境的470篇文献进行回顾和分析。首先，研究对470篇情境相关的领导研究文献进行了总体描述分析。从中英文文献分布看，中文研究文献有124篇（占26.4%），英文研究文献有346篇（占73.6%）。从研究类型来看，理论研究（Conceptual Research）文献有57篇（占12.1%），这类研究通过理论分析认为当前研究不同程度地忽略了情境的作用，同时提出情境的重要性，并且理论上认为一些组织情境变量应该受到关注（Johns，2006；Kark and Van Dijk，2007）；实证研究（Empirical Research）文献有413篇（占87.9%），这类研究通过因果假设将一个或多

---

① 文章作者分别对文献进行编码，不一致的地方经过多次讨论，最终达成一致。

个组织情境变量和领导相关要素（如领导行为、领导有效性等）结合起来，主要关注组织内外环境要素如何与领导要素共同对领导结果产生作用，并且进行经验验证（Zhang, Wang, and Pearce, 2014；谭乐、宋合义、薛贤，2014）。需进一步说明的是，在 413 篇实证类文献中有 382 篇（占 92.5%）为量化（Quantitative）研究，23 篇（占 5.6%）为质性（Qualitative）研究，8 篇（占 1.9%）为量化与质性相结合的研究。

其次，研究对 470 篇与情境相关的领导研究文献在 21 种期刊中的分布进行描述和分析。从文献数量分布来看，在 14 种英文期刊的领导研究中，关注情境最多的 4 种期刊分别为 The Leadership Quarterly（105 篇）、Journal of Applied Psychology（51 篇）、Journal of Organizational Behavior（38 篇）以及 Academy of Management Journal（31 篇），这 4 种期刊涉及情境的文献共为 225 篇，占所有英文期刊情境相关文献的 65.0%。在 7 种中文期刊的领导研究中，关注情境最多的 3 种期刊分别为《管理学报》（36 篇）、《管理世界》（26 篇）以及《管理评论》（22 篇），这 3 种期刊涉及情境的文献共为 84 篇，占所有中文期刊情境相关文献的 67.7%。这种文献分布偏态可能与期刊关注的研究范围以及每期发表文章的数量相关。比如，The Leadership Quarterly 是领导类专业期刊，主要关注与领导相关的研究，而 Academy of Management Journal 以及 Academy of Management Review 等均为综合类期刊，关注与管理相关的多方面问题。此外，不同期刊发表数量也不同，以 The Leadership Quarterly 和 Administrative Science Quarterly 为例，尽管均以发表实证类研究为主，但从 2015 年统计数据来看，The Leadership Quarterly 6 期共发表 82 篇文章，而 Administrative Science Quarterly 4 期共发表 43 篇文章。从文献研究类型分布来看，关注情境文献最多的 4 种英文期刊以实证类研究为主，尤其是 Journal of Applied Psychology 和 Academy of Management Journal，这 2 种期刊中与情境相关的研究全部为实证类研究。而关注情境文献最多的 3 种中文期刊虽然以实证研究居多，但是不同程度地存在一些理论研究，特别是《管理学报》是关注情境文献量最多的中文期刊，占 7 种中文期刊总数的近 1/3。更为重要的是《管理学报》36 篇与情境相关的研究文献研究类型最为丰富，其中理论研究有5篇，实证研究有31篇（其中量化研究有23篇，质性研究有7篇，质性与量化相结合的研究有1篇）。

最后，研究对470篇文献所涉及的情境因素进行了内容分析。通过对上述两类领导研究中所涉及情境的内容分析发现，总体来说研究内容已十分丰富，具体关注的情境因素可以分为组织外情境和组织内情境。组织外情境包括社会文化、经济、政治等；组织内情境又可以分为组织层面情境（包括组织结构、组织文化、组织氛围及状态、环境动态性和不确定性等）、团队层面情境（包括团队氛围、团队凝聚力等）、个体层面情境（包括下属人格、下属情商、价值观等个体差异）及其他情境变量（包括时间、技术类型、工作自主性和多样性等）（见表3-1）。Shamir和Howell（2018）讨论了重要的需要关注的9种不同组织情境因素。Liden和Antonakis（2009）也强调了领导研究中几个非常重要的情境因素，包括国家和组织文化、团队的社会情境、社会网络等。Fry和Kriger（2009）还提出了领导的多重性存在（Being）情境，具体包括5个层面：①物质层面情境（the Physical World）；②符号层面情境（the World of Images and Imagination）；③心灵层面情境（the Level of the Soul）；④精神层面情境（the Level of the Spirit）；⑤非二元层面情境（the non-Dual Level）。该研究认为领导应该基于关注自身的存在而非领导者的行为方式（Doing）或拥有的特质和技能（Having）。Fry和Kriger（2009）提出一种新的情境研究思路，将领导情境与自我（Self）关联在一起，但是该研究仅提出了理论框架。由于该理论中的关键概念有较强的主观性，量化操作5个层面的存在情境具有很大难度，因此进一步实证研究这一理论面临很大挑战。本书通过内容分析总结出的情境因素不仅包括这些已有综述提到的情境因素，还有一些较新的情境因素，比如个体层面的一些情境因素，尤其是发现近年来学者们越来越多地关注环境动态性和不确定性等情境因素。

表3-1 领导研究中涉及的关键情境因素

组织外情境因素	组织内情境因素			
	组织层面情境	团队层面情境	个体层面情境	其他情境变量
社会文化、经济、政治等	组织结构、组织文化、组织氛围及状态、环境动态性和不确定性、组织形式化、组织寿命特征、治理模式、组织政策和组织目标等	团队氛围、团队凝聚力、团队领导者—成员交换差异、团队成员人口统计学差异等	下属人格、下属情商、价值观等个体差异	时间、技术类型、工作自主性和多样性、任务复杂性以及任务类型、社会网络等

资料来源：笔者根据相关文献整理。

总之，关于已有的领导研究中所涉及的情境因素呈现了以下3个方面的特点：①已有研究所关注的情境因素呈现零散与片段化的特点。比如Porter和Mclaughlin（2006）只关注了组织内情境因素，并未涉及组织外情境及个体层面的情境因素，且对于情境影响程度的判定主观性较强。②已有领导研究中基于研究的便利性原则，几乎只关注一些可以量化的情境要素，还有很多重要的情境因素——比如，Fry和Kriger（2009）提出的情境因素——由于无法量化而受到学者们不同程度的忽略。③当前领导研究中涉及的情境要素更多源于西方社会"大情境"中的研究，因此东方社会"大情境"（比如中国）中一些特有情境因素尚未进入研究关注的范围（Tsui，Nifadkar，and Ou，2007）。

3.2.3 情境对领导有效性的影响

正如前文所述，近21年（1995—2015年）来中西方学者关于领导的研究中，我们检索到的关注情境的领导研究文献有470篇，其中与领导有效性相关的研究文献有324篇（占68.9%）。在与领导有效性相关的324篇研究文献中，理论研究文献有29篇（占9.0%），实证量化研究文献有281篇（占86.7%），质性研究文献9篇（占2.8%），量化与质性相结合的研究有5篇（占1.5%）。在中英文期刊分布方面，理论研究、量化与定性相结合的研究在中英文期刊分布基本均衡，但是实证量化研究的英文期刊数量（218篇）为中文期刊（63篇）的3倍多，质性研究英文期刊数量（6篇）为中文期刊（3篇）的2倍。可见，自从权变理论运动兴起至今，国内外的学者在注重领导研究"情境依赖"的特征上趋向一致（Oc，2018；Liden and Antonakis，2009；Tsui et al.，2007）。

我们进一步对既关注情境又关注领导有效性的324篇文献进行内容分析。其中仅有很少的研究（9篇）通过质性视角探讨情境对领导有效性的影响。比如Waldman等（1998）通过3个组织案例，定性研究了变革型领导和组织想要发展提高项目质量之间的关系。研究发现在项目尝试期间，高层领导者表现出变革型领导行为，并且这些行为与项目的成功密切相关。除了9篇质性研究作为"特定情境下的研究"之外，我们发现其余315篇文献中情境对领导有效性的作用，基本可以概括为以下三大类：

第一类研究将情境视为领导有效性的前因变量，该类文献有32篇（占10.2%）。其中英文文献有22篇，中文文献有10篇。尽管不同组织领导者获得了成功的喝彩及失败的指责，然而成功的绩效的确是很多人协作努力的结果。作为一个开放系统，公司目标的达成除了领导者的努力之外，还受到竞争者行动、环境变化、新技术的出现、利率以及货币波动（只是其中的一些变量）等的影响。所有这些因素对于组织有效性都有很大影响，有时反而很难观察到领导的影响。我们称情境的这些直接影响为纯情境理论，并且一些学者总结提出领导是完全虚幻的。这类文献主要是探讨情境对领导有效性的直接影响，主要包括三大类：一是直接探讨情境对领导有效性的影响。比如Podsakoff、Mackenzie和Bommer（1996）提出一些情境因素会替代领导直接影响员工的满意度、组织承诺、组织公民行为等，这些情境因素包括任务类型、任务反馈、组织形式化等。Vroom和Jago（2007）研究表明应该结合情境而非移除情境，研究发现情境解释的变异是个体差异解释变异的3倍之多，强调了情境的重要性。更为明显的是，领导潜能的相对稳定性使得其仅仅在一定程度上影响领导有效性，情境变化性对领导有效性的影响更大（Hackman and Wageman，2007）。二是探讨情境通过领导相关要素影响领导有效性。已有研究表明，团队内外环境因素、组织结构、组织文化等直接影响领导行为风格以及领导有效性。比如 Carson、Tesluk 和 Marrone（2007）的研究表明团队内部环境因素（包括共享目标、社会支持以及建言）以及外部指导影响了共享型领导，进而获得更高的团队绩效。Li 和 Liao（2014）通过跨层次研究发现在团队层面，领导成员交换关系的差异通过团队协作负向影响了团队绩效。Murmford 等（2000）提出的研究模型指出情境对远端特质、领导者技能、问题解决能力及领导有效性的直接影响。三是探讨领导者特质或者行为通过对情境的影响，进而影响领导有效性。已有研究表明，伦理道德型领导、战略型领导、变革型领导等通过影响文化氛围、工作特征等情境因素进而影响领导有效性（Schaubroeck et al.，2012；Piccolo，2010；王辉等，2011）。比如 Schaubroeck 等（2012）研究发现伦理道德型领导通过影响道德文化进而影响员工的道德认知和行为，形成有限的"垂滴（Trickle - Down）效应"。Piccolo 等（2010）研究表明伦理道德型领导通过影响核心工作特征进而影响员工绩效。王辉等（2011）研究发现战略型领导通过影响组织文化进而影响员工态度和企业绩效。

第二类研究将情境视为领导起作用的条件，也可以称之为调节变量或者交互变量，该类文献有 226 篇（占 71.7%），在这三类研究中所占比例最高。其中英文文献有 185 篇，中文文献有 41 篇。具体表现为两个变量之间的关系（如领导风格和领导结果）如何随情境（调节变量）而发生变化。该类研究更多以量化研究的方式呈现。Cronbahc（1957）识别了两种不同心理学科。第一种是实验和社会心理学，关注外在事件对行为的影响。第二种是关注个体差异的测量。个体，包括领导者，在受到相当稳定的特征影响的同时，也受到环境影响。近年来，领导研究领域更多认为领导者特质、行为是否起作用是受到他们所处的情境的影响。此类研究涉及的情境变量较为丰富，包括组织外情境、组织层面情境、团队层面情境及个体层面情境等因素，个体层面情境因素主要为下属的一些个体特质因素。

首先，组织外层面关注较多的起调节作用的情境变量是社会文化。例如，尽管变革型领导普遍情况下与领导者有效性正相关，但 Lowe、Kroeck 和 Sivasubramaniam（1996）发现变革型领导与领导者有效性之间的关系在公共部门组织中比在私有部门组织中显著性更强。Hambrick、Finkelstein 和 Mooney（2005）提出，信任文化是由于信息技术的提高和领导风格的适合匹配产生的。

其次，组织层面关注较多的起调节作用的情境变量包括组织规模、组织类型、组织结构、组织文化及环境动态性和不确定性。近年来，学者们对环境动态性和不确定性的关注度较高（谭乐等，2014；Zhang, Wang, and Pearce, 2014）。经过编码统计，发现在 21 种中英文期刊中，有近 20 篇中英文文献将环境动态性或不确定性作为调节变量引入领导有效性研究中。比如，Zhang 等（2014）基于结构层级理论及特质激活理论，探讨并实证支持了对未来结果的考虑（Consideration of Future Consequences）对变革型领导及领导有效性的影响，且环境动态性对上述关系存在调节效应。再如，谭乐等（2014）以 227 名中国企业中高层领导者为样本，研究并实证支持了变革型领导对领导者信息获取偏好和领导有效性关系的部分中介效应，且环境不确定性对上述间接作用机制存在有调节的中介效应。此外，组织文化也是关注度较高的一种组织情境（王辉等，2011；Wilderom, Berg, and Wiersma, 2012；丁琳、张华，2013），有 10 篇以上中英文文献将组织文化作为调节变量引入领导有效性研究中。比如 Wilderom 等（2012）通过纵向研究设计，实证探讨并支持了组织文化与魅力型领导行为对组织绩效的交互影响。丁琳、张华（2013）采用层次线性模型（Hierarchy Linear Model，HLM）方法，实证研究发现企业文化价值观能够减弱交易型领导对员工创造力的消极作用，支持了企业文化对领导行为与领导有效性的调节效应。可见，近年来领导研究集中关注几个较为重要的组织层面情境变量（环境不确定性和组织文化等），对于其他组织层面情境变量的关注较为均衡。

再次，团队层面关注较多的起调节作用的情境变量包括团队异质性、团队任务复杂性、团队氛围（授权氛围、程序公正氛围、安全氛围、服务氛围等）及团队中领导—成员交换差异性等。比如，Wang、Waldman 和 Zhang（2014）研究发现任务越复杂，共享领导越能发挥有效作用，带来更高的团队绩效。

最后，个体层面关注较多的起调节作用的情境变量包括下属人格特质、价值观、情感、动机、心理资本、情商、承诺等个体差异，主要强调领导风格与下属个体差异的匹配。比如 Whittington、Goodwin 和 Murray（2004）研究发现当员工具有高情感承诺时，工作丰富化政策能够替代变革型领导；如果目的是鼓励组织公民行为，变革型领导和工作丰富化是必需的；变革型领导通过目标制定政策能提高员工的承诺和绩效。上述研究表明，在不同情境因素下，领导者会表现出不同的领导效能。

第三类研究将情境因素作为控制变量或者有效性领导者的取样范围，研究领导有效性时仅仅被视为背景变量或者次要关注变量，该类文献有 57 篇（占 18.1%）。其中英文文献有 27 篇，中文文献有 30 篇。一方面，某些研究尽管未将情境作为核心研究变量，但将其作为控制变量引入研究中，也能在一定程度上体现出情境对领导有效性的影响。比如 Fu 等（2010）以 45 名中国管理者为样本，采用 HLM 方法研究了变革型领导和领导者价值观对下属承诺和离职倾向的影响。该研究引入个体及组织层面的控制变量，其中组织层面控制变量包括公司规模、成立年限、所有权类型及公司绩效等。研究结果除支持了变革型领导和领导者价值观对下属承诺和离职倾向的交互影响之外，也表明公司规模、成立年限、所有权类型及公司绩效对下属承诺和离职倾向有不同程度影响。另一方面，已有的一些研究在探讨领导有效性时将样本限定在一定行业或者具体企业中，这类研究同样在一定程度上体现出情境对领导有效性的影响，而且为元分析研究者提供了很好的研究基础。比如，卫海英、骆紫薇（2014），张亚军等（2015）分别以服务型、金融企业为研究样本，探讨了领导行为对领导有效性的影响。此外，还有一些研究应用西方背景下的变量和成熟量表在中国情境下进行建模和验证，这类研究在一定程度上仅将情境作为取样范围或背景变量（段锦云、黄彩云，2014）。

通过总结分析发现，上述关注情境对领导有效性影响的已有研究呈现出以下特点：第一，已有研究更多通过实证主义取向（Empirical Research）、采用量化研究（Quantitative Research）的方法加以探讨，质性研究（Qualitative Research）非常少。第二，尽管领导研究鼓励关注情境的作用，但绝大多数研究只关注情境对领导的影响或者情境对领导和个体及组织结果之间关系的影响，相对忽略了个体对情境的影响。这意味着基于互动视角探讨情境与领导的相互作用及对领导有效性影响研究的不足。第三，尽管上述研究已经表明情境与领导有效性之间具有密切关联，但情境因素除了直接影响领导有效性及作为领导起作用的边界条件之外，二者之间是否还存在其他关联或互动关系值得深入思考。第四，已有研究更多地将情境作为一个变量或取样范围，但并未将其直接嵌入情境中进行研究，即缺乏"深度情境化研究""特定情境下的研究"（Tsui，2014）。

3.2.4 情境与领导力其他要素对领导有效性的共同作用

通过进一步对与领导有效性相关的 324 篇研究文献进行编码分析，我们发现除 57 篇（占 17.6%）既未涉及领导特质也未涉及领导行为之外，其余 267 篇（占 82.4%）或者涉及领导特质或者涉及领导行为或者二者皆涉及。具体来说，其中 202 篇（占 75.7%）关注情境和领导行为对领导有效性的作用，51 篇（占 19.1%）关注情境和领导特质对领导有效性的作用，14 篇（占 5.2%）同时关注情境、领导特质和领导行为对领导有效性的作用。以下进行具体内容的分析和综述。

首先，将情境和领导行为结合起来研究对领导有效性作用的文献所占比例最高。在 202 篇关注情境和领导行为对领导有效性作用的文献中，英文有 138 篇（68.3%），中文有 64 篇（31.7%）。从文献数量分布来看，在 14 种英文期刊中，关注情境和领导行为对领导有效性作用最多的 3 种期刊分别为 *The Leadership Quarterly*（41 篇）、*Journal of Applied Psychology*（34 篇）及 *Academy of Management Journal*（19 篇）。在 7 种中文期刊中，关注情境和领导行为对领导有效性作用最多的 3 种期刊分别为《管理学报》(18 篇)、《管理世界》(19 篇) 及《管理评论》(10 篇)。通过内容分析发现，这类研究中关注较多的领导行为包括变革型领导、魅力型领导，这与近年来领导研究领域对变革型领导和魅力型领导的高度关注趋势一致。此外，还关注了交易型领导、参与型领导、家长式领导、真诚型领导、伦理道德型领导、仁慈型领导、共享型领导、授权型领导、服务型领导等领导行为。可见，近 21 年来研究趋势基本延续了权变领导理论的研究思路，更多关注的是基于情境的领导行为有效性。

其次，将情境和领导特质结合起来研究对领导有效性作用的文献相对较少。在 51 篇关注情境和领导特质对领导有效性作用的文献中，英文有 41 篇（占 80.4%），中文有 10 篇（占 19.6%）。从文献数量分布来看，在 14 种英文期刊中，关注情境和领导特质对领导有效性作用最多的为 *The Leadership Quarterly*（12 篇）、*Personnel Psychology*（6 篇），其余期刊分布范围为 1~4 篇。在 7 种中文期刊中分布较为均衡，每种期刊分布范围为 1~3 篇。通过内容分析发现，这类研究中关注较多的领导特质主要为领导者人格（包括大五人格、自恋型人格、主动性人格等）、情绪智力、积极和消极情绪情感表达，此外，还关注了领导者积极心理资本、价值观、控制点、调节焦点等。可见，这些研究与特质激活理论的观点一致（Tett and Burnett，2003），表明与特质相关的情境及弱情境能够更好地激活特质的作用，从而提高领导有效性。然而，与基于情境的领导行为有效性研究相比，基于情境的领导特质有效性研究数量相对较少，未来研究需更多关注情境和领导特质相结合对领导有效性的影响问题。

最后，只有 14 篇文献同时关注情境、领导特质和领导行为对领导有效性的作用，占比 5.2%。在这 14 篇文章中，英文期刊有 10 篇，中文期刊有 4 篇。从研究类型分布来看，理论研究有 4 篇，量化研究有 9 篇，质性研究有 1 篇。理论研究主要是提出关于某一研究问题的综合模型，比如 Kark 和 Van Dijk（2007）研究了领导者自我调节焦点在领导过程中扮演的角色，通过分析提出一个综合理论模型，表明领导者调节焦点影响了领导者价值观和领导动机，进而影响领导行为，领导行为影响了下属的调节焦点，最终影响到下属个体结果（认知战略、情感和任务行为）及群体层面结果（比如组织文化），组织情境在上述影响过程中起到调节效应。但是上述理论模型仍需进一步的实证验证。量化研究主要是综合验证领导者特质、领导行为、情境对领导有效性的共同影响。比如 Peterson 等（2009）验证了 46 家新成立高科技企业及 56 家行业内原有企业中领导者积极心理资本（希望、乐观等）、变革型领导及公司绩效之间的关系。研究表明，领导者积极心理资本通过变革型领导正向影响公司绩效，而变革型领导对公司绩效的正向影响作用在新成立企业中比行业内原有企业中更强。再如谭乐等（2014）实证探讨了领导者信息获取偏好通过变革型领导对领导有效性的影响及环境不确定性对上述关系的有调节的中介效应。此外，同时涉及领导特质、行为和情境的质性研究只有 1 篇，李圭泉等（2014）通过案例分析对领导失败的前因、领导如何从失败中进行学习及最终在行为上将作出什么改变进行了研究，研究结果表明领导失败的原因除个体层面特质因素和群体层面因素外，还有组织层面因素（如制度、文化等）及组织外部因素（如媒体），该篇研究属于情境嵌入的深度情境化研究。

总之，我们发现，在与领导有效性相关的 324 篇研究文献中，绝大多数（267 篇，占比 82.4%）涉及了领导特质、领导行为或者二者皆涉及。但是，总体来看呈现两个特点：一是更多研究关注情境和领导行为对领导有效性的影响，而关注情境和领导特质对有效性影响的文献相对较少；二是已有少量研究开始关注情境、领导者特质、行为以及领导有效性之间的关系，比如 Kark 和 Van Dijk（2007）、Peterson 等（2009）、谭乐等（2014）的研究对于系统探讨情境、领导者特质、领导行为以及领导有效性之间关系提出了很好的指引，但是这些研究依旧是延续实证主义研究取向及量化研究方法，因此对于情境、领导者特质、领导行为及领导有效性之间系统关系的探索依旧不足。

3.2.5 小结

综上，尽管情境化研究近年来在领导领域逐渐受到重视，中西方学者们开始更多关注情境因素在领导研究中扮演的重要角色，且取得了一定的成果，但是仍有很多方面亟待未来研究探讨，总结如下。

第一，在领导领域研究中，学者们对情境的关注依旧不足。这种不足主要表现在两方面：一是很多研究依旧试图探寻普适性的规律，忽略了组织内外部情境对领导过程的影响，表现出"情境无涉"的特点。二是已有涉及情境的领导研究呈现出明显的零散化与片面化特点，且已有研究关于情境因素的关注尚不够系统。具体来说，很多研究并未将组织情境变量视为主要关注点，仅作为背景因素，且研究也很少特别关注组织情境和领导的交互。相反，研究者们的关注重点是解释一种特定类型的领导，随后组织情境仅作为一种背景变量，甚至组织情境变成了取样范围，而不是一个变量。同样，国内学者们尽管已经开始关注情境因素，但是有很多研究也仅将其作为一种背景因素。因此，未来的领导研究不仅要加强对情境因素的关注，更应当探索一些当前研究中尚未关注但很重要的情境因素，比如中国社会中特有的情境因素。

第二，情境因素与领导有效性之间的关系尚不明确。关于情境与领导有效性之间的关系，已有研究更多地通过实证主义取向（Empirical Research），采用量化研究方法加以探讨。尽管上述研究已表明情境与领导有效性之间具有密切的关联，但情境除了直接影响领导有效性以及作为领导起作用的边界条件之外，二者之间是否还存在其他关联或影响方式？领导者对情境有何影响？也就是说，情境与领导有效性之间的关系依旧不明确。未来研究可从两方面加以拓展：一是将分析层次（组织层次、团队层次、个体层次）区分开来，将有助于更深入地探讨情境在领导发挥作用的过程中扮演的角色。在 324 篇与领导有效性相关的研究文献中，只有 39 篇（12.0%）是跨层次的研究。Dionne 等（2014）强调了跨层次主题在领导研究中的重要性，我们相信这一主题在探讨情境与领导有效性关系的研究中同样重要。二是通过质性研究方法有助于深入探索情境对领导有效性的具体影响及背后的深层作用机理。已有研究受到实证主义研究取向及量化研究方法的局限。由于一般的量化研究遵从实证主义传统，概念以不同的变量形式出现，理论是因果性和演绎性的，因此以其他形式（如场效应等）呈现的关系就难以通过量化研究发现，可能只有基于诠释学，通过案例研究等质性方法加以探索才能深入挖掘（Johns，2006）。尽管学者们已经注意到这一点，有少量研究已尝试通过质性研究探索情境对领导有效性的影响（李圭泉等，2014），但未来研究依然需要深入探索情境对领导有效性的具体影响及深层作用机理。

第三，情境因素与领导力其他要素（如领导者特质、领导行为）如何共同作用于领导有效性的机理依然不够明晰。尽管已有研究加大了对情境、特质、行为相结合对领导有效性作用的关注力度，但是关注基于情境的领导特质有效性的研究及领导者特质、行为、情境与领导有效性互动的研究相对较少。正如 Derue 等（2011）研究指出的，将领导特质和行为结合起来至少可以解释领导有效性 31% 的变异。同时，Day（2013）总结认为对于情境因素在领导领域的研究，最主要的局限是未识别与领导力其他要素的共同作用。这一趋势也与复兴后的领导者特质研究趋势相吻合，Zaccaro 和 Klimoski（2002）的研究认为，领导者特质研究应与领导过程（如行为、情感等）及领导者所处的情境联系起来，通过这一手段来预测领导结果。而且，结合情境探讨领导者特质、行为与领导结果的关系也有助于领导者柔性发展。可见，领导系统内部要素之间的相互作用机理尚不清楚。尽管现有研究已采取多元化视角系统探讨领导有效性的发展规律，但系统内部各要素——情境、领导者特质、行为、领导有效性——之间的相互关系尚不明确，究其原因也与研究范式（如实证主义及量化研究）及片面化视角的局限性有关。故未来研究需通过多种范式，以系统视角进一步探讨这些领导系统要素之间的相互关系，尤其是情境与领导力其他要素（领导者特质、领导行为）共同影响领导有效性的作用机理。

第四，已有研究更多的是将情境作为一个变量或者取样范围，缺乏直接嵌入到情境中的研究。韩巍、席酉民（2012）研究指出，对于建构具有中国特色的领导理论来说，引入情境因素是一条必要途径。Tsui 等（2007）在强调情境在组织管理研究中，尤其是本土化组织管理研究中的重要性时，也呼吁进行"深度情境化研究""特定情境下的研究"或进行探索性研究，以发展新的含有丰富情境信息的理论（context–rich theories）。因此，直接嵌入到情境中进行研究，尤其是嵌入到东方社会"大情境"（比如中国）中进行研究，将有助于更深层次地揭示情境在领导研究中扮演的重要角色（Zhang et al., 2014）。因此，未来需要对直接嵌入到情境中进行探索。也就是在探讨情境在领导中的作用时，需要进行更多"深度情境化研究""特定情境下的研究"。

3.3 VUCA 环境对领导有效性影响的底层逻辑及研究思路梳理

对 VUCA 环境，尤其是对不确定性环境的内涵与外延进行了界定，在此基础上，我们又剖析了 VUCA 环境对领导有效性的影响以及作用机制，进一步明晰了环境对领导者行为及其作用效果的影响。

3.3.1 VUCA 下情境、领导者特质、行为以及领导有效性之间的系统关系

基于上述情境对领导有效性影响的已有研究的梳理可以看出，尚需更多研究探讨情境、领导者特质、行为以及领导有效性之间的系统关系。而且，基于情境对领导有效性的影响机理分析，我们进一步梳理出研究 VUCA 环境对领导有效性影响的底层逻辑和基本思路，具体包括以下几条分析路径：第一，外界环境会影响领导者特质与领导行为之间的关系，即在不同的环境条件下，领导者特质对领导行为的影响可能是不同的；第二，外界环境也会影响领导者行为与领导有效性之间的关系，如团队创造力、团队绩效等；第三，外界环境会影响领导者特质通过领导行为间接影响领

导有效性的作用机制;第四,外界环境会影响新型领导行为的产生及有效性;第五,外界环境会激活一些特定领导者的特质,进而影响领导有效性。

3.3.2 研究思路梳理

基于上述系统关系分析,本书将聚焦 VUCA 环境下领导有效性在个体层面、团队层面以及组织层面的典型表征变量(领导绩效、团队创造力、团队任务绩效、团队适应性绩效、组织危机应对效能),选取 VUCA 环境下领导者特质(如人格类型、危机典型特质)、VUCA 环境下典型领导行为(如变革型领导、共享型领导、悖论式领导),结合上述分析路径,通过量化实证研究与质性研究并举,系统探讨环境不确定性与领导者特质、领导行为对领导有效性的互动影响关系。VUCA 环境对领导有效性的系统影响路径及关系的研究框架如图 3-1 所示。

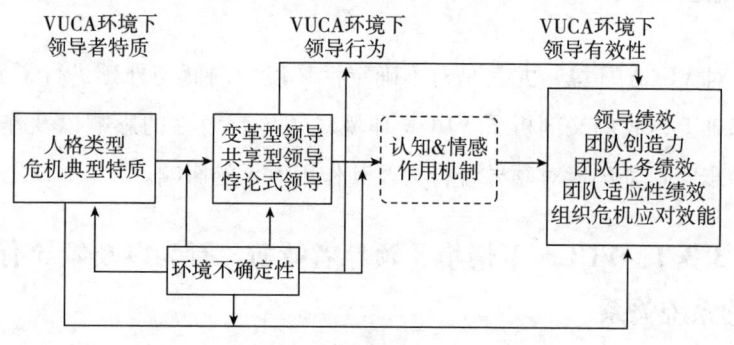

图 3-1 研究框架

资料来源:笔者研究整理。

4 领导特质对 VUCA 环境下领导有效性的作用机制研究

本章将从领导人格视角切入，把荣格的心理类型论、管理认知视角等作为理论依据，基于调查数据，实证研究领导特质对 VUCA 环境下领导有效性的作用机制。基于对该问题的研究，理论方面有助于深入剖析领导特质对 VUCA 环境下领导有效性的作用路径和作用机制，促进 MBTI 理论在领导领域的应用；实践方面将为领导者的选拔和培训提供重要依据。

4.1 问题的提出和研究假设

4.1.1 问题的提出及研究模型构建

具体来说，本章想要研究的主要问题是：第一，基于荣格的心理类型论探讨领导者人格类型对领导有效性的影响；第二，基于管理认知视角探讨领导者人格类型对领导有效性的作用机制。以下将首先提出研究问题，进而选取变量建构研究模型。

4.1.1.1 基于荣格的心理类型论探讨领导者人格类型对领导有效性的影响

个体差异对于领导者行为和绩效的影响已经成为组织行为科学领域中关注的核心之一。正如 Murphy 和 Jackson（1999）所言，个体差异深深地影响了我们的行为，关于个体差异作用的验证将成为理解组织中人们行为的重要起点。Sample（2004）通过对过去相关研究的回顾和述评指出，个体差异在组织理论探讨以及实证研究中均占据十分重要的地位。

人格差异是个体差异的一种具体表现。荣格（Jung，1971）的心理类型论是人格的"类型论"中较为典型的理论，本书中我们将其应用到领导理论的研究中来。荣格的心理类型论（Psychological Types）认为，个体的人格存在差异，这些差异"并不仅仅与个体情形有关，而且是一个类型的态度问题"（荣格，1989：400）。类型间的差异作为一种普遍的心理现象，必定会以这种或那种方式显示出它的生物学征兆。在某种意义上，人格具有先天性特征。因此，MBTI测量的人格类型反映了个体内部最自然的行为倾向，昭示了个体行为差异、其整体性以及稳定性等特点，有助于为个体的行为风格、个体态度提供较为一致的内在解释。领导者的行为不仅是复杂多维度的，而且随着领导者所处的环境系统而发生变化。研究领导者行为和领导有效性的根本动态之较好方式，是通过领导者人格加以探讨（Holmes et al.，2021；Ishaq, Bashir, and Khan, 2021；Church, Waclawaki, and Burke, 1996）。因此，根据心理学和领导学的理论，在研究领导有效性这一主题时，有必要从领导者人格所彰显的个体差异角度探讨其对领导有效性的影响。

从理论角度，基于荣格心理类型论的MBTI关注了隐藏在个体行为差异背后的较为稳定连续的支配因素，如个体如何获知信息、如何处理信息以及如何作出判断，这些行为倾向对领导者的领导行为风格、决策以及沟通协调具有直接影响，进而作用于领导有效性（Fitzgerald and Kirby, 1997；Sample, 2004）。从实证角度来看，领导学的研究者已经开始关注对MBTI进行的相关实证研究，但遗憾的是，这些实证研究更多地关注领导者的人格类型分布（McCauley, 1990；Reynierse, 1991；唐军，2002；杨慧芳、赵曙明，2004；贾玉玺，2007）以及领导者人格类型对于领导行为的影响（Church and Waclawski, 1998；Hautala, 2006），而关于领导者人格类型对于领导有效性的实证研究则相对较少。同时，已有研究的研究样本多数来自军队领导者样本（Connelly et al.，2000）以及学生样本（Schneider, Ehrhart, and Ehrhart, 2002），实际来自企业管理者样本的研究寥寥无几

(Fleetham and Griesmer, 2006; Gehring, 2007)。可见，有必要以企业管理者为样本深入探索领导者人格类型对领导有效性的影响。因此，我们将从领导者人格类型所彰显的个体差异角度，基于荣格的心理类型论提出第一个研究问题：

研究问题1：领导者人格类型的4个维度对领导有效性有什么影响作用？

4.1.1.2 基于管理认知视角探讨领导者人格类型对领导有效性的作用机制

接下来的问题就是，领导者人格类型是如何影响领导有效性的？也就是说，领导者人格类型通过什么途径对领导有效性产生影响作用？我们将从管理认知视角，基于认知心理学的认知过滤机制（Cognitive Filtering Mechanisms）的深入分析，探索领导者人格类型影响领导有效性的途径或机制。

目前，学者们已经开始关注人格对于绩效的作用机制的研究。已有研究分别探讨了群体和个体变量对人格与绩效关系的中介作用，从不同角度揭示了领导者人格对领导结果的作用机制，推动了该领域的研究。对群体层面中介变量的相关研究，如Peterson等（2003）研究表明领导者人格通过影响高层管理团队动态性进而影响组织绩效；Nadkarni 和 Herrmann（2010）研究发现，CEO人格通过影响战略柔性进而作用于公司绩效。该类研究属于组织层面的研究，而本书主要探讨的是个体层面的作用机制。对个体层面中介变量的探讨，更多关注的是通过动机驱动视角探讨人格对于结果的作用机制。如Barrick等（2002）研究了动机对于人格和工作绩效之间关系的中介作用，他们的研究表明，权力动机和成就动机解释了人格是怎样影响工作绩效的，也就是人格通过成就动机和权力动机间接影响工作绩效；Ng等（2008）的研究则表明，领导者人格通过领导自我效能作用于领导有效性。而基于行为驱动视角的研究相对较少，如Ishaq等（2021）研究表明，领导者大五人格通过影响悖论式领导行为进而间接影响下属的角色绩效和创新行为。Lim 和 Ployhart（2004）通过实证研究则发现，领导者人格通过影响变革型领导行为，间接作用于团队绩效以及感知的领导有效性。但是，在 Lim 和 Ployhart（2004）的研究中，并未通过心理认知理论深度分析变量之间的关系，因此难以清楚地揭示人格通过领导行为影响领导有效性的深层作用机理。为什么不同人格的领导者会表现出变革型领导行为？他们表现这些行为的内在机制是什么？Lim 和 Ployhart（2004）的研究并没有给出这些问题的清晰答案。可见，虽然上述相关研究已经开始探讨人格对领导有效性的影响机制，但是实证研究依然较少，且存在不同程度的不足。目前仍需要对这一问题进行深入探讨。

人格心理学的大量研究已经证明，人格这种稳定的特质产生了人类的典型行为，也就是最自然、最稳定的行为（Burger，1995；Mayer，1998；Roberts，2000）。领导理论相关研究已经表明，人格代表了一个人对现实的描述、种种环境刺激的影响以及他们如何被解释（Canella，Pettigrew，and Hambrick，2001；Semykina and Linz，2010），解释的结果形成了行为倾向（Phaneuf et al.，2016；Simic et al.，2022）。Tett 和 Burnett（2003）关于人格与工作绩效的综合模型也支持了人格通过行为对工作绩效产生影响，但是依然缺乏更多实证研究的支持。可见，认知心理学和领导学理论均表明人格可能通过影响行为进而影响结果。

基于对上述文献的回顾，我们发现已有研究主要从"特质论"角度进行分析，目前尚未检索到公开发表的基于"类型说"相关研究探讨领导者人格影响领导有效性机制的文献。基于有限理性（Simon，1991）和管理认知视角（Weick，1995），理论上我们认为领导者将人格作为透镜，通过一个三阶段的认知过滤过程——形成视野（领导者如何获取和传播信息）、选择性感知（领导者选择关注哪些信息，选择忽略哪些信息），以及对感知到的信息的解释（领导者如何赋予所关注信息以具体的含义以及他们如何作出相应的行为选择）——促使他们表现出具体的领导行为。而这三阶段的认知过滤过程，更多的是与领导者的人格类型相关。基于这种认识，我们认为通过领导者人格类型，能够更清晰地解释人格如何通过领导行为影响领导有效性。因此，我们基于管理认知视角提出第二个研究问题：

研究问题2：领导者人格类型对领导有效性产生影响作用的机制是什么？从管理认知视角看，领导者人格类型是如何通过领导行为影响领导有效性的？

4.1.1.3 研究模型的构建

对于如何定义领导有效性，学术界说法不一。综观多年来的相关研究，基于学者们对领导有效性的定义及测量，我们发现领导有效性可以通过3个层面加以反映：①个体（Individual Level）；②领导者—下属二元（Leader – Member Dyad Level）；③团队和组织（Team and Organizational Level）。对这3个板块的总结按照从内向外的过程来进行，如图4-1所示。

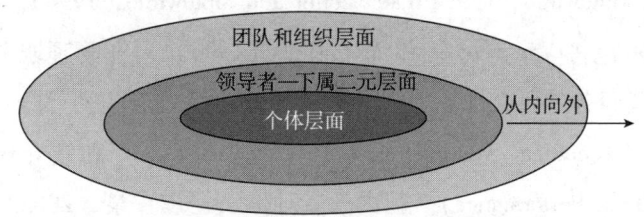

图4-1 领导有效性变量层次模型

首先，在个体层面，领导有效性定义为在自己的领导岗位上做得卓有成效（Zaccaro，2001），在组织中获得更多晋升机会（Howard and Bray，1988）。具体的变量主要包括上级、同事或者下属感知到的领导有效性，与领导职能和角色相关的任务绩效、关系绩效等。其次，在领导者—下属二元层面，领导—下属交换理论（LMX）的研究者则通过下属的满意度及其对工作的努力程度等来评估领导有效性（Graen and Uhl – Bien，1995）。最后，在团队和组织层面，通过团队和组织所取得的成就来定义领导有效性，提出一个成功的领导者应该是一个成功的团队或组织的成员，也就是说，通过组织绩效来衡量一个领导者是否有效（Lowe，Kroeck，and Sivasubramaniam，1996）。而组织绩效也有不同的分析方法，其中包括财政绩效、效率、积极形象及声誉等（Day，2001）；也可通过领导者能够带来多大程度的变化来判定其是否有效，如在组织中创造有利于学习和创新的条件（Senge，1990）等。

可见，有效的领导者可能是组织层面的高绩效领导者（Collins, Lowe, and Arnett, 2000）、过程/团队层面的高绩效领导者（Baker, Walsh, and Marjerison, 2000）、个体层面的高绩效领导者（Wilson, Boudreaux, and Edwards, 2000）。本书将领导绩效作为领导有效性的表征变量，通过测量领导绩效的高低来表示领导有效性的高低（以下表述中，领导有效性和领导绩效可能相互替代使用）。

而关于绩效的研究中，学者们基于工作角色不同将工作绩效区分为任务绩效（Task Performance）和关系绩效（Contextual Performance）两类（Borman and Motowidlo，1997；Van Scotter and Motowidlo，1996）。进一步，Conway（1999）将 Van Scotter 和 Motowidlo（1996）对非管理职务的研究扩展到对管理职务的研究中。他把管理者的任务绩效分为两部分：技术管理任务绩效（Technical Administrative Task Performance）和领导任务绩效（Leadership Task Performance）。国内学者孙健敏、焦长泉（2002）提出管理者的工作绩效可以划分为工作任务绩效、个体特质绩效和人际绩效3个维度，其中个体特质绩效和人际绩效接近于 Borman 和 Molowidlo 提出的关系绩效。上述研究均表明关系绩效和任务绩效一样对总体绩效有独特的贡献（Borman and Motowidlo，1997），应该从领导者的任务绩效中区分出来。有效的领导者不仅需要很好地完成领导任务，还要能够帮助其他人获得成功。

此外，由于组织管理工作的动态性，特别是随着20世纪后半期以来新技术革命的出现以及企业全球竞争的激烈化，企业开始建立学习型组织，这对于组织中的领导者角色提出了新的要求。相应地，这要求处于不确定工作情境中的领导者不断学习，创造性地解决问题并且能够很快适应环境的变化。认识到适应性的重要性，很多学者探讨了适应性（Ilgen and Pulakos，1999）以及影响领导适应性的因素（Yukl，2008）。Pulakos、Schmitt 和 Dorsey（2002）提出除了任务绩效和关系绩效，还应该关注适应性绩效

（Adaptive Performance），研究还通过效度验证表明适应性绩效应该独立于任务绩效和关系绩效，并探讨了适应性绩效的维度以及预测因素（Baard, Rench, and Kozlowski, 2014）。适应性绩效指广泛意义上的适应性行为。领导者的适应性绩效表现为：领导者的行为要以适应环境不确定性、加强灵活性以及创造性行为为导向（Carpini, Parker, and Griffin, 2017; Yukl, 2008）。

综上，任务绩效、关系绩效以及适应性绩效，即领导绩效的3个方面分别对领导绩效有独特的贡献。很多研究也提出有效领导者应该具有较高的工作绩效、较好的人际关系并且能够很好地适应变化。基于McCauley（2004）的研究，领导者的任务绩效，是指领导者行为要以完成工作，选用人才与利用资源以及维持有序可信的管理为导向。领导者的关系绩效，是指领导者行为要以建立人际关系、助人、增强合作与团队配合以及提升员工满意度与对工作的参与度为导向。领导者的适应性绩效指的是领导者的行为要以适应环境变化、增强弹性和创新以及对程序和产品作出变化为导向。因此，本章将选取领导任务绩效、关系绩效以及适应性绩效作为因变量，这些变量从不同角度全面地反映了领导有效性这一构念。

基于荣格的心理类型论、管理认知视角、领导权变理论以及特质激活理论，本章秉持系统论的认识观点，以领导者人格类型为切入点，结合情境因素，探讨领导者特质、领导行为对领导有效性的共同作用，最终构建出本章的理论模型（见图4-2）。

选取组织中高层管理者为研究对象，我们将分别探讨主效应（Main Effect）模型、中介效应（Mediated Effect）模型以及有调节的中介效应（Moderated Mediation）模型。

（1）主效应模型：基于荣格的心理类型论及相关人格理论探讨领导者人格类型4个维度对领导有效性（任务绩效、关系绩效、适应性绩效）影响作用，如图4-2路径（1）所示。

（2）中介效应模型：基于管理认知视角探讨变革型领导领导行为的中介作用，如图4-2路径（2）和路径（3）所示。

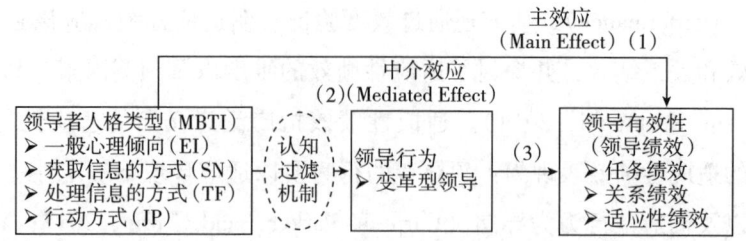

图4-2 领导者人格类型对 VUCA 环境下领导有效性作用研究模型
资料来源：笔者研究整理。

4.1.2 领导者人格类型对领导有效性的影响——主效应假设

人格偏好的个体差异（如"大五人格"）已经被广泛证明对于领导行为及领导个体绩效有显著的影响（Bono and Judge, 2004; Judge et al., 2002）。本节将基于"类型说"视角，分析领导者人格类型对于领导绩效的影响。荣格的心理类型论认为，个体的人格类型，作为一种典型性格及心理功能，意味着一种基本的倾向，通过制约整个心理过程，建立起习惯性反应，因此不仅决定着行为方式，还决定着主观经验的性质。

MBTI 理论以荣格的心理类型论为基础，包括4个类型的偏好。第一个维度是外倾型与内倾型，显示的是喜好社会参与以及喜好内在反省及内心想法的差异。这一维度反映的是个体一般态度类型（General-Attitude Types），而一般态度类型是由他们对客体的特殊态度来区分的。内倾型个体对待客体的态度是一种抽象的态度。内倾型领导者更注重集中于思想、经验和自我意识这些方面，注重从自身的内部世界所接收到的精神能量。相反，外倾型个体对客体保持着一种信赖的关系，他们坚信客体有其重要性，其主观态度总是不断受到客体影响，并与客体相关联。外倾型领导者更注重从人群、事件、行为等外部环境接收精神能量，他们更倾向于探索外部世界，容易和周围人沟通；他们会由于外界需要而精力充沛，由于他人鼓舞而充满活力。外倾型和内倾型作为两种典型性格，是一种随机分布的普遍现象，而具有不同性格偏好的领导者由于其性格特点不同，均会对领导绩效产生不同的影响。

第二个维度是感觉与直觉评估，显示获取信息方式的差异。感觉是一种表象因素，指通过感官和"体感"来传送知觉。荣格把感觉视为有意识的直觉，是某种与思维和情感相对却不从属于理性的"非理性"功能。感觉型领导者倾向于通过多种感官来收集信息并进行整合处理，更注重细节和当前情况，通过可证实的事情来作出推断。而直觉则被认为是一种以无意识的方式传达感性知识的基本心理功能，而感性知识的对象包含外在对象、内在对象以及二者之间的关系等。直觉型领导者倾向于通过第六感或者预感获取信息，更关注概念、意见、理论及推论等，喜欢追求新的挑战，更重视未来的可能性而不是现实世界。感觉型与直觉型领导者不同的获取信息方式，导致其在领导过程中所依附的信息结构和内容存在差异，进而导致不同的领导绩效。

第三个维度是思考与情感评估，显示的是通过逻辑和理性分析处理信息与基于个人价值观和情感处理信息的差异。思考和情感反映了个体如何处理信息以及制定决策的不同方式。思考型个体更关注理性思考和基于逻辑的理性判断，因此对于思考型领导者而言，基于客观事实的逻辑分析和思维判断将成为其决策的重要依据。而情感型个体则更关注自己以及其他个体的价值倾向，在作出决策的时候更加偏向对信息的主观评价，因此对于情感型领导者而言，由于更多关注组织中其他人的价值观和理解，作出决策的时候更多受到上下级关系以及团队、组织的整体和谐性的影响。从信息处理角度看，由于处理信息的不同方式导致的认知模式不同，形成了不同的领导力。因此，思考型和情感型领导者基于不同的信息处理方式和决策依据将导致不同的领导绩效。

第四个维度是判断与知觉评估，反映了喜好计划性和组织性与喜好随机性和灵活性的差异。这一维度是 Myers 基于荣格的心理类型论提出的一个新的维度，反映的是个体朝向外部世界的态度。判断型领导者喜欢制订计划，注重目标，喜欢清晰的情境边界和清晰的分类，对信息的包容度有限。相反，知觉型领导者喜欢随机性和灵活性，乐于发现新奇事物，对信息的包容度较高。由于面向外部世界的态度倾向不同，判断型和知觉型领导者在领导过程中对下属和事件表现出的态度不同，进而导致不同的领导绩效。

有一些学者研究了人格类型对领导绩效的影响。研究发现，MBTI 测量的人格特征或者说 MBTI 与绩效管理的行为测量之间存在显著的相关性，包括强调顾客关注、决策、团队工作、交流以及对未来绩效的评估。MBTI 也与工作满意度、决策风格、不同管理角色的可接受性之间存在关联（Davey, Schell, and Morrison, 1993；Hautala, 2006）。上述研究结果均表明，人格类型影响了个体和组织结果如工作绩效和离职率、团队授权等。基于荣格的心理类型论，具有不同人格类型的领导者由于偏好和收集的信息类型不同，具有不同的决策风格，与他人的交流方式和程度存在差异，因而使得组织中的领导者完成任务效率有高低之分，与他人的人际关系、额外努力程度、对变化的适应程度均有所不同。由此，可以推断出领导者的人格类型影响了领导者任务绩效、关系绩效、适应性绩效。

其他研究也间接表明，领导者人格类型与领导绩效之间存在关系。大部分学者通过不同的标准来识别公司领导者（Gardner and Martinko, 1990）、高等教育领导者或者非营利组织领导者的绩效水平。这些管理者的类型分布与一般总体的分布在统计上存在显著差异。还有研究直接评估领导者类型或者连续得分与主观绩效评估之间的关系。尽管大多数研究主要是采用描述性分析和非实验设计研究（Gardner and Martinko, 1996），很少有研究直接提出前提假设，但基于荣格的心理类型论及以往研究结果，我们有理由提出以下假设：

H1：领导者人格类型与领导绩效（包括任务绩效、关系绩效、适应性绩效）相关，如图 4-2 路径（1）所示。

下面，我们具体探讨每一个维度对于领导绩效的影响。领导者人格类型包括 4 个维度：①人们对于精神能量的态度，即一般心理倾向——外倾和内倾（以下将该维度简称为 EI 维度）；②人们获取信息的方式——感觉和直觉（以下将该维度简称为 SN 维度）；③人们处理信息的方式，即制定决策的方式——思考和情感（以下将该维度简称为 TF 维度）；④人们朝向外部世界的态度，即行动方式，包括判断和知觉（以下将该维度简称为 JP 维度）。以 EI 维度为例，如果 EI 维度对因变量具有正向影响，则说明内倾型（I）比外倾型（E）与因变量之间具有更高的相关性；若 EI 维度对因变量具有负向影响，则说明外倾型（E）比内倾型（I）与因变量之间具有更高的相关性。

第一个维度是 EI 维度，荣格的心理类型论表明，外倾型管理者关注外部世界，包括环境、组织、人员以及任务等，内倾型管理者则更注重思想、经验、自我意识这些方面的精神能量。美国心理学家 Burger 在他的《人格心理学》中说："很少有人格变量像内倾和外倾一样，受到研究者和理论家那么多而持久的关注。"有一些学者研究了 EI 维度与领导绩效之间的关系，但是得出的结论不尽一致。Lueder（1986）的研究表明外倾型领导者比内倾型领导者绩效更高，还有学者认为外倾型和内倾型领导者绩效之间不存在显著差异，他们都是有效的领导者。存在这种差异的原因可能是没有对领导绩效进行多维度的更具体的划分，因此导致了混淆的结果。基于荣格的心理类型论，外倾型领导者很活跃，善于和他人进行沟通，且在沟通过程中很多问题可能会迎刃而解，他们开朗、自信，勇于进取，对周围一切事物都很感兴趣。但是他们倾向于迅速采取行动，有时会比较少地思考，往往是在行动后才会思索。而内倾型的领导者宁可用更多的时间去思考，也不愿和其他人交流，在采取行动之前他们会花更多的时间消化信息，在尽可能地考虑周全之后再采取行动，这有助于更好地完成任务（Myers and McCaulley，1985）。由此可以发现，外倾型个体的这些特征使得外倾型领导者沟通能力更强，由于与下属有更多的交流以及长期目标共享（Berr，Church，and Waclawski，2000），相对于内倾型领导者来说拥有更高的关系绩效。但是，因为外倾型领导者更倾向于迅速采取行动，相对于内倾型领导者而言更少进行思考，在一定程度上不像内倾型领导者那样考虑周全，因此可能在任务绩效方面会低于内倾型领导者。

Gardner 和 Martinko（1990）研究了领导者人格类型与领导行为之间的关系，发现内倾型领导者比外倾型领导者更多地进行决策/解决问题活动

(与决策频率的相关系数 0.54；与决策时间的相关系数 0.39)，以及处理文件等（$r=0.30$），但是更少进行社交活动（$r=-0.29$）。Gordon 和 Annie（2005）对人格类型偏好（以 MBTI 为测量工具）和领导者绩效（以坎贝尔领导绩效指标量表 CLI 为测量工具）之间的相关性的研究表明，"外倾型"特征对于领导者绩效中的"娱乐性""友好性"和"亲和力"有显著的正向影响，而"内倾型"分别与这 3 项显著负相关。这些研究结果也在一定程度上支持了上述推论。

另外，虽然几乎没有实证研究探讨 EI 维度与适应性绩效之间的关系，但是荣格的心理类型论表明外倾型领导者更能够与不同文化背景的人维持良好的关系，能把学习到的新技能应用到工作当中，容易适应环境的变化，这与适应性绩效的定义相一致。而内倾型领导者更多地将时间用在对自己过去经验和想法的探讨中，不想更多地接触新的人和事物，较难适应环境的变化，因此相对于外倾型领导者来说适应性绩效较低。总之，基于荣格的心理类型论以及过去学者的研究结论，EI 维度影响了领导绩效。因此，我们提出以下假设：

H1a：EI 维度对于领导者的任务绩效有正向影响，对于关系绩效和适应性绩效有负向影响。也就是说，内倾型领导者比外倾型领导者拥有更高的任务绩效，但是拥有更低的关系绩效、适应性绩效。

第二个维度是 SN 维度，荣格的心理类型论表明，感觉型个体倾向于通过感官收集信息，他们更喜欢具体的数据，重视事件中的事实与细节；凭直觉的人倾向于通过第六感或预感收集信息，他们更喜欢抽象的数据，关注概念、主意、意见、理论以及对信息的不同方面的推论。尽管研究发现人们获取信息的方式——感觉和直觉对于领导绩效存在影响，但是影响方向并不一致。有研究发现感觉型领导者比直觉型领导者绩效更高。相似地，Gardner 和 Martinoko（1990）研究发现在高绩效领导者中感觉型所占的比例高达 74%，而在中等绩效领导者中感觉占 48%。其他研究则发现了相反的关系，认为直觉型领导者比感觉型领导者更有效。Lueder（1986）以学校领导者为样本进行研究，发现在高绩效的领导者中，直觉型（N）、直觉—思考型（NT）、外倾—直觉—思考—知觉（ENTJ）型所占的比例显著高于一般领导者样本中的比例。有研究表明在高绩效的批发商领导者中，直觉型的比例达到64%；也有研究表明工程管理者获取信息的方式——感觉和直觉与工作成功显著相关（$r=0.27$），直觉型获得相对较高的评价。导致这些结论的不一致可能存在两方面的原因：一方面是没有考虑到对于这一关系的潜在的调节变量——如组织层级、任务结构等（Gardner and Martinoko，1996）；另一方面可能是不同研究对于领导绩效的衡量标准不够细化，因此本书将更加具体地探讨这一维度与领导者的任务绩效、关系绩效以及适应性绩效之间的关系。

很多研究表明，直觉型比感觉型认知复杂性程度更高，能够在复杂情境中感知到更多抽象信息，而感觉型个体更关注当前情境中的信息。相似的结果也在其他认知复杂性测量中得以体现。感觉型领导者更倾向于实用的、传统的、具体的以及系统的行为（Gardner and Martinoko，1996），他们的这种偏好与运营管理者（中低层管理者）的任务（对客观的、定义明确的信息作出响应）相一致（Daft and Lengel，1984），因此感觉型领导者擅长任务管理而不是战略管理。直觉型领导者更倾向于理想化的、非传统的、创新的行为，他们更关注长远，以未来为导向，与高层管理者的任务相一致，通过主观因素解释定义不是很明确的事件（Gardner and Martinoko，1996；Barr and Barr，1989），因此直觉型领导者擅长战略管理（Van Velsor and Fleenor，1994）。Davis 和 Elnicki（1984）研究表明，感觉型领导者由于对任务的感知超过判断，而表现出更高的任务绩效；而直觉型领导者偏好可能性和推论，而不是实际的事实，他们可能在完成任务方面受到一些阻碍。此外，感觉型领导者乐于从事具体而明确的工作，对于非结构性的问题往往难以适应。相反，直觉型领导者更具有想象力，善于推断，更关注未来，对不熟悉情境善于忍受和探索，善于发现新的机会。由此可以推论直觉型领导者比感觉型领导者具有更高的适应性绩效。由于没有理论能够支持或有助于推断出领导者收集信息的方式与他们建立人际关系、助人、提升员工满意度等行为倾向之间的关系，本章推断 SN 维度与领导者关系绩效之间不存在直接影响关系。

总之,基于荣格的心理类型论以及过去学者的研究结论,SN 维度在一定程度上影响了领导绩效。因此,我们提出以下假设:

H1b:SN 维度对于领导者的任务绩效有负向影响,对于关系绩效无影响,对于适应性绩效有正向影响。也就是说,直觉型领导者比感觉型领导者拥有更低的任务绩效,但拥有更高的适应性绩效。

第三个维度是 TF 维度,荣格的心理类型论表明,思考型的人通过逻辑分析和客观考虑将观念和信息连接在一起作出决策,情感型的人倾向于基于个人或者群体的价值观,根据个人的主观评价作出决策。学者们的研究也表明,思考偏好者在通过逻辑分析解决问题的过程中利用客观信息进行分析,思考型领导者通过较强的分析能力来更深层次地探索问题(Barr and Barr,1989);情感型领导者在决策过程中更注重个人为中心的价值观,并且喜欢与其他人交流。由于情感型领导者基于个人或者群体的价值观制定决策,情感型领导者比思考型领导者更具主观性(Myers and McCaulley,1985)。思考型领导者的客观导向使得他们在完成任务过程中尽可能地接近最客观的事实,遵循客观真理和公正原则,他们"有一种公平对待的需求,总想成为最好的"(Myers and McCaulley,1985),相比那些依靠个体和群体价值观、更具主观性的情感型领导者来说,能够取得更高的任务绩效。有学者的描述性分析分别表明,93% 和 86% 的领导者均是思考型领导者。Gordon 和 Annie(2005)对人格类型偏好(以 MBTI 为测量工具)和领导者绩效(以坎贝尔领导绩效指标量表 CLI 为测量工具)之间的相关性的研究也显示,思考倾向与领导绩效指标中的"富有经验的"以及"可靠的"正相关,而情感倾向与之负相关。作者解释道,这是因为思考型领导者认为"正确"比"喜欢"更加重要。相似地,Gardner 和 Martinoko(1990)研究了 TF 维度与领导绩效之间的关系,研究发现在高绩效领导者中思考型所占的比例高达 79%,而在中等绩效领导者中感觉型占 57%。情感型领导者很难只考虑自己的需要,而不考虑其他人的需求。相反,思考型领导者则显得有些过于冷漠,不容易和周围的人协调。已有研究表明,思考型领导者在与下属的关系处理中往往具有更多武断和更少的合作行为，而情感型领导者更注重和周围人群的关系，善于理解别人，他们"不喜欢告诉人们不愉快的事情，更加富于同情心，喜欢取悦于人"（Myers and McCaulley, 1985），因此能够更好地处理人际关系，能够取得更高的关系绩效。同时，由于情感型领导者的这些优势使得他们在面临压力时具有更强的适应力，因此能够取得更高的适应性绩效。虽然直接研究 TF 维度与领导绩效之间关系的实证研究较少，但是基于荣格的心理类型论以及过去学者的研究结论，TF 维度影响了领导绩效。因此，我们提出以下假设：

H1c：TF 维度对于领导者的任务绩效有负向影响，对于关系绩效和适应性绩效有正向影响。也就是说，情感型领导者比思考型领导者拥有更低的任务绩效，但拥有更高的关系绩效和适应性绩效。

第四个维度是 JP 维度，荣格的心理类型论表明，判断型的人更喜欢决定性的、有计划有组织的生活方式，实践计划时，以目标为本，倾向于作出结论，通过思考或者情感（T 或者 F）对外界作出反应；知觉型的人喜欢灵活、有弹性的生活方式，注重过程而非目标，乐于发现新奇的事物，喜欢一切顺其自然，不喜欢受约束，通过感觉或者直觉（S 或者 I）对外界作出反应。

Gardner 和 Martinoko（1996）的综述中提到偏好判断型的领导者喜欢结构性且稳定的环境，并且表现出高度计划、尽责以及系统的行为方式；而偏好知觉型的领导者喜欢非结构性且动态的环境，表现出自发的、灵活的以及创造性的行为方式。有研究表明，判断型与知觉型偏好分别与规范有序的、自由不受拘束的职业相关。对于领导者来说，既需要在规定时间内对工作任务进行计划和实施，又需要将任务分配给下属，并对下属的任务完成的进度和质量作出安排和规划，这需要领导者有较好的组织计划性，而不是任由事态发展。对规范有序的偏好解释了为什么判断型偏好在管理角色中更普遍。有的研究也表明知觉型领导者在需要快速响应的线性职位上非常普遍，而判断型领导者在需要长期规划的参谋职位上最普遍。

但是，学者们关于 JP 维度与领导有效性之间关系的研究结论并不一致。Gardner 和 Martinoko（1990）研究发现，在高绩效领导者中判断型所占的比例高达84%，而在中等绩效领导者中判断型占67%。他们解释"组织的有计划有秩序的特征为领导者提供了一种环境使得判断型领导者更努力，而知觉型领导者感到积极性受挫"。而有研究表明 JP 维度与领导者的工作成功之间存在相关性，但认为知觉型领导者更有效，他们研究的样本是工程领导者，对于这一发现的解释是知觉型领导者的创造性有助于他们提高绩效。其他的研究，如 Lueder（1986）的研究则表明 JP 维度与领导有效性不相关。这些研究结论存在差异的原因可能是没有对领导绩效进行多维度更具体的划分，因此导致了混淆的结果。我们应该更加详细地分析 JP 维度与领导者的具体绩效之间的关系。

基于荣格的心理类型论以及相关学者的研究，判断型领导者是有组织的、有计划的、守纪律的，目标明确，时间安排对他们来说很重要，他们会较早就对工作和生活作出安排，而避免事情到来时措手不及，这样有助于取得更高的任务绩效。而知觉型领导者灵活多变，不喜欢制订计划，而是任由事情发生，喜欢变化，而且喜欢在变化过程中寻求新的做法。在他们眼里，计划和安排远远不及自发性和创造性重要，这样有助于更灵活地适应环境的变化，因此取得更高的适应性绩效。但是，由于没有理论能够支持或有助于推断出领导者判断偏好（J）/知觉偏好（P）与他们建立人际关系、助人、提升员工满意度等行为倾向之间的关系，本章未提出 JP 维度与领导者关系绩效之间关系的具体假设。总体来说，JP 维度在一定程度上影响了领导绩效，我们提出以下假设：

H1d：JP 维度对于领导者的任务绩效有负向影响，对于关系绩效无影响，对于适应性绩效有正向影响。也就是说，知觉型领导者比判断型领导者拥有更低的任务绩效，但拥有更高的适应性绩效。

4.1.3 领导者人格类型对领导有效性作用机制——中介效应假设

虽然理论和不少实证研究均表明，领导者人格类型对领导绩效的预测力相当重要，然而，很少有学者关注人格类型是如何影响领导绩效的（Judge et al.，2002），而探讨这一影响过程或内在机制有助于更深层次理解人格类型与领导绩效之间的关系。本节将基于认知视角，通过认知过滤机制分析领导者人格类型通过领导行为对领导有效性的中介效应假设。

心理学和领导学理论均表明，人格可能通过影响个体行为进而影响结果。在组织行为特别是领导研究领域，Bass 提出的变革型领导行为（Transformational Leadership Behavior）是当前 VUCA 环境下学者们关注度较高的领导行为。变革型领导行为是一种能够带来个体和社会系统变化的领导方式。变革型领导者通过一系列不同的机制为员工传递愿景，关注个体发展，激发下属高层次需求，促使下属将组织利益与自身利益相关联，并达到超过预期的结果（Bass，1985）。变革型领导行为主要有以下 4 种特征：①理想化影响力或者领导魅力（Idealized Influence or Charisma）。领导者通过设定愿景来影响下属，下属服从领导者的原因在于认为领导者个人是可尊敬的、信赖与值得遵循的行为模范。②感召力（Inspirational Motivation）。领导者指派有意义并且具有挑战性的工作给下属，以启发、激励他们热忱乐观的团队精神，并且与下属充分沟通、共同分享具有吸引力的愿景。③智能激发（Intellectual Stimulation）。领导者鼓励和激发下属的创新能力并且为下属营造学习的氛围。④个性化关怀（Individualized Consideration）。领导者扮演导师的角色，重视下属个别需求，接受下属个别差异，让每个下属的个人特色皆受到尊重与发挥（Bass，1996）。

鉴于变革型领导的重要性，近年来的理论和实证研究探讨了变革型领导的激发要素，其中领导者人格是最被广泛研究的变革型领导行为个体特质激发要素之一（Judge et al.，2006）。Bass（1990）提到"当预测交易型和变革型领导行为及其组成时，人格是必不可少的因素"。元分析和实证研究也表明领导者大五人格解释了变革型领导行为12%的变异（Lim and Ployhart, 2004; Bono and Judge, 2004）。

基于有限理性（Simon, 1991）和管理认知视角（Weick, 1995），研究表明个体的心理特征，通过一个三阶段的认知过滤过程——形成视野或者愿景域（Field Vision）、选择性感知信息，以及对感知到的信息的解释——促使他们选择表现出具体的领导行为。我们将从管理认知视角，基于认知过滤机制，分析领导者人格类型与变革型领导行为之间的关系。

第一，领导者的个体心理特征决定了领导者收集信息的程度，他们会详细关注多少信息，如何收集信息，如何了解组织内外部环境、事件和发展趋势，以及他们依赖哪些资源和途径去获取信息（Hambrick, 1982; Miller and Dröge, 1986），这些定义了领导者个体"智力模型"（Mental Model）中的关注点（Attention Focus），形成了领导者的视野或者愿景域。已有实证研究表明不同领导者人格会导致不同的愿景域或视野，比如有研究提出具有内在控制点人格的领导者比具有外在控制点人格的领导者发展了更广泛的愿景域，形成更广泛的视野（Finkelstein and Hambrick, 1996）。领导者的愿景域形成了外界客观信息与其构建的主观感知之间的第一个过滤环节。领导者人格类型作为重要的心理特征，由于其对于精神能量的态度——外倾与内倾，收集信息的方式——感觉和直觉，面向外部世界的态度——判断和知觉，影响了领导者形成愿景域，而领导者通过设定愿景来影响下属，正是变革型领导行为的一个重要特征，因此，我们推断领导者人格类型通过影响其形成视野范围而影响了变革型领导行为。

第二，基于有限理性，研究表明领导者仅仅选择性地感知其视野中的一部分信息。领导者选择感知哪些信息，选择忽略哪些信息与领导者人格类型的具体维度——对于精神能量的态度、收集信息的方式、面向外部世界的态度相关联。同时，领导者选择感知哪些信息，选择忽略哪些信息，影响了领导者对待下属的方式，导致表现出不同的领导行为。

第三，认知过滤机制的最后一步是解释感知到的信息，包括理解、解释、判断以及预测相关信息，这一关键步骤导致了认知模式的不同，进而打下了行为选择和决策评估的基础。领导者人格类型的处理信息的方式——思考和情感与该过程紧密关联。而基于领导信息处理学派的相关研究已经表明，变革型领导者的认知模式包含领导者对下属独立和创新的期望，而交易型领导者的认知模式包含领导者认为下属的行为驱动是报酬和任务明晰。正是领导者这种认知模式的不同，才表现出不同的领导行为（Mumford et al.，2000）。因此，我们推断领导者人格类型通过影响个体对感知到的信息的解释形成的认知模式，影响变革型领导行为的表现。

已有研究表明，与变革型领导相关的人格特征包括创造性、新奇、创新、敢于冒险、勇气、信任他人、价值驱动、终身学习、实用主义、培养、柔韧性、自信等（Bass，1985）。大部分特征与MBTI中直觉、情感以及知觉偏好相关（McCaulley，1990；Walck，1992）。直觉型和知觉型领导者更可能是创造性的风险承担者；情感型领导者基于他们的价值观去做决策而且经常更具有灵活性或者柔性（Walck，1997）。一些实证研究也表明，不同的人格类型产生了有趣的领导风格和行为趋势。根据领导者的自我评估，外倾型、直觉型和知觉型比内倾型、感觉型以及判断型更可能表现出变革理念系统，外倾型更可能成为变革型领导（Church and Waclawski，1998）。来自下属评估的研究得出结论，情感、知觉、直觉以及外倾最可能表现出变革型行为，内倾以及思考型领导者次之，感觉和判断型领导者是最少表现变革型领导行为的领导者。Atwater 和 Yammarino（1993）的研究支持了关于情感偏好这一结论。

变革型领导行为要求领导者与下属交流价值观和想法，并且与下属在社会交往中相互契合。外倾型偏好满足了变革型领导行为所需要的果断性以及社交性。例如，Thomas、Dickson 和 Bliese（2001）研究发现外倾偏好显著预测了军队领导者绩效中的人际关系维度。另外，荣格的心理类型论表明直觉型领导者倾向成为创始者、发明家、推动者，并且偏好成为有魄力的领导者。此外，他们也具有丰富的想象力并且关注长远，这些特征使得直觉型领导者比感觉型领导者更可能表现出变革型领导行为。变革型领导行为也要求领导者通过良好的沟通与下属建立信任、和谐的关系。情感型偏好使得领导者更多地替下属考虑，更注重和周围人群的关系，善于理解别人。与思考型领导者相比，情感型领导者与下属的关系更加融洽。Atwater 和 Yammarino（1993）研究发现，和蔼可亲显著预测了变革型领导行为。关于领导者生命周期的研究表明，知觉型领导者比判断型领导者更加个性，更加勤勉刻苦，更加果断以及敢作敢为，也更加反对随波逐流，这些勇于创新及敢于挑战陈规的行为特征与变革型领导行为具有很强的相关性。综上所述，相对于内倾型、感觉型、思考型、判断型领导者，外倾型、直觉型、情感型、知觉型领导者更可能表现出变革型领导行为。因此，我们提出以下假设：

H2：领导者人格类型偏好与变革型领导行为相关［见图4-2路径(2)］。

H2a：EI 维度与变革型领导行为负相关。具体来说，外倾型领导者更容易表现出变革型领导行为。

H2b：SN 维度与变革型领导行为正相关。具体来说，直觉型领导者更容易表现出变革型领导行为。

H2c：TF 维度与变革型领导行为正相关。具体来说，情感型领导者更容易表现出变革型领导行为。

H2d：JP 维度与变革型领导行为正相关。具体来说，知觉型领导者更容易表现出变革型领导行为。

已有研究证明了变革型领导行为与领导绩效的关系。虽然不同学者采用不同指标来评价领导有效性，但是大部分研究结果表明，变革型领导与领导有效性有着正向的关系（如 Osborn and Marion, 2009；李超平、时勘，2003）。相关分析支持了变革型领导者行为对领导效果的积极影响力，这些分析包括对正式工作组织以及虚拟团队中领导者的研究。在 Lowe、Kroeck 和 Sivasubramaniam（1996）的研究后，新近出现了基于 MLQ（Multifactor Leadership Questionnaire）测量的领导者魅力与领导者有效性的独立等级之间的 32 个关系的研究，该研究证明了平均修正相关程度为 0.35，在社会学研究中已经算是较高的相关水平了。正如 Bass 和 Riggio（2006）

研究指出，每一个领导者都表现出变革型或者交易型领导行为的某些特征，但是有效领导者更经常地表现出变革型行为以及权变报酬行为，更少表现出消极或者无效的行为。国内学者李超平、时勘（2003）的研究也表明变革型领导行为对领导有效性的正向影响。回归分析结果还表明，变革型领导行为的4个维度中领导魅力、智能激发以及个性化关怀对领导有效性的正向影响显著，这一结果与西方的研究是一致的，尤其是与西方研究认为领导魅力应该是变革型领导的主要维度的观点是一致的（Judge and Piccolo, 2004; Hoogh, den Hartog, and Koopman, 2005）。

尽管如此，依然有一些研究发现变革型领导行为对领导有效性相关变量的负向影响，而这些研究更倾向于关注领导者工作知识、技术技能、行政管理能力、计划和组织等方面的有效性。本书认为，变革型领导行为与领导有效性之间关系的研究结论不一致，可能的原因是变革型领导行为对领导绩效不同方面的影响存在差异。因此本书将分别探讨变革型领导行为对领导任务绩效、关系绩效以及适应性绩效的不同影响。领导者任务绩效更侧重具体的任务导向，包括领导者行为要以完成工作、选用人才与利用资源以及维持有序可信的管理为导向。而领导者的关系绩效侧重领导者行为要以建立人际关系、助人、增强合作与团队配合以及提升员工满意度与对工作的参与度为导向。领导者的适应性绩效侧重领导者的行为要以适应环境变化、增强弹性和创新以及对程序和产品作出变化为导向。后两类领导绩效更侧重灵活性和领导柔性。由于变革型领导者更倾向于与下属交流价值观和想法，并且与下属在社会交往中相互契合，同时具有创造性和敢于承担风险，这些特征更有助于领导者为他人提供帮助和支持，同时有助于领导者更好地应变，因此有助于提高关系绩效和适应性绩效。相反，变革型领导者面对常规工作中具体任务时可能无法发挥其优势，相反可能导致更低的任务绩效。因此，基于理论分析以及过去学者关于变革型领导行为与领导绩效的关系的实证研究结果，我们可以得出以下假设：

H3：变革型领导行为将影响领导绩效［见图4-2路径（3）］。

H3a：变革型领导行为与领导者任务绩效负相关。

H3b：变革型领导行为与领导者关系绩效正相关。

H3c：变革型领导行为与领导者适应性绩效正相关。

考虑到过去研究的结果，领导行为和领导绩效之间的关系是很清楚的，基于认知过滤机制的理论分析和相关实证研究结果，也表明不同人格类型的领导者可能表现出不同的领导行为。因此，本书提出以下假设：

H4：变革型领导行为对领导者人格类型与领导绩效之间的关系起到中介作用。

H4a：变革型领导行为对 EI 维度与领导绩效之间的关系起到中介作用。

H4b：变革型领导行为对 SN 维度与领导绩效之间的关系起到中介作用。

H4c：变革型领导行为对 TF 维度与领导绩效之间的关系起到中介作用。

H4d：变革型领导行为对 JP 维度与领导绩效之间的关系起到中介作用。

4.2　研究设计

上节在理论分析的基础上提出了需要检验的主效应假设和中介效应假设。为了检验这些假设，需收集相关调查数据进行统计分析验证。具体的研究设计包括研究对象及数据收集、研究变量测量以及数据分析方法。

4.2.1　研究对象及数据收集

4.2.1.1　研究对象及抽样

本节的研究对象为企业的中高层领导者。基于领导的定义以及领导者与管理者的区别，在一个企业中，中高层管理者的活动相比基层管理者更多地属于领导过程。因此，本节研究过程从可行性和有效性的角度出发，将领导者定位于组织（主要是企业）的中高层管理者。

在研究抽样方面，本节通过随机抽样与方便抽样两种方式采取两个步骤进行抽样。

首先，采用方便抽样法在 MBA 或 EMBA 学员中选取 50 名学员（全部为工商竞争性企业中的中高层管理者）进行问卷调查，并要求其随机抽取 2 名直接下属参与问卷调查。收集的这些数据作为预调查数据，主要是为了检验调查问卷的信度和效度。

其次，采用随机抽样和方便抽样相结合的方式选取正式的被试样本。具体来说，最终随机选取 55 家不同行业、不同类型、不同地域的企业，从各企业中随机选取 5 名以上中高层管理者（领导者），然后，为每一位领导者随机选取 3~5 名直接下属，并选取每家企业的总经理级别的领导者填写上级问卷。最终，共有 280 名中高层领导者、55 名上级以及 1400 名下属参与正式的问卷调查。在企业被试的选择中，地区分布为东部沿海地区、中部地区、西部地区；同时样本尽可能涵盖国有企业、私营企业、外资企业等不同所有制性质企业。被试领导者样本尽可能涉及生产部、人力资源部、研发部、营销部等各个职能部门。此外，为了更有效地进行样本配对，要求每位被试领导者有 2 名以上的直接下属，而且填写问卷的直接下属与该被试领导者共同工作时间必须超过 6 个月。

4.2.1.2 数据收集

关于问卷填写作如下说明：本节选取的领导者样本将填写领导调查问卷，其中包括领导者人格类型问卷、环境不确定性问卷；被试的下属将填写下属调查问卷，包括领导行为问卷，以评估其直接领导者行为；最后请被试的上级填写领导绩效问卷。采取不同问卷主要是采用"自评"和"他评"相结合的方式，以减少可能出现的"共同方法变异"。

施测过程中我们特别关注了以下几点注意事项：第一，事先对被试领导者、上级以及下属进行配对和编码，以方便后面的数据录入和统计分析。第二，施测时对被试人员进行详细说明，承诺匿名和保密性。在分发调查问卷方面，采取直接登门调查与发送 e–mail 相结合的策略。对于直接登门调查的方式，我们首先详细说明并且承诺本次调查结果仅供研究使用，不作为任何管理决策的依据，并且不会向他人透露其个人信息和结果；其次详细解释问卷的指导语，并使被试确定选项没有好坏之分，从而尽量避免其受到社会称许性（Social Desirability）的影响，被调查者填写完问卷后，放入专用信封中封好以确保问卷的机密性。此外，关于领导者样本及其下属的调查分别进行，以进一步确保下属回答的机密性。对于 e-mail 调查方式，我们在邮件里同样强调了对被试填写问卷的保密性。第三，测量变量时间间隔的选择。如自变量和中介变量的测试时间间隔为 3~6 个月。

4.2.2 研究变量测量

本节涉及的所有变量均根据成熟量表以及部分调整来测量。由于所选取的测量工具大多数为英文问卷，本节将采用标准的翻译和回译（Translation and Back Translation）程序来确保量表的中文版与英文版意义相同。尽管本节变量的数据来源不同，但是需要强调的是本节的变量数据均属于个体层面（Individual-Level）数据。

4.2.2.1 领导者人格类型——MBTI

MBTI——这个工具是心理学家和类似的研究者们经常使用的测量人格类型的工具，并且广泛应用于大量的人员和组织环境中。这些研究包括建立组织发展实践者的能力模型，探讨采矿人员解决问题的风格（Davey et al., 1993），研究不同行业和群体的领导有效性（Furnham and Stringfield, 1993）。

对 MBTI 人格类型量表中文版的修订，国内的学者做了大量工作，基本都得到了信度和效度较好的修订版量表（苗丹民等，2000；蔡华俭等，2001）。本书采用的是国家人事部（现为人力资源和社会保障部）人事考试中心企业管理人才测评系统研究开发课题组组织开发修订的《管理者人格类型量表》，即 MBTI—F 版本，共包括 166 个题项。该问卷分为三部分：第一部分包括 71 个题项，请被试者从两个迫选型选项中选出最能表示其通常的感受或行为的一个，例如"你通常与下列哪种人相处得更好：（A）富于想象力的人，（B）现实的人"。第二部分包括 52 个配对词汇，请被试者从每对词汇中选出自己更感兴趣的一个，同时注意考虑词义而不是其外形和读音。例如"兴奋的"或者"平静的"。第三部分包括 43 个题项，请被试者从两个迫选型选项中选出最能表示其通常的感受或行为的一个，例如"当陌生人注意你时：（A）令你不舒服，（B）根本不妨碍你"。

通过测量，MBTI 形成 4 个单独的连续偏好得分（EI、SN、TF、JP），描述了个体的特征和相对的优势，包括他们如何获取能量（EI：外倾—内倾），如何获取信息（SN：感觉—直觉），如何处理信息、做决策（TF：思考—情感），对外部世界的导向（JP：判断—知觉）。测量 4 个维度的分量表共 87 个题项，其中包括心理能量倾向 19 个题项、信息获取方式 22 个题项、信息处理方式 26 个题项、行动方式 20 个题项。

MBTI—F 版本的所有题项均采用类型计分。在题目计分方面，该测验采用了项目反应理论（Item Response Theory，IRT）特定的方法，以更好地区分不同人的人格类型。项目反应理论是一种关于题项反应如何与假设产生这些反应的个体潜在构念相关的理论。项目反应理论认为被试者有一种"潜在特质"（Latent Trait），这种潜在特质是在观察分析测验反应基础上提出的一种统计构想，在测验中，经常将测验总分作为这种潜力的估算。IRT 最大的优点是题目参数的不变性，即题目参数的估计独立于被试组。项目反应理论的几个假设如下：一是能力单维性假设，指组成某个测验的所有题项都是测量同一潜在特质的。二是局部独立性假设，指的是对某个被试者而言，题目间无相关存在，而且不同被试者之间作答彼此独立，不会相互影响。IRT 理论所作出的一切推论都必须以局部独立性假设为前提。

MBTI 测量工具的计分、管理和解释很容易，一般需要 15~20 分钟完成测验。在一般心理倾向、信息获取方式、信息处理方式和行动方式 4 个维度上，我们假定每个题项只测量其中一个维度，题目以二分法为基础，每题只在一个方向上计分。如在心理能量倾向维度上，某个题项的选项 A 代表外倾，B 则代表内倾。如果被试者选择 A，那么本题计分为外倾 1 分，内倾 0 分。每个维度的题项数量都是固定的，这样被试者在任一维度上均获得两个分数，类型倾向的确定通过将同一维度的两个分数相减得出。如果某个被试者在外倾上的得分比内倾的得分高，就被归为外倾一类，否则归为内倾。对于两个分数差为 0 的情况，4 个维度分别被定义为内倾、直觉、情感和知觉型。依据 MBTI 计分规则，最后将偏好得分转化为连续得分，以更好地适用于后续分析。转换为连续得分之后，分数越高，表明人格类型 4 个维度分别倾向于内倾、直觉、情感和知觉型；反之，分数越低，表明人格类型 4 个维度分别倾向于外倾、感觉、思考和判断型。

需要特别强调的是，与管理研究中普遍使用的问卷调查计分和信度效度验证不同，基于项目反应理论，MBTI 心理学测量将采用特有的计分法则（见上文描述）以及信度和效度验证（详见 4.3.2）。由于本节只关注 4 个维度的偏好得分，通过 MBTI 计分法则和得分转换法则，研究最后只使用最终的 4 个连续得分作为自变量——领导者人格类型的 4 个维度得分。

4.2.2.2 领导行为

变革型领导行为：本书使用 Bass 和 Avolio（1997）的多因素领导问卷（MLQ - 5X）版本中文版 20 道题目测量变革型领导。采用 5 点李克特量表进行评价，从 1——"一点都没有"到 5——"非常频繁"。MLQ 量表被广泛地应用，具有较高的信度和效度，Bass（1996）指出 MLQ 量表与长期以来的行为描述量表之间的相关度高于 0.90。20 道题目分别测量变革型领导的 4 个维度：领导魅力（Charisma）、智能激发（Intellectual Stimulation）、个性化关怀（Individualized Consideration）、感召力（Inspirational Motivation），比如"强调共同愿景的重要性"。由于变革型领导行为这一变量由被试领导者的 3~5 名直接下属评估，然后对所有下属评估得分加总平均，作为该名被试领导者变革型领导行为的最后得分，因此，我们验证了一致性估计指标（$ICC1$ 和 $ICC2$）以及评估者一致性系数（r_{wg}）。根据一元方差分析，组间差异显著高于组内差异（$F = 7.23$，$p < 0.001$）。$ICC1$ 和 $ICC2$ 平均值分别为 0.23 和 0.85。r_{wg} 平均值为 0.94。由于 $ICC1$ 和 $ICC2$ 显著高于 0.05 和 0.50（James，1982），并且所有的 r_{wg} 值均高于 0.80

(James, Demaree, and Wolf, 1984)，因此结果表明加总下属得分对变革型领导行为这一变量来说非常适合。

4.2.2.3 领导绩效

任务绩效采用 Colbert 等（2008）关于领导者绩效的测量题目（11 个题项），比如"制定目标，为实现目标合理分配资源，并监督其过程"；关系绩效采用 Williams 和 Anderson（1991）编制的量表，包括 7 个题项，比如"抽时间倾听同事遇到的问题和担忧"；适应性绩效采用陶祁（2006）的量表进行测量，包括 25 个题项，比如"能够客观地处理紧急问题"。采用 5 点李克特量表进行计分。

4.2.2.4 控制变量

前文文献综述中表明，企业背景变量以及个体人口统计学变量，都可能对领导有效性产生影响。因此，本章选取：企业层面变量，即企业规模和企业性质；个体层面变量，即将被调查领导者的性别、年龄、教育水平、在本企业的工作年限等作为控制变量。

4.2.3 数据分析方法

本书将使用 SPSS13.0、LISREL8.80 等统计工具对数据进行分析，对理论模型和研究假设进行验证。具体包括：首先，通过题目的反应频率分布、题目与总分的相关、CITC 法和 Cronbach'α 系数法对量表测量题项的有效性和量表的内部一致性进行检验；其次，应用验证性因子分析（CFA）验证各变量的测量效度，并进一步进行模型变量效度检验；最后，对理论模型进行实证验证。根据本书的理论模型和数据特征，主要采取相关分析和结构方程模型对主效应、中介效应以及有调节的中介效应相关理论假设进行验证。以下将具体介绍本书使用的分析方法及具体适用性。

4.2.3.1 信度和效度检验

在理论假设的验证之前，需要对量表的信度和效度进行检验（李怀祖，2004）。由于 MBTI 是以项目反应理论为基础的二分法心理测量，因此将采用所有题目的反应频率分布、题目与总分的相关以及 Cronbach'α 系数法验证 MBTI 量表的信度；采用多质多法（Multi-Trait Multi-Method, MTMM）验证 MBTI 量表的构念效度。对于其他变量（领导行为、环境不确定性、领导有效性等），我们将通过 CITC（Corrected Item Total Correlation）总体相关性系数和 Cronbach'α 内部一致性系数验证量表的信度；随后采用 LISREL8.80 分析软件对各个潜变量进行验证性因子分析以及聚合和区分效度验证，以确保测量的可信性和有效性。

4.2.3.1.1 信度检验方法

信度是指测量结果的稳定、可靠、可信赖程度。由于 MBTI 是以项目反应理论为基础的二分法心理测量，因此将采用多种方法验证 MBTI 量表的信度。首先，采用所有题目的反应频率分布、题目与总分的相关（Item-to-Total Correlations）方法。在以二分法构建题目时，反应频率的大小反映了题目的偏向性，过大往往说明题目具有较高的社会称许性，被测者可能更倾向于选择那些为社会所认同的描述。其次，采用 Cronbach'α 系数法验证 MBTI 的同质性信度，指的是所有题项相关系数的平均值。Cronbach'α 系数越接近1，表明 MBTI 的同质性信度越高。再次，通过分半信度验证 MBTI 量表的信度。具体来说，通过将所有题项分成两半部分，计算每一部分的内在一致性。最后，通过再测信度验证 MBTI 量表的信度。再测信度表明随着时间的推移，重复测量之间的一致性，系数越接近1，表明 MBTI 的再测信度越高。

其他变量的信度检验，则通过 CITC 和 Cronbach'α 指标进行。CITC 指在同一变量维度下，每个题项得分与其他题项得分之和的相关系数。如果该指标低于 0.40 则需删除该题项。Cronbach'α 指标则应该高于 0.60，以表示该量表具有较高的信度。

4.2.3.1.2 效度检验方法

效度指的是测量结果能够正确、有效反映测量目标的程度。量表的效度包括表面效度、内容效度、效标关联效度以及构念效度等。考虑到 MBTI

量表的特殊性，本书相关量表的效度检验主要分两部分。

首先，关于 MBTI 测量量表的效度检验。内容效度是指题项对所要测量的内容范围的代表性程度，主要包括适应性和完整性。MBTI 题项选择过程很好地证明了 4 个量表的内容效度。效标关联效度，指测验得分与外部效标之间的相关。学者们通过比较 MBTI 与其他测量工具来验证 MBTI 的效标关联效度。具体来说，研究比较了 MBTI 与其他 4 种相关测量工具：兴趣量表、工作因素量表、技能自信量表及 Maslach 倦怠量表。研究结果表明，MBTI 量表具有较高效标关联效度。构念效度，指的是测量得分在多大程度上测量或解释了某种理论构念。MBTI 量表的构念效度通过多质多法加以检验。MTMM 判断原理为：相同方法测量相同特质所得分数之间相关性最大；不同方法测量相同特质所得分数之间相关性次之；相同方法测量不同特质所得分数之间相关性较低；不同方法测量不同特质所得分数之间相关性为最低或无意义。根据这些标准可判断量表聚敛和区分效度。

其次，关于其他量表——领导行为、领导有效性以及环境不确定性的效度检验，将通过验证性因素分析进行。具体包含以下步骤：一是进行违规估计，主要判断误差方差是否存在负值，标准化系数是否大于 1 以及标准误是否过大（黄芳铭，2005）。二是检验模型整体拟合优度，主要通过卡方指标（χ^2）、拟合优度指标（GFI）、规范拟合指数（NFI）、修正拟合指数（IFI）和比较拟合指数（CFI）、近似误差均方根（RMSEA）等指标加以判定。

最后，对所有变量进行聚敛效度以及区分效度的检验。聚敛效度的检验强调，根据理论得到的各个潜变量的测量题项是否就是该变量的显性测量指标，而区分效度检验则强调，代表不同构念的各个潜变量是否在统计上能够互相区分。

根据 O'Leary – Kelly 和 Vokurka（1998）的研究，潜变量聚敛效度的检验步骤如下：①所有潜变量，包括方法因子进入假设模型，测量模型指的是所有题项的因子载荷落在其所测量的潜变量上；使用同一方法得到的测量题项的因子载荷落在其相应的方法因子上则构成方法模型；所有题项的因子载荷既落在其测量的潜变量上，又落在其因子上称为全模型。②与虚模型相比，检验测量模型的拟合情况，如果两个模型之间不存在显著差异，说明各个变量之间不具有聚敛效度；如果两个模型之间存在显著差异则进行下一步检验。③检验测量模型与全模型之间是否存在显著差异，如果不存在显著差异，则表明各个变量之间具有聚敛效度；如果存在显著差异，则进行下一步检验。④检验方法模型与全模型之间的差异，如果两个模型之间不存在显著差异，说明各个变量之间不具有聚敛效度；如果两个模型之间存在显著差异，说明各个变量之间具有聚敛效度。

根据 O'Leary – Kelly 和 Vokurka（1998）的研究，潜变量之间区分效度的检验步骤如下：①测量模型：各个变量之间的相关系数自由估计。②约束模型：各个变量之间的相关系数均限制为1。③比较测量模型与限制模型之间的差异，如果两个模型之间不存在差异，说明各个变量之间不具有区分效度；如果两个模型之间存在显著差异，说明各个变量之间具有区分效度。在验证完相关量表的信度和效度之后，将通过结构方程模型对假设模型进行验证，具体验证方法介绍如下。

4.2.3.2 假设模型验证

本书采用结构方程建模法用 LISREL8.80 对整个理论模型进行优度的拟合，进而检验模型中的相关假设。

结构方程模型是一种基于多种统计分析技术的统计分析方法，可用来同时进行潜变量估计与复杂自变量/因变量模型估计与分析，因此也被认为是多变量统计（Multivariate Statistics）中的重要一环（邱皓政、碧芳，2009：14）。结构方程模型的一个重要特性，就是对抽象的构念进行估计与测量，因此包含了潜变量和显变量，变量关系通过代表特定假设的一系列回归方程式体现。结构方程模型路径图由两个次模型构成，即测量模型（Measurement Model）和结构模型（Structural Model）。测量模型描述的是潜变量如何为相应的显性指标所测量或操作化。结构模型描述的是潜变量之间的关系及模型中其他变量无法解释的变异部分。一个结构方程模型不仅牵涉到不同类型变量的处理，如观察变量与潜变量、内生变量与外源变量等，也涉及不同关系形态的设定，如回归、相关与残差估计等（邱皓政、林碧芳，2009：14）。

通过 SEM 验证假设模型的具体步骤包括：①模型设定，根据研究假设来建立 SEM 概念模型，一般通过路径图表示。②模型识别（Model Identification），即用于结构方程模型分析的测量数据，必须具有统计和方法上的可识别性，才能使后续的估计程序与统计决策顺利完成。具体来说，要从整体模型可识别性、测量模型部分可识别性和结构模型部分可识别性分别进行判定。整体模型的可识别性需要满足 t 法则（自由估计参数数目＜测量数据数 DP，the Numbers of Data Points）以及递归法则；测量模型的可识别性要求每一个测量变量只用以估计单一潜变量，残差之间无共变且潜变量方差得以自由估计；结构模型的可识别性主要关注结构参数的设定，也就是潜变量之间的参数数目与测量模型的参数设定无关。③模型参数估计（Parameter Satimation），是结构方程模型分析过程中最核心的计量程序。参数估计主要基于相应估计策略对模型中参数的估计值进行求解，进而得出基础参数矩阵。④模型拟合评鉴，即通过对模型拟合性的评估与检验，判断研究者所提出的假设模型是否能够用以描述实际观察到的变量关系。⑤模型修饰，即如果参数估计结果不理想，也就是理论模型偏离观察数据或者参数估计不理想时，可通过不同程序与方法修正模型，以提高模型的拟合度或提高参数估计值（邱皓政、林碧芳，2009）。

需要强调的是，模型修饰这一步骤并不是必要的步骤，需要基于不同模型策略加以选择。结构方程模型的 3 种策略包括：严格验证策略（Strictly Confirmatory Strategy，SC）、替代或竞争策略（Alternative Models Strategy，AM）和模型发展策略（Model Generating Strategy，MG）。严格验证策略不允许对模型进行修饰，只有在模型发展策略下才需要对模型进行修饰（吴明隆，2009：7）。本节将采用模型发展策略进行结构方程模型分析。

4.3 实证分析结果

基于问卷调查收集到的数据，本节将运用相关分析、结构方程模型等技术，采用 SPSS13.0 和 LISREL8.80 进行描述性统计分析、量表信度和效度验证分析，并对所提出的主效应以及中介效应相关假设进行验证。

4.3.1 描述性统计分析结果

我们在 55 家企业共发放问卷 55 套，其中上级问卷有 55 份、中高层领导者问卷有 280 份、下属问卷有 1400 份。共回收问卷 45 套，其中上级问卷有 45 份、中高层领导者问卷有 246 份、下属问卷有 950 份；回收率分别为 81.81%、87.86% 以及 67.86%。

基于以下原则筛选有效问卷：①如果问卷中缺失答案数占总数的一半以上，则剔除该问卷；②如果问卷答案呈现明显规律性，如答案呈现"Z"字形，或者每一个问题的所有题项答案均选取同一选项等，则剔除该问卷；③由于本书问卷收集涉及配对样本，如果问卷中配对信息不明确，则剔除该问卷。最终得到有效上级问卷 43 份，有效回收率为 78.18%；中高层领导者问卷 227 份，有效回收率为 81.07%；下属问卷 898 份，有效问卷回收率为 63.57%。

4.3.1.1 企业层面样本描述性统计

本书所收集的样本来自以下 8 个省份的 43 家企业，其中陕西有 12 家，占 27.91%；浙江有 6 家，占 13.95%；湖北有 5 家，占 11.63%；北京有 5 家，占 11.63%；四川有 4 家，占 9.30%；河北有 4 家，占 9.30%；山西有 4 家，占 9.30%；吉林有 3 家，占 6.98%。本书的有效企业样本数为 43 家。

为了说明研究的普遍性，在此对样本的构成情况进行了统计。本书的有效企业样本数为 43 家，从企业性质来看，国有企业有 24 家，占企业总数的 55.81%；外资企业有 10 家，占企业总数的 23.26%；民营企业有 9

家，占企业总数的20.93%。

4.3.1.2 个体层面样本描述性统计

所有研究样本的性别分布中，男性领导者有130人，占总样本的57.27%；女性领导者有95人，占总样本的41.84%；另外还有2名被试样本性别选项缺失，占总样本的0.09%。总体来看，本书样本中男性领导者略多于女性领导者，但是总体比例较为接近。

在所有研究样本的年龄分布中可以发现，各个年龄段中人数最多的集中在31~35岁这个年龄段，人数为73人，占总样本的32.16%；其次是36~40岁这个年龄段，人数为55人，占总样本的24.23%；26~30岁这个年龄段，人数为36人，占总样本的15.86%；41~45岁这个年龄段，人数为27人，占总样本的11.89%；46~50岁这个年龄段，人数为20人，占总样本的8.81%。总体来看，30~40岁的领导者占到总样本数的一半以上，各个年龄段均有样本，并且整体分布呈现正态性。

所有研究样本的教育水平分布中，大专和本科学历水平的领导者最多，分别为98人和86人，分别占总样本的43.17%和37.89%；高中（含中专）及以下学历水平的领导者有24人，占总样本的10.57%；硕士及以上学历水平的领导者有14人，占总样本的6.17%。总体来看，80%以上样本具有大专以上学历，整体分布呈现正态性。

从工作年限来看，工作5~10年的中高层管理者最多，为76人，占总样本的33.48%；1~5年的中高层管理者为60人，占总样本的26.43%；10年以上的中高层管理者为67人，占总样本的29.52%；1年以下的中高层管理者相对较少，为20人，占总样本的8.81%。总体来看呈现正态分布。

4.3.1.3 变量描述性统计

采用SPSS13.0对所有变量进行描述性分析。首先对领导者人格类型——MBTI变量进行描述性统计分析，然后对研究中的其他变量进行描述性统计分析。

首先，对人格类型进行描述性统计分析，观察人格类型的各个维度和领导者人格类型在样本中的分布情况。

表 4-1 描述了人格类型的 4 个维度中 8 种倾向的领导者个数及所占百分比。可以看出，样本中的领导者人格类型的 4 个维度的分布特点是：外倾型人数高于内倾型人数，其中外倾型占总样本的 61.23%；感觉型高于直觉型人数，其中感觉型占总样本的 58.15%；思考型高于情感型人数，其中思考型占总样本的 70.04%；判断型高于知觉型人数，其中判断型占总样本的 63.00%。

表 4-1　人格类型各维度频数分布统计

人格类型		频数	百分比/%
一般心理倾向	外倾	139	61.23
	内倾	88	38.77
信息获取方式	感觉	132	58.15
	直觉	95	41.85
信息处理方式	思考	159	70.04
	情感	68	29.96
行动方式	判断	143	63.00
	知觉	84	37.00

其次，为了检验领导者在人格类型的 4 个维度 8 种类型上的分布是否具有显著差异，我们对 4 个维度做了卡方检验。通过检验，我们发现各维度 E-I（$\chi^2 = 50.566, P < 0.01$）、S-N（$\chi^2 = 33.456, P < 0.05$）、T-F（$\chi^2 = 75.619, P < 0.01$）、J-P（$\chi^2 = 66.455, P < 0.01$）在人数上的差异性均达到显著水平。因此，可以得出这样的结论：样本领导者的人格类型中，外倾型人数显著高于内倾型，感觉型人数显著高于直觉型，思考型人数显著高于情感型，判断型人数显著高于知觉型。

最后，对样本中领导者的 16 种人格类型分布进行描述性统计。统计结果显示，样本中的领导者的人格类型分布中，占统治地位的类型是外倾—感觉—思考—判断，占到了 27.3%，显著高于其他类型，其次比例较高的是内倾—感觉—思考—判断（24.2%）、外倾—感觉—情感—判断（10.1%）、外倾—直觉—情感—知觉（9.7%），而这 4 种类型所占比例之和达到了 71.3%，接近总人数的 3/4。同样，为了检验这 16 种类型在人数的分布上是否具有显著差异，我们做了卡方检验，检验结果显示，领导者在不同人格类型上的人数分布存在显著差异（$\chi^2 = 153.673$，$P = 0.000$）。因此我们得出：在企业高层领导者中，占统治地位的类型是外倾—感觉—思考—判断型，其次是内倾—感觉—思考—判断型。国内学者杨慧芳、赵曙明（2004）以 255 名企业管理者为样本，对其人格类型进行研究。研究也发现企业管理者的典型人格类型是外倾—感觉—思考—判断型和内倾—感觉—思考—判断型。

ESTJ 类型的领导者具有如下特点：他们具有成就动机导向，有能力很好地完成任务；他们喜欢挑战，喜欢组织和掌控事件发生和发展；他们喜欢条理性，具有很强的责任感，能够通过有组织和合理的安排，及时、高效地达成目标。同时，他们被动地作出决策，常常以自己过去的经历为基础得出结论，事实上，基于逻辑的思维和判断更能使他们信服。同时，这一类型的领导者很现实、讲求实际，相对于抽象的想法、概念和理论，他们更感兴趣的是具体真实的信息。但是 ESTJ 型人的缺点是过于恪守严格的道德规范，所以当他们把自己的行为标准强加在别人身上时，会被认为很独裁。但是，管理人员的工作岗位要求他们有良好的心理特质、乐观开朗，严格自律，有较强的责任感以及自控力等，这些要求与 E、S、T、J 的人格倾向基本一致，这说明大部分领导者的人格类型与其工作要求基本符合。而且，如果 ESTJ 型的领导者能够更多地关注他人的观点和情感，则会成为更有效的领导者。

本书的人格类型组合中占据第二的是内倾—感觉—思考—判断型，ISTJ 类型的领导者具有如下特点：ISTJ 型领导者严肃、有责任心和通情达理。他们工作缜密，注重细节，讲求实际。他们更多地通过符合逻辑和客观的分析作出决策，并且倾向于采用有序合理的方式，坚持不懈地准时完成工作。他们很有头脑也很现实。但是，ISTJ 型领导者将稳定、忠诚和社会传统看得尤其重要，相应地对于环境的快速多变以及工作环境的不确定性则更为敏感和脆弱。ESTJ 和 ISTJ 型个体都是天生的公司经理和决策者。

他们的区别在于，ESTJ 型经理可能会采取更加外显的表达方式，而 ISTJ 型经理相对不喜欢性格外露。

关于本节中的其他变量描述性统计结果如表 4-2 所示。

表 4-2　样本数据的描述性统计结果

变量类型	变量名称	样本数量/人	样本最小值	样本最大值	样本均值	样本标准差	样本偏度	样本峰度
因变量	任务绩效	227	2.18	4.91	3.73	0.72	-0.50	-0.55
	关系绩效	226	1.71	4.64	3.66	0.58	-0.37	-0.39
	适应性绩效	227	2.44	5.00	3.95	0.55	-0.28	-0.30
中介变量	变革型领导	227	2.00	4.95	3.84	0.54	-0.83	0.32

本节对数据进行了正态分布验证。数据分析发现，各测量题项的偏度绝对值介于 0.11~1.52，峰度绝对值介于 0.25~2.31。样本服从正态分布的标准是偏度绝对值小于 3，而且峰度绝对值小于 10（黄芳铭，2005）。可见，本节数据的峰度和偏度均满足正态分布要求，表明本节样本基本上服从正态分布。

4.3.1.4　控制变量的影响检验

考虑到企业规模、企业性质，被调查领导者的性别、年龄、教育水平、在本企业的工作年限都可能对领导有效性产生影响，本节通过方差分析对上述控制变量的影响进行验证。

对企业规模而言，以企业员工人数为依据，我们将样本企业分为中小型企业（员工人数 300 人以下）、中型企业（员工人数 300~500 人）、大型企业（员工人数 500 人以上）。从企业性质来看，本节样本包括国有企业、外资企业和民营企业。对于个体统计学变量来说，本节将样本依据性别分为男性和女性；依据年龄分为 8 个组别，包括 26 岁以下、26~30 岁、31~35 岁、36~40 岁、41~45 岁、46~50 岁、51~55 岁及 55 岁以上；依据教育水平分为 4 个组别，包括高中及以下、大专、本科、硕士及以上；根据被调查者在企业的工作年限分为 4 个组别，包括 1 年以下、1~5 年、5~10 年以及 10 年以上。

上述控制变量对领导绩效影响的方差分析结果表明，企业层面的变量，即企业规模和企业性质对领导绩效的3个方面影响的显著性水平均大于0.05，因此企业规模和企业性质对领导任务绩效、关系绩效以及适应性绩效均无显著影响。同时，个体层面的人口统计学变量，包括被调查领导者的性别、年龄、教育水平以及在本企业的工作年限对领导绩效的3个方面影响的显著性水平均大于0.05，因此个体层面的人口统计学变量对领导任务绩效、关系绩效以及适应性绩效均无显著影响。对此结果，本节分析可能的原因是，考察企业层面背景变量以及个体层面人口统计学变量对领导有效性的影响时，需要关注具体的情境变量。

4.3.2 量表信度及效度验证结果

本章对量表的信度和效度进行验证。针对每一个量表，首先，我们使用CITC指标和Cronbach'α内部一致性系数检验量表的信度，即可信性；其次，采用LISREL8.80结构方程模型分析软件，对各个潜变量（变革型领导、环境不确定性、领导绩效等）进行验证性因子分析，以证明因子结构稳定性——构念设计时结构维度模型对于特定研究的样本也有很好的拟合优度，以此检验每个测量量表的效度，即有效性；最后，我们对所有变量进行聚合效度和区分效度的检验，为下一步假设检验奠定基础。

4.3.2.1 MBTI 信度及效度验证

4.3.2.1.1 MBTI 量表信度检验

由于MBTI量表采用二分法构建题目，我们首先描述样本对所有题目的反应频率分布以及题目与总分的相关。被测者对大多数题目的反应频率为0.30~0.70，对选项A和选项B的反应比例差在0.40以内。在本量表的各个风格维度上，被测者在两个选项上的反应频率较为接近，这除了说明题目的社会称许性较小以外，还表明了不同被测者具有不同的反应倾向，这一结果为人格类型的区分奠定了实证基础。

其次，我们通过一致性Cronbach'α系数对MBTI量表的同质性信度进行验证，同时验证其分半信度，如表4-3所示。表4-3表明，各分量表的信度检验中,其同质性信度即 Cronbach'α 系数为 0.67~0.80,分半信度为 0.67~0.81,均达到显著水平。

表 4-3 MBTI 量表的信度分析

性别	一致性 Cronbach'α				分半信度			
	EI	SN	TF	JP	EI	SN	TF	JP
男,女	0.80	0.73	0.72	0.69	0.80	0.74	0.74	0.67
男	0.80	0.74	0.73	0.69	0.81	0.72	0.75	0.68
女	0.79	0.75	0.69	0.67	0.78	0.71	0.68	0.67

4.3.2.1.2 MBTI 量表效度检验

我们通过多质多法验证 MBTI 量表的构念效度。表 4-4 是不同分量表之间的相关矩阵。进一步,EI、SN、TF 以及 JP 各分量表两种题型之间的相关系数分别为 0.64、-0.60、0.54 以及 0.61,均达显著水平。

表 4-4 不同分量表之间的相关矩阵

量表名称	EI	SN	TF	JP
EI	1.000			
SN	-0.2775***	1.000		
TF	0.2016***	-0.2786***	1.000	
JP	-0.2164***	-0.4215***	0.0014	1.000

注:***代表 $P<0.001$。

在构念效度检验上,通过对各分量表之间的相关和各分量表采用不同题目形式呈现的相关,发现该量表各维度之间具有较低程度的相关性,不同度量题型之间各维度均呈现出中等相关。这些结果表明,MBTI 量表符合在检验构念效度上的基本假设:同一特质不同方法之间的相关大于同一方法不同特质之间的相关。

4.3.2.2 领导绩效量表信度及效度验证

4.3.2.2.1 任务绩效量表信度及效度验证

首先,任务绩效量表在信度检验中,所有题项均得到保留。基于 CITC 分析结果,任务绩效量表所有题项的总体相关系数 CITC 值介于 0.63~

0.75,均大于 0.40 的最低可接受水平,因此我们保留了全部题项。同时,整体量表的内部一致性 α 系数为 0.814,大于 0.60 的最低可接受水平,表明任务绩效量表具有较高的信度水平。

其次,进行验证性因子分析。一是对违规估计进行检验,结果发现误差方差均大于 0,不存在负值;标准化系数介于 0.64~0.79,均小于 1 且未接近 1;标准误差均比较小,介于 0.05~0.06。结果未发现违规估计现象。二是检验模型整体拟合优度。检验结果发现 χ^2/df 为 1.97,小于 2.00 临界值,较为理想。其余指标结果:*GFI*、*NFI*、*IFI* 和 *CFI* 分别为 0.92、0.92、0.96 和 0.96,均大于 0.90 的最低可接受水平,*RESEA* 为 0.056,说明模型拟合良好。总之,各项指标均符合良好拟合所要求的范围,模型的拟合较为理想。

最后,进行参数估计。标准化参数估计值、标准误差以及统计显著性相关估计结果表明,所有的标准化参数估计值介于 0.64~0.79,且均达到 0.01 的显著性水平,每个题项均具有较高的因子载荷。因此,任务绩效量表具有较好的结构效度。

4.3.2.2.2 关系绩效量表信度及效度验证

首先,关系绩效量表在信度检验中,所有题项均得到保留。基于 *CITC* 分析结果,关系绩效量表所有题项的总体相关系数 *CITC* 值介于 0.66~0.76,均大于 0.40 的最低可接受水平,因此我们保留了全部题项。同时,整体量表的内部一致性 α 系数为 0.837,大于 0.60 的最低可接受水平,表明关系绩效量表具有较高的信度。

其次,进行验证性因子分析。一是对违规估计进行检验,结果发现误差方差均大于 0,不存在负值;标准化系数介于 0.65~0.85,均小于 1 且未接近 1;标准误差均比较小,介于 0.05~0.06。结果未发现违规估计现象。二是检验模型整体拟合优度。检验结果发现 χ^2/df 为 1.99,小于 2.00 临界值,较为理想。其余指标结果:*GFI*、*NFI*、*IFI* 和 *CFI* 分别为 0.94、0.94、0.97 和 0.97,均大于 0.90 的最低可接受水平,*RESEA* 为 0.060,说明模型拟合良好。

最后，进行参数估计。标准化参数估计值、标准误以及统计显著性相关估计结果表明，所有的标准化参数估计值介于 0.65~0.85，且均达到 0.01 的显著性水平，每个题项均具有较高的因子载荷。因此，关系绩效量表的 7 个题项较好地反映了"关系绩效"这一潜变量，关系绩效量表具有较好的结构效度。

4.3.2.2.3 适应性绩效量表信度及效度验证

首先，对适应性绩效量表的信度进行检验后，部分题项得到保留。基于 CITC 分析结果，除了 5 个题项外（比如，主动理解公司的组织气氛和发展方向），适应性绩效量表剩余题项的总体相关系数 CITC 值介于 0.60~0.73，均大于 0.40 的最低可接受水平，因此我们保留了剩余题项。同时，整体量表的内部一致性 α 系数为 0.899，表明适应性绩效量表信度较好。

其次，进行验证性因子分析。一是对违规估计进行检验，结果发现误差方差均大于 0，不存在负值；标准化系数介于 0.61~0.84，均小于 1 且未接近 1；标准误差均比较小，介于 0.05~0.06。结果未发现违规估计现象。二是检验模型整体拟合优度。检验结果发现 χ^2/df 为 1.99，小于 2.00 临界值，较为理想。其余指标结果：GFI、NFI、IFI 和 CFI 分别为 0.92、0.93、0.95 和 0.95，均大于 0.90 的最低可接受水平，RESEA 为 0.062，说明模型拟合良好。

最后，进行参数估计。标准化参数估计值、标准误以及统计显著性相关估计结果表明，所有的标准化参数估计值介于 0.61~0.84，且均达到 0.01 的显著性水平，每个题项均具有较高的因子载荷。因此，适应性绩效量表的 20 个题项较好地反映了"适应性绩效"这一潜变量，适应性绩效量表具有较好的结构效度。

4.3.2.3 变革型领导行为量表信度及效度验证

变革型领导行为量表在信度检验中，保留了全部题项。基于大规模调研样本数据的 CITC 分析结果，变革型领导量表所有题项的总体相关系数 CITC 值介于 0.62~0.75，均大于 0.40 的最低可接受水平，因此我们保留了全部题项。同时，整体量表的内部一致性 α 系数为 0.949，表明变革型领导量表具有较高的信度水平。

通过验证性因子分析对变革型领导量表进行效度检验。首先，对违规估计进行检验，结果发现误差方差均大于 0，不存在负值；标准化系数介于 0.73~0.92，均小于 1 且未接近 1；标准误差均比较小，介于 0.05~0.07。结果未发现违规估计现象。其次，检验模型整体拟合优度。检验结果发现 χ^2/df 为 2.20，略大于 2.00 临界值，但是依然接近理想值。其余指标结果：*GFI*、*NFI*、*IFI* 和 *CFI* 分别为 0.89、0.97、0.98 和 0.98，均大于或接近 0.90 的最低可接受水平，*RESEA* 为 0.058，说明模型拟合良好。最后，进行参数估计。标准化参数估计值、标准误以及统计显著性相关估计结果表明，所有的标准化参数估计值介于 0.73~0.92，且均达到 0.01 的显著性水平，每个题项均具有较高的因子载荷。因此，变革型领导量表的 20 个题项较好地反映了"变革型领导"这一潜变量，变革型领导量表具有较好的结构效度。

由于"变革型领导"这一潜变量的 4 个维度之间相关性较高，相关系数从 0.89 到 0.92，我们进一步进行了高阶验证性因子分析。高阶验证性因子分析模型整体拟合优度结果表明，高阶因子模型对数据有很好的拟合优度，并且高阶因子模型与虚模型相比有很大的差异，表明领导魅力、智能激发、感召力以及个性化关怀是同一构念变革型领导的 4 个维度。根据邱皓政、林碧芳（2009）的建议，如果模型比较结果发现高阶验证性因子分析更能代表初阶因素的关系，则可将初阶因素改以组合分数简化成观察变量，以降低测量模式的复杂度，提高模式的简效性。因此，本书在模型验证过程中将采取这一建议，将变革型领导的 4 个维度分数作为观察变量，进入结构方程模型中对假设加以验证。

4.3.2.4 所有潜变量的聚敛效度和区分效度检验

在对假设模型进行统计检验前，还需要对所有变量进行聚敛效度以及区分效度的检验。只有确定各个潜变量之间的聚敛效度以及区分效度，才能进行下一步的假设检验。

根据 O'Leary – Kelly 和 Vokurka（1998）的研究所建议的变量的聚敛效度与区分效度的检验步骤，本节中聚敛效度与区分效度的检验结果见表 4 – 5、表 4 – 6。聚敛效度检验中，各模型拟合优度如表 4 – 5 所示。

表 4 – 5　聚敛效度检验结果

模型	χ^2/df	CFI	RMSEA	
虚模型	29303.72*** （1128）	0	—	
测量模型	2239.66*** （1070）	0.94	0.070	25358.28*** （58）
全模型	1940.47*** （1041）	0.95	0.062	-299.19*** （29）
方法模型	5877.63*** （1080）	0.86	0.140	3937.16*** （39）

注：$n = 227$，＊＊＊代表 $P \leqslant 0.001$。

根据聚敛效度的检验步骤，从表 4 – 5 中可以看出，测量模型与虚模型相比存在显著差异，测量模型与全模型相比存在显著差异，方法模型与全模型相比也存在显著差异。此外，测量模型有良好的拟合优度，CFI 值为 0.94，因此，可以验证研究中所涉及的变量具有聚敛效度。

区分效度检验中，各模型拟合优度如表 4 – 6 所示，结果表明，测量模型与虚模型以及约束模型之间均存在显著的差异，并且从 CFI 这个指标来看，测量模型对于数据的拟合程度最好，因此，验证了变量间的区分效度。

表 4 – 6　区分效度检验结果

模型	χ^2/df	CFI	RMSEA	
虚模型	29303.72*** （1128）	0	—	
测量模型	2239.66*** （1070）	0.94	0.070	25358.28*** （75）
约束模型	9198.30*** （1080）	0.80	0.182	6958.64*** （10）

注：$n = 227$，＊＊＊代表 $P \leqslant 0.001$。

4.3.3　主效应相关假设验证结果

本节是对主效应相关研究假设进行验证的统计结果以及对结果的讨论。由于在本节样本中控制变量均对结果影响不显著，因此以下相关分析和结构方程模型结果中将不再列出控制变量及其相关路径系数。

4.3.3.1 相关性分析结果

相关分析是研究变量间线性相关关系和程度的一种常用统计方法。相关分析是对各变量因素之间关系进行回归分析的前提条件和重要基础。前面的分析结果已经表明本书数据基本呈正态分布，因此，我们将使用 Pearson 相关来检验自变量——领导者人格类型与因变量——领导有效性的各因素间的相关程度。

本书中，自变量领导者人格类型包含4个维度：一般心理倾向、信息获取方式、信息处理方式和行动方式，我们将其作为4个自变量。领导有效性，即领导绩效包含3个因素：任务绩效（LP_TP）、关系绩效（LP_CP）和适应性绩效（LP_AP），我们将其作为3个因变量。相关分析结果参照表4-7。

表4-7 领导者人格类型与领导绩效 Pearson 相关分析结果

	EI	SN	TF	JP	LP_TP	LP_CP	LP_AP
EI（外倾—内倾）	1.000	-0.243**	-0.281**	-0.084	0.076	0.010	-0.208**
SN（感觉—直觉）		1.000	0.410**	0.556**	-0.123*	0.172**	0.276**
TF（思考—情感）			1.000	0.498**	0.057	0.191**	0.013
JP（判断—知觉）				1.000	-0.280**	0.054	0.185**
LP_TP（任务绩效）					1.000	0.207**	-0.381**
LP_CP（关系绩效）						1.000	0.172**
LP_AP（适应性绩效）							1.000

注：使用双尾检验；**代表 $P<0.01$，*代表 $P<0.05$。

由相关分析统计结果可以得出以下结论：

（1）领导者人格类型中的"一般心理倾向"与领导绩效中的适应性绩效在 $P<0.01$ 水平上呈显著负相关，相关系数为 -0.208。

（2）领导者人格类型中的"信息获取方式"与领导绩效中的任务绩效在 $P<0.05$ 水平上显著负相关，相关系数为 -0.123。而与关系绩效以及适应性绩效在 $P<0.01$ 水平上均显著正相关，相关系数分别为 0.172 和 0.276。

（3）领导者人格类型中的"信息处理方式"与领导绩效中的关系绩效在 $P<0.01$ 水平上呈显著正相关，相关系数为 0.191。

（4）领导者人格类型中的"行动方式"与领导绩效中的任务绩效以及适

应性绩效在 $P<0.01$ 水平上均显著相关，相关系数分别为 -0.280 和 0.185。

4.3.3.2 结构方程模型分析结果

H1a、H1b、H1c、H1d 分别预测了领导者人格类型中的一般心理倾向、信息获取方式、信息处理方式和行动方式4个自变量对领导绩效的直接影响。由于本节中涉及的变量含有潜变量，因此我们通过结构方程模型分析来验证上述主效应假设。

首先，结构方程模型初始模型的正确设定与呈现，尤其重视概念路径图的运用。我们通过概念模型（Conceptual Model）来说明本书研究主效应所探讨的概念间的关系。基于简效原则，建立基于主效应假设的领导者人格类型对领导绩效影响的概念模型示意图，如图4-3所示，虚线表示假设该条路径不存在显著影响。

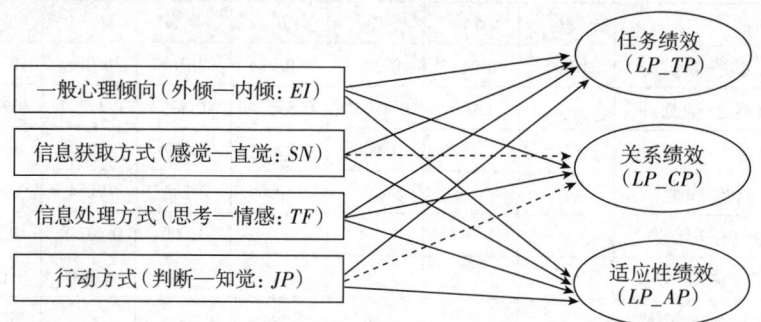

图4-3 领导者人格类型对领导绩效影响的概念模型

其次，需要对整体模型进行识别。领导者人格类型对领导绩效直接影响的初始模型包含22个内生观察变量以及4个外显观察变量。模型中固定参数28个，待估计的自由参数（t）有64个（小于测量数据数 DP = 351），根据 t 法则，该模型属于过度识别，可以利用不同的参数估计方法，对参数及模型进行优化估计和评鉴。另外，假设模型中变量的因果关系是单一方向，预测残差项是彼此独立的独立残差模型，因此是一个递归模型。总之，模型可识别的必要条件全部得到满足。

再次，对上述模型进行估计与评价。本节通过最大似然法，使用 LISREL 8.80 分析软件，对初始模型进行参数估计。估计结果发现，误差方差不存在负值，标准化系数均小于1，而且标准误大小都满足条件，可见未出现违规估计现象。同时，根据分析结果，主效应测量模型的因素负荷量均达显著水平，具体如下：任务绩效的因素负荷量介于0.65~0.78；关系绩效的因素负荷量介于0.66~0.85；适应性绩效的因素负荷量介于0.72~0.91。上述结果表明，领导者人格类型对领导绩效直接影响的初始模型具有较强的测量功能。

初始模型的整体拟合指标结果表明，绝对适配指标 χ^2/df 值为1.89，小于临界值2.00，RMSEA 值为0.061，表明初始模型拟合良好；相对拟合指标 NFI、NNFI、IFI、CFI，除了 NFI 大于0.90外，其他3个指标均大于0.95，说明模型拟合很好；但是 GFI 和 AGFI 值低于临界值0.90，可见初始模型有修正的空间，有必要对其进行修正。

最后，对模型进行修正。通过拟合性检验，如果发现模型偏离数据所显示的实际情况，则修正该模型，然后再检验。根据模型修正指示，发现任务绩效的最后两个题项残差之间的共变显著不等于0，关系绩效的前两个题项残差之间的共变显著不等于0。由于残差相关的题项均属于同一变量的同一测量维度，理论上残差相关可以接受。因此，我们通过增加两条残差相关路径对模型进行修正，最终获得一个拟合性好且各估计参数又能赋予合理解释的模型。修正后模型的拟合性判断指标值如下：绝对拟合指标 χ^2/df 值为1.60，小于2.00临界值，表示修正之后的模型拟合更为理想；RMSEA 值为0.051，表明修正之后的模型拟合良好，基本接近优良；GFI 和 AGFI 值分别为0.92和0.90，均达0.90的可接受水平，而且较初始模型有相当程度的改善。相对拟合指标 NFI、NNFI、IFI、CFI，除了 NFI 大于0.90外，其他3个指标均大于0.95，而且较初始模型有所改善，说明模型拟合很好。

修正后的模型路径图（含完全标准化结构参数）如图4-4所示，为使每个自变量与结果变量之间的路径系数显示更清晰，我们将整体模型路径图分拆为4个子模型路径图加以展示，见图4-4（a）、图4-4（b）、图4-4（c）、图4-4（d）。相关路径系数、t 值及显著性见表4-8。

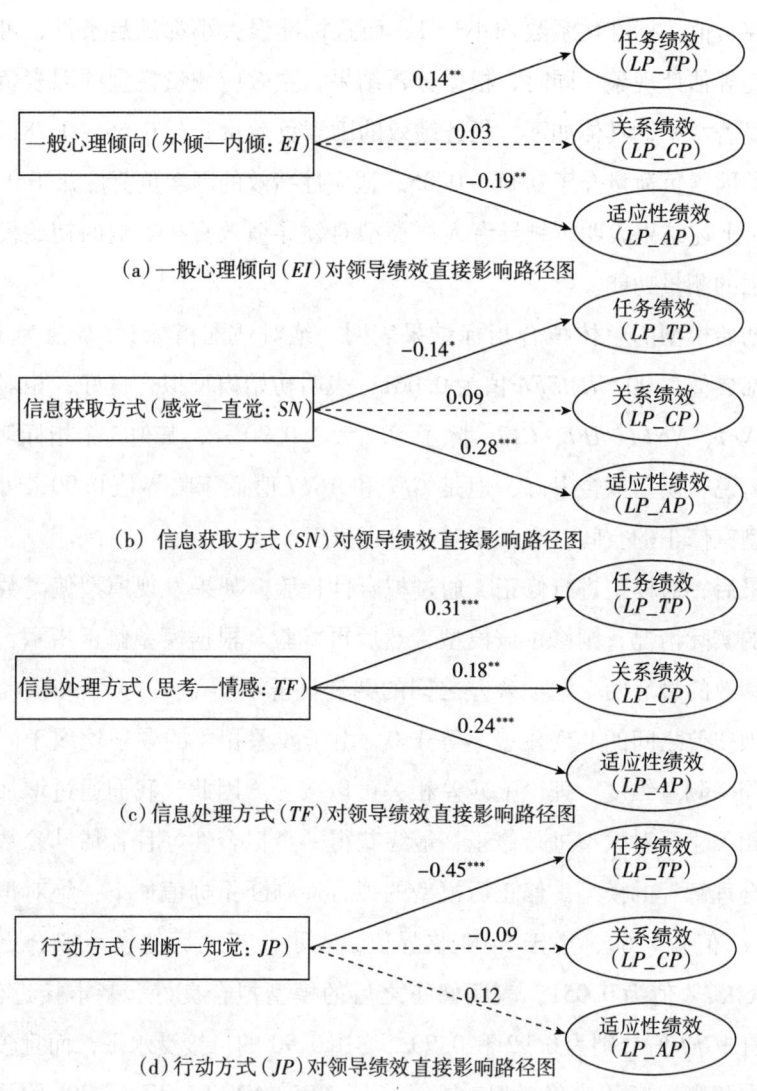

图 4-4 修正后的模型路径图——领导者人格类型对领导绩效直接影响

注：***代表 $P<0.01$，**代表 $P<0.05$，*代表 $P<0.1$；虚线代表路径不显著。

表 4-8 相关路径系数、t 值及显著性——领导者人格类型与领导绩效

具体路径	标准化路径系数	t 值	P 值	显著性
EI→任务绩效（LP_TP）	0.14	1.97	<0.05	显著

续表

具体路径	标准化路径系数	t 值	P 值	显著性
EI→关系绩效（LP_CP）	0.03	0.42	>0.1	不显著
EI→适应性绩效（LP_AP）	-0.19	-2.70	<0.05	显著
SN→任务绩效（LP_TP）	-0.14	-1.66	<0.1	显著
SN→关系绩效（LP_CP）	0.09	0.99	>0.1	不显著
SN→适应性绩效（LP_AP）	0.28	3.42	<0.01	显著
TF→任务绩效（LP_TP）	0.31	3.93	<0.01	显著
TF→关系绩效（LP_CP）	0.18	2.20	<0.05	显著
TF→适应性绩效（LP_AP）	0.24	3.07	<0.01	显著
JP→任务绩效（LP_TP）	-0.45	-5.14	<0.01	显著
JP→关系绩效（LP_CP）	-0.09	-0.98	>0.1	不显著
JP→适应性绩效（LP_AP）	0.12	1.42	>0.1	不显著

图 4-4（a）和表 4-8 结果显示，一般心理倾向与任务绩效显著正相关（$\beta = 0.14$, $P < 0.05$），与关系绩效相关性不显著（$\beta = 0.03$, $P > 0.1$），与适应性绩效显著负相关（$\beta = -0.19$, $P < 0.05$）。由于一般心理倾向得分越高表示内倾倾向越强，因此，结果表示内倾型领导者比外倾型领导者表现出更高的任务绩效，表现出更低的适应性绩效，结果部分支持了 H1a。

图 4-4（b）和表 4-8 结果显示，信息获取方式与任务绩效显著负相关（$\beta = -0.14$, $P < 0.1$），与关系绩效相关性不显著（$\beta = 0.09$, $P > 0.1$），与适应性绩效显著正相关（$\beta = 0.28$, $P < 0.01$）。由于信息获取方式得分越高表示直觉倾向越强，因此，结果表示直觉型领导者比感觉型领导者表现出更低的任务绩效，表现出更高的适应性绩效，同时表明该维度与关系绩效不存在相关性。因此，结果完全支持了 H1b。

图 4-4（c）和表 4-8 结果显示，信息处理方式与任务绩效显著正相关（$\beta = 0.31$, $P < 0.01$），与关系绩效显著正相关（$\beta = 0.18$, $P < 0.05$），与适应性绩效显著正相关（$\beta = 0.24$, $P < 0.01$）。由于信息处理方式得分越高表示情感倾向越强，因此，结果表示情感型领导者比思考型领导者表

现出更高的任务绩效、更高的关系绩效和更高的适应性绩效。由于假设认为情感型领导者比思考型领导者表现出更低的任务绩效,统计结果显示的方向与假设相反,因此结果部分支持了 H1c。

图 4-4 (d) 和表 4-8 结果显示,行动方式与任务绩效显著负相关 ($\beta = -0.45$, $P < 0.01$),与关系绩效相关性不显著 ($\beta = -0.09$, $P > 0.1$),与适应性绩效相关性不显著 ($\beta = 0.12$, $P > 0.1$)。由于行动方式得分越高表示知觉倾向越强,因此,结果表示知觉型领导者比判断型领导者表现出更低的任务绩效,而该维度与关系绩效和适应性绩效均不存在相关关系,因此结果只部分支持了 H1d。

总体来说,统计结果表明,H1a、H1c、H1d 分别得到部分支持,而 H1b 得到完全支持,因此 H1 得到支持。对于上述结果,我们可以看到,在普遍意义下,领导者人格类型对于领导绩效是具有预测作用的,虽然我们不能说某种人格类型必然导致高的领导绩效,但是从统计的趋势来看,这样的结果对于实践界有重要的指导意义。

4.3.3.3 研究结果讨论

本书的数据来自中国 8 个省市的 43 家企业,这些企业涉及众多行业,十分具有普遍性。我们将对上述统计分析结果进行理论含义解释和讨论。

第一,对于一般心理倾向与领导绩效之间的关系进行讨论。研究结果表明,内倾型领导者比外倾型领导者表现出更高的任务绩效,表现出更低的适应性绩效,而无论是内倾型领导者还是外倾型领导者,其关系绩效不存在显著差异。可见,研究结果支持了一般心理倾向与任务绩效以及适应性绩效之间的假设关系,但是不支持一般心理倾向与关系绩效之间的假设关系。因此,我们的讨论如下:①领导者人格类型的一般心理倾向维度对不同类型的领导绩效影响不同,具体的影响方向和影响程度均存在差异。②一般心理倾向与任务绩效以及适应性绩效显著相关。而且方向也与假设一致,因此对假设起到了支持作用。内倾型领导者比外倾型领导者表现出更高的任务绩效,由于他们用更多的时间去思考,在尽可能地考虑周全之后再采取行动,这有助于更好地完成任务 (Myers and McCaulley, 1985)。

这一结论支持了荣格的心理类型论中对于一般心理倾向的描述，同时本研究结果与 Gardner 和 Martinko（1990）研究中关于内倾型领导者更多地进行决策/解决问题、处理文件等有助于完成领导任务的相关活动的研究结果相一致。内倾型领导者比外倾型领导者表现出更低的适应性绩效。由于两种类型领导者的不同的特点，内倾型领导者更多地将时间用在对自己过去经验和想法的探讨中，更少接触新的人和事物，较难适应环境的变化，而外倾型领导者更善于接受新鲜事物，更容易把学习到的新技能应用到工作当中，容易适应环境的变化，因此会表现出更高的适应性绩效。③一般心理倾向与关系绩效相关性不显著，不支持二者呈现负向相关关系的假设。我们认为，尽管看起来外倾型的领导者拥有诸如爱交际、健谈、良好的沟通能力等特征，有助于提高其关系绩效，但是内倾型领导者更可能通过不外显的行动帮助下属或同事，随着时间的推移，也有助于提高其关系绩效。所以，对于本书所得到的一般心理倾向对于领导关系绩效的直接作用不明显这样的结果也是合理的，这与有些学者总结的"内倾和外倾基本平分秋色"的结论一致。

第二，对于信息获取方式与领导绩效之间的关系进行讨论。本节研究结果表明，直觉型领导者比感觉型领导者表现出更低的任务绩效，表现出更高的适应性绩效，而无论是直觉型领导者还是感觉型领导者，其关系绩效不存在显著差异。可见，研究结果完全与假设相一致。因此，我们的讨论如下：①领导者人格类型的信息获取方式维度对不同类型的领导绩效影响不同，具体的影响方向和影响程度均存在差异。②信息获取方式与任务绩效以及适应性绩效显著相关。而且方向也与假设一致，因此对假设起到了支持作用。研究结果表明，感觉型领导者由于对任务的感知超过判断，而表现出更高的任务绩效；而直觉型领导者偏好可能性和推论，而不是实际的事实，他们可能在完成任务方面受到一些阻碍，但是由于更关注长远，以未来为导向，因此表现出更高的适应性绩效。这一结论支持了荣格的心理类型论中对于个体信息获取方式的描述，同时本研究的结果与 Van Velsor 和 Fleenor（1994）研究中关于感觉型领导者更擅长任务管理而直觉型领导者更擅长战略管理的研究结果相一致。③信息获取方式与关系绩效相关性不显著，这一结果与假设相一致。从理论上说，由于信息获取方式是更加内隐的自我思维方式，因此更多地与自我对信息偏好相关，而与他们建立人际关系、助人、提升员工满意度等行为倾向之间关联不明显。所以，对于本书所得到的信息获取方式对领导关系绩效的直接作用不明显这样的结果也是合理的。

第三，对于信息处理方式与领导绩效之间的关系进行讨论。研究结果表明，情感型领导者比思考型领导者表现出更高的任务绩效、更高的关系绩效和更高的适应性绩效。可见，本节研究结果支持了信息处理方式与关系绩效以及适应性绩效之间的假设关系，但是尽管相关性显著却存在方向相反的情况，故而不支持信息处理方式与任务绩效之间的假设关系。因此，我们的讨论如下：①领导者人格类型的信息处理方式维度对不同类型的领导绩效影响不同，具体的影响方向和影响程度均存在差异。②信息处理方式与关系绩效以及适应性绩效显著相关。而且方向也与假设一致，因此对假设起到了支持作用。研究结果表明，情感型领导者由于更注重和周围人群的关系，善于理解别人，因此能够更好地处理人际关系，能够取得更高的关系绩效。同时，他们在面临压力时能更灵活应对和处理，因此具有更高的适应性绩效。这一结论支持了荣格的心理类型论中对于个体处理方式的描述，同时本研究的结果与Myers 和 McCaulley（1985）研究结果相一致。③信息处理方式与任务绩效显著正相关，这一结果与假设相反。我们认为，由于领导者任务中不仅包含了遵守规章制度，制定目标、为实现目标合理分配资源，并监督其过程，而且更多地包含了与他人沟通目标、为下属提供支持、解决冲突等与人相关的任务。尽管看起来思考型领导者的特点是分析能力强，比较客观，注重正确合理的原则，通过逻辑联系将观念联结在一起，强调因果关系，这些特征有助于其更好地完成制定目标、为实现目标合理分配资源，并监督其过程等任务，但是情感型领导者考虑更多的是人的方面，他们处理问题总是以自己和他人的价值观和看法为基础，他们可能更适合处理跟人相关的问题，以及那些需要激发热情和感情作用的岗位，而这构成了领导者任务的重要组成部分。因此，在完成领导者任务绩效方面，情感型领导者更有效。此外，基于特质激活理论关于情境对人格特质的激活效应，我们认为，未考虑到具体情境要素也是导致这一结果与假设相反的原因之一。

第四，对于行动方式与领导绩效之间的关系进行讨论。研究结果表明，知觉型领导者比判断型领导者表现出更低的任务绩效，而无论是知觉型领导者还是判断型领导者，其关系绩效以及适应性绩效都不存在显著差异。可见，研究结果支持了行动方式与任务绩效以及关系绩效之间的假设关系，但是不支持行动方式与适应性绩效之间的假设关系。因此，我们的讨论如下：①领导者人格类型的行动方式维度对不同类型的领导绩效影响不同，具体的影响方向和影响程度均存在差异。因此，本书的结果从其中一个角度解释了过去研究结果存在不一致的原因。②行动方式与任务绩效显著相关。而且方向也与假设一致，因此对假设起到了支持作用。人的认识最终要落在行动上，从理论上说，与信息接收方式和信息处理方式相比，行动方式是更加外显的行为表现。判断型的领导者着重于进行决策、寻求结论、计划操作、组织活动，他们往往善于组织和计划，有目的性。这种人一般适合快速的决策和处理日常事务。中高层管理者需要富有逻辑的思考与合理的计划、组织和决策等。Gardner 和 Martinoko（1990）研究发现，在高绩效领导者中判断型所占的比例高达84%，而在中等绩效领导者中判断型占67%。本研究的结果支持了 Gardner 和 Martinoko（1990）研究发现。③行动方式与关系绩效相关性不显著，与假设相一致；行动方式与适应性绩效相关性不显著，不支持二者呈现正向相关关系的假设。我们认为，可能的原因是未考虑到具体的情境要素。由于特质激活理论表明，人格特质是个体潜在的，需要相关情境才能够激发其表现出来，因此，在不同情境下，不同的人格类型与绩效之间的关系可能存在差异。正如 Gardner 和 Martinoko（1996）在其研究综述中总结出的结论，认为与判断型领导者偏好具有结构性、稳定的组织环境且更多表现出计划性的、认真负责且系统化的行为模式相比，偏好知觉型的领导者更喜欢动态、非结构化的组织环境，并且更多表现出灵活的非计划性且具有创造性的行为模式。可见，稳定的环境更容易激发判断型领导者的有效性，而不确定性环境则更容易激发知觉型领导者的有效性。

通过以上分析可以看出，已有研究由于对领导绩效未进行具体的类型区分，进而导致了研究结果存在不一致性。本书区分了具体的领导绩效类型，研究结果从其中一个角度解释了过去研究结果存在不一致的原因，更清晰系统地解释了领导者人格类型与领导绩效的关系。此外，研究结果还表明，在不考虑情境因素的情况下，领导者的人格类型与领导绩效的关系仍然显示出一定的规律性，这为我们对组织中的领导者的认识提供了一定的经验，也在一般情况下为组织对领导者的选拔和培训提供了一定的指导意义，但是这只是一般意义上的现象。那么，各种人格类型的领导者如何通过行为作用于领导绩效，将是本书接下来分析的重点。

4.3.4 中介效应相关假设验证结果

4.3.4.1 相关性分析结果

前面的分析结果已经表明本书研究数据基本呈正态分布，因此，我们将使用 Pearson 相关来检验自变量——领导者人格类型、中介变量——变革型领导行为（TFL）与因变量——领导有效性的各因素间的相关程度。

本书中，自变量领导者人格类型包含 4 个维度：一般心理倾向、信息获取方式、信息处理方式和行动方式，我们将其作为 4 个自变量。中介变量为变革型领导行为。领导有效性即领导绩效包含 3 个因素：任务绩效、关系绩效和适应性绩效，我们将其作为 3 个因变量。由相关分析统计结果可得出以下结论：

（1）领导者人格类型中除了"信息处理方式"之外，其余 3 个维度都与变革型领导行为显著相关。具体来说，"一般心理倾向"与变革型领导在 $P < 0.05$ 水平上显著负相关，相关系数为 -0.148；"信息获取方式"与变革型领导在 $P < 0.01$ 水平上显著正相关，相关系数为 0.242；"行动方式"与变革型领导在 $P < 0.01$ 水平上显著正相关，相关系数为 0.236。

(2) 变革型领导行为与领导绩效中 3 个维度均显著相关。具体来说，变革型领导行为与任务绩效在 $P < 0.01$ 水平上显著负相关，相关系数为 -0.294；变革型领导行为与关系绩效在 $P < 0.01$ 水平上显著正相关，相关系数为 0.243；变革型领导行为与适应性绩效在 $P < 0.01$ 水平上显著正相关，相关系数为 0.425。

4.3.4.2 结构方程模型分析结果

H2、H3 以及 H4 预测了人格类型中的一般心理倾向、信息获取方式、信息处理方式和行动方式 4 个自变量通过变革型领导行为对领导绩效的间接影响，也就是提出了中介效应假设。

关于中介效应的验证主要有两种方法：一种是通过多层次回归分析加以验证（Baron and Kenny, 1986）；另一种则是通过结构方程模型加以验证（James and Brett, 1984）。根据 Baron 和 Kenny（1986）的建议，通过多层次回归分析，验证中介效应需要通过以下 4 个步骤且满足 4 个条件：第一步，因变量 Y 对自变量 X 回归，回归系数显著；第二步，中介变量 ME 对自变量 X 进行回归，回归系数显著；第三步，因变量 Y 对中介变量 ME 进行回归，回归系数显著；第四步，因变量 Y 对自变量 X 和中介变量 ME 回归，X 对 Y 的影响不再显著或者显著性减弱。在第四步中，若 X 对 Y 的回归系数不再显著，则为完全中介效应；若 X 对 Y 的回归系数显著性减弱，则为部分中介效应。

根据 Dawn Iacobucci（2008）的建议，通过结构方程模型分析，对中介效应的检验需要将结构方程模型的路径系数与 SOBEL 检验相结合。当自变量显著影响中介变量，中介变量显著影响因变量，而且整个模型整体拟合指标可以接受，则表明中介效应存在，否则不存在中介效应。进而，计算 SOBEL Z 值：①如果 SOBEL Z 显著，并且自变量到因变量的直接效应不显著，则为完全中介效应；②如果 SOBEL Z 显著，并且自变量到因变量的直接效应也显著，则为部分中介效应；③如果 SOBEL Z 不显著，并且自变量到因变量的直接效应显著，则为部分中介效应；④如果 SOBEL Z 不显著，并且自变量到因变量的直接效应也不显著，则为部分中介效应。

James Mulaik 和 Brett（2006）认为，这两种验证中介效应的方式存在两点不同：第一，Baron 和 Kenny 的多元回归方法以部分中介模型为基础，而结构方程模型方法则以更加简约的（Parsimonious）完全中介模型为基础。因此，结构方程模型方法验证中介效应不存在自变量到因变量必须显著这一前提条件（James et al., 2006）。第二，结构方程模型对完全中介的验证是通过明确地验证自变量通过中介变量到因变量的间接关系，而不是像 Baron 和 Kenny 所提的，验证加入中介变量之后自变量和因变量相关性的减弱。所以，在结构方程模型中，自变量与因变量的关系不是验证中介变量与因变量关系的一个控制条件。

本书中采用结构方程模型与 SOBEL 检验相结合的方式，验证相关的中介效应假设。具体包括以下几个步骤：

第一步，根据 James 等（2006）的建议，建立假设的中介模型（以完全中介模型为基础），验证模型的拟合指标是否达到可接受的要求。

第二步，与部分中介效应模型（竞争模型）进行比较。分别计算两个模型对应的拟合指标，进而对相应的拟合指标进行比较。两个模型常用的比较方法是比较模型对应的卡方值，选择显著性水平下卡方值较小的模型，或者选择非显著性水平下较为简化的模型。同时，也可以比较其他拟合指标，选择拟合指标更好的模型。此外，还要看 PNFI 指标，选择该指标值较大的模型为更优模型。因为 PNFI 指标值越大，表明该模型用尽可能少的变量（路径）代替实际中的变量。

第三步，进一步对模型中所有路径系数进行显著性验证。如果所有路径系数均达到显著水平，则表明中介效应得到验证；如果模型中存在不显著的路径系数，则中介效应没有得到验证。

第四步，通过"SOBEL Test"的验证方法，评估中介效应为部分中介还是完全中介。

本书中，自变量领导者人格类型包含 4 个维度：一般心理倾向、信息获取方式、信息处理方式和行动方式，我们将其作为 4 个自变量。中介变量为变革型领导行为。领导有效性，即领导绩效包含 3 个因素：任务绩效、关系绩效和适应性绩效,我们将其作为3个因变量。以下我们将通过结构方程模型验证变革型领导行为为中介变量的中介效应模型。

第一步,建立中介模型,验证模型的拟合指标是否达到可接受的要求。我们通过概念模型(Conceptual Model)来说明以变革型领导行为为中介变量的中介效应所探讨的概念间的关系,见图4-5。

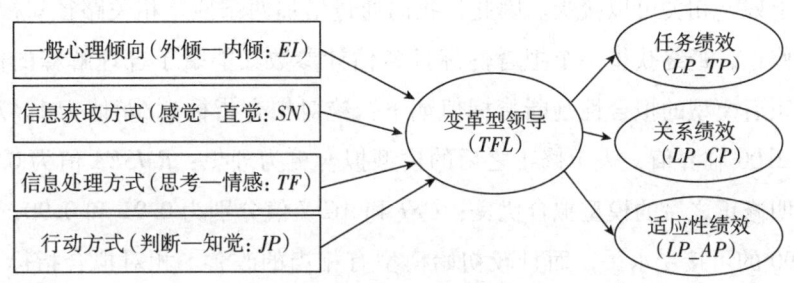

图4-5 变革型领导行为中介效应的概念模型

对模型进行识别,测量数据数为465。模型中待估计的自由参数小于测量数据数,符合模型识别 t 法则。另外,假设模型中变量的因果关系是单一方向,预测残差项是彼此独立的独立残差模型,因此是一个递归模型。总之,模型可识别的必要条件全部得到满足。进而,通过最大似然法,使用 LISREL 8.80 分析软件,对初始模型进行参数估计。估计结果发现,误差方差不存在负值,标准化系数均小于1,而且标准误大小都满足条件,可见未出现违规估计现象。而且,变革型领导行为的中介效应模型的测量模型中,因素负荷量均达显著水平。具体如下:变革型领导的因素负荷量介于0.85~0.93;任务绩效的因素负荷量介于0.65~0.78;关系绩效的因素负荷量介于0.66~0.85;适应性绩效的因素负荷量介于0.72~0.91。上述结果表明,领导者人格类型通过领导行为对领导绩效影响的中介效应初始模型具有良好的测量模型特征。

初始模型的整体拟合指标结果显示,绝对适配指标 χ^2/df 值为1.74,小于临界值2.00,RMSEA 值为0.057,表明初始模型拟合良好;相对拟合指标 NFI、NNFI、IFI、CFI,除了 NFI 大于0.90外,其他3个指标均大于

0.95，说明模型拟合很好；但是 GFI 和 AGFI 值低于临界值 0.90，可见初始模型有修正的空间，有必要对其进行修正。

对模型进行修正，通过拟合性检验，我们发现任务绩效的最后两个题项残差之间的共变显著不等于 0，关系绩效的前两个题项残差之间的共变显著不等于 0。由于残差相关的题项均属于同一变量的同一测量维度，理论上残差相关可以接受。因此，我们通过增加两条残差相关路径对模型进行修正，最终获得一个拟合性好且各估计参数又能赋予合理解释的模型。修正后模型的拟合性判断指标值如下：绝对拟合指标 χ^2/df 值为 1.47，小于 2.00 临界值，表示修正之后的模型拟合更为理想；RMSEA 值为 0.046，表明修正之后的模型拟合优良；GFI 和 AGFI 值分别为 0.91 和 0.90，均达 0.90 的可接受水平，而且较初始模型有相当的改善。相对拟合指标 NFI、NNFI、IFI、CFI，除了 NFI 大于 0.90 外，其他 3 个指标均大于 0.95，而且较初始模型有所改善，说明模型拟合很好。

第二步，与部分中介效应模型（竞争模型）进行比较。表 4-9 为完全中介与部分中介两个模型拟合指标比较，以选择一个与数据拟合较好并相对节俭的模型。由表 4-9 可知，两个模型的拟合指标都达到最低可接受水平。进而，比较两个模型的卡方值，$\Delta\chi^2$ 为 51.81，Δdf 为 11，对应的概率值 $p=0.009$，小于 $p=0.01$ 的标准，说明 $\Delta\chi^2$ 达到显著水平，两个模型存在显著差异，因此最终选择卡方较小的部分中介模型。

表 4-9 完全中介与部分中介两个模型拟合指标比较

指标	χ^2	df	χ^2/df	RMSEA	GFI	AGFI	NFI	NNFI	IFI	CFI	PNFI
完全中介模型	575.74	392	1.47	0.046	0.91	0.90	0.94	0.97	0.98	0.98	0.83
部分中介模型	523.93	381	1.38	0.041	0.93	0.91	0.94	0.98	0.98	0.98	0.84

第三步，对模型中所有路径系数进行显著性验证。部分中介模型路径图（含完全标准化结构参数）如图 4-6 所示，为使每个自变量与结果变量之间的路径系数显示得更清晰，我们将整体的模型路径图拆分为 4 个子模型路径图加以展示，见图 4-6（a）、图 4-6（b）、图 4-6（c）、图 4-6（d）。相关路径系数（包括直接效应和间接效应）、t 值及显著性见表 4-10。

4 领导特质对VUCA环境下领导有效性的作用机制研究

图4-6和表4-10结果显示，一般心理倾向与变革型领导行为显著负相关（$\beta = -0.12$，$P < 0.1$）；信息获取方式与变革型领导行为显著正相关（$\beta = 0.15$，$P < 0.1$）；信息处理方式与变革型领导行为相关性不显著

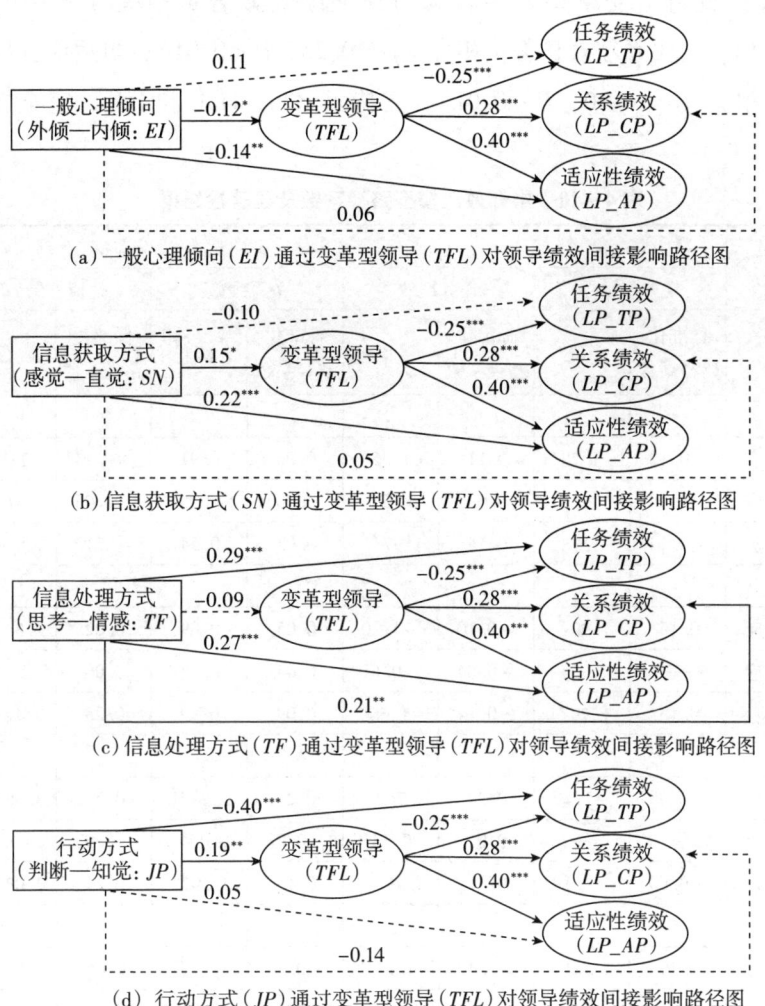

(a) 一般心理倾向（EI）通过变革型领导（TFL）对领导绩效间接影响路径图

(b) 信息获取方式（SN）通过变革型领导（TFL）对领导绩效间接影响路径图

(c) 信息处理方式（TF）通过变革型领导（TFL）对领导绩效间接影响路径图

(d) 行动方式（JP）通过变革型领导（TFL）对领导绩效间接影响路径图

图4-6　中介效应模型路径图——领导者人格类型通过变革型领导对领导绩效间接影响

注：＊＊＊代表$P < 0.01$，＊＊代表$P < 0.05$，＊代表$P < 0.1$；虚线代表路径不显著。

($\beta = -0.09$,$P > 0.1$);行动方式与变革型领导行为显著正相关（$\beta = 0.19$，$P < 0.05$）。可见，除了信息处理方式这一维度之外，领导者人格的其他维度均与变革型领导行为显著相关，因此支持了 H2a、H2b 和 H2d，部分支持了 H2。此外，变革型领导行为与任务绩效显著负相关（$\beta = -0.25$，$P < 0.01$）；与关系绩效显著正相关（$\beta = 0.28$，$P < 0.01$）；与适应性绩效显著正相关（$\beta = 0.40$，$P < 0.01$），支持了 H3a、H3b 和 H3c，完全支持了 H3。

表 4-10 中介效应模型路径系数及显著性结果

自变量	中介变量		因变量					
	变革型领导		任务绩效		关系绩效		适应性绩效	
	标准化路径系数	t 值	标准化路径系数	t 值	标准化路径系数	t 值	标准化路径系数	t 值
EI								
直接效应	-0.12	-1.78*	0.11	1.56	0.06	0.91	-0.14	-2.15**
间接效应	—	—	0.03	0.57	-0.03	-0.54	-0.05	-0.89
总效应	-0.12	-1.78*	0.14	1.97**	0.03	0.54	-0.19	-2.70**
SN								
直接效应	0.15	1.90*	-0.10	-1.20	0.05	0.89	0.22	2.87***
间接效应	—	—	-0.04	-0.61	0.04	0.72	0.06	1.07
总效应	0.15	1.90*	-0.14	-1.66*	0.09	0.99	0.28	3.42***
TF								
直接效应	-0.09	-1.19	0.29	3.74***	0.21	2.58**	0.27	3.08***
间接效应	—	—	0.02	0.33	-0.03	-0.47	-0.03	-0.56
总效应	-0.09	-1.19	0.31	3.93***	0.18	2.20**	0.24	3.07***
JP								
直接效应	0.19	2.22**	-0.40	-4.17***	-0.14	-1.59	0.05	0.57
间接效应	—	—	-0.05	-0.75	0.05	0.74	0.08	1.40
总效应	0.19	2.22**	-0.45	-5.14***	-0.09	-0.98	0.13	1.42
变革型领导								
直接效应							-0.25	-3.62***

续表

自变量	中介变量		因变量					
	变革型领导		任务绩效		关系绩效		适应性绩效	
	标准化路径系数	t 值	标准化路径系数	t 值	标准化路径系数	t 值	标准化路径系数	t 值
间接效应							0.28	3.80***
总效应							0.40	5.85***

注：$n=227$；＊＊＊代表 $P<0.01$，＊＊代表 $P<0.05$，＊代表 $P<0.1$。

关于中介效应假设的结果分析如下。图 4-6（a）和表 4-10 结果显示，一般心理倾向与变革型领导行为显著负相关（$\beta=-0.12$，$P<0.1$）。变革型领导行为与任务绩效显著负相关（$\beta=-0.25$，$P<0.01$）；与关系绩效显著正相关（$\beta=0.28$，$P<0.01$）；与适应性绩效显著正相关（$\beta=0.40$，$P<0.01$）。一般心理倾向对任务绩效、关系绩效以及适应性绩效的影响则通过变革型领导行为实现。由于一般心理倾向得分越高表示内倾倾向越强，因此，结果表示外倾型领导者比内倾型领导者更容易表现出变革型领导行为，进而导致更低的任务绩效，表现出更高的关系绩效和更高的适应性绩效，此结论支持了 H4a：变革型领导行为对领导者一般心理倾向与领导绩效之间的关系起到中介作用。

图 4-6（b）和表 4-10 结果显示，信息获取方式与变革型领导行为显著正相关（$\beta=0.15$，$P<0.1$）。变革型领导行为与任务绩效显著负相关（$\beta=-0.25$，$P<0.01$）；与关系绩效显著正相关（$\beta=0.28$，$P<0.01$）；与适应性绩效显著正相关（$\beta=0.40$，$P<0.01$）。信息获取方式对任务绩效、关系绩效以及适应性绩效的影响则通过变革型领导行为实现。由于信息获取方式得分越高表示直觉倾向越强，因此，结果表示直觉型领导者比感觉型领导者更容易表现出变革型领导行为，进而导致更低的任务绩效，表现出更高的关系绩效和更高的适应性绩效，此结论支持了 H4b：变革型领导行为中介了领导者信息获取方式与领导绩效之间的关系。

图 4-6（c）和表 4-10 结果显示，信息处理方式与变革型领导行为相关性不显著（$\beta=-0.09$，$P>0.1$）。尽管变革型领导行为与任务绩效显

著负相关（$\beta = -0.25$，$P < 0.01$）、与关系绩效显著正相关（$\beta = 0.28$，$P < 0.01$）、与适应性绩效显著正相关（$\beta = 0.40$，$P < 0.01$），但是由于自变量到中介变量路径系数不显著，因此不支持中介效应。信息处理方式对任务绩效、关系绩效以及适应性绩效的影响均为直接效应。此结论不支持H4c：变革型领导行为中介了领导者信息处理方式与领导绩效之间的关系。

图4-6（d）和表4-10结果显示，行动方式与变革型领导行为显著正相关（$\beta = 0.19$，$P < 0.05$）。变革型领导行为与任务绩效显著负相关（$\beta = -0.25$，$P < 0.01$）；与关系绩效显著正相关（$\beta = 0.28$，$P < 0.01$）；与适应性绩效显著正相关（$\beta = 0.40$，$P < 0.01$）。行动方式对任务绩效、关系绩效以及适应性绩效的影响则通过变革型领导行为实现。由于行动方式得分越高表示知觉倾向越强，因此，结果表示知觉型领导者比判断型领导者更容易表现出变革型领导行为，进而导致更低的任务绩效，表现出更高的关系绩效和更高的适应性绩效。此结论支持了H4d：变革型领导行为中介了领导者行动方式与领导绩效之间的关系。

第四步，尽管部分中介模型的拟合指标更优，但是我们需要进一步通过SOBEL的验证方法评估每条中介路径的中介效应为部分中介还是完全中介。中介效应的SOBEL检验结果见表4-11。

表4-11 中介效应的SOBEL检验结果

中介路径	SOBEL Z	直接路径	中介效应
EI→TFL→任务绩效（LP_TP）	1.74	0.11	部分中介效应
EI→TFL→关系绩效（LP_CP）	-1.79	0.06	部分中介效应
EI→TFL→适应性绩效（LP_AP）	-1.89	-0.14**	部分中介效应
SN→TFL→任务绩效（LP_TP）	1.70	-0.10	部分中介效应
SN→TFL→关系绩效（LP_CP）	-1.66	0.05	部分中介效应
SN→TFL→适应性绩效（LP_AP）	1.78	0.22***	部分中介效应
TF→TFL→任务绩效（LP_TP）	—	—	无中介效应
TF→TFL→关系绩效（LP_CP）	—	—	无中介效应
TF→TFL→适应性绩效（LP_AP）	—	—	无中介效应
JP→TFL→任务绩效（LP_TP）	1.98**	-0.40***	部分中介效应

续表

中介路径	SOBEL Z	直接路径	中介效应
JP→TFL→关系绩效（LP_CP）	2.04**	-0.14	完全中介效应
JP→TFL→适应性绩效（LP_AP）	2.19**	0.05	完全中介效应

注：使用双尾检验；***代表$P<0.01$，**代表$P<0.05$。

根据表4-11的结果，依据Dawn Iacobucci（2008）关于SOBEL Z值验证标准，变革型领导行为对于一般心理倾向对任务绩效、关系绩效以及适应性绩效影响均起到部分中介作用。也就是说，一般心理倾向对任务绩效、关系绩效以及适应性绩效的总效应既包含直接效应也包含通过变革型领导行为的间接效应。变革型领导行为对于信息获取方式对任务绩效、关系绩效以及适应性绩效影响均起到部分中介作用。也就是说，信息获取方式对任务绩效、关系绩效以及适应性绩效的总效应既包含直接效应也包含通过变革型领导行为的间接效应。变革型领导行为对于信息处理方式对任务绩效、关系绩效以及适应性绩效影响未起到中介作用。也就是说，信息获取方式对任务绩效、关系绩效以及适应性绩效作用只包含直接效应。变革型领导行为对于行动方式对任务绩效影响起到部分中介作用。也就是说，行动方式对任务绩效的总效应既包含直接效应也包含通过变革型领导行为的间接效应。同时，变革型领导行为对于行动方式对关系绩效以及适应性绩效影响均起到完全中介作用。也就是说，行动方式完全通过变革型领导行为间接作用于领导者的关系绩效和适应性绩效。总体结果部分支持了H4。

4.3.4.3 研究结果讨论

中介效应假设，旨在探讨领导者人格类型通过领导行为对领导绩效的作用机制和过程。通过对调查问卷所得有效数据的相关分析、结构方程建模分析，本节研究发现，其一，领导者人格类型的4个维度中，除了信息处理方式与变革型领导行为相关性不显著之外，其他3个维度均与变革型领导行为显著相关，因此支持了H2a、H2b和H2d，部分支持了H2。其二，变革型领导行为与任务绩效、关系绩效以及适应性绩效均显著相关，支持了 H3。其三，领导者人格类型的一般心理倾向维度、信息获取方式维度以及行动方式维度确实可以通过变革型领导行为来预测领导者的任务绩效、关系绩效和适应性绩效，即 H4a、H4b 和 H4d 得到支持，而信息处理方式维度直接预测领导者的任务绩效、关系绩效和适应性绩效，即 H4c 未获得支持验证。以下将针对上述结论，提出几点讨论。

4.3.4.3.1 领导者人格类型与领导行为

正如我们前面提到的，领导者个体会通过一个三阶段的认知过滤过程——形成视野或者愿景域（Field Vision）、选择性感知信息，以及对感知到的信息的解释——促使他们选择表现出具体的领导行为。而领导者的个体心理特征决定了领导者收集信息的程度，领导者选择感知哪些信息、选择忽略哪些信息以及如何解释感知到的信息，包括理解、解释、判断以及预测相关信息。本节通过相关分析和结构方程模型分析，对领导者人格类型与变革型领导行为之间的关系进行了深入探讨。结合相关分析和结构方程模型分析的结果表明，领导者一般心理倾向维度、信息获取方式维度以及行动方式确实可以有效地预测变革型领导行为，而信息处理方式对变革型领导行为的作用在本书研究中尚未观察到。本书总体研究结果与 Hautala（2006）的研究结果相一致。而且，本书研究结果也表明领导者人格类型是变革型领导的前因变量之一，这对于变革型领导理论也是一个重要补充和贡献。

研究发现领导者一般心理倾向对变革型领导行为起到负向预测作用。具体来说，外倾型领导者比内倾型领导者更容易表现出变革型领导行为。可能是由于外倾型者对于其他人观点的认可和赏识相应更容易表现出来；而内倾型者决策时不需要别人的观点，也不会注意到他人认知的需求，因此更不容易被感知为变革型领导。本书采用下属他评的方式评估领导者的变革型领导行为，结果支持了 Hautala（2006）的研究结论。Church 和 Waclawski（1998）的研究样本来自美国和欧洲领导者，Hautala（2006）的研究样本来自芬兰领导者，本章研究样本来自中国企业领导者。可见，一般心理倾向对变革型领导行为的预测可能存在跨文化的普遍性。同时，这一研究结果也支持了关于"大五人格"中外倾性与变革型领导关系的研究结果（Bono and Judge，2004；Judge and Bono，2000；Ployhart et al.，2001）。

研究发现领导者信息获取方式对变革型领导行为具有正向预测作用，即直觉型领导者比感觉型领导者更容易表现出变革型领导行为。MBTI理论认为直觉型领导者由于更容易成为发起人、发明者、助推者以及更加有魄力、有胆识，更具想象力且更加关注未来，因此更容易成为变革型领导（Myers and Myers，1985）。本章研究结果实证支持了MBTI理论。同时，本章研究结果与Hautala（2006）研究结果相一致。由于Hautala（2006）研究样本来自西方领导者，而本章研究样本来自中国领导者，因此信息获取方式对变革型领导行为正向的预测可能存在跨文化普遍性。

研究发现领导者信息处理方式（思考—情感：TF）对变革型领导行为的预测作用不显著。就本书而言，我们认为原因可能有二：一是抽样误差导致情感型领导者样本相对较少，因此带来了不显著的结果。二是可能未考虑到具体的情境要素。Hautala（2006）以西方领导者为样本研究发现领导者信息处理方式显著预测了变革型领导行为，情感型领导者比思考型领导者更容易表现出变革型领导行为。特质激活理论已经表明，人格特质是个体潜在的，需要特定情境的激活才能呈现出来。因此，只有在与领导者人格类型更为相关的情境下，才可能激发思考型或者情感型领导者表现出相关的变革型领导行为。也就是说，我们需要进一步探讨信息处理方式对变革型领导起预测作用的边界条件。后面部分我们会进一步研究环境不确定性对于信息处理方式与变革型领导关系的调节效应。

研究发现领导者行动方式（判断—知觉：JP）对变革型领导行为起到正向预测作用。具体来说，知觉型领导者比判断型领导者更容易表现出变革型领导行为。MBTI理论认为，知觉型领导者比判断型领导者更加以个人为中心，更加勤勉刻苦，更加自信，更加敢作敢为，而且反对随波逐流，这种行为与变革型领导行为相一致。本书结果实证支持了MBTI理论。同时，本书的结果与Hautala（2006）的研究结果相一致，但是与Church

和 Waclawski（1998）的研究结果相反。因此，行动方式对变革型领导行为正向预测可能还要考虑到具体情境因素。考虑到情境对人格特质的激活效应，在不同情境下，行动方式与变革型领导行为的关系可能存在差异。后面部分我们会进一步研究环境不确定性对领导者行动方式与变革型领导关系的调节效应。

4.3.4.3.2 变革型领导行为与领导绩效

关于变革型领导行为与领导绩效的关系，很多元分析和实证研究已经表明了二者之间存在相关关系，也表明了变革型领导行为对领导绩效的预测作用。本书研究结果表明，变革型领导行为对任务绩效具有负向预测作用、对于关系绩效具有正向预测作用、对于适应性绩效具有正向预测作用。也就是说，采用变革型领导行为更有助于提高领导者的关系绩效和适应性绩效，但不利于提高领导者的任务绩效。这与我们的假设相一致。因此，变革型领导者在工作中也要相应地关注采取更具体可行的方式有效完成具体工作，选用人才与利用资源以及维持有序可信的管理。

本书的结果同时表明，变革型领导行为对领导绩效的不同方面影响不同，具体的影响方向和影响程度均存在差异。本书的结果证明了需要对领导绩效进行具体的类型区分，以清晰地解释变革型领导行为对不同类型领导绩效的差异化影响。

过去的大部分研究结果表明，变革型领导与领导有效性有着正向的关系（Osborn and Marion，2009；李超平、时勘，2003）。但是，本书发现了变革型领导行为与领导者任务绩效的负向关系。我们分析，可能的原因如下：一是任务绩效侧重于领导者在稳定情境下完成常规领导任务的有效性，变革型领导者面对常规工作中具体任务时可能无法发挥其优势，相反可能导致更低的任务绩效。与传统的领导强调计划、组织、协调、控制等基本管理技术不同，变革型领导是为应对迅速变化的市场而产生的，更强调通过发挥个人魅力，重视对员工的内在激励，重视组织愿景设定，对员工进行个性化关怀，以达到更好的应变效果。因此，变革型领导行为更有助于提高关系绩效和适应性绩效而非任务绩效。二是未考虑特定的情境因素。如环境不确定性情境，由于变革型领导是在复杂多变环境下应运而生的，因此在不确定情境下变革型领导对领导任务绩效才可能产生正向影响。再如，领导层级也可能调节了变革型领导与领导绩效的关系。考虑到不同领导层级的领导任务侧重点不同，低层领导者可能更以完成具体任务为导向，包括领导者行为要以完成工作、选用人才与利用资源以及维持有序可信的管理为导向。而中层特别是高层领导者更以有效利用人才资源、把握组织战略方向为导向，侧重领导者行为要以增强合作与团队配合、为他人提供支持为导向，同时要以适应环境变化、增强弹性和创新为导向。同时，领导绩效不同方面侧重点不同。领导者任务绩效侧重具体的任务导向，而关系绩效和适应性绩效更侧重灵活性和领导柔性。因此，可能中高层领导者采用变革型领导行为更有助于提高绩效，而低层领导者采用变革型领导行为反而不利于提高绩效。所以，领导层级成为影响变革型领导行为与领导绩效关系的重要情境要素。未来研究应进一步考虑其他重要情境要素。后面部分我们会进一步尝试研究环境不确定性对于变革型领导与领导绩效关系的调节效应。

4.3.4.3.3 变革型领导行为对领导者人格类型与领导绩效的中介作用

本章研究结果显示，领导者人格类型的3个维度——一般心理倾向、信息获取方式以及行动方式——均通过变革型领导行为作用于领导者的任务绩效、关系绩效和适应性绩效，但是信息处理方式维度则直接作用于领导者的3种绩效。本章研究在很大程度上支持了变革型领导行为对领导者人格类型与领导有效性关系的中介效应。

这一发现具有几方面重要的研究意义：一是该发现对 Judge 等（2002）以及 Spangler 等（2004）提出的领导特质理论对中介过程理解的缺乏作出了贡献，有助于领导者人格研究的进一步推进。Ng 等（2008）的研究表明，领导者自我效能等动机要素是领导者人格影响领导有效性的一种作用机制。本章研究则表明，领导行为途径是领导者人格影响领导有效性的另一种作用机制。二是本章研究发现领导者人格类型的不同维度通过变革型领导行为对领导绩效产生作用的机制不同。具体来说，除信息处理方式维度直接作用于领导绩效之外，领导者的一般心理倾向维度、信息获取方式维度以及行动方式维度均通过变革型领导行为间接作用于领导者绩效。因此，不同人格类型的领导者要选择适合自己的领导行为方式，才能更好地发挥自己的优势，取得更高的领导绩效。三是本章研究结果为变革型领导行为理论作出了一定的贡献。不仅发现了领导者人格类型是变革型领导行为过去研究遗漏的一个重要影响因素，而且表明并不是所有类型的人都适合采用变革型领导行为，也不是所有类型的人采用变革型领导行为都能带来更好的绩效。只有具有特定特质的领导者采用变革型领导行为才能有助于绩效提高，所以一定要关注领导者人格类型与领导行为的匹配。

4.4 研究结论与贡献

4.4.1 研究结论

本章研究的主要目的是探讨领导特质对 VUCA 环境下领导有效性的作用机制。以领导者人格类型为切入点，本章研究初步发现了领导者人格类型 4 个维度分别对领导有效性的不同影响，并且实证阐明了领导者特质通过变革型领导行为对领导有效性的不同作用途径及作用机制。基于上述实证研究结果得出以下研究结论：

（1）我们对领导者人格类型与领导有效性之间的关系加以总结归纳。基于直接效应的统计分析结果，本章研究发现以下几点：

首先，外倾型比内倾型领导者更可能取得更高的适应性绩效。外倾型领导者的性格特点使得他们更可能直截了当地寻求领导职位，并迅速地负起责任；他们试图确保观点、计划和决策都建立在牢固的事实基础上，运用并主动调整已有经验解决问题；同时能一针见血地看到问题的核心，做到决策迅速，这些都是外倾型领导者的优点，有助于他们取得更高的适应性绩效。但是外倾型领导者也有其潜在缺陷，就是作决定过快，而可能忽视工作发展的可能性；在工作中容易忽略细枝末节，这些都可能导致外倾型领导者无法更好地完成具体的任务，因此导致更低的任务绩效。而内倾型领导者尽管通过以身作则进行领导，在稳固的事实基础上作出分析判断，但是只关注重要的事，而对他人似乎关心不够，方法也不够灵活，因此导致更低的适应性绩效。

其次，直觉型领导者比感觉型领导者更可能取得低的任务绩效、高的适应性绩效。直觉型领导者为组织提供长期的预见；必要时直接管理并铁面无私，喜欢担任和负责管理工作，能加快组织的进展步伐，这些优点有助于提高适应性绩效。但是，直觉型领导者在关注事情时无视实际要求和局限，将不利于提高任务绩效。而感觉型领导者虽然更注重具体的细节，但是往往忽略日常工作的长远影响，不够灵活，因此导致适应性绩效不够理想。

再次，情感型领导者比思考型领导者更可能取得更高的任务绩效、关系绩效和适应性绩效。这可能是由于情感型领导者与上级和下属的关系相对更和谐，所以在他人评估其领导绩效时，很容易受到好印象的影响。这点在人格研究中尤其需要谨慎，未来研究应该注意采取相应的方法对好印象偏差进行控制。思考型领导者通常在履行职责时，表现可靠、稳定和始终如一，运用经验和对事实的把握作出决策，但是太注重传统往往导致方法不够灵活，因此导致更低的任务绩效、关系绩效和适应性绩效。

最后，知觉型领导者比判断型领导者更可能取得更低的任务绩效。知觉型领导者更喜欢灵活的生活方式，更喜欢创新，不喜欢循规蹈矩，因此可能在一定程度上难以遵循既定的标准和流程来完成任务，导致更低的任务绩效。而判断型领导者关注当前的、实际存在的组织需求，相对更期望他人循规蹈矩，而不鼓励创新，因此有助于提高任务绩效。

基于主效应的研究结论，本章提出几点建议：一是外倾型领导者应该放慢节奏，更加注重工作的细节，这样才能更好地提高整体领导有效性。相应地，内倾型领导者则更应该多参加与提高沟通能力、人际交往能力相关的培训，以弥补自己在领导岗位上存在的缺陷和不足，进一步提高领导有效性。二是直觉型领导者在决策时更应该注重具体实际，而感觉型领导者更应该关注工作的长远影响，表现更加灵活而不僵化，这样才有助于进一步提高领导有效性。三是情感型领导者在做决策时需要加强逻辑分析，而不仅仅是基于情感或他人价值观，而思考型领导者则要注意灵活处理事件，并且适当加强对人的关注。四是知觉型领导者要更注重组织当前和实际的情况和需求，而判断型领导者要更加注重灵活地应对随时可能发生的变化。

总之，不同人格类型的领导者都有其优点和不足，使得其在领导岗位上具有一定的优势和劣势。因此，领导者应更清楚地了解和认识自己的性格优势和不足，发挥优势，弥补不足，这样才能在领导岗位上取得更高的绩效。

（2）我们对普适情况下领导者人格类型、行为以及领导有效性之间的关系进行了总结归纳。通过中介效应的相关分析结果，本章发现以下几点：①领导者的一般心理倾向、信息获取方式以及行动方式将直接和间接地影响领导任务绩效、关系绩效以及适应性绩效。也就是说，领导者的一般心理倾向、信息获取方式以及行动方式对领导绩效的作用，部分是直接产生的，部分是通过采取变革型领导行为产生的。外倾型、直觉型以及知觉型领导者更可能采取变革型领导行为，进而对领导绩效产生影响。但是需要注意的一点是，外倾型、直觉型以及知觉型领导者采取变革型领导行为更可能对任务绩效产生负向影响。本章认为可能的原因是，任务绩效更关注具体的任务，而变革型领导行为对提高领导者的灵活性和领导柔性更有效，故而不利于提高任务绩效。②领导者信息处理方式没有通过变革型领导行为而是直接作用于领导任务绩效、关系绩效以及适应性绩效。尽管变革型领导行为无法解释信息处理方式对领导绩效的作用机制，但是未来研究应该继续探讨可能存在的其他作用途径。

基于中介效应的基本及深入研究得出的结论，本章提出两点建议：一是与内倾型、感觉型以及判断型领导者相比，外倾型、直觉型以及知觉型领导者更容易表现出变革型领导行为。因此，当企业进行变革型领导行为相关培训时，要首先对个体的人格类型倾向进行理解和把握，继而针对个体不同的心理特征采用不同等级水平以及多样化的培训方式有的放矢地进行,这样才能更好地提升培训效果。二是领导者信息处理方式可能更多地通过隐性的认知途径作用于领导绩效。因此,进一步探讨心理认知相关变量如何对领导者信息处理方式与领导绩效之间的关系起到中介作用,应该成为未来研究的关注点之一。

4.4.2 研究贡献

本章基于荣格的心理类型论,探讨了领导者人格类型对领导有效性的直接影响;基于心理学的管理认知过滤机制理论,考察了不同层级领导者人格类型通过领导行为对领导有效性产生影响的内在作用机制。基于研究结果及其与相关文献结论的比照,并考虑研究情境,本章研究作出了相应的理论贡献,具体如下:

第一,本章基于 MBTI 理论探讨领导者特质的主要作用,对于 MBTI 理论在领导领域的应用是一个重要贡献,研究结果也为 MBTI 的实践应用提供了理论支撑。本章研究发现领导者不同人格类型的特点对领导绩效存在显著的不同影响,相应地支持了 MBTI 心理类型理论,进而表明 MBTI 理论应用到领导领域将对领导者的选拔和培训具有重要的理论借鉴意义。此外,由于本章研究样本是中国企业领导者,研究结论在很大程度上也与西方学者的研究相一致,因此,本章研究通过理论分析和实证探讨为 MBTI 理论跨文化的应用提供了坚实依据。

第二,验证了领导行为对领导者人格类型、领导绩效的中介作用,为深入探讨领导特质对领导有效性作用机理作出了理论贡献。本章研究结果显示,领导者人格类型的 3 个维度——一般心理倾向、信息获取方式以及行动方式——均通过变革型领导行为作用于领导者的任务绩效、关系绩效和适应性绩效,很大程度上支持了变革型领导行为对领导者人格类型与领导有效性关系的中介效应。领导者的信息获取方式维度则直接作用于领导者任务绩效、关系绩效和适应性绩效。正如前文所述,本章研究的这一发现进一步拓展了领导特质如何影响领导绩效的中介过程,同时推进了领导者人格的相关研究。除了过去研究已经表明的领导者自我效能等动机要素是领导者人格影响领导有效性的作用途径之一（Ng, Ang, and Chan, 2008），本章研究还发现了领导行为途径是领导者人格影响领导有效性的另一种作用机制。本章研究发现的领导行为途径，从另一方面为领导者人格影响领导有效性的作用机制研究作出了新的贡献。

第三，研究结果对于变革型领导行为理论作出了一定的贡献。本章研究发现领导者人格类型是变革型领导行为的一个关键影响因素，而且表明只有具有特定人格类型的领导者才更适合通过变革型领导行为发挥效能，提升领导绩效。本章研究表明，一定要关注领导者人格类型与领导行为的匹配性，进一步揭示了领导特质与领导行为匹配对领导绩效提高的重要作用。

5 VUCA 环境对领导特质、领导行为及领导有效性的调节机制研究

为进一步剖析领导特质、领导行为、VUCA 环境对领导有效性的系统作用，本章将在第 4 章的基础上，选取环境不确定性为切入点，进一步研究 VUCA 环境对领导特质、领导行为及领导有效性的调节机制。基于对该问题的深入研究，理论方面有助于从系统论视角揭示领导特质、领导行为、情境以及领导有效性之间的相互关系，促进 MBTI 理论在领导领域的应用；实践方面将为领导者如何有效应对 VUCA 环境挑战提供重要依据。

5.1 问题的提出和研究假设

5.1.1 问题的提出及研究模型构建

5.1.1.1 问题的提出

具体来说，将基于领导权变理论和特质激活理论，分析环境不确定性情境下领导者人格类型通过领导行为对领导有效性的影响及作用机制。正如 Spangler House 和 Palrecha（2004）研究所指出的，领导领域关于人格的研究缺乏对所处情境的考虑，故而难以识别不同特质起作用的边界条件。基于领导理论研究的权变思想（Fiedler，1967；Ayman，2004）以及特质激活理论，我们将进一步探讨在环境不确定性情境下领导者人格类型对领导有效性的影响及作用机制。

自从权变理论运动兴起至今，国际、国内的学者在注重领导研究"情

境依赖"的特征上趋向一致（Oc, 2018；Zaccaro et al., 2018；Tsui, 2006；Liden and Antonakis, 2009；宋合义、刘阿娜, 2004；尚玉钒、李磊、席酉民, 2010）。基于领导权变思想，已有研究探讨了国家和组织文化（Jung, Wu, and Chow, 2008；宋合义、刘阿娜, 2005；谭乐、宋合义、毛娜, 2008）、组织结构（Jung, Wu, and Chow, 2008）、团队类型（Purvanova and Bono, 2009）、任务结构（Eggleston and Bhagat, 1993, 韩樱、宋合义、祝芳芳, 2008）等组织内外部环境因素对领导力的调节作用，以及性格（Rubin, Munz, and Bommer, 2005）、情商（吴维库、刘军、黄前进, 2008）等个体因素对领导力的调节作用。

与领导研究"情境依赖"一致，已有的关于领导者人格的研究中也加入了对情境因素的考虑（Holmes et al., 2021；Gottfredson and Reina, 2020；Zaccaro et al., 2018）。例如，Cable 和 Judge（2003）、Neubert 和 Taggar（2004）的研究就分别证明上级的变革型领导风格、个体性别能够调节领导者人格与领导行动策略及领导产生之间的关系。Stavrou 等（2005）通过对家族企业中组织文化、领导者人格类型和领导绩效三者关系的研究，表明文化结构情境与人格类型共同作用于领导有效性，特定的领导者人格类型促进领导有效性。具体来说，高绩效领导者的人格类型统计结果表明，外倾型占比75%，感觉型、思考型以及判断型均占比83%。

然而，正如前文所述，影响人格类型与领导有效性之间关系的重要环境因素——环境不确定性，仍然没有引起学者们的足够重视。环境不确定性作为一个重要的权变因素已经被广泛应用于组织领域，包括组织行为（Li, Bingham, and Umphress, 2007）、战略管理（Hough and White, 2004）、信息系统（Karimi, Somers, and Gupta, 2004）、市场营销（Bstieler and Gross, 2003）以及会计学（Linn et al., 2001）等领域。随着组织面临的内外部环境的迅速多变及不可预测性，领导研究领域学者们也开始关注环境不确定性对领导作用过程的影响。正如 Hoogh、den Hartog 和 Koopman（2005）的研究结论所表明的，感知到的工作环境动态性对人格与魅力型领导行为、人格与交易型领导行为之间关系均起到调节作用。但是，

Hoogh、den Hartog 和 Koopman（2005）的研究只关注了环境不确定性的特征之一——动态性的调节作用，对环境不确定性特征及分类的不明晰影响了其对研究结果的科学解释。更为重要的是，关于不同情境下人格如何通过领导行为影响领导有效性的具体作用机制的研究尚未有学者进一步探索。因此，目前仍需要对相关问题进行深入探讨。

特质激活理论强调特质需要与其相适应的情境以便于其表达（Tett and Burnett, 2003；刘玉新等, 2020）。也就是说，仅仅在某些情境下特质更可能被激发以表现出相应的行为。基于特质激活理论，领导者只有在与其人格相适应的情境下才可能表现出相应的行为，进而影响到结果。这就为我们进一步探讨不同情境下人格通过领导行为影响领导有效性的具体作用机制打下了坚实的理论基础。因此，我们试图基于领导权变理论以及特质激活理论分析环境不确定性情境下领导者人格类型通过领导行为对领导有效性的影响及作用机制。我们提出以下研究问题：

研究问题：基于环境不确定性情境，领导者人格类型对领导有效性的作用机制如何？领导行为对领导有效性的作用机制如何？具体来说，就是探讨环境不确定性情境对领导者人格类型通过领导行为影响领导有效性作用机制的主调节效应和有调节的中介效应（Moderated Mediation）。

5.1.1.2 研究模型的构建

与第 4 章相一致，将领导绩效作为领导有效性的表征变量，依然选取领导任务绩效、关系绩效以及适应性绩效作为因变量，这些变量从不同角度全面反映了领导有效性这一构念。为解决上一节提出的研究问题，我们选取组织中高层管理者为研究对象，基于领导权变理论及特质激活理论探讨环境不确定性对领导者人格类型通过领导行为影响领导有效性作用机制的调节效应，建构了有调节的中介效应模型（包括主调节和有调节的中介效应）[见图 5-1 路径（1）、路径（2）、路径（3）和路径（4）]。以下将提出具体的研究假设。

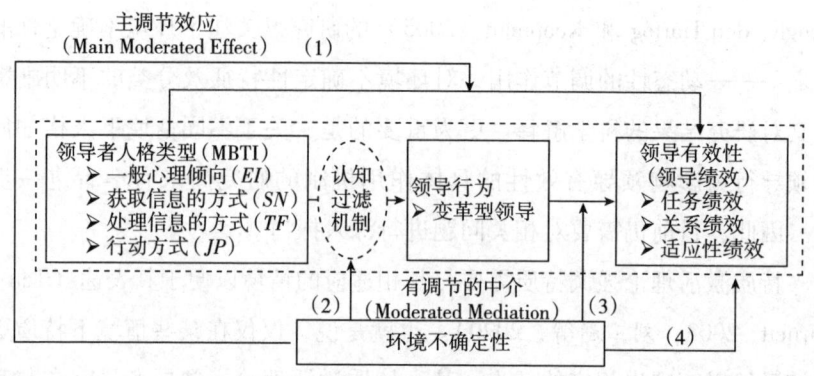

图 5-1 环境不确定性的主调节和有调节的中介效应研究模型

5.1.2 环境不确定性的主调节效应假设

环境不确定性的概念及具体类型在前文中已明确界定。由于本书关注的是领导者的领导行为和管理决策，本章将基于感知视角以及特质激活理论具体分析状态不确定性、影响不确定性以及响应不确定性这3种环境不确定性的具体调节作用。

"特质激活"（Trait Activation）指的是在一个特定的情境中能观察到个体与特质相关的行为表现的差异的能力，在一个情境中能观察到与特质相关的行为差异的可能性越大，该情境的特质激活潜力越大（Tett and Guterman，2000）。特质激活理论（Trait Activation Theory）表明与特质相关的情境能够更好地促进特质的表现（Tett and Burnett，2003；刘玉新等，2020）。也就是说，人格特质是个体潜在的，相关的情境能够激发其表现出来。而在情境中能否有机会观察到与给定特质相关的行为主要取决于情境的强度以及情境与特质的相关度这两个因素。根据情境的强度可将其分为强情境和弱情境。强情境下容易将一些重要的个体差异模糊化，因而在行为观察上差异不明显；而弱情境下容易观察到行为的明显差异。影响激活潜力的另外一个因素是情境与特质的相关性。相关程度越高，情境的激活潜力越大。以下我们将结合"特质激活"进行调节效应分析。

下面分析3种环境不确定性对领导者人格类型与领导绩效之间关系的

5 VUCA环境对领导特质、领导行为及领导有效性的调节机制研究

主调节效应［见图5-1路径（1）］。状态不确定性，是指管理者感知到环境或者环境的一些组成要素无法预测。Milliken（1990）认为状态不确定性与Daft和Weick（1984）模型中的扫描阶段相一致。扫描的目的是识别组织环境中可能影响组织运营的关键的趋势、变化以及事件。当管理者不确定环境中的主要事件和趋势或者不能精确预测这些事件发生的可能性时，就产生了状态不确定性（Milliken，1987）。也就是说，如果一个管理者在一个特定的管理环境中缺乏自信或者怀疑所收集到的信息对环境事件和趋势的解释程度，那么这个管理者将体验到状态不确定性。例如，管理者可能对一个竞争者是否将推出一种新产品无法确定，则产生了状态不确定性。由于状态不确定性来源于对环境信息的观察和识别，因此与管理者获取信息的方式以及对不同类型信息的偏好具有一定的相关性，而不同人格类型的管理者获取信息的方式不同。正如荣格的心理类型论提出的，感觉型的人倾向于通过视觉、听觉、触觉、味觉和嗅觉5种方式获取信息，他们更喜欢具体的数据，重视事件中的事实与细节；直觉型的人倾向于通过第六感或预感收集信息，他们更喜欢抽象的数据，关注概念、主义、意见、理论以及对信息的不同方面的推论（Myers and McCaulley，1985）。直觉型的人比感觉型的人更可以从复杂背景中获取更多的抽象信息，而当前的情境则对感觉型影响更大（Carey，Fleming，and Roberts，1989；Corman and Platt，1988）。相比感觉型个体更关注当前情境中事物的个别属性，直觉型个体则更多感知到事物整体系统属性，也就是更关注个别属性之间的整体关联。当环境具有较高的状态不确定性时，领导者需要更全面地收集信息以作出有效判断，由于直觉型偏好的领导者更关注丰富化、更具长远性的信息，且更喜欢冒险（Rodgers，1991），因此能更好地对环境信息作出判断从而更有效地应对环境变化。基于"特质激活"理论，状态不确定性情境作为一种弱情境，更容易观察到行为的明显差异，会更好地激活相关特质发挥作用，故而会促使感觉型领导者取得更高任务绩效，同时促使直觉型领导者取得更高适应性绩效。

影响不确定性，是指管理者无法预测环境事件或者变化对组织的影

响。Milliken（1987）指出，"影响不确定性包括缺乏对因果关系的了解"。Milliken（1990）关于影响不确定性的观点与 Daft 和 Weick（1984）模型中的解释相一致。当管理者不确定环境事件或者变化将如何影响组织，也就是不知道会为组织带来机会还是威胁时，就产生了影响不确定性（Milliken, 1987）。管理者们可能确信什么将要发生（低的状态不确定性），但是不清楚它们对于组织的影响程度。这就要求领导者具有较高的判断信息、分析信息的能力，以减小这种不确定性对绩效的影响。荣格的心理类型论表明，思考型的人通过逻辑分析和客观考虑判断解释信息，情感型的人倾向于基于个人或者群体的价值观，从主观出发判断解释信息（Myers and McCaulley, 1985）。学者们的研究也表明，具有思考偏好者在通过逻辑分析解决问题的过程中利用客观信息进行分析，思考型领导者通过较强的分析能力来更深层次地探索问题（Barr and Barr, 1989）。在影响不确定性较高的情况下，思考型领导者的客观导向提高了其扫描、处理信息的能力（Hough and ogilive, 2005），能更好地预测环境事件或者变化对组织的影响，能更好地完成任务。而依靠个体或者群体价值观处理信息的情感型领导者更灵活，在不确定情境下能通过更多的沟通和柔性提高其关系绩效和适应性绩效。同样，影响不确定性情境作为一种弱情境，会更好地促进相关特质发挥作用。因此，影响不确定性越高，可能会促使思考型和情感型领导者更好地发挥其优势，从而帮助思考型领导者取得更高的任务绩效，同时帮助情感型领导者取得更高的关系绩效和适应性绩效。

响应不确定性，是指管理者想要对环境事件或者变化采取回应，但无法确定应该采取哪一种可选择的方案以及每种方案执行后可能带来的结果。Milliken（1990）认为，响应不确定性与 Daft 和 Weick（1984）模型中的响应或者行动阶段相一致。当管理者试图决定如何对他们注意到的环境变化和趋势作出响应时，就产生了响应不确定性（Milliken, 1987）。响应不确定性可能与决策研究者们讨论的不确定性非常相似（Taylor, 1984）。这种不确定性更容易出现在组织的高层管理者中。高度的响应不确定性表明决策者对于如何对一些环境变化作出响应不确定，因为他们或者不确定有哪些可以选择的战略,或者不确定每种可能的战略将对组织结果产生的效果。响应不确定性对领导者采取行动的能力提出了较高的要求。而荣格的心理类型论表明,判断型的人更喜欢决定性的、有计划有组织的生活方式,更有利于按计划有效完成任务,从而促使提升任务绩效;知觉型的人喜欢灵活、有弹性的生活方式(Myers and McCaulley, 1985)。已有研究也表明,与判断型领导者相比,知觉型领导者更加灵活且能更好地理解和适应动态环境(Gardner and Martinoko, 1996)。因此,当响应不确定性程度较高时,其作为一种弱情境更容易激活相应特质发挥作用,且知觉型领导者由于其对动态环境的偏好以及灵活的行动方式,相比"循规蹈矩"的判断型领导者来说能更好地适应环境的变化,具有更高的适应性绩效。故而,响应不确定性程度越高,其作为一种弱情境的激活效应,越促使判断型领导者取得更高的任务绩效,同时促使知觉型领导者取得更高的适应性绩效。

总体来说,不同的环境不确定性下,领导者人格类型对领导绩效的影响不同。因此,我们提出以下假设:

H1:3种环境不确定性——状态不确定性、影响不确定性以及响应不确定性,调节了领导者人格类型与领导绩效之间的关系[见图5-1路径(1)]。

H1a:状态不确定性调节 SN 维度与领导者的任务绩效、适应性绩效之间的关系。也就是说,状态不确定性越高,感觉型领导者比直觉型领导者拥有更高的任务绩效,直觉型领导者比感觉型领导者拥有更高的适应性绩效。

H1b:影响不确定性调节 TF 维度与领导者的任务绩效、关系绩效以及适应性绩效之间的关系。也就是说,影响不确定性越高,思考型领导者比情感型领导者拥有更高的任务绩效,情感型领导者比思考型领导者拥有更高的关系绩效和更高的适应性绩效。

H1c:响应不确定性调节 JP 维度与领导者的任务绩效、适应性绩效之间的关系。也就是说,响应不确定性越高,判断型领导者比知觉型领导者拥有更高的任务绩效,知觉型领导者比判断型领导者拥有更高的适应性绩效。

5.1.3 环境不确定性的有调节的中介效应假设

进一步地,我们将基于感知视角以及特质激活理论深入探讨 3 种环境不确定性的有调节的中介效应。

首先,我们分析环境不确定性对领导者人格类型与领导行为之间关系的调节效应 [见图 5-1 路径 (2)]。

根据特质激活理论,领导者人格类型与领导行为之间的关系在不同情境下存在差异。不确定性环境带来了变革的挑战和机会,也需要灵活的响应、新颖的思维以及不同层面的努力和投入。这些为领导者提供了更好地进行"变革"行动的条件和环境,同时也提供了弱情境——便于观察到与特质相关的行为的明显差异。在变革型领导理论研究中,学者们提出变革型领导更可能出现在拥有更多挑战和变革机会的环境中,如不确定性环境(Bass and Avolio, 1993; Shamir and Howell, 2018)。相反,在确定性环境中,由于缺乏变革的动机和变革的机会,领导者很少能有机会表现出更多的变革型领导行为(Bass, 1985)。在确定性环境中,组织目标和组织结构清晰,制度规范成熟,领导者只需确保下属遵从规范进而使得组织正常有效运转,只需保持现状而无须推动变革(Ployhart, Lim, and Chan, 2001)。Tett 和 Guterman(2000)的研究表明,在给予相关的特质表达暗示的情境中,自我报告的人格特质与相关的行为之间的相关性更强。此外,实证研究已经表明,环境不确定性调节了领导者人格与领导行为之间的关系(Ployhart, Lim, and Chan, 2001; Hoogh, den Hartog, and Koopman, 2005)。因此,本章研究推断外倾型、直觉型、思考型、知觉型偏好的领导者在高环境不确定性情境下更容易表现出变革型领导行为。

其次,我们分析环境不确定性对于领导行为与领导绩效之间关系的调节效应 [见图 5-1 路径 (3)]。变革型领导行为并不是在所有条件下都对领导结果起作用,因此学者们建议探讨变革型领导行为起作用的边界条件。正如 Agle 等(2006)、Waldman 等(2001)提到的,环境不确定性能够影响不同领导力因素与组织绩效之间的关系。当环境不确定性高时,通过克服组织惯性以适应变化的、动态的环境变得非常重要，领导者及其行为在这一过程中起到了举足轻重的作用。基于变革型领导理论，一方面，变革型领导者能够通过克服认知惯性而从容面对环境的变化。如变革型领导者设定令人兴奋的愿景，认可并且鼓励非传统的解决问题方法。另一方面，高环境不确定性条件下下属需要更多的引导（Bass，1990），变革型领导者能够给予下属更多的信心，并且帮助他们在环境变化中看到机会（Shamir and Howell，2018），从而更好地应对变化。已有的实证研究也表明，环境不确定性对变革型领导与组织绩效之间的关系存在调节效应（Waldman et al.，2001）。因此，本章研究推断，高环境不确定条件下，变革型领导者能够取得正向的任务绩效、更高的关系绩效和适应性绩效。

最后，我们分析3种环境不确定性对领导者人格类型、领导行为以及领导绩效之间关系的有调节的中介效应［见图5-1路径（4）］。基于已有理论的相关性和支持，我们将主要关注以下三条有调节的中介效应路径：一是状态不确定性对领导者信息获取方式维度、变革型领导行为以及领导绩效之间关系的有调节的中介效应；二是影响不确定性对领导者信息处理方式维度、变革型领导行为以及领导绩效之间关系的有调节的中介效应；三是响应不确定性对领导者行动方式维度、变革型领导行为以及领导绩效之间关系的有调节的中介效应。关于其他有调节的中介路径（比如，状态不确定性对领导者一般心理倾向、变革型领导行为以及领导绩效之间关系的有调节的中介效应），由于理论支撑的局限性，本章暂不予讨论。

第一条有调节的中介效应路径：状态不确定性对领导者信息获取方式维度、变革型领导行为以及领导绩效之间关系的有调节的中介效应。如前文所述，状态不确定性指的是管理者感知到无法预测组织环境或者环境的一些构成要素。与Daft和Weick（1984）模型中提到的对信息扫描的观点相一致，当管理者无法精准预测环境中的事件及其趋势发生的可能性时，就形成了状态不确定性（Milliken，1987）。而这一感知与管理者获取信息时对不同类型信息的偏好密切相关。基于荣格的心理类型论，不同人格类型管理者偏好的获取信息方式不同，感觉型的个体更喜欢具体信息，关注事件中的事实与细节；直觉型的个体更喜欢抽象的信息，关注信息的整体趋势（Myers and McCaulley，1985）。相比感觉型的个体感知到的事物的分离的、个别的属性，直觉型的个体感知到的关于事物的各种属性，各个部分及其相互关系的综合整体的数据更加精确。综上，一方面，由于状态不确定与变革型领导相关的人格因素的高相关性，状态不确定性高的情境加强了变革型领导行为相关的人格特质表达。基于特质激活理论，当环境的状态不确定性较高时，对于领导者收集信息的能力有较高的要求，直觉型领导者由于所收集到的信息丰富而且更具长远性，喜欢冒险，因此直觉型领导者更容易表现出变革型领导行为。另一方面，具有挑战性和变革机会的高状态不确定性，为变革型领导行为的出现提供了条件和环境。因此，直觉型偏好的领导者在高状态不确定性情境下更容易表现出变革型领导行为，进而取得更好的领导绩效。基于上述理论和实证研究，我们提出下面的有调节的中介效应相关假设：

H2a：状态不确定性调节了领导者人格类型 SN 维度通过变革型领导行为影响领导绩效的中介效应，这种中介关系在高的状态不确定性下强于低的状态不确定性。也就是说，状态不确定性越高，直觉型偏好的领导者更可能通过变革型领导行为取得更高的领导绩效。

第二条有调节的中介效应路径：影响不确定性对领导者信息处理方式维度、变革型领导行为以及领导绩效之间关系的有调节的中介效应。当管理者不清楚环境或事件变化将对组织产生何种影响时，若能更精确地判断信息、分析信息，将有助于减少不确定性对绩效的影响。荣格的心理类型论表明，与情感型个体更为主观地判断分析信息相比，思考型个体在判断解释信息时更多地依赖逻辑分析，故而能更为客观地解读环境信息。由于影响不确定性高的情境加强了变革型领导相关的人格特质激活程度，因此在影响不确定性较高的情况下，思考型领导者的逻辑理性和客观导向能帮助其更好地预测环境事件或者变化对组织的影响，故而更容易表现出变革型领导行为，从而有助于提高领导绩效。此外，具有挑战性和变革机会的高影响不确定性，为变革型领导行为的出现提供了条件和环境。因此，思考型偏好的领导者在高影响不确定性情境下更容易表现出变革型领导行为，进而取得更好的领导绩效。基于上述理论和实证研究，我们提出下面的有调节的中介效应相关假设：

H2b：影响不确定性调节了领导者人格类型 TF 维度通过变革型领导行为影响领导绩效的中介效应，这种中介关系在高的影响不确定性下强于低的影响不确定性。也就是说，影响不确定性越高，思考型偏好的领导者更可能通过变革型领导行为取得更高的领导绩效。

第三条有调节的中介效应路径：响应不确定性对领导者行动方式维度、变革型领导行为以及领导绩效之间关系的有调节的中介效应。当管理者无法确定面对环境或事件变化如何采取对应方案且很难预测采取的方案对组织的影响时，就产生了响应不确定性（Milliken，1987）。响应不确定性可能与决策研究者们讨论的不确定性非常相似。这种不确定性更容易出现在组织的高层管理者中。当面临高响应不确定性时，决策者将面临更高的行动决策方面的挑战，因此响应不确定性对领导者采取行动的能力提出了较高的要求。而荣格的心理类型论表明，判断型的个体一旦认为有足够的信息就会立刻作出决策，更关注结果而非过程，更喜欢有计划性、有组织的生活方式；知觉型的个体追求信息的完整性，更关注过程而非结果，喜欢灵活、有弹性的生活方式（Myers and McCaulley，1985）。已有研究表明，偏好判断型的领导者喜欢稳定的且呈现出结构化特征的组织环境，更多地表现出高度计划性、尽责且按部就班的行为方式；而偏好知觉型的领导者喜欢动态化的且呈现出非结构化特征的组织环境，更多地表现出高度灵活性、更加变通且具有高度创造性的行为方式（Gardner and Martinoko，1996）。基于特质激活理论，在响应不确定性较高的情况下，知觉型领导者由于其对动态环境的偏好以及灵活的行动方式，相比"循规蹈矩"的判断型领导者来说，能更好地预测环境事件或者变化对组织的影响，因此知觉型领导者更容易表现出变革型领导行为。此外，具有挑战性和变革机会的高响应不确定性，提供了变革型领导行为发挥效能的空间和条件，有助于变革型领导者提升领导绩效。因此，知觉型偏好的领导者在高响应不确定性情境下更容易表现出变革型领导行为，进而取得更好的领导绩效。基于上述理论和实证研究，我们提出下面的有调节的中介效应相关假设：

H2c：响应不确定性调节了领导者人格类型 JP 维度通过变革型领导行为影响领导绩效的中介效应，这种中介关系在高的响应不确定性下强于低的响应不确定性。也就是说，响应不确定性越高，知觉型偏好的领导者更可能通过变革型领导行为取得更高的领导绩效。

5.2　研究设计

由于本章研究对象与数据收集与第 4 章相同，因此不再赘述。本节主要介绍相关研究变量测量和数据分析方法。

5.2.1　研究变量测量

本章研究涉及的变量中，自变量、中介变量、因变量相关测量在第 4 章均已具体描述。由于本章主要关注调节机制研究，因此将着重介绍调节变量的测量。

关于调节变量环境不确定性的测量，本章采用 Doty 等（2006）的量表。该量表测量了 3 种不确定性，共包括 7 个题项，即状态不确定性（2 个题项）、影响不确定性（2 个题项）以及响应不确定性（3 个题项），比如"外部环境的变化带给企业的影响很容易判断"。采用 5 点李克特量表进行计分。

5.2.2　数据分析方法

量表的信度和效度检验方法以及假设模型验证采用的结构方程建模法在第 4 章已做详细描述。本章数据分析方法将重点介绍有中介的调节和有调节的中介相关分析及适用条件。

尽管调节效应和中介效应帮助我们整合和发展了现有理论，使得科学研究不断地深入和细化,但是很多实际研究问题中可能同时包含调节效应和中介效应。近年来,一些文献开始讨论中介和调节效应相组合的问题(Muller, Judd, and Yzerbyt, 2005;温忠麟等,2006;Edwards and Lambert, 2007)。关于中介和调节效应组合,主要包含两种方式:有中介的调节和有调节的中介。

5.2.2.1 有中介的调节和有调节的中介概念

有中介的调节这一概念,学者们定义较为一致(Muller, Judd, and Yzerbyt, 2005;温忠麟、张雷、侯杰泰,2006;Morgan-Lopez and Mackinnon, 2006;Edwards and Lambert, 2007),认为当自变量与调节变量的交互项影响了中介变量,进而影响了结果变量时,产生了有中介的调节效应。也就是说,有中介的调节问题关注的是调节效应形成的中介过程——整个调节效应可能通过不止一种方式(直接或者间接)产生。从路径分析的观点来看,有中介的调节指的是间接效应第一阶段的调节,即调节变量(Mo)调节了路径自变量(X)→中介变量(Me),但是不调节中介变量(Me)→因变量(Y)。然而,尽管学者们普遍认可这一定义,却依然存在一点小的分歧。这一分歧的关键就是整体调节效应,即调节变量 Mo 对自变量 X 和因变量 Y 之间关系的调节效应是否必须满足。Muller 等(2005)认为,只有当整体调节效应(X 对 Y 的直接效应被 Mo 调节)发生时才能产生有中介的调节效应,可以理解为有中介的调节效应的一个必要条件。而 Edwards 和 Lambert(2007)则认为,有中介的调节无法保证是否 X 对 Y 的直接效应被 Mo 调节。如果强调整体调节效应一定存在,那么就遗漏了一种特殊情况,即间接效应的调节通过直接效应的反向调节来完成。我们倾向于后者的观点,即整体调节效应(X 对 Y 的直接效应被 Mo 调节)不是有中介的调节效应的必要条件。

关于有调节的中介这一概念的定义,学者们的观点存在争论。总体来说,有调节的中介效应,也称有条件的间接效应(Conditional Indirect Effects)(Preacher, Rucker, and Hayes, 2007),指的是间接效应的强度(大小)依赖某个变量的大小,或者说,中介效应随着调节变量大小而发生变化。而关于这一概念的分歧,主要是关于调节变量出现在模型中的不同位置。具体来说,有的学者认为有调节的中介中,调节变量 Mo 不调节 X 与中介变量 Me 之间的关系(i. e., X→Me),而是调节中介变量 Me 与 Y 之间的关系(i. e., Me→Y)(温忠麟、张雷、侯杰泰,2006;Morgan - Lopez and MacKinnon, 2006)。另一些学者则认为有调节的中介中,调节变量 Mo 可能调节 X 与中介变量 Me 之间的关系(i. e., X→Me),也可能调节中介变量 Me 与 Y 之间的关系(i. e., Me→Y),或者同时调节这两个路径(Muller, Judd, and Yzerbyt, 2005;Preacher, Rucker, and Hayes, 2007;Edwards and Lambert, 2007)。由于有调节的中介效应强调的是,随着调节变量不同,不是自变量 X 对因变量 Y 的影响程度不同,而是中介过程不同,笔者更加赞同后一类观点,即不是只有当调节变量 Mo 调节中介变量 Me 与 Y 之间的关系(i. e., Me→Y)时,才存在有中介的调节效应。

至此,我们可以发现有中介的调节和有调节的中介在概念上存在一定程度的重叠混淆。从路径分析观点来看,当有调节的中介指的是 Mo 调节了 X→Me 而不是 Me→Y 时,有调节的中介和有中介的调节路径分析上是等同的,区别的是概念框架;当有调节的中介包含 Mo 调节了 Me→Y 时,有调节的中介和有中介的调节在概念框架和路径分析方面均存在差异。有调节的中介和有中介的调节之间的部分重叠使得我们难以在实证上区分它们。但是,学者们建议研究者将有调节的中介和有中介的调节转化为调节路径模型(Moderated Path Models)加以具体分析(Edwards and Lambert, 2007),而不是仅仅判断结果是否支持有调节的中介或者有中介的调节。下面,我们将具体介绍有中介的调节和有调节的中介效应的分析模型和验证步骤。

5.2.2.2 中介和调节效应组合的独立分析模型

关于有中介的调节效应,温忠麟等(2006)以及 Morgan - Lopez 和 Mackinnon(2006)给出了相同的分析模型(见图 5 - 2)。他们均采用路径分析观点,认为自变量 X 与调节变量的交互项 XZ 是调节效应项,如果它影响中介变量 M,而中介变量 M 影响因变量 Y,则表明调节效应(至少部分地)通过中介变量 M 而起作用,这时可以说存在有中介的调节效应。

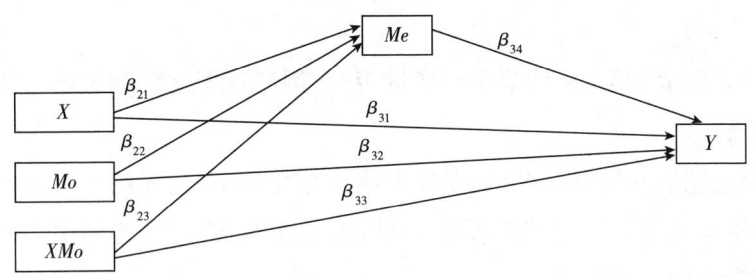

图 5-2　有中介的调节效应分析模型

这一分析模型可以通过以下 3 个方程式加以表示：

$$Y = \beta_{10} + \beta_{11}X + \beta_{12}Mo + \beta_{13}XMo + \varepsilon_1 \quad (5-1)$$

$$Me = \beta_{20} + \beta_{21}X + \beta_{22}Mo + \beta_{23}XMo + \varepsilon_2 \quad (5-2)$$

$$Y = \beta_{30} + \beta_{31}X + \beta_{32}Mo + \beta_{33}XMo + \beta_{34}Me + \varepsilon_3 \quad (5-3)$$

有中介的调节效应存在的前提是调节效应显著，因此式（5-1）是分析 Mo 对 X 和 Y 之间关系的整体调节效应是否显著，进而基于图 5-2 模型及系数建立式（5-2）和式（5-3）来验证有中介的调节效应是否显著。在式（5-1）中，β_{13} 显著不等于 0，表明 Mo 对 X 和 Y 之间关系的整体调节效应显著；在式（5-2）中，β_{23} 显著不等于 0，表明 Mo 对 X 和 Me 之间关系的调节效应显著；在式（5-3）中，β_{34} 显著不等于 0，若 β_{33} 不显著，表明 Mo 的调节效应完全通过中介变量 Me 作用于因变量 Y；若 β_{33} 显著但小于 β_{13}，则表明 Mo 的调节效应部分通过中介变量 Me 作用于因变量 Y。

关于有调节的中介效应，温忠麟等（2006）以及 Morgan-Lopez 和 Mackinnon（2006）给出的分析模型相同（见图 5-3 模型 3），认为调节变量 Mo 不对 X 与 Y 的关系产生调节作用，而是对 Me 与 Y 的关系产生调节作用。但是，Preacher 等（2007）则认为上述几位学者提出的分析模型仅仅属于有调节的中介效应的其中一种情况。Preacher 等（2007）将有调节的中介效应的分析模型综括为以下 5 种：

（1）自变量（X）调节中介变量 Me 与因变量 Y 之间的关系（即模型 1，路径 b_2）。

（2）调节变量 Mo 调节自变量 X 与中介变量 Me 之间的关系（即模型

2,路径 a_3)。

(3) 调节变量 Mo 调节中介变量 Me 与因变量 Y 之间的关系(即模型3,路径 b_3)。

(4) 调节变量 Mo 调节自变量 X 与中介变量 Me 之间的关系(即模型4,路径 a_3),而另一个调节变量 Z 调节中介变量 Me 与因变量 Y 之间的关系(即模型4,路径 b_2)。

(5) 调节变量 Mo 既调节自变量 X 与中介变量 Me 之间的关系(即模型5,路径 a_3),也调节中介变量 Me 与因变量 Y 之间的关系(即模型5,路径 b_2)。

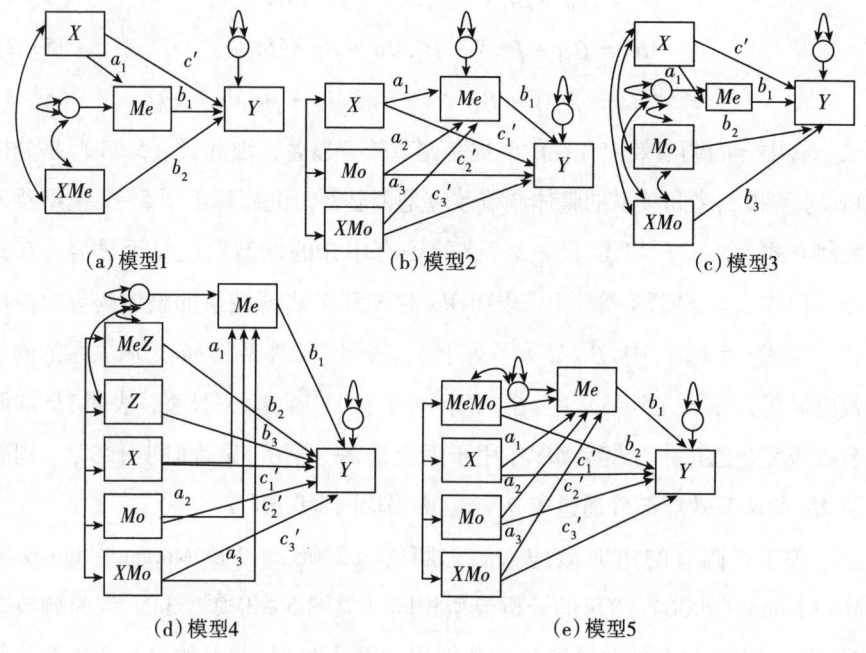

图 5-3 有调节的中介效应分析模型

资料来源:Preacher 等(2007:194)。

5.2.2.3 中介和调节效应组合的综合分析模型和验证

除了通过不同的模型来分别分析这两种效应以外,也有学者提出通过综合模型同时分析这两种效应。Muller 等(2005)提出,可以通过一个综合模型来同时分析有中介的调节和有调节的中介(见图 5-4)。Muller 等

(2005) 提出的这一综合模型，可以通过多重回归分析加以验证。具体来说，这一分析模型可以通过3个方程式——式（5-1）、式（5-2）、式（5-4）加以表示。

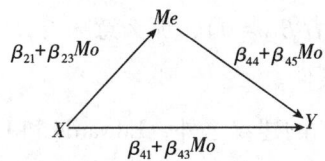

图 5-4　中介和调节的综合分析模型
资料来源：Muller 等（2005：855）。

$$Y = \beta_{40} + \beta_{41}X + \beta_{42}Mo + \beta_{43}XMo + \beta_{44}Me + \beta_{45}MeMo + \varepsilon_4 \quad (5-4)$$

该模型有一个前提假设是 X 和 Mo 不相关，且对 Me 和 Mo 中心化。可以发现，自变量 X 对因变量 Y 的总体效应为 $\beta_{11} + \beta_{13}Mo$，自变量 X 通过中介变量 Me 对因变量 Y 间接效应为 $(\beta_{21} + \beta_{23}Mo)(\beta_{44} + \beta_{45}Mo)$，剩余的直接效应为 $\beta_{41} + \beta_{43}Mo$。基于式（5-1）、式（5-2）和式（5-4），Muller 等（2005）推导出式（5-5）来定义和验证有中介的调节和有调节的中介这两种效应。

$$\beta_{13} - \beta_{43} = \beta_{44}\beta_{23} + \beta_{45}\beta_{21} \quad (5-5)$$

对于有中介的调节效应来说：首先，式（5-1）中的整体调节效应显著，即 β_{13} 显著不等于 0；其次，对经过 Me 中介之后剩余的直接效应的调节显著小于整体调节效应，即在式（5-1）和式（5-4）中，β_{43} 显著小于 β_{13}（若 β_{43} 不显著，则为完全的有中介调节；若 β_{43} 显著，则为部分的有中介调节）；最后，有中介的调节效应中调节变量既可以作用在 $X \rightarrow Me$ 这一路径上，也可以作用在 $Me \rightarrow Y$ 这一路径上，或者同时作用在这两条路径上。也就是说，在式（5-2）和式（5-4）中，β_{23} 和 β_{44} 均显著不等于 0 或者（且）β_{21} 和 β_{45} 均显著不等于 0。

对于有调节的中介效应来说：首先，自变量 X 对因变量 Y 的影响不依赖调节变量 Mo，即式（5-1）中 β_{11} 显著不等于 0 且 β_{13} 不显著。其次，中介过程依赖于调节变量，有调节的中介效应中调节变量既可以作用在 $X \to Me$ 这一路径上，也可以作用在 $Me \to Y$ 这一路径上，或者同时作用在这两条路径上。也就是说，在式（5-2）和式（5-4）中，β_{23} 和 β_{44} 均显著不等于 0 或者（且）β_{21} 和 β_{45} 均显著不等于 0。最后，由于假设整体调节效应不存在，即 β_{13} 不显著（或者 $\beta_{13}=0$），那么意味着 β_{43} 显著不等于 0，但是作者强调这一点并非必要条件。

除了 Muller 等（2005）的建议之外，Edwards 和 Lambert（2007）在回顾总结了验证中介和调节效应组合的 3 种较为普遍的分析方法之后，也提出了一个综合的路径分析框架来分析中介和调节效应的组合。具体来说，Edwards 和 Lambert（2007）搜索了主要心理学期刊中 1986—2004 年的文章，发现用于验证中介和调节效应组合的方法主要有 3 种：一是独立分析方法（the Piecemeal Approach），即单独分析调节和中介效应，然后将结果结合起来解释；二是子群体分析方法（the Subgroup Approach），即样本基于调节变量分为若干个子群体，每个子群体样本分别进行中介分析；三是有调节的因果步骤分析方法（the Moderated Causal Steps Approach），即基于验证中介的因果步骤（Baron and Kenny，1986）加以调整，来验证控制中介变量前后的调节效应。但是，由于这 3 种方法各自存在的一些不足，比如 Baron 和 Kenny（1986）验证中介的局限性，通过二元化连续变量形成的子群体产生了有偏的参数估计。Edwards 和 Lambert（2007）提出了一个综合的路径分析框架来克服这些不足。该综合框架包括 1 个基本的中介模型和 7 个包含调节和中介的综合模型（见图 5-5）。

基于基本的中介模型，这 7 个综合模型分别为：第一阶段的调节效应模型；第二阶段的调节效应模型；第一阶段和第二阶段调节效应模型；直接的调节效应模型；第一阶段间接效应和直接的调节效应模型；第二阶段间接效应和直接的调节效应模型；总体调节效应模型。对这些模型的估计采用 OLS 回归，参数检验采取常规程序，但是回归系数的乘积必须考虑随机变量乘积的样本分布（Edwards and Lambert，2007：11）。Edwards 和 Lambert（2007）认为，有中介的调节指的是间接效应第一阶段的调节，而有调节的中介包含间接效应的第一阶段、第二阶段或者两个阶段的调节，但是有调节的中介和有中介的调节均无法保证是否 X 对 Y 的直接效应被 Z 调节。由于有调节的中介和有中介的调节之间的部分重叠使得在实证上区分它们存在一定困难，因此，Edwards 和 Lambert 建议研究者们将有调节的中介和有中介的调节转化为调节路径模型（Moderated Path Models），基于他们自己的优点评估模型，而不是判断结果是否支持有调节的中介或者有中介的调节。

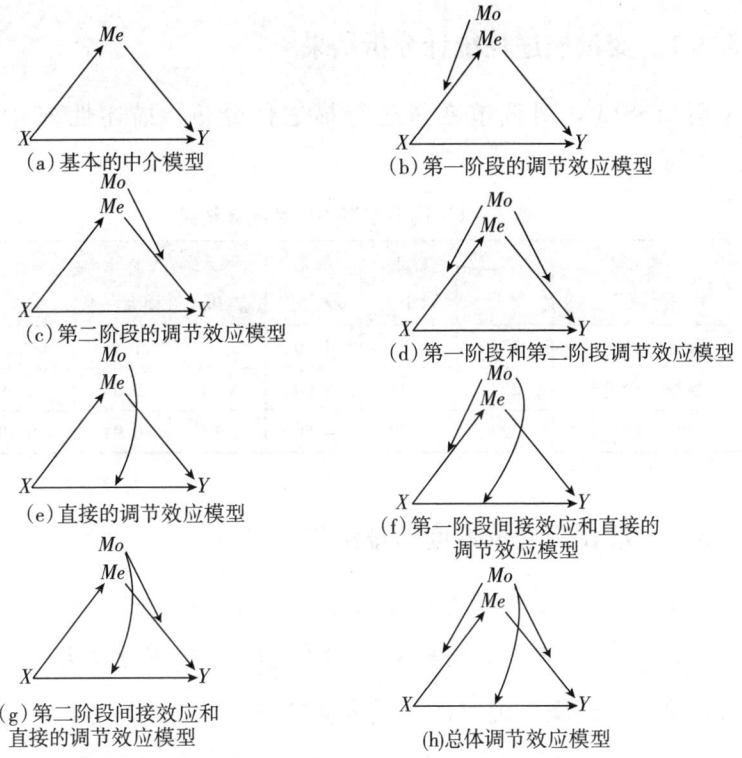

图 5-5　基本的中介模型和 7 个包含调节和中介的综合模型
资料来源：Edwards 和 Lamber（2007：4）。

基于上述回顾和分析，我们认为有中介的调节和有调节的中介由于概念的交叠使得分析模型也存在某种程度的重合。但是，我们支持 Muller 等（2005）的建议，即首先应该基于研究者的理论目标建立相关模型，进而选择与样本量及样本分布相适应的分析方法和步骤。本章将基于 Muller 等（2005）的模型，通过结构方程模型建模分析加以验证。

5.3 实证分析结果

本节主要描述调节变量的描述性分析结果及其量表信度与效度检验结果，以及主调节效应假设、有调节的中介效应相关假设验证结果。

5.3.1 变量描述性统计分析结果

采用 SPSS13.0 对调节变量进行描述性分析，描述性统计结果如表 5-1 所示。

表 5-1 调节变量描述性统计结果

变量类型	变量名称	样本数量	样本最小值	样本最大值	样本均值	样本标准误差	样本偏度	样本峰度
调节变量	状态不确定性	227	1.00	4.50	2.53	1.05	0.22	-0.26
	影响不确定性	227	1.33	5.00	3.81	0.68	-0.48	0.22
	响应不确定性	227	1.00	4.50	2.95	0.94	-0.10	-0.28

5.3.2 量表信度及效度验证结果

与前文描述一致，本章将采用 CITC 指标和 Cronbach's α 内部一致性系数以及验证性因子分析等，对相关量表的信度和效度进行验证。

5.3.2.1 环境不确定性量表信度检验

环境不确定性量表在信度检验中，保留了全部题项。基于大规模调研数据的 CITC 分析结果，环境不确定性量表所有题项的总体相关系数 CITC 值介于 0.66~0.73，均大于 0.40 最低可接受水平，因此我们保留了全部题项。同时，整体量表的内部一致性 α 系数为 0.913，表明环境不确定性量表具有较高的信度水平。

5.3.2.2 环境不确定性量表的效度检验

通过验证性因子分析对环境不确定性量表的效度进行检验。首先，对违规估计进行检验，结果发现误差方差均大于0，不存在负值；标准化系数范围介于0.81~0.91，均小于1且未接近1；标准误差均比较小，范围介于0.06~0.07。结果未发现违规估计现象。其次，检验模型整体拟合优度。检验结果发现χ^2/df为2.31，略大于2.00临界值，但是仍然接近理想值，其余指标结果：GFI、NFI、IFI和CFI分别为0.93、0.97、0.98和0.98，均大于0.90的最低可接受水平，RESEA为0.066，说明模型拟合良好。最后，进行参数估计。标准化参数估计值、标准误以及统计显著性相关估计结果表明，所有的标准化参数估计值均介于0.81~0.91，且均达到0.001的较高显著性水平，每个题项均具有较高的因子载荷。因此，环境不确定性量表的7个题项较好地反映了"环境不确定性"这一潜变量，环境不确定性量表具有较好的结构效度。

5.3.3 主调节效应相关假设验证结果

本节是对主调节效应相关研究假设进行验证的统计结果以及对结果的讨论。同样地，考虑到控制变量对结果影响不显著，故以下分析结果中将不再列出控制变量及其相关路径系数。

5.3.3.1 相关性分析结果

我们将使用Pearson相关分析来检验调节变量——环境不确定性各要素与自变量——领导者人格类型、中介变量——变革型领导行为以及因变量——领导有效性各因素间的相关程度。

本书中，调节变量环境不确定性包含3个维度：状态不确定性（SEU）、影响不确定性（EEU）以及响应不确定性（REU）。环境不确定性与其他变量之间的Pearson相关分析结果表明以下结论：

（1）状态不确定性除了与领导者人格类型的4个维度显著正相关之外，

与中介变量——变革型领导行为以及因变量——领导有效性各因素的相关性均不显著。具体来说，状态不确定性与"一般心理倾向"在 $P < 0.01$ 水平上显著正相关，相关系数为 0.200；状态不确定性与"信息获取方式"在 $P < 0.01$ 水平上显著正相关，相关系数为 0.323；状态不确定性与"信息处理方式"在 $P < 0.01$ 水平上显著正相关，相关系数为 0.229；状态不确定性与"行动方式"在 $P < 0.01$ 水平上显著正相关，相关系数为 0.294。

（2）影响不确定性只与领导者人格类型的"信息获取方式"维度以及领导绩效的适应性绩效维度显著正相关，与其他变量之间的相关性不显著。具体来说，影响不确定性与"信息获取方式"在 $P < 0.05$ 水平上显著正相关，相关系数为 0.135；影响不确定性与适应性绩效在 $P < 0.01$ 水平上显著正相关，相关系数为 0.425。

（3）响应不确定性与领导者人格类型的其中 3 个维度显著正相关，同时与变革型领导行为显著负相关，此外，与其他变量之间的相关性不显著。具体来说，响应不确定性与"一般心理倾向"在 $P < 0.01$ 水平上显著正相关，相关系数为 0.187；响应不确定性与"信息获取方式"在 $P < 0.01$ 水平上显著正相关，相关系数为 0.288；响应不确定性与"行动方式"在 $P < 0.01$ 水平上显著正相关，相关系数为 0.354；响应不确定性与变革型领导行为在 $P < 0.05$ 水平上显著负相关，相关系数为 −0.131。

5.3.3.2 结构方程模型分析结果

通过结构方程模型建模分析，有调节的中介效应采用基本的模型验证程序，所不同的是要对题项进行中心化处理，同时还要加入中心化后组成的交互项。温忠麟等（2008）的研究表明，在结构方程模型中进行调节效应或交互项检验的时候需要注意以下几点：①交互项的构成：组成交互项的潜变量的测量题项的乘积。②测量题项的选择：信度或因子载荷高的题项，尽量用到所有信息。③题项在组成交互项前需要进行中心化处理。④将交互项作为潜变量进入假设的结构方程模型。⑤需要增加的估计参数：内生潜变量测量模型中的常数项、结构方程模型的常数项。温忠麟等（2008）的研究没有强调需要对组成交互潜变量的测量题项的残差进行约束，在本书中，还是对题项残差的方差协方差进行了自由估计。

在对环境不确定性的调节效应进行检验时，选择状态不确定性、影响不确定性以及响应不确定性进入乘积项组成交互潜变量的题项。以下我们分别对状态不确定性的主调节效应（H1a）、影响不确定性的主调节效应（H1b）、响应不确定性的主调节效应（H1c）进行结构方程模型建模以及分析验证。

主调节效应假设中，自变量领导者人格类型包含4个维度：一般心理倾向、信息获取方式、信息处理方式和行动方式，我们将其作为4个自变量。调节变量为环境不确定性，包含3个维度：状态不确定性、影响不确定性、响应不确定性。领导有效性，即领导绩效包含3个因素：任务绩效、关系绩效和适应性绩效，我们将其作为3个因变量。以下，我们将通过结构方程模型，分别验证状态不确定性、影响不确定性、响应不确定性为调节变量的主调节效应模型。

5.3.3.2.1 状态不确定性的主调节效应结果

状态不确定性的主调节效应（H1a）中，自变量为信息获取方式，调节变量为状态不确定性，因变量为任务绩效、关系绩效以及适应性绩效。

首先，建立主调节效应模型，验证模型的拟合指标是否达到可接受的要求。我们通过概念模型（Conceptual Model）来说明状态不确定性的主调节效应所探讨的概念间的关系，如图5-6所示。对模型进行识别，模型中待估计的自由参数小于测量数据，符合模型识别t法则。另外，假设模型中变量的因果关系是单一方向，预测残差项是彼此独立的独立残差模型，因此是一个递归模型。总之，模型可识别的必要条件全部得到满足。其次，通过最大似然法，使用LISREL 8.80分析软件，对初始模型进行参数估计。估计结果发现，误差方差不存在负值，标准化系数均小于1，而且标准误大小都满足条件，可见未出现违规估计现象。而且，在状态不确定性的主调节效应的测量模型中，因素负荷量均达显著水平，具体如下：任务绩效的因素负荷量介于0.65~0.78；关系绩效的因素负荷量介于0.66~0.85；适应性绩效的因素负荷量介于0.72~0.91，状态不确定性的因素负荷量介于 0.85~0.88。上述结果表明，状态不确定性的主调节效应初始模型具有较强的测量功能。

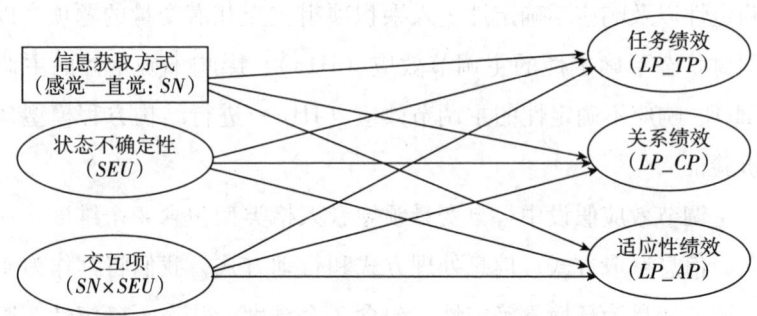

图 5-6　状态不确定性的主调节效应的概念模型

初始模型的整体拟合指标结果显示，绝对适配指标 χ^2/df 值为 1.89，小于临界值 2.00，RMSEA 值为 0.063，表明初始模型拟合良好；相对拟合指标 NFI、NNFI、IFI、CFI，除 NFI 小于 0.90 外，其他 3 个指标均大于 0.90，说明模型拟合良好；但是 GFI 值和 AGFI 值均低于临界值 0.90，可见初始模型有修正的空间，有必要对其进行修正。

对模型进行修正。通过拟合性检验，我们发现任务绩效的最后两个题项残差之间的共变显著不等于 0，关系绩效的前两个题项残差之间的共变显著不等于 0。由于残差相关的题项均属于同一变量的同一测量维度，理论上残差相关可以接受。因此，我们通过增加两条残差相关路径对模型进行修正，最终获得一个拟合性好且各估计参数又能赋予合理解释的模型。具体来说，绝对拟合指标 χ^2/df 值为 1.51，小于临界值 2.00，表示修正之后的模型拟合更为理想；RMSEA 值为 0.048，表明修正之后的模型拟合优良；GFI 值和 AGFI 值分别为 0.88 和 0.85，均接近 0.90 的可接受水平，而且较初始模型有相当的改善。相对拟合指标 NFI、NNFI、IFI、CFI，除 NFI 为 0.90 外，其他 3 个指标均大于 0.95，而且较初始模型有所改善，说明模型拟合很好。

修正后的模型路径图（含完全标准化结构参数）如图 5-7 所示，为使每条路径系数显示得更清晰，我们将整体的模型路径图分拆为 3 个子模型路径图加以展示①。

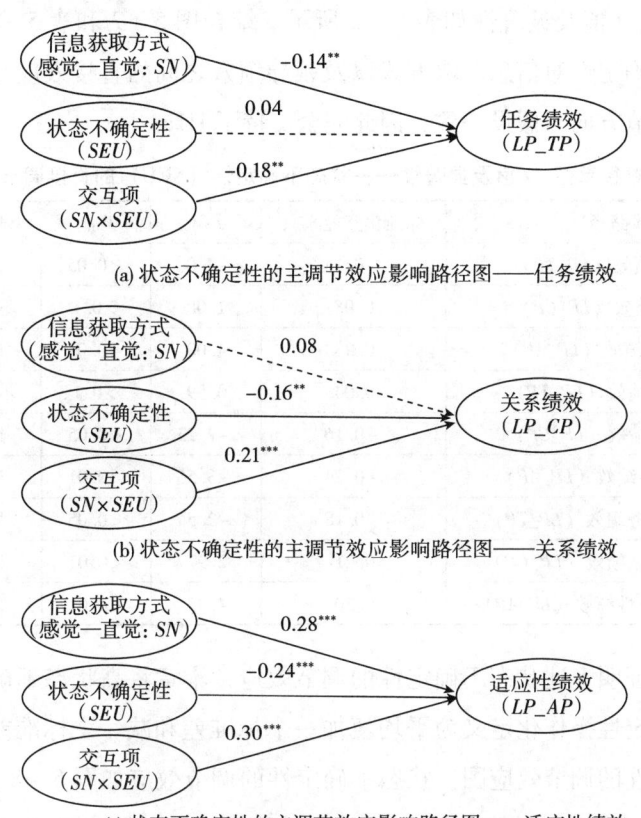

(a) 状态不确定性的主调节效应影响路径图——任务绩效

(b) 状态不确定性的主调节效应影响路径图——关系绩效

(c) 状态不确定性的主调节效应影响路径图——适应性绩效

图 5-7 状态不确定性的主调节效应影响路径图

注：$n=227$；＊＊＊代表 $P<0.01$，＊＊代表 $P<0.05$；虚线代表路径不显著。

从图 5-7 中可以看出，状态不确定性与信息获取方式的交互项（$SN \times SEU$）与任务绩效的路径系数是显著为负的（$\beta=-0.18$，$P<0.05$）；与关系绩效的路径系数是显著为正的（$\beta=0.21$，$P<0.01$）；与适应性绩效的路径系数是显著为正的（$\beta=0.30$，$P<0.01$）。结果表明，状态不确定性直接调节了信息获取方式与领导者的任务绩效、关系绩效以及适应性绩效之

---

① 尽管基于理论分析，在 H1a 中并未提出关于关系绩效的假设，但是在数据分析时，为了确保分析的完整性，加入了对该部分的分析，见图 5-7(b)。

间的关系。状态不确定性对信息获取方式与领导绩效之间的直接调节效应相关路径系数、t 值及显著性如表 5-2 所示。结合图 5-7 和表 5-2，研究发现状态不确定性对信息获取方式以及领导绩效之间的直接效应存在调节作用，且调节方向与假设一致，因此完全支持了 H1a。

表 5-2 相关路径系数、t 值及显著性——状态不确定性（SEU）的直接调节效应

具体路径	标准化路径系数	t 值	P 值	显著性
SN→任务绩效（LP_TP）	-0.14	-2.00	<0.05	显著
SN→关系绩效（LP_CP）	0.08	1.08	>0.1	不显著
SN→适应性绩效（LP_AP）	0.28	4.00	<0.01	显著
SEU→任务绩效（LP_TP）	0.04	0.59	>0.1	不显著
SEU→关系绩效（LP_CP）	-0.16	-2.23	<0.05	显著
SEU→适应性绩效（LP_AP）	-0.24	-3.56	<0.01	显著
SN×SEU→任务绩效（LP_TP）	-0.18	-2.54	<0.05	显著
SN×SEU→关系绩效（LP_CP）	0.21	2.97	<0.01	显著
SN×SEU→适应性绩效（LP_AP）	0.30	4.33	<0.01	显著

为进一步证明上述状态不确定性的调节效应，本章将高状态不确定性和低状态不确定性操作化定义为平均值加一个标准差和减一个标准差，作出状态不确定性的调节效应图。状态不确定性的调节效应如图 5-8 所示。验证结果表明，对任务绩效而言，低状态不确定性下，信息获取方式对任务绩效负向影响显著，而在高状态不确定性下，加强了信息获取方式对任务绩效的负向影响。对关系绩效而言，低状态不确定性下，信息获取方式对关系绩效的正向影响不显著，而在高状态不确定性下，信息获取方式对关系绩效的正向影响显著。对适应性绩效而言，低状态不确定性下，信息获取方式对适应性绩效的正向影响显著，而在高状态不确定性下，加强了信息获取方式对适应性绩效的正向影响。总之，上述结果完全支持了 H1a。

5 VUCA环境对领导特质、领导行为及领导有效性的调节机制研究

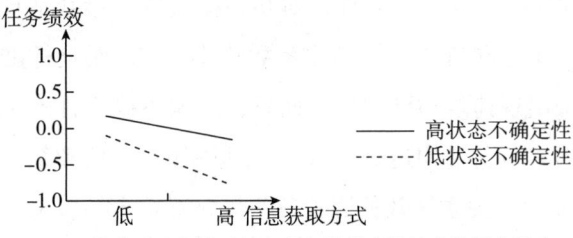

(a) 状态不确定性对SN与任务绩效直接效应的调节效应

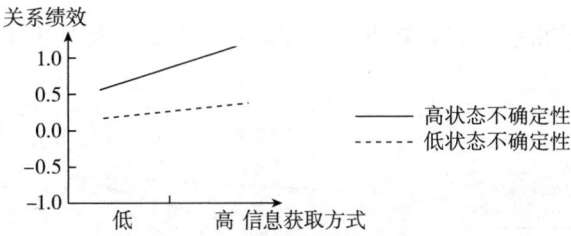

(b) 状态不确定性对SN与关系绩效直接效应的调节效应

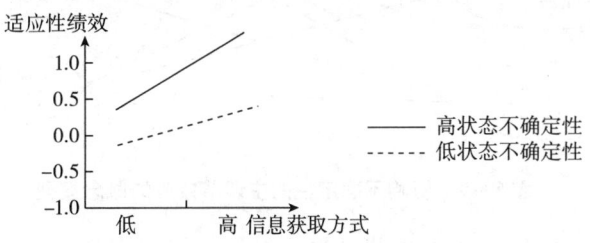

(c) 状态不确定性对SN与适应性绩效直接效应的调节效应

图5-8 状态不确定性对SN与领导绩效直接效应的调节效应

5.3.3.2.2 影响不确定性的主调节效应结果

影响不确定性的主调节效应（H1b）中，自变量为信息处理方式，调节变量为影响不确定性，因变量为任务绩效、关系绩效以及适应性绩效。

首先，建立主调节效应模型，验证模型的拟合指标是否达到可接受的要求。我们通过概念模型来说明影响不确定性的主调节效应所探讨的概念间的关系，如图5-9所示。对模型进行识别，模型中待估计的自由参数小于测量数据，符合模型识别t法则。另外，假设模型中变量的因果关系是单一方向，预测残差项是彼此独立的独立残差模型，因此是一个递归模型。总之，模型可识别的必要条件全部得到满足。其次，通过最大似然

法,使用 LISREL 8.80 分析软件,对初始模型进行参数估计。估计结果发现,误差方差不存在负值,标准化系数均小于1,而且标准误大小都满足条件,可见未出现违规估计现象。而且,影响不确定性的主调节效应的测量模型中,因素负荷量均达显著水平。具体如下:任务绩效的因素负荷量介于 0.65~0.78;关系绩效的因素负荷量介于 0.66~0.85;适应性绩效的因素负荷量介于 0.72~0.91;影响不确定性的因素负荷量介于 0.83~0.86。上述结果表明,影响不确定性的主调节效应初始模型具有较强的测量功能。

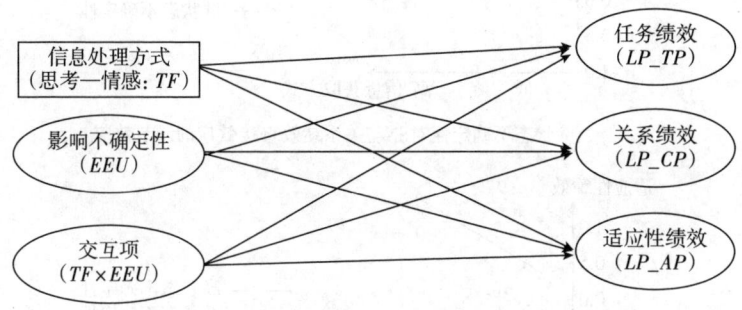

图 5-9 影响不确定性的主调节效应的概念模型

初始模型的整体拟合指标结果显示,绝对适配指标 χ^2/df 值为 1.98,小于临界值 2.00,RMSEA 值为 0.066,表明初始模型拟合良好;相对拟合指标 NFI、NNFI、IFI、CFI,除 NFI 小于 0.90 外,其他 3 个指标均大于 0.90,说明模型拟合较好;但是 GFI 值和 AGFI 值均低于临界值 0.90,可见初始模型有修正的空间,有必要对其进行修正。

对模型进行修正。通过拟合性检验,我们发现任务绩效的最后两个题项残差之间的共变显著不等于 0,关系绩效的前两个题项残差之间的共变显著不等于 0。由于残差相关的题项均属于同一变量的同一测量维度,理论上残差相关可以接受。因此,我们通过增加两条残差相关路径对模型进行修正,最终获得一个拟合性好且各估计参数能赋予合理解释的模型。修正后模型的拟合性判断指标值具体来说,绝对拟合指标 χ^2/df 值为 1.54,小于临界值 2.00,表示修正之后的模型拟合更为理想;RMSEA 值为

0.049，表明修正之后的模型拟合优良；GFI 值和 AGFI 值分别为 0.88 和 0.85，均接近 0.90 的可接受水平，且较初始模型有相当改善。相对拟合指标 NFI、NNFI、IFI、CFI，除 NFI 等于 0.90 外，其他 3 个指标均大于等于 0.95，且较初始模型有所改善，说明模型拟合很好。

修正后的模型路径图（含完全标准化结构参数）如图 5 - 10 所示。为使每条路径系数显示得更清晰，我们将整体的模型路径图分拆为 3 个子模型路径图加以展示。

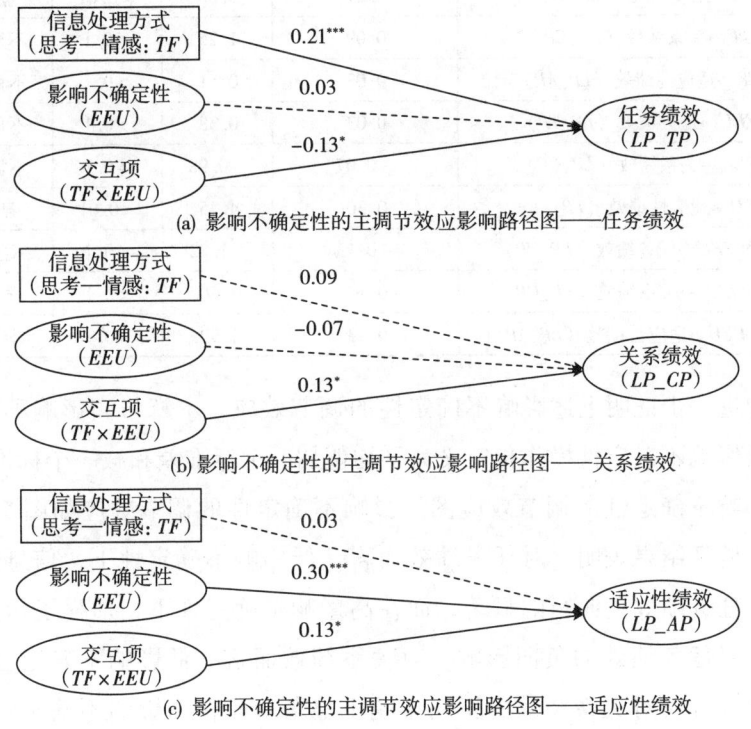

图 5 - 10　影响不确定性的主调节效应影响路径图

注：$n = 227$；＊＊＊代表 $P < 0.01$，＊代表 $P < 0.1$；虚线代表路径不显著。

从图 5 - 10 中可以看出，影响不确定性与信息处理方式的交互项（TF × EEU）与任务绩效的路径系数是显著为负的（$\beta = -0.13$，$P < 0.1$）；与关系绩效的路径系数是显著为正的（$\beta = 0.13$，$P < 0.1$）；与适应性绩效的路径系数是显著为正的（$\beta = 0.13$，$P < 0.1$）。结果表明，影响不

确定性直接调节了信息处理方式与领导者的任务绩效、关系绩效以及适应性绩效之间的关系。影响不确定性对信息处理方式与领导绩效之间的直接调节效应相关路径系数、t值及显著性如表5-3所示。结合图5-10和表5-3，本章研究发现影响不确定性对信息处理方式以及领导绩效之间的直接效应存在调节作用，且调节方向与假设一致，因此完全支持了H1b。

表5-3 相关路径系数、t 值及显著性——影响不确定性（EEU）的直接调节效应

具体路径	标准化路径系数	t 值	P 值	显著性
TF→任务绩效（LP_TP）	0.21	3.06	<0.01	显著
TF→关系绩效（LP_CP）	0.09	1.25	>0.1	不显著
TF→适应性绩效（LP_AP）	0.03	0.51	>0.1	不显著
EEU→任务绩效（LP_TP）	0.03	0.38	>0.1	不显著
EEU→关系绩效（LP_CP）	-0.07	-0.98	>0.1	不显著
EEU→适应性绩效（LP_AP）	0.30	4.35	<0.01	显著
TF×EEU→任务绩效（LP_TP）	-0.13	-1.82	<0.1	显著
TF×EEU→关系绩效（LP_CP）	0.13	1.80	<0.1	显著
TF×EEU→适应性绩效（LP_AP）	0.13	1.92	<0.1	显著

为进一步证明上述影响不确定性的调节效应，本章将高影响不确定性和低影响不确定性操作化定义为平均值加一个标准差和减一个标准差，作出影响不确定性的调节效应图。影响不确定性的调节效应如图5-11所示。验证结果表明，对任务绩效而言，低影响不确定性下，信息处理方式对任务绩效负向影响显著，而在高影响不确定性下，加强了信息处理方式对任务绩效的负向影响。对关系绩效而言，低影响不确定性下，信息处理方式对关系绩效的正向影响不显著，而在高影响不确定性下，信息处理方式对关系绩效的正向影响显著。对适应性绩效而言，低影响不确定性下，信息处理方式对适应性绩效的正向影响不显著，而在高影响不确定性下，信息处理方式对适应性绩效的正向影响显著。总之，上述结果进一步完全支持了H1b。

5.3.3.2.3 响应不确定性的主调节效应结果

响应不确定性的主调节效应（H1c）中，自变量为行动方式，调节变

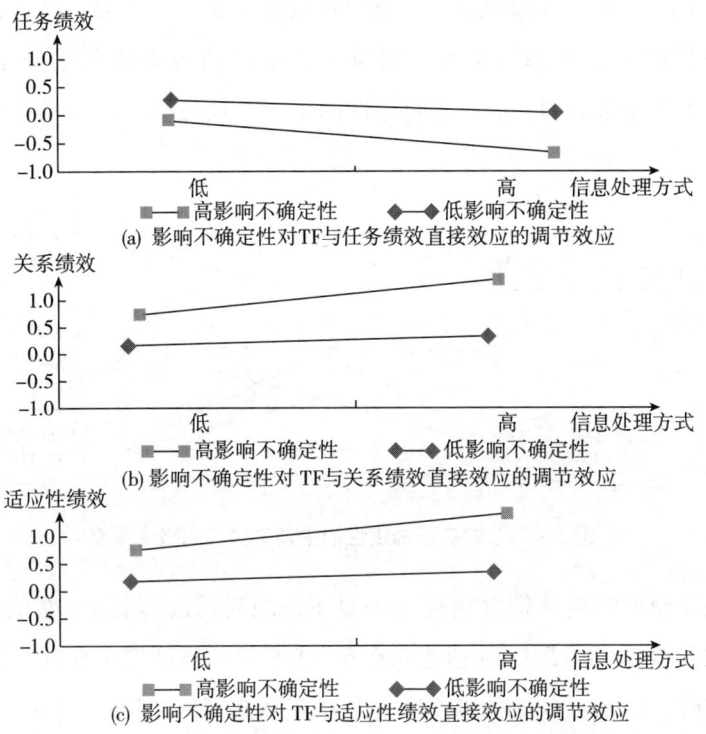

图 5-11 影响不确定性对 TF 与领导绩效直接效应的调节效应

量为响应不确定性,因变量为任务绩效、关系绩效以及适应性绩效。

首先,建立主调节效应模型,验证模型的拟合指标是否达到可接受的要求。我们通过概念模型来说明响应不确定性的主调节效应所探讨的概念间的关系,如图 5-12 所示。对模型进行识别,模型中待估计的自由参数小于测量数据,符合模型识别 t 法则。另外,假设模型中变量的因果关系是单一方向,预测残差项是彼此独立的独立残差模型,因此是一个递归模型。总之,模型可识别的必要条件全部得到满足。其次,通过最大似然法,使用 LISREL 8.80 分析软件,对初始模型进行参数估计。估计结果发现,误差方差不存在负值,标准化系数均小于 1,而且标准误大小都满足条件,可见未出现违规估计现象。而且,响应不确定性的主调节效应的测量模型中,因素负荷量均达显著水平。具体如下:任务绩效的因素负荷量介于 0.65～0.78；关系绩效的因素负荷量介于 0.66～0.85；适应性绩效的因素负荷量介于 0.72～0.91；响应不确定性的因素负荷量介于 0.81～0.90。上述结果表明，响应不确定性的主调节效应初始模型具有较强的测量功能。

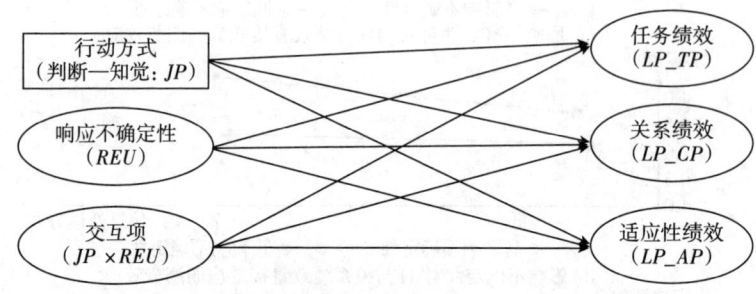

图 5-12　响应不确定性的主调节效应的概念模型

初始模型的整体拟合指标结果显示，绝对适配指标 χ^2/df 值为 1.97，小于临界值 2.00，$RMSEA$ 值为 0.066，表明初始模型拟合良好；相对拟合指标 NFI、$NNFI$、IFI、CFI，除 NFI 小于 0.90 外，其他 3 个指标均大于 0.90，说明模型拟合良好；但是 GFI 值和 $AGFI$ 值均低于临界值 0.90，可见初始模型有修正的空间，有必要对其进行修正。

对模型进行修正。通过拟合性检验，我们发现任务绩效的最后两个题项残差之间的共变显著不等于 0，关系绩效的前两个题项残差之间的共变显著不等于 0。由于残差相关的题项均属于同一变量的同一测量维度，理论上残差相关可以接受。因此，我们通过增加两条残差相关路径对模型进行修正，最终获得一个拟合性好且各估计参数能赋予合理解释的模型。修正后模型的拟合性判断指标值具体来说，绝对拟合指标 χ^2/df 值为 1.57，小于临界值 2.00，表示修正之后的模型拟合更为理想；$RMSEA$ 值为 0.050，表明修正之后的模型拟合优良；GFI 值和 $AGFI$ 值分别为 0.88 和 0.85，均接近 0.90 的可接受水平，且较初始模型有相当的改善。相对拟合指标 NFI、$NNFI$、IFI、CFI，除 NFI 等于 0.90 外，其他 3 个指标均大于等于 0.95，且较初始模型有所改善，说明模型拟合很好。

5 VUCA环境对领导特质、领导行为及领导有效性的调节机制研究

图 5–13 显示了修正后的模型路径图（图中参数为完全标准化结构参数），为使每条路径系数显示得更清晰，我们将整体的模型路径图分拆为 3 个子模型路径图加以展示。

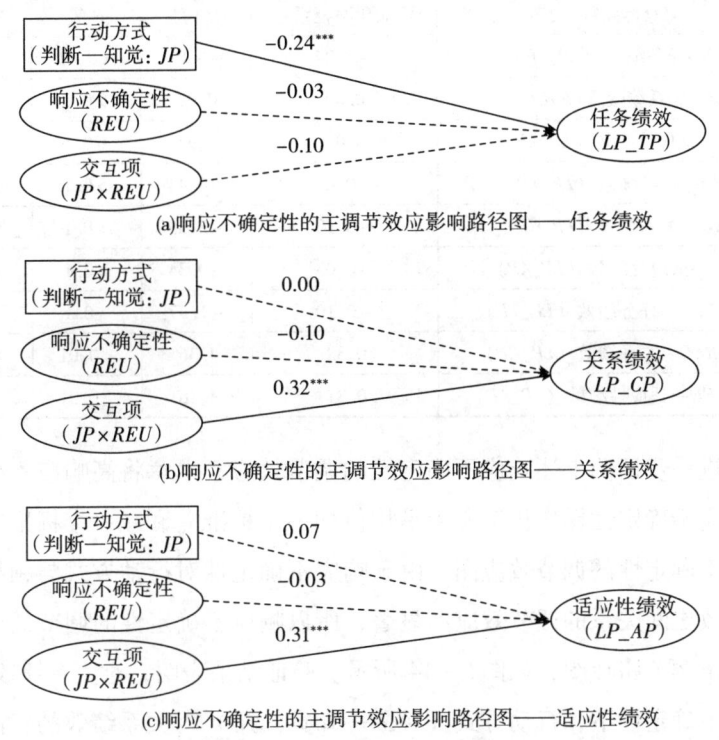

(a)响应不确定性的主调节效应影响路径图——任务绩效

(b)响应不确定性的主调节效应影响路径图——关系绩效

(c)响应不确定性的主调节效应影响路径图——适应性绩效

图 5–13 响应不确定性的主调节效应影响路径图

注：$n=227$；＊＊＊代表 $P<0.01$；虚线代表路径不显著。

从图 5–13 中可以看出，响应不确定性与行动方式的交互项（$JP \times REU$）与任务绩效的路径系数为负，但是不显著（$\beta=-0.10$，$P>0.10$）；与关系绩效的路径系数是显著为正的（$\beta=0.32$，$P<0.01$）；与适应性绩效的路径系数是显著为正的（$\beta=0.31$，$P<0.01$）。结果表明，响应不确定性直接调节了行动方式与领导者的关系绩效以及适应性绩效之间的关系，但是没有调节行动方式与领导者的任务绩效之间的关系。响应不确定性对行动方式与领导绩效之间的直接调节效应相关路径系数、t 值及显著性如表 5–4 所示。结合图 5–13 和表 5–4，研究发现响应不确定性对行

动方式与领导者的关系绩效以及适应性绩效之间的直接效应存在调节作用，部分支持了 H1c。

表5-4 相关路径系数、t 值及显著性——响应不确定性（REU）的直接调节效应

具体路径	标准化路径系数	t 值	P 值	显著性
JP→任务绩效（LP_TP）	−0.24	−3.01	<0.01	显著
JP→关系绩效（LP_CP）	0.00	0.02	>0.1	不显著
JP→适应性绩效（LP_AP）	0.07	0.94	>0.1	不显著
REU→任务绩效（LP_TP）	−0.03	−0.44	>0.1	不显著
REU→关系绩效（LP_CP）	−0.10	−1.39	>0.1	不显著
REU→适应性绩效（LP_AP）	−0.03	−0.34	>0.1	不显著
JP×REU→任务绩效（LP_TP）	−0.10	−1.37	>0.1	不显著
JP×REU→关系绩效（LP_CP）	0.32	4.36	<0.01	显著
JP×REU→适应性绩效（LP_AP）	0.31	4.16	<0.01	显著

为进一步证明上述响应不确定性的调节效应，本章将高响应不确定性和低响应不确定性操作化定义为平均值加一个标准差和减一个标准差，作出响应不确定性的调节效应图。由于响应不确定性对行动方式与领导者的任务绩效之间关系的调节效应不显著，所以响应不确定性的调节效应只包含后两条调节路径图，如图5-14所示。验证结果表明，对关系绩效而言，低响应不确定性下，行动方式（判断—知觉：JP）对关系绩效的正向影响不显著，而在高响应不确定性下，行动方式（判断—知觉：JP）对关系绩效的正向影响显著。对适应性绩效而言，低响应不确定性下，行动方式（判断—知觉：JP）对适应性绩效的正向影响不显著，而在高响应不确定性下，行动方式（判断—知觉：JP）对适应性绩效的正向影响显著。总之，上述结果进一步部分支持了 H1c。

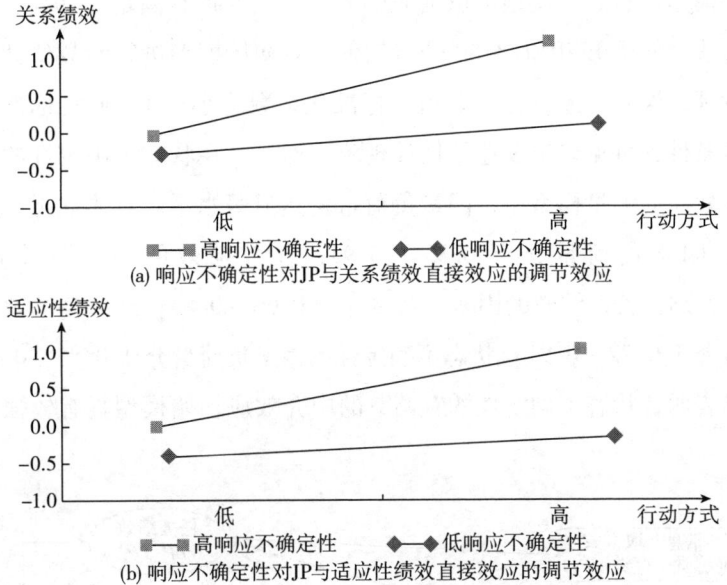

图 5-14 响应不确定性对 JP 与领导绩效直接效应的调节效应

5.3.4 有调节的中介效应相关假设验证结果

以下，我们对状态不确定性的有调节的中介效应（H2a）、影响不确定性的有调节的中介效应（H2b）以及响应不确定性的有调节的中介效应（H2c）分别进行结构方程模型建模及分析验证。

5.3.4.1 状态不确定性的有调节的中介效应结果

状态不确定性的有调节的中介效应（H2a）中，自变量为信息获取方式，中介变量为变革型领导行为，调节变量为状态不确定性，因变量为任务绩效、关系绩效以及适应性绩效。

首先，建立有调节的中介模型，验证模型的拟合指标是否达到可接受的要求。我们通过概念模型来说明状态不确定性的有调节的中介效应所探讨的概念间的关系，如图 5-15 所示。对模型进行识别，模型中待估计的自由参数小于测量数据，符合模型识别 t 法则。另外，假设模型中变量的因果关系是单一方向，预测残差项是彼此独立的独立残差模型，因此是一个递归模型。总之,模型可识别的必要条件全部得到满足。其次,通过最大似然法,使用 LISREL 8.80 分析软件,对初始模型进行参数估计。估计结果发现,误差方差不存在负值,标准化系数均小于1,而且标准误大小都满足条件,可见未出现违规估计现象。而且,在状态不确定性的有调节的中介效应的测量模型中,因素负荷量均达显著水平。具体如下:变革型领导的因素负荷量介于 0.85~0.93;任务绩效的因素负荷量介于 0.65~0.78;关系绩效的因素负荷量介于 0.66~0.85;适应性绩效的因素负荷量介于 0.72~0.91;状态不确定性的因素负荷量介于 0.85~0.88。上述结果表明,状态不确定性的有调节的中介效应初始模型具有较强的测量功能。

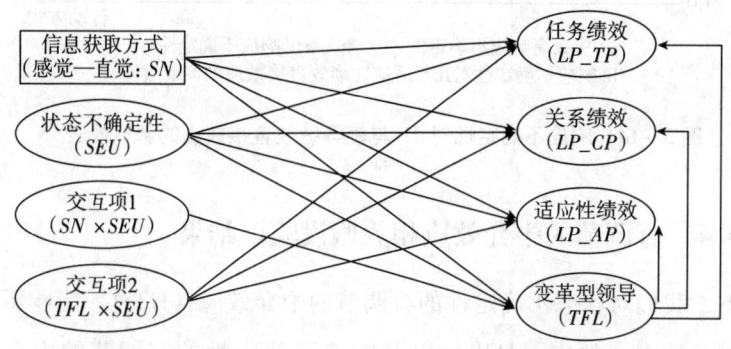

图 5-15 状态不确定性的有调节的中介效应的概念模型

初始模型的整体拟合指标结果显示,绝对适配指标 χ^2/df 值为 1.86,小于临界值 2.00,RMSEA 值为 0.062,表明初始模型拟合良好;相对拟合指标 NFI、NNFI、IFI、CFI,除 NFI 大于 0.90 外,其他 3 个指标均大于 0.95,说明模型拟合很好;但是 GFI 值和 AGFI 值均低于临界值 0.90,可见初始模型有修正的空间,有必要对其进行修正。

对模型进行修正。通过拟合性检验,我们发现任务绩效的最后两个题项残差之间的共变显著不等于0,关系绩效的前两个题项残差之间的共变显著不等于0。由于残差相关的题项均属于同一变量的同一测量维度,理论上残差相关可以接受。因此,我们通过增加两条残差相关路径对模型进行修正，最终获得一个拟合性好且各估计参数能赋予合理解释的模型。对于修正后模型的拟合性判断指标值，具体来说，绝对拟合指标 χ^2/df 值为 1.58，小于临界值 2.00，表示修正之后的模型拟合更为理想；RMSEA 值为 0.051，表明修正之后的模型拟合接近优良；GFI 值和 AGFI 值分别为 0.91 和 0.90，均达 0.90 的可接受水平，而且较初始模型有相当的改善。相对拟合指标 NFI、NNFI、IFI、CFI，除 NFI 大于 0.90 外，其他 3 个指标均大于 0.95，而且较初始模型有所改善，说明模型拟合很好。

修正后的模型路径图（含完全标准化结构参数）如图 5-16 所示，为使每条路径系数显示得更清晰，我们将整体的模型路径图分拆为 3 个子模型路径图加以展示。

从图 5-16 中可以看出，状态不确定性与信息获取方式的交互项（SN×SEU）与变革型领导行为的路径系数是显著为正的（$\beta=0.41$，$P<0.01$），而且状态不确定性与变革型领导行为的交互项（TFL×SEU）与任务绩效的路径系数是显著为负的（$\beta=-0.30$，$P<0.01$）；状态不确定性与变革型领导行为交互项（TFL×SEU）与关系绩效的路径系数是显著为正的（$\beta=0.18$，$P<0.01$）；状态不确定性与变革型领导行为交互项（TFL×SEU）与适应性绩效的路径系数是显著为正的（$\beta=0.30$，$P<0.01$）。因此，证明了有调节的中介效应的存在，而且调节效应在路径自变量（X）到中介变量（Me）及路径中介变量（Me）到因变量（Y）均显著存在。研究同时发现，状态不确定性对信息获取方式及领导绩效之间直接效应不存在调节作用。

为进一步证明上述有调节的中介关系，本章通过 Preacher 等（2007）建议的统计显著性验证，即通过计算 Z 统计量来验证有条件的间接效应。根据 Preacher 等（2007）的建议，我们将高状态不确定性和低状态不确定性操作化定义为平均值加一个标准差和减一个标准差。验证结果表明，对任务绩效而言，在低状态不确定性下，变革型领导行为的中介效应变弱且不显著（$Z=-0.78$，$P>0.1$），但是在高状态不确定性下，变革型领导行为的中介效应是显著的（$Z=-3.13$，$P<0.01$）。对关系绩效而言，在低

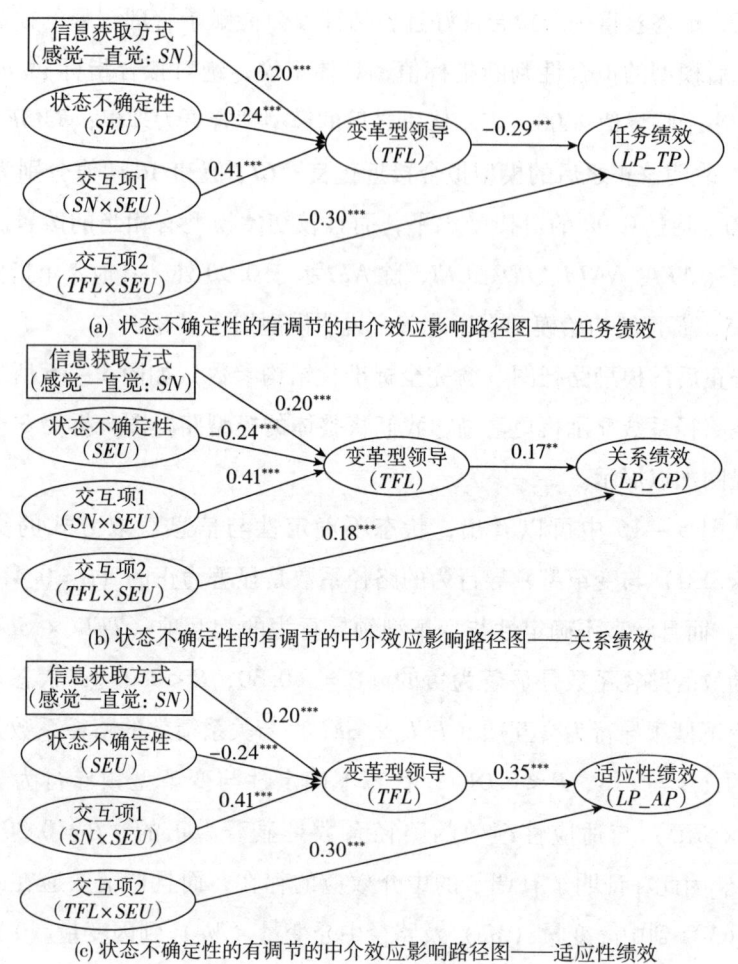

图 5-16 状态不确定性的有调节的中介效应影响路径图

注：$n=227$；＊＊＊代表$P<0.01$，＊＊代表$P<0.05$；只显示显著路径及系数。

状态不确定性下，变革型领导行为的中介效应是显著的（$Z=1.90$，$P<0.01$），但是在高状态不确定性下，变革型领导行为的中介效应变强且显著性加强（$Z=3.06$，$P<0.01$）。对适应性绩效而言，在低状态不确定性下，变革型领导行为的中介效应不显著（$Z=1.24$，$P>0.1$），但是在高状态不确定性下，变革型领导行为的中介效应变得显著（$Z=2.16$，$P<0.01$）。总之，上述结果支持了 H2a。

5.3.4.2 影响不确定性的有调节的中介效应结果

影响不确定性的有调节的中介效应（H2b）中，自变量为信息处理方式（思考—情感：TF），中介变量为变革型领导行为，调节变量为影响不确定性，因变量为任务绩效、关系绩效以及适应性绩效。

首先，建立有调节的中介模型，验证模型的拟合指标是否达到可接受的要求。我们通过概念模型来说明影响不确定性的有调节的中介效应所探讨的概念间的关系，如图5-17所示。对模型进行识别，模型中待估计的自由参数小于测量数据，符合模型识别 t 法则。另外，假设模型中变量的因果关系是单一方向，预测残差项是彼此独立的独立残差模型，因此是一个递归模型。总之，模型可识别的必要条件全部得到满足。其次，通过最大似然法，使用 LISREL 8.80 分析软件，对初始模型进行参数估计。估计结果发现，误差方差不存在负值，标准化系数均小于1，而且标准误大小都满足条件，可见未出现违规估计现象。而且，在影响不确定性的有调节的中介效应的测量模型中，因素负荷量均达显著水平。具体如下：变革型领导的因素负荷量介于 0.85~0.93；任务绩效的因素负荷量介于 0.65~0.78；关系绩效的因素负荷量介于 0.66~0.85；适应性绩效的因素负荷量介于 0.72~0.91；影响不确定性的因素负荷量介于 0.83~0.86。上述结果表明，影响不确定性的有调节的中介效应初始模型具有较强的测量功能。

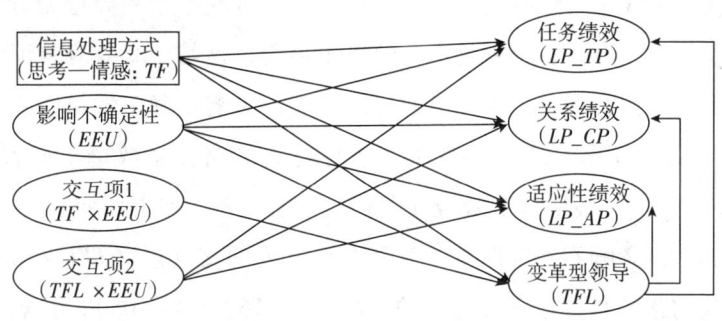

图 5-17 影响不确定性的有调节的中介效应的概念模型

初始模型的整体拟合指标结果显示，绝对适配指标 χ^2/df 值为 1.78，小于临界值 2.00，RMSEA 值为 0.062，表明初始模型拟合良好；相对拟合指标 NFI、NNFI、IFI、CFI，除 NFI 大于 0.90 外，其他 3 个指标均大于 0.95，说明模型拟合较好；但是 GFI 值和 AGFI 值均低于临界值 0.90，可见初始模型有修正的空间，有必要对其进行修正。

对模型进行修正。通过拟合性检验，我们发现任务绩效最后两个题项残差之间的共变显著不等于 0，关系绩效的前两个题项残差之间的共变显著不等于 0。由于残差相关的题项均属于同一变量的同一测量维度，理论上残差相关可以接受。因此，我们通过增加两条残差相关路径对模型进行修正，最终获得一个拟合性好且各估计参数能赋予合理解释的模型。对于修正后模型的拟合性判断指标值，具体来说，绝对拟合指标 χ^2/df 值为 1.58，小于临界值 2.00，表示修正之后的模型拟合更为理想；RMSEA 值为 0.042，表明修正之后的模型拟合优良；GFI 值和 AGFI 值分别为 0.92 和 0.91，均达 0.90 的可接受水平，而且较初始模型有相当改善。相对拟合指标 NFI、NNFI、IFI、CFI，除 NFI 大于 0.90 外，其他 3 个指标均大于 0.95，而且较初始模型有所改善，说明模型拟合很好。

修正后的模型路径图（含完全标准化结构参数）如图 5-18 所示，为使每条路径系数显示得更清晰，我们将整体的模型路径图分拆为 3 个子模型路径图加以展示。

从图 5-18 中可以看出，信息处理方式通过变革型领导行为对领导绩效的间接影响不存在，也就是中介效应不显著，这与中介效应验证结果相一致。我们只能探讨单独的调节效应。首先，影响不确定性与信息处理方式的交互项（TF×EEU）与变革型领导行为的路径系数也不显著（$\beta = 0.10$，$P > 0.1$），表明调节效应在路径自变量（X）到中介变量（Me）不存在。其次，影响不确定性与变革型领导行为的交互项（TFL×EEU）与任务绩效的路径系数是显著为负的（$\beta = -0.16$，$P < 0.05$）；影响不确定性与变革型领导行为的交互项（TFL×EEU）与关系绩效的路径系数不显著（$\beta = 0.07$，$P > 0.1$）；影响不确定性与变革型领导行为的交互项

5 VUCA环境对领导特质、领导行为及领导有效性的调节机制研究

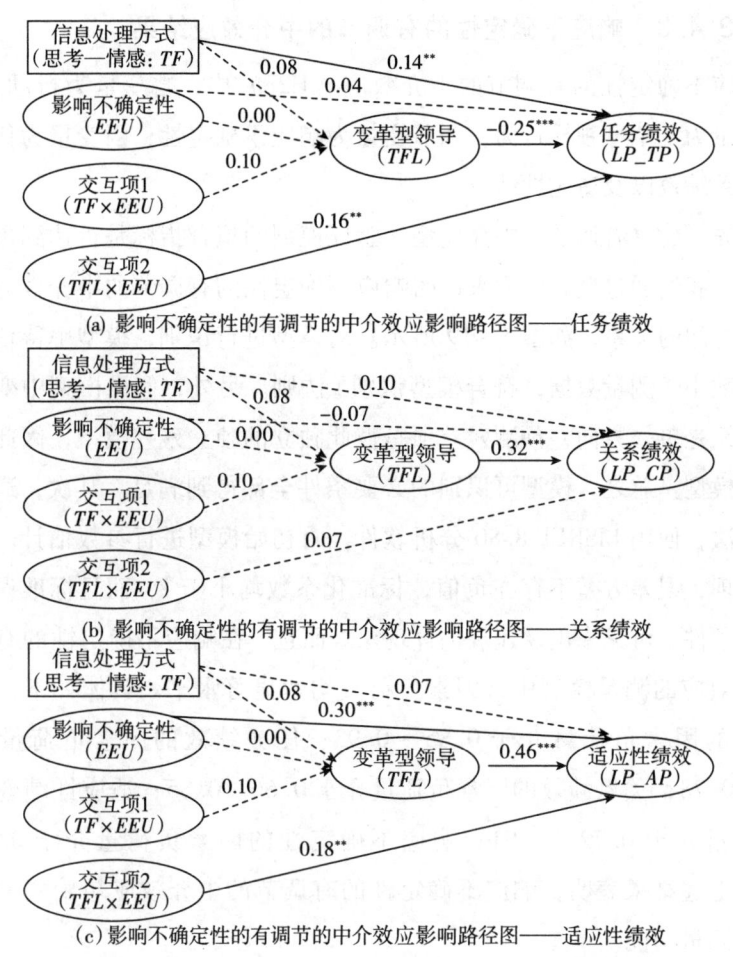

图5-18 影响不确定性的有调节的中介效应影响路径图

注：$n = 227$；＊＊＊代表$P < 0.01$，＊＊代表$P < 0.05$；虚线代表路径不显著。

($TFL \times EEU$)与适应性绩效的路径系数是显著为正的（$\beta = 0.18$，$P < 0.05$）。因此，证明影响不确定性对变革型领导行为与领导者任务绩效、适应性绩效之间的关系存在直接调节效应，这一直接调节效应的相关分析见上述关于主调节效应的结果，此处不再赘述。总之，结果不支持有调节的中介效应（H2b），但是表明了影响不确定性对信息处理方式与领导绩效之间存在直接调节效应。

5.3.4.3 响应不确定性的有调节的中介效应结果

响应不确定性的有调节的中介效应（H2c）中，自变量为行动方式，中介变量为变革型领导行为，调节变量为响应不确定性，因变量为任务绩效、关系绩效以及适应性绩效。

首先，建立有调节的中介模型，验证模型的拟合指标是否达到可接受的要求。我们通过概念模型来说明响应不确定性的有调节的中介效应所探讨的概念间的关系，如图5-19所示。对模型进行识别，模型中待估计的自由参数小于测量数据，符合模型识别t法则。另外，假设模型中变量的因果关系是单一方向，预测残差项是彼此独立的独立残差模型，因此是一个递归模型。总之，模型可识别的必要条件全部得到满足。其次，通过最大似然法，使用LISREL 8.80分析软件，对初始模型进行参数估计。估计结果发现，误差方差不存在负值，标准化系数均小于1，而且标准误大小都满足条件，可见未出现违规估计现象。而且，在响应不确定性的有调节的中介效应的测量模型中，因素负荷量均达显著水平。具体如下：变革型领导的因素负荷量介于0.85~0.93；任务绩效的因素负荷量介于0.65~0.78；关系绩效的因素负荷量介于0.66~0.85；适应性绩效的因素负荷量介于0.72~0.91；响应不确定性的因素负荷量介于0.81~0.90。上述结果表明，响应不确定性的有调节的中介效应初始模型具有较强的测量功能。

初始模型的整体拟合指标结果显示，绝对适配指标χ^2/df值为1.70，小于临界值2.00，*RMSEA*值为0.062，表明初始模型拟合良好；相对拟合指标*NFI*、*NNFI*、*IFI*、*CFI*，除*NFI*大于0.90外，其他3个指标均大于0.95，说明模型拟合很好；但是*GFI*值和*AGFI*值均低于临界值0.90，可见初始模型有修正的空间，有必要对其进行修正。

对模型进行修正。通过拟合性检验，我们发现任务绩效最后两个题项残差之间的共变显著不等于0，关系绩效前两个题项残差之间的共变显著不等于0。由于残差相关的题项均属于同一变量的同一测量维度，理论上残差相关可以接受。因此，我们通过增加两条残差相关路径对模型进行修

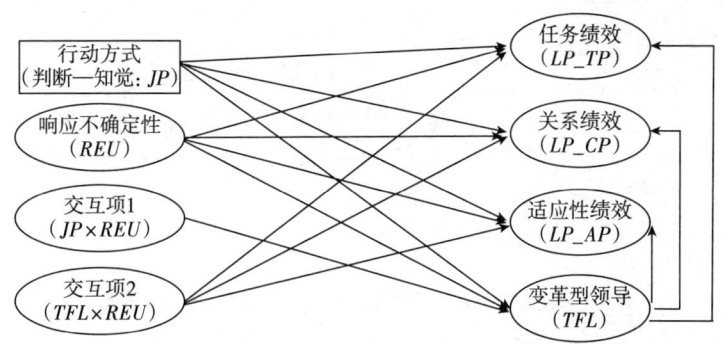

图 5-19 响应不确定性的有调节的中介效应的概念模型

正,最终获得一个拟合性好且各估计参数能赋予合理解释的模型。修正后模型的拟合性判断指标值具体来说,绝对拟合指标 χ^2/df 值为 1.46,小于临界值 2.00,表示修正之后模型拟合更为理想;RMSEA 值为 0.045,表明修正之后的模型拟合优良;GFI 值和 AGFI 值分别为 0.92 和 0.91,均达 0.90 的可接受水平,而且较初始模型有相当的改善。相对拟合指标 NFI、NNFI、IFI、CFI,除 NFI 大于 0.90 外,其他 3 个指标均大于 0.95,而且较初始模型有所改善,说明模型拟合很好。

图 5-20 显示了修正后的模型路径图(图中参数为完全标准化结构参数),为使每条路径系数显示得更清晰,我们将整体的模型路径图分拆为 3 个子模型路径图加以展示。

从图 5-20 中可以看出,响应不确定性与行动方式的交互项(JP × REU)与变革型领导行为的路径系数是显著为正的($\beta = 0.20$, $P < 0.05$),而且响应不确定性与变革型领导行为的交互项(TFL × REU)与任务绩效的路径系数是显著为负的($\beta = -0.18$, $P < 0.05$);响应不确定性与变革型领导行为的交互项(TFL × REU)与关系绩效的路径系数是显著为正的($\beta = 0.17$, $P < 0.05$);响应不确定性与变革型领导行为的交互项(TFL × REU)与适应性绩效的路径系数是显著为正的($\beta = 0.13$, $P < 0.05$)。因此,证明了有调节的中介效应的存在,而且调节效应在路径自变量行动方式到中介变量变革型领导行为以及路径中介变量变革型领导行为到因变量

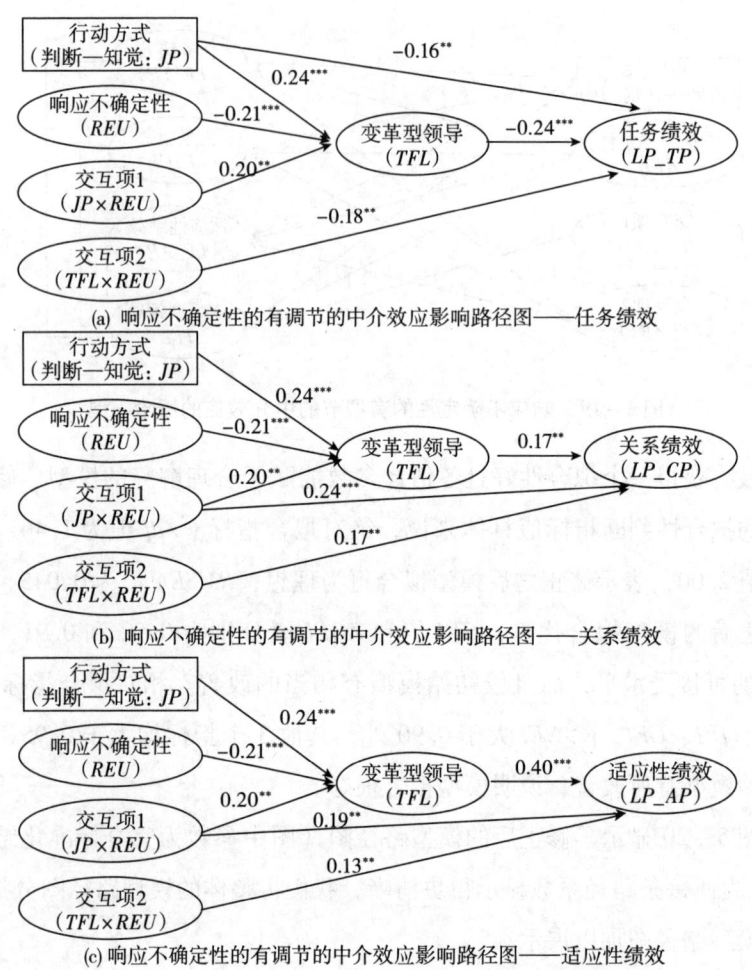

图5-20 响应不确定性的有调节的中介效应影响路径图

注：$n=227$；＊＊＊代表$P<0.01$，＊＊代表$P<0.05$；只显示显著路径及系数。

领导绩效均显著存在。此外，响应不确定性对行动方式与关系绩效（$\beta=0.24$，$P<0.01$）以及适应性绩效（$\beta=0.19$，$P<0.05$）之间的关系存在直接调节效应。

为进一步证明上述有调节的中介关系，根据Preacher等（2007）的建议，计算Z统计量来验证有条件的间接效应。我们将高响应不确定性和低响应不确定性操作化定义为平均值加一个标准差和减一个标准差。

5　VUCA环境对领导特质、领导行为及领导有效性的调节机制研究

验证结果表明，对任务绩效而言，在低响应不确定性下，变革型领导行为的中介效应变弱且不显著（$Z=0.45$，$P>0.1$），但是在高响应不确定性下，变革型领导行为的中介效应是显著的（$Z=2.53$，$P<0.01$）。对关系绩效而言，在低响应不确定性下，变革型领导行为的中介效应是显著的（$Z=2.10$，$P<0.05$），在高响应不确定性下，变革型领导行为的中介效应变强且显著性加强（$Z=2.96$，$P<0.01$）。对适应性绩效而言，在低响应不确定性下，变革型领导行为的中介效应显著（$Z=1.93$，$P<0.05$），在高响应不确定性下，变革型领导行为的中介效应变强且显著性加强（$Z=2.65$，$P<0.01$）。总之，上述总体结果支持了H2c。

5.4　研究结论与贡献

5.4.1　研究结论

本章研究主要包括主调节效应和有调节的中介效应相关假设验证，总体分析得出的研究结论描述如下：

（1）主调节效应假设旨在探讨环境不确定情境下领导者人格类型对领导绩效的不同作用机制。通过对样本数据的统计分析和主调节效应的研究可以发现，其一，环境不确定性对领导者信息获取方式和领导绩效关系的调节效应分析表明，状态不确定性分别显著调节了信息获取方式和领导者任务绩效、关系绩效以及适应性绩效之间的关系。进一步地，状态不确定性负向调节了信息获取方式和任务绩效之间的关系，正向调节了信息获取方式和关系绩效以及适应性绩效之间的关系，与假设方向一致。因此分析结果完全支持了H1a。

其二，环境不确定性对领导者信息处理方式和领导绩效关系的调节效应分析表明，影响不确定性分别显著调节了信息处理方式和领导者任务绩效、关系绩效以及适应性绩效之间的关系。进一步地，影响不确定性负向调节了信息处理方式和任务绩效之间的关系，正向调节了信息处理方式和

关系绩效以及适应性绩效之间的关系，与假设方向一致。因此分析结果完全支持了假设 H1b。

其三，环境不确定性对领导者行动方式和领导绩效关系的调节效应分析表明，响应不确定性分别显著调节了行动方式和领导者关系绩效以及适应性绩效之间的关系，但是未显著调节行动方式和领导者任务绩效之间的关系。进一步地，响应不确定性正向调节了行动方式和关系绩效以及适应性绩效之间的关系，与假设方向一致。因此分析结果部分支持了 H1c。

（2）有调节的中介效应假设旨在探讨环境不确定情境下领导者人格类型通过领导行为对领导绩效的不同作用机制。通过对样本数据的统计分析，本章研究发现，其一，状态不确定性对领导者信息获取方式、变革型领导行为和领导者任务绩效、关系绩效以及适应性绩效之间的中介关系起到调节效应，而且调节效应分别出现在路径自变量领导者信息获取方式到中介变量变革型领导行为以及路径中介变量变革型领导行为到因变量领导绩效中，但是不存在对主路径自变量到因变量的直接调节效应，因此支持了 H2a。其二，影响不确定性对领导者信息处理方式、变革型领导行为和领导者任务绩效、关系绩效以及适应性绩效之间的中介关系的调节效应不显著，相反，对主路径自变量到因变量的直接调节效应显著。因此，研究结果不支持 H2b。其三，响应不确定性对领导者行动方式、变革型领导行为和领导者任务绩效、关系绩效以及适应性绩效之间的中介关系起到调节效应，而且调节效应既出现在路径自变量领导者行动方式到中介变量变革型领导行为以及路径中介变量变革型领导行为到因变量领导绩效中，也部分存在对主路径自变量到因变量的直接调节效应，因此支持了 H2c。以下是针对上述结论提出的几点讨论。

5.4.1.1 主调节效应结果讨论

总体来说，本章提出的主调节效应假设大部分得到了支持，对领导特质理论中情境缺乏作出了贡献。以下我们分别加以讨论。

首先，本章发现不同状态不确定性情境下，领导者信息获取方式与领导者任务绩效、关系绩效以及适应性绩效之间的关系存在差异。本章有以下发现：一是状态不确定性负向调节了领导者信息获取方式与领导者任务绩效之间的关系，状态不确定性越高，感觉型领导者的任务绩效越高。二是状态不确定性正向调节了领导者信息获取方式与领导者关系绩效及适应性绩效之间的关系，状态不确定性越高，直觉型领导者的关系绩效及适应性绩效越高。这些研究结果与研究假设完全一致，作为一种弱情境，状态不确定性更好地激活了相关特质的效能，为特质激活理论提供了实证证据支持。

其次，本研究发现不同影响不确定性情境下，领导者信息处理方式与领导者任务绩效、关系绩效以及适应性绩效之间的关系存在差异。研究发现，影响不确定性负向调节了信息处理方式与领导者任务绩效之间的关系，正向调节了信息处理方式与领导者关系绩效、适应性绩效之间的关系。也就是说，状态不确定性越高，思考型领导者比情感型领导者越能取得更高的任务绩效，而情感型领导者比思考型领导者越能取得更高的关系绩效和适应性绩效。研究结果与研究假设一致，同样为特质激活理论提供了实证证据支撑。

最后，与特质激活理论一致，本章发现不同响应不确定性情境下，领导者行动方式与领导者关系绩效以及适应性绩效之间的关系存在差异，与研究理论假设一致。本章发现，响应不确定性正向调节了行动方式与领导者适应性绩效之间的关系，状态不确定性越高，知觉型领导者可能取得的适应性绩效越高。此外，响应不确定性未显著调节行动方式和领导者任务绩效之间的关系，与假设部分不一致。经分析可能的原因之一是，响应不确定性是3种不确定性中程度最轻的一种，所以导致其调节作用不明显。尽管我们并未从理论上假设响应不确定性对JP维度与领导者关系绩效的对应关系，但数据分析支持了正向调节作用。本章研究表明，响应不确定性正向调节了行动方式与领导者关系绩效之间的关系，随着响应不确定性程度的加强，知觉型领导者比判断型领导者可能取得更高的关系绩效。

总之，关于主调节效应的结果一方面支持了特质激活理论，另一方面进一步支持了状态不确定性、影响不确定性和响应不确定性三者的区分效度。

5.4.1.2 状态不确定性的有调节的中介效应结果讨论

总体来说，本章提出的有调节的中介效应假设大部分得到了支持，对领导特质理论中情境缺乏作出了贡献。与特质激活理论一致，本章发现高的状态不确定性加强了领导者信息获取方式、变革型领导行为以及领导绩效之间的中介关系（H2a）。

上述这种加强关系是通过两条路径实现的：路径之一是高的状态不确定性加强了领导者信息获取方式对变革型领导行为的正向影响。随着状态不确定性程度的加强，更好地激活了直觉型领导者的优势特质，直觉型领导者比感觉型领导者更多地表现出变革型领导行为。路径之二是高的状态不确定性加强了变革型领导行为对任务绩效的影响。也就是说，随着状态不确定性程度的加强，变革型领导行为有了更好的用武之地，反而有助于提高任务绩效，同时也有助于促进关系绩效和适应性绩效的提升。

总体来说，我们认为，当状态不确定性高时，需要领导者自己去发挥和探索，使得领导者拥有较多的自主权和决策权，此时直觉型领导者由于具有想象力和敏锐的洞察力、富于推断力、更倾向于抽象思维、有创造性，在高的状态不确定性情境下可以更充分地表现这些特征，因此更可能表现出变革型领导行为。而且，直觉型领导者对抽象的和概念化的信息和任务非常适应，他们会强烈地寻求解决问题的可能性，他们富于推断力和想象力的特点也为他们取得更高的领导绩效奠定了基础。而感觉型领导者更乐于从事具体而明确的工作，对于状态不确定性往往难以适应。因此，在高的状态不确定性情境下，直觉型领导者更可能通过采用变革型领导行为提升关系绩效和适应性绩效。这样的结果既符合荣格的心理类型论对感觉直觉在组织行为上的特点描述，也同多位学者的研究结果一致。

5.4.1.3 影响不确定性的有调节的中介效应结果讨论

尽管研究发现影响不确定性对信息处理方式、变革型领导行为以及领导者任务绩效、关系绩效以及适应性绩效的有调节的中介关系未得到验证（H2b），但是，经过进一步验证，本章发现影响不确定性直接调节了信息处理方式与领导者任务绩效、关系绩效以及适应性绩效之间的关系，同时还调节了变革型领导行为与领导者任务绩效、关系绩效以及适应性绩效之间的直接效应。以下分别进行讨论。

首先，与特质激活理论一致，本章发现在不同类型及程度的环境不确定性情境下，领导者信息处理方式与领导者任务绩效、关系绩效以及适应性绩效之间的关系存在差异。比如，当领导者感知到的不确定性程度较低即呈现出状态不确定性时，感觉型领导者比直觉型领导者可能取得更高的任务绩效；当领导者感知到中等以上程度的不确定性时，即影响不确定性程度越高，情感型领导者比思考型领导者越能取得更高的关系绩效以及更高的适应性绩效。

其次，研究发现影响不确定性负向调节了变革型领导行为与领导者任务绩效之间的直接效应；正向调节了变革型领导行为与适应性绩效之间的直接效应。也就是说，在高的影响不确定性情境下，变革型领导行为反而导致更低的任务绩效以及更高的适应性绩效。当环境不确定性高时，通过克服组织惯性以适应变化的、动态的环境变得非常重要，领导者及其行为在这一过程中起到了举足轻重的作用。这与变革型领导理论中关于变革型领导者通过克服认知惯性从而更灵活应对环境变化的观点相一致。此外，下属在面临高的不确定性时需要更多来自领导者的引导（Bass，1990），促使变革型领导者能更好地发挥其效能。因此，变革型领导者在高的影响不确定性情境下能取得更高的适应性绩效。本章的这一研究结果与 Agle 等（2006）以及 Waldman 等（2001）的研究结果相一致。

5.4.1.4　响应不确定性的有调节的中介效应结果讨论

与特质激活理论一致，本章发现高的响应不确定性加强了领导者行动方式、变革型领导行为以及领导者关系绩效、适应性绩效之间的中介关系（H2c）。而这种加强关系主要是通过两条路径实现的：一是响应不确定性作为一种弱情境，加强了领导者行动方式对变革型领导行为的正向影响。具体来说，在高的响应不确定性情境下，更好地激活了知觉型领导者的特质优势，从而使其比判断型领导者更多地表现出变革型领导行为。二是响应不确定性加强了变革型领导行为对领导绩效的影响。高的响应不确定性条件下，变革型领导行为反而有助于提高任务绩效，同时也加强了对关系绩效和适应性绩效的正向促进效应。

与特质激活理论相一致，响应不确定性高，任务的解决方法和程序更不明确，这对于知觉型领导者而言可以说是如虎添翼，因为知觉型个体更喜欢有弹性的灵活的方式，因此能够更好地处理好变化环境下的关系绩效，同时还可以更好地适应复杂和变化的环境，提升适应性绩效。总体来说，高的响应不确定性条件下，知觉型领导者更可能通过变革型领导行为取得更高的任务绩效、关系绩效和适应性绩效。

5.4.2　研究贡献

本章进一步量化分析了 VUCA 环境对领导特质、领导行为及领导有效性的调节机制，包括环境不确定性的主调节效应以及有调节的中介效应。研究结论具有如下贡献：

第一，本章综合揭示了领导者特质、领导行为、VUCA 环境对领导有效性的系统互动影响，对 VUCA 环境下领导理论作出了贡献。一方面，环境不确定性的主调节效应表明在不同类型及不同程度的环境不确定性下，领导者人格类型对领导绩效的影响存在差异。另一方面，研究表明 VUCA 环境下领导者特质、领导行为以及领导绩效三者的关系是动态发展变化的，因不同类型及不同程度环境不确定性情境而存在差异。可见，在 VUCA 环境下，片面地只研究领导要素中的特质、行为，或者特质与情境、情境与行为，均无法深入探讨领导这个"黑箱"中更深层次的作用机理问题。本章通过基于系统论的观点昭示这些要素之间的相互关系，综合不同的领导要素共同研究对领导有效性的作用，从而得出更加完善的研究结论，对领导理论特别是领导特质理论与人格理论的发展均作出了新的贡献。

第二，本章研究验证了环境不确定性对领导者人格类型、领导行为以及领导有效性之间关系的主调节效应及有调节的中介效应，研究结果支持并对特质激活理论作出了贡献。与特质激活理论一致，本章结果表明，领导者人格类型这一特质与领导者任务绩效、关系绩效以及适应性绩效之间关系存在一定差异，其原因之一是情境的激活效应不同。此外，研究进一步表明与环境不确定性情境更具相关性的人格类型将更容易表现出相关行为，且环境不确定性作为一种"弱情境"，更容易观察到个体行为的明显差异。这些研究结论进一步支持了特质激活理论，且为 VUCA 环境下环境不确定性理论与领导理论相结合提供了一个新的研究视角，从而丰富了 VUCA 环境下领导理论的研究。

6 VUCA 环境对共享型领导及团队产出的作用机制研究

VUCA 环境下组织内部管理结构逐渐趋于扁平化,越来越多的企业开始依赖团队管理,组织内部由员工主动参与的、一种自下而上的非正式领导模式——共享型领导开始涌现,成为 VUCA 环境下一种新型的领导模式。本章将以 79 名部门主管和 286 名员工的配对数据为研究样本,考察共享型领导对团队产出的影响及其作用机制。

6.1 问题的提出和研究假设

6.1.1 问题的提出及研究模型构建

传统的关于领导的定义都是自上而下、层级等级式的,并且是由拥有正式管理角色的个体担任。但随着组织外部竞争日益激烈,内部管理结构逐渐扁平化以及团队管理模式的流行,单一、垂直的正式领导往往不可能拥有团队管理所需的所有知识、能力和技能来很好地应对。因而越来越多的学者发现,由团队成员提供的水平领导力则可以较好地解决上述问题(Wang, Waldman, and Zhang, 2014)。在学术界,这种团队内部水平的领导模式被称为共享型领导(Shared Leadership),即在群体中成员之间动态的、相互影响的过程,目的就是相互领导从而实现群体和(或)组织目标(Pearce and Conger, 2003)。在管理实践中,也有越来越多的企业开始关注共享型领导这一水平集体领导力模式,如海尔公司的"管理无领导"模式、小米公司的"矩阵式管理"模式,以及华为公司的团队管理模式。

正如 Katz 和 Kahn(1978:332)所说,"那些有影响力的行为被广泛地共享才是提升组织效率最有效的措施"。大量研究表明共享型领导会提升团队绩效(Carson, Tesluk, and Marrone, 2007;王永丽、邓静怡、任荣伟,2009;郑晓明、李祎,2009;Hoch and Kozlowski, 2014)。但是却有少数研究发现两者之间存在负向关系(O'Toole, Galbraith, and Lawler Ⅲ,2003;Boies, Lvina, and Martens, 2010),因而有必要对共享型领导与团队绩效之间的关系做进一步探讨。同时,文献回顾还表明现有研究很少关注共享型领导对团队行为变量的影响,而 Wang 等(2014)在其元分析中发现相较于团队绩效等远端变量,共享型领导对近端团队行为变量则有着更强的预测作用。团队创造力作为团队合作过程中产生整体创造性想法的能力,对组织的发展至关重要,且共享型领导所带来的自主性氛围也有利于团队学习和创新的提升(Liu et al., 2014a;Hoch, 2013)。为此,本章第一个研究目的在于探讨共享型领导对团队绩效和团队创造力这两种团队产出的影响。

同时,关于共享型领导与结果变量之间关系的"黑箱"机制研究也相对较少。已有少数研究主要从认知或情感两个方面独立地分析了共享型领导如何影响结果变量,而对其内在机制缺乏系统性的对比研究。在认知方面,已有研究主要从团队效能(Boies et al., 2010)、团队学习(赵鹏娟、赵国祥,2013)等机制出发,分别探讨了共享型领导对团队绩效的影响;在情感方面,则主要从积极情感氛围这一机制探讨了共享型领导对组织绩效的影响(Hmieleski, Cole, and Baron, 2012)。鉴于此,本章第二个研究目的在于整合认知与情感两种视角,分别探讨在这两种不同机制下共享型领导是如何作用于团队产出的。具体地,本章选择团队信息交换和团队激情氛围来分别反映认知机制和情感机制。

本章第三个研究目的在于探讨提升共享型领导有效性的边界条件。现有的关于共享型领导边界条件的研究均集中在团队内部,如任务特征(Wang et al., 2014)和团队特征(Hoch and Kozlowski, 2014)等因素,并没有涉及团队外部因素。环境不确定性作为一种重要的团队外部因素，反映了外部环境不可预测和不稳定的程度，可能也会对共享型领导的作用效果产生影响（Burke, Fiore, and Salas, 2003）。因而，本章认为环境不确定性会分别调节共享型领导与上述认知机制和情感机制之间的关系，即究竟在何种环境条件下共享型领导会更有利于团队信息的交换和团队激情氛围的营造。

6.1.2 共享型领导对团队产出中介机制假设

6.1.2.1 共享型领导与团队信息交换

团队信息交换作为一种主动的信息分享行为，是指团队成员为了实现集体目标而分享与工作相关的数据、思想、知识或认知资源（Johnson et al., 2006），体现了团队成员的认知过程（Hoch and Kozlowski, 2014）。Katz 和 Kahn（1978）认为，当团队成员为了实现集体目标而相互领导时，共享型领导会给成员带来更多的个人和组织资源来完成复杂的任务，并会激发成员之间分享更多的信息。根据社会认知理论，个体通常会在环境中寻求资源来完成目标任务（Bandura, 1986），在这一过程中，他们不仅会利用环境所提供的资源，还会主动寻求有用的资源来实现目标。由于共享型领导鼓励团队成员为了实现集体目标主动承担不同的领导责任，相互学习与交流，所以这一团队情境不仅为成员提供了寻求多样化信息的机会，还鼓励他们应该为了实现集体目标而共享与工作相关的资源，因而共享型领导会促进团队信息交换。另外，Liu 等（2014a）认为领导力在团队成员之间共享的水平越高，越能激发团队整体的学习行为，进而促进团队成员之间的相互交流。而以往研究也发现，团队学习是促进团队信息交换的关键因素（Gong et al., 2013）。此外，有研究还指出共享型领导会完善团队成员的交互式记忆系统和共享心智模型（Hoch and Dulebohn, 2013），而这些均有利于成员之间的信息交换与分享。

社会认知理论认为，除了团队环境对个体行为的影响之外，他人所表现出的行为或角色榜样的作用也会对个体行为产生影响（Bandura, 1973），如领导者。共享型领导强调成员之间通过共享领导角色或职能而相互影响。依据内隐领导理论，在这一过程中，一些个体成员所表现出的某种属性或技能会有助于他们成为"领导者"成员（Lord, Foti, and Phillips, 1982），从而承担起领导团队的责任。所以那些拥有"领导者"角色的成员会为了实现团队整体目标，主动与其他"下属"成员进行交流与沟通，以应对团队所面临的问题与挑战，保证团队发展的一致性与协同性（DeRue and Ashford, 2010）。社会认知理论还认为那些拥有一定社会影响力或技术能力个体的行为最容易被模仿（Bandura, 1973），因而在共享型领导过程中，那些"领导者"成员的榜样作用也会有利于其他成员之间的主动沟通与交流。综上所述，本章提出如下假设：

H1：共享型领导会正向促进团队信息交换。

6.1.2.2　共享型领导与团队激情氛围

激情是指个体对所喜爱的、重要的、花费时间与精力的任务的一种强烈倾向或偏爱，属于一种情感性的动机（Vallerand et al., 2003）。Vallerand 等（2003）将激情划分为和谐性激情（Harmonious Passion）与强迫性激情（Obsessive Passion）两种类型。在组织工作情境下，和谐性激情是一种个体对工作的自主性内化，意味着他们是由于工作本身的特征（如工作非常有挑战性等）而自愿地将工作视为是重要的；强迫性激情则是一种控制性的内化，意味着个体是因为某种外部压力或与工作相关的结果而将工作视为是重要的（Vallerand et al., 2003; Ho, Wong, and Lee, 2011）。在本章中，我们主要关注团队成员的和谐工作激情。现有关于激情的研究仅局限于个体层次，且发现个体的自主性感知和能力感知等是影响工作激情的重要因素（Chen, Liu, and He, 2015）。但是，Chen 等（2015）在关于激情研究的最新综述中指出激情不仅局限于个体层次，还可以表现为团队层次的激情氛围。依据 Kozlowski 和 Bell（2003）的观点，这种团队层面的激情氛围源于认知、情感、行为或个体成员的其他特征，通过团队成员之间的交互而被放大，从而表现为一个更高水平的集体现象。因而，团队激情氛围属于一种涌现现象，是团队成员对团队任务所表现出的一致的激情反应（Chen et al., 2015）。

自我决定理论认为，自主性需求是人类最基本的需求之一，且当个体从环境中感知到的自主性越高时，其工作动机就会越强（Gagné and Deci, 2005）。在以往关于共享型领导的研究中，DeRue 和 Ashford（2010）构建了关于共享型领导形成的"提出—授予"（Claiming - Granting）过程，该过程强调团队成员可以自主地根据工作任务需要和集体目标在团队中指定"领导者"成员和"下属"成员。其中"提出"过程是成员根据团队整体目标和其他成员自身的特征，提出谁可以担任领导者、谁是下属的行为，"授予"过程则是成员之间经过集体决策将所提出的"领导者"身份和"下属"身份分别授予相应成员的行为，从而相互领导实现集体目标。"提出—授予"过程充分体现了高自主性的团队环境，可以使团队成员通过自主决定来完成集体目标。根据自我决定理论，自主性可以提升个体的工作动机，进而促进个体的和谐工作激情，而团队成员之间工作激情的相互影响就形成了团队的激情氛围。因此，鼓励水平领导、自主管理的共享型领导会激发团队整体的激情氛围。已有研究也间接发现，较高的团队自主性会提升成员的和谐工作激情（Liu, Chen, and Yao, 2011），Hmieleski 等（2012）的研究也表明，共享型领导可以促进团队积极情感氛围。基于上述论述，我们提出如下假设：

H2：共享型领导会正向促进团队激情氛围。

6.1.2.3 共享型领导与团队产出

作为一种水平的团队领导力，共享型领导本身就是一种提升团队效率的重要资源（Morgeson et al., 2010）。首先，本章认为共享型领导会正向促进团队绩效，具体表现在以下两个方面：第一，从共享型领导的过程本质来说，作为一种团队投入，共享型领导包括成员之间相互提供信息、相互关心、共同计划与组织、解决问题，这样不仅会增加成员对集体目标的效能和承诺，也会使其更加为了实现集体目标而奉献（Wang et al., 2014），从而利于团队绩效的提升。第二，共享型领导强调团队成员要为了实现集体目标而努力，相较于没有目标的群体，拥有目标的群体会从以下4个方面来提升团队整体的效率：①为了实现集体目标集中注意力和行动焦点；②更加努力；③即使面临失败也要坚持完成任务；④为了实现目标提出战略。因而本章认为共享型领导会有利于团队绩效的提升，并提出以下假设：

H3a：共享型领导会正向促进团队绩效。

其次，团队创造力是指团队成员一起产生关于产品、服务、过程和流程创造性想法的过程（Shin and Zhou，2007）。本章认为共享型领导从以下两个方面对团队创造力产生影响：从基本职能来说，共享型领导关注领导力在团队成员之间的共享，需要成员之间相互沟通与交流，发现那些可能会阻碍任务完成的潜在问题，并产生多样化的解决方案。因而这一过程会使得成员换位思考，形成多样化的立场，这些都有助于在集体目标实现过程中团队创造性思维的产生。从提供的资源来说，一方面，共享型领导包含了成员多样化的知识与资源，这些都有利于团队创造力的提升（Shin and Zhou，2007）。另一方面，团队创造力的提升不仅需要团队中个体成员所提供的资源，更需要成员为了集体而主动奉献出这些资源（Aime et al.，2014）。共享型领导强调，随着团队任务或者目标的变化，成员们会担任不同的角色来应对，他们除自身所拥有的资源外，还会为了集体目标而努力奉献自身的角色资源。因此，这一主动的内化行为会为团队成员提供更多样的资源，从而更加有利于团队整体创造力的提升。上述观点也得到间接支持，Hoch（2013）发现共享型领导会促进团队创新，Aime等（2014）发现成员之间的角色转换会对团队创造力产生积极影响。基于以上论述，我们提出以下假设：

H3b：共享型领导会正向促进团队创造力。

综上所述，共享型领导会分别正向影响团队信息交换（H1）、团队绩效（H3a）和团队创造力（H3b），且有研究表明，团队信息交换会同时促进团队绩效（Mesmer-Magnus and DeChurch，2009）和团队创造力的提升（Gong et al.，2013），故而团队信息交换作为连接团队属性和团队结果的重要的纽带（Van Knippenberg，De Dreu，and Homan，2004），可能会分别对共享型领导与团队绩效和团队创造力之间的关系起到中介作用。类似地，上述推导同样表明共享型领导会提升团队激情氛围（H2），因而团队激情氛围可能也会分别对共享型领导与团队绩效和团队创造力之间的关系起到中介作用。Chen 等（2015）在关于激情研究的综述中指出，团队层次的激情氛围可能会对团队产生正向影响，且已有研究也证明了积极情感氛围会正向影响团队绩效（Pirola‑Merlo et al.，2002）和团队创造力（Tsai et al.，2012）。基于以上论述，本章分别提出如下假设：

H4a：团队信息交换将对共享型领导与团队绩效之间的关系起到中介作用。

H4b：团队信息交换将对共享型领导与团队创造力之间的关系起到中介作用。

H5a：团队激情氛围将对共享型领导与团队绩效之间的关系起到中介作用。

H5b：团队激情氛围将对共享型领导与团队创造力之间的关系起到中介作用。

6.1.3 环境不确定性的有调节的中介假设

环境不确定性是团队面临的重要情境之一，是指外部环境处于一种持续变化的状态，且对这些变化给团队和组织所带来的影响充满了未知（Milliken，1987）。在高不确定性的环境下，团队和组织在需求、竞争者、技术等方面均面临着迅速和不连续的变化，充满了风险性。接下来，本章将分别探讨环境不确定性对共享型领导与团队信息交换和团队激情氛围之间关系的调节作用。

6.1.3.1 对团队信息交换的调节作用

Milliken（1987）认为当个体面临较高的环境不确定性时，往往会产生以下3个方面的感知：一是状态不确定性感知，即没有能力估计事件的可能性；二是效果不确定性感知，即缺乏关于因果关系的信息；三是反应不确定性感知，即没有能力预测决策所产生的后果。因而较高的环境不确定性会迫使团队进行更多的反思,通过主动地学习和沟通来迅速掌握与适应外部环境。共享型领导强调团队成员之间为了实现集体目标而相互沟通、交流与学习,且成员之间的角色轮换更有利于其相互交换与工作相关的思想与想法,所以在高环境不确定性下,共享型领导会更有利于团队成员之间的信息交换行为。同时,环境不确定性越高,个体成员只寻求单独任务信息的可能性就越低,他们会主动寻求他人的意见来应对这种不确定性的环境,因而也会进一步增强共享型领导对团队成员之间主动信息交换的作用。反之,在低环境不确定性下,成员们则能够相对容易地完成团队任务和未来的计划,因而会削弱两者之间的关系。综上所述,本章提出以下假设:

H6a:环境不确定性会正向调节共享型领导与团队信息交换之间的关系,当环境不确定性越高时,两者之间的关系越强。

6.1.3.2 对团队激情氛围的调节作用

较高的环境不确定性意味着外部环境变化剧烈,一个小失误就会导致较大的损失。当团队的环境不确定性较高时,成员会认为团队或组织正面临风险,会产生更多的焦虑和心理压力,并对团队的行动充满不确定和不自信(Waldman et al., 2001)。因而需要为团队成员提供一个有效的社会—心理情境来调动其所有的情感性动力、提升其自信,从而能有效、迅速地应对这些不确定性(Liu, Gong, and Liu, 2014b)。共享型领导为团队成员所提供的各种资源以及高自主性和集体愿景,会使成员更加有信心将外部高环境不确定性转化为团队发展的机遇,因而在高环境不确定性下,成员们可以更加自信地、高效地处理信息。已有研究发现,那些拥有高水平共享型领导的团队会更容易产生积极的情感氛围(Hmieleski et al., 2012),且会更加自信地面对环境变化和竞争,而这些因素对提升团队激情氛围都是至关重要的。因此,环境不确定性可以被视为激发共享型领导作用效果的外部因素,提升了其对团队激情氛围的影响力。反之,当环境不确定性较低时,成员会觉得可以各自完成工作任务,领导力在团队成员之间的共享会被视为无意义,或者即使有共享型领导,成员也会将其感知为普通的日常工作,因而会感知到较低的团队激情氛围。故而在高不确定性下，成员更容易感知到共享型领导所带来的团队激情氛围，由此提出以下假设：

H6b：环境不确定性会正向调节共享型领导与团队激情氛围之间的关系，当环境不确定性越高时，两者之间的关系越强。

根据上述假设，本章认为环境不确定性会分别调节团队信息交换和团队激情氛围在共享型领导与两种团队产出之间的间接作用，即有调节的中介作用。具体地，在高环境不确定性下，共享型领导会更加显著地促进团队信息交换和团队激情氛围，进而会导致更高的团队绩效和团队创造力；反之，在低环境不确定性下，共享型领导通过团队信息交换和团队激情氛围对两种团队产出的间接作用较弱。基于以上论述，本章提出如下假设：

H7a：环境不确定性会调节共享型领导通过团队信息交换对团队绩效的间接作用，环境不确定性越高，这一间接作用越显著。

H7b：环境不确定性会调节共享型领导通过团队信息交换对团队创造力的间接作用，环境不确定性越高，这一间接作用越显著。

H8a：环境不确定性会调节共享型领导通过团队激情氛围对团队绩效产生的间接作用，环境不确定性越高，这一间接作用越显著。

H8b：环境不确定性会调节共享型领导通过团队激情氛围对团队创造力产生的间接作用，环境不确定性越高，这一间接作用越显著。

6.2 研究设计

6.2.1 研究对象及数据收集

采用问卷调查法，我们对湖北、安徽、上海19家企业的知识型员工进行了数据收集。企业类型包括研发、通信、电子等行业。选择这类企业的员工及团队作为研究对象，主要基于以下考虑：第一，由于涉及技术创新和研发等工作，因而团队成员之间的任务关联程度可能会比较高；第二，由于工作任务的关联性，团队成员之间会经常讨论、相互学习、相互改进来适应总体目标；第三，由于集体目标的实现需要成员之间相互协作，因而在一定程度上会有基于团队的奖励来鼓励成员之间的集体合作。总体上，这些样本之间的工作表现出了一定程度的互依性，每个成员基本都拥有为了实现集体目标的特定职责。

在开始之前，调研人员和企业负责人进行沟通，确定最终参加数据收集的部门及员工名单，然后进行编码，以便与部门主管所填写的数据相匹配。在现场调研过程中，由企业负责人将参加调研的部门主管及员工召集在会议室中集中填写调查问卷，并告知被试数据收集仅用于学术研究之用。为避免共同方法偏差可能对研究结果造成的影响，我们从员工和部门主管两个来源获取数据。员工问卷包括共享型领导、团队信息交换、团队激情氛围、任务互依性，而团队绩效和团队创造力则由部门主管填写。删除了空白及不匹配的数据后，得到79个部门286个有效样本，样本有效率为89.38%。79个部门中，领导平均年龄为37.53岁，男性占72.2%，接受过大学以上教育的占69.62%，平均工作年限为11.15年。286名被试者中，男性占56.3%，平均年龄为31岁，平均工作年限为6.68年，接受过大学以上教育的占68.53%。

6.2.2 研究变量测量

共享型领导。共享型领导的测量采用Hiller等（2006）的量表，包含4个维度。其中计划和组织维度共6个题项，如"团队成员会自发地计划如何完成工作"；解决问题维度共7个题项，如"团队成员会利用团队的综合技能解决问题"；支持和关怀维度共6个题项，如"团队成员会积极培养一种团队向上的内部氛围"；培养与指导维度共6个题项，如"团队成员会帮助每个人提高工作技能"。团队成员采用Likert-7点量表进行评价，1表示"从来不"，7表示"总是这样"，得分越高表明团队成员表现出这些领导角色行为的频率越高，继而领导力在团队成员之间共享的程度就越高，4个维度的Cronbach's α 系数分别为0.88、0.91、0.91、0.91。为了检验共享型领导4个维度是否能够整合成为一个统一的整体，我们采用

Amos17.0 进行了验证性因素分析。二阶四因子模型结果表明，χ^2 = 771.26，df = 271，χ^2/df = 2.85，$RMSEA$ = 0.08，IFI = 0.90，CFI = 0.90，说明了共享型领导可以看作一个整合的二阶潜变量。同时，已有实证研究采用了 Hiller 等（2006）的量表，也将共享型领导视为一个统一的整体（Wood，2005；Wood and Fields，2007）。在本章中，共享型领导 Cronbach's α 系数为 0.96。

团队绩效。团队绩效的测量采用 Schaubroeck 等（2007）的量表。部门主管采用 Likert-5 点量表对团队整体绩效进行评价，如"团队可以非常有效率地完成工作"，1 表示"非常不同意"，5 表示"非常同意"，其 Cronbach's α 系数为 0.85。

团队创造力。团队创造力的测量采用 Farh 等（2010）的量表。部门主管采用 Likert-5 点量表对团队整体创造力进行评价，如"团队取得的成果具有创造性"，1 表示"完全不符合"，5 表示"完全符合"，其 Cronbach's α 系数为 0.72。

团队激情氛围。团队激情氛围的测量采用 Vallerand 等（2003）的量表。采用参照转移方法，将"个体"转换为"团队成员"来测量。团队成员采用 Likert-7 点量表对团队进行评价，如"团队成员可以在工作中经历各种愉悦的体验"。1 表示"非常不同意"，7 表示"非常同意"，其 Cronbach's α 系数为 0.90。

团队信息交换。团队信息交换的测量采用 Gong 等（2013）的量表。团队成员采用 Likert-7 点量表对团队进行评价，如"团队成员会交换信息并互相学习"，1 表示"非常不同意"，7 表示"非常同意"，其 Cronbach's α 系数为 0.89。

环境不确定性。为了更好地反映不同行业所在部门面临的环境不确定性的高低，本章通过定性编码的方式对不同部门面临的环境不确定性程度进行了评价。按照国家统计局国民经济行业的分类标准（GB/T4754—2011），本章调查的 19 家企业涉及了 17 个二级行业类型。而在对 79 个工作部门的划分上，对职能相似和重复的部门进行了合并，最后包括 14 个职能不同的工作部门。然后，按照下面的标准将部门的环境不确定性划分为高、中、低3种类型，并分别用3、2、1表示：①行业与部门不确定度高时定义为高；②行业高而部门低，或者行业低而部门高时定义为中；③行业与部门不确定度低时定义为低。

在评分过程中，我们首先给出了环境不确定性的定义及维度（动态性、风险性、变化迅速性、压力性和竞争性）（Liu et al., 2014b），然后列举了什么是高（低）不确定性行业（部门），最后让评价者对各个部门和行业的不确定性进行评价（高或低）。选择2位熟悉该概念的评价者独立评价每一份表格；当其产生分歧时，则由该项目组成员进行集体讨论来决定最终的评价结果。运用PRL信度值来衡量评价者间信度，$PRL = \{[A - (1/k)][k/(k-1)]\}^{1/2}$（$A = F/TOT$，$F$表示2个编码者一致性的数量，$TOT$表示要进行编码的条目总数量，$A$表示一致性系数，$k$表示每个条目可以划分的类别数量），且$PRL$在0.8以上表明信度较好（Perreault and Leigh, 1989）。结果表明，对行业环境不确定性和工作部门环境不确定性评价的PRL均高于0.8。

控制变量。控制了团队规模和任务互依性。任务互依性的测量采用Campion等（1993）的量表，团队成员采用Likert-5点量表对团队进行评价，如"部门成员很依赖其他成员所提供的信息或资料来完成他们的任务"，其Cronbach's α 系数为0.79。

6.2.3 数据分析方法

采用SPSS 18.0和R软件进行了统计分析和假设检验。由于共享型领导、团队激情氛围、团队信息交换和任务互依性的测量均由个体员工所填写，然后聚合到团队层次，因而首先需要检验其聚合的可行性。ICC1、ICC2和r_{wg}是3个判断变量聚合是否可靠的指标。本章这4个变量的r_{wg}分别为0.97、0.89、0.80和0.85，ICC1分别为0.13、0.09、0.39、0.15，ICC2分别为0.35、0.25、0.70和0.38。此外，方差分析结果显示不同部门对这4个变量的感知也存在显著的组间变异，$F(78, 285) = 1.58$，$P < 0.01$；

F (78, 285) = 1.59, $P < 0.01$; F (78, 285) = 3.32, $P < 0.001$; F (78, 285) = 1.44, $P < 0.05$。ICC2 较低的原因在于本研究的平均团队规模仅为 3.62,而 ICC1 与团队规模的大小决定了 ICC2 的高低。但是 ICC1 和 r_{wg} 的值均在可以接受的范围内,且 F 值也表明这些变量在组间存在显著差异 (Bliese, 2000),故将这 4 个变量从个体水平加总而形成部门层次的构念是可行的。

6.3 实证分析结果

6.3.1 描述性统计分析结果

表 6-1 描述了各变量的均值、标准差和相关系数。从表 6-1 中可以看出,共享型领导分别与团队绩效、团队创造力、团队激情氛围和团队信息交换显著正相关 ($r = 0.38$, $P < 0.01$; $r = 0.25$, $P < 0.05$; $r = 0.22$, $P < 0.05$; $r = 0.36$, $P < 0.01$);团队激情氛围与团队绩效不相关 ($r = 0.08$, $P > 0.05$),与团队创造力显著正相关 ($r = 0.34$, $P < 0.01$);团队信息交换与团队绩效显著正相关 ($r = 0.38$, $P < 0.01$),与团队创造力不相关 ($r = 0.22$, $P > 0.05$)。由于团队信息交换和团队创造力不相关,团队激情氛围和团队绩效也不相关,因而在接下来的层级回归中并没有对 H4b 和 H5a 进行检验。

表 6-1 各变量的均值、标准差和相关系数 ($N = 79$)

变量	M	SD	1	2	3	4	5	6	7	8
1. 团队规模	3.62	1.17	—							
2. 任务互依性	3.69	0.44	-0.02	(0.79)						
3. 共享型领导	5.18	0.56	-0.02	-0.08	(0.96)					
4. 团队激情氛围	5.15	0.62	-0.43**	-0.05	0.22*	(0.90)				
5. 团队信息交换	5.02	0.94	-0.07	0.44**	0.36**	0.28*	(0.89)			
6. 环境不确定性	1.92	0.87	0.34**	-0.03	-0.03	-0.29*	-0.20	—		
7. 团队绩效	4.10	0.53	0.15	0.09	0.38**	0.08	0.38**	-0.03	(0.85)	

续表

变量	M	SD	1	2	3	4	5	6	7	8
8. 团队创造力	3.81	0.60	-0.12	0.01	0.25*	0.34**	0.22	0.03	0.19	(0.72)

注：*代表$P<0.05$，**代表$P<0.01$；对角线括号内数字表示变量的一致性系数。

6.3.2 中介效应相关假设验证结果

表6-2描述了两种中介机制的回归结果。在以团队绩效为因变量的模型中，M2表明共享型领导对团队绩效有显著的预测作用（$\beta=0.37$，$P<0.001$），H3a得到验证。M3放入团队信息交换这一中介之后，共享型领导对团队绩效的作用仍然显著（$\beta=0.26$，$P<0.05$），团队信息交换与团队绩效之间的关系显著（$\beta=0.17$，$P<0.05$），表明团队信息交换部分中介了共享型领导与团队绩效之间的关系，H4a得到验证。为了检验团队信息交换的间接作用是否显著，本章采用了R软件对其进行检验（bootstrap = 20000）(Preacher, Zyphur, and Zhang, 2010)。结果表明，团队信息交换的间接作用边缘显著（$P<0.10$，$CI = [0.01, 0.23]$），进一步验证了H4a。在以团队创造力为因变量的模型中，M5表明共享型领导对团队创造力有显著的预测作用（$\beta=0.27$，$P<0.05$），H3b得到验证。M6放入团队激情氛围这一中介之后，共享型领导与团队创造力之间的关系变得不显著（$\beta=0.21$，$P>0.05$），团队激情氛围与团队创造力之间的关系显著（$\beta=0.30$，$P<0.05$），表明团队激情氛围完全中介了共享型领导与团队创造力之间的关系，H5b得到验证。为了检验团队激情氛围的间接作用是否显著，采用同样的方法，结果表明团队激情氛围的间接作用也显著（$P<0.05$，$CI = [0.01, 0.16]$），进一步验证了H5b。

表6-2 中介作用回归结果

变量	团队绩效			团队创造力		
	M1	M2	M3	M4	M5	M6
控制变量：						
团队规模	0.07	0.07	0.08	-0.06	-0.06	0.01

续表

变量	团队绩效			团队创造力		
	M1	M2	M3	M4	M5	M6
任务互依性	0.11	0.15	-0.02	0.03	0.03	0.05
自变量:						
共享型领导		0.37***	0.26*		0.27*	0.21
团队信息交换			0.17*			
团队激情氛围						0.30*
R^2	0.03	0.18	0.24	0.02	0.08	0.15
ΔR^2	0.03	0.15	0.06	0.02	0.06	0.07
F	1.18	5.55**	5.84***	0.59	2.15	3.24*

注: *代表 $P<0.05$, **代表 $P<0.01$, ***代表 $P<0.001$。

6.3.3 有调节的中介效应相关假设验证结果

本章采用层级回归分析对环境不确定性的调节作用进行了检验,为了防止共线性问题,在构建交互项时对自变量和调节变量均进行了中心化处理。

表6-3描述了环境不确定性调节作用的回归结果。在以团队信息交换为因变量的模型中,M2 表明共享型领导对团队信息交换有显著的正向影响 ($\beta=0.65$,$P<0.001$),H1 得到验证。M3 表明环境不确定性对共享型领导与团队信息交换之间的关系并没有显著的调节作用 ($\beta=-0.29$,$P>0.01$),且作用效果为负,H6a 未得到验证。在以团队激情氛围为因变量的模型中,M5 表明共享型领导对团队激情氛围有显著的正向影响 ($\beta=0.23$,$P<0.05$),H2 得到验证。M6 表明环境不确定性对共享型领导与团队激情氛围之间的关系具有显著的调节作用 ($\beta=0.28$,$p<0.05$),H6b 得到验证。简单效应分析表明,在高环境不确定性下,共享型领导与团队激情氛围之间的关系积极显著 ($\beta=0.49$,$P<0.01$);在低环境不确定性下,共享型领导与团队激情氛围之间的关系为负向且不显著 ($\beta=-0.01$,$P>0.05$),具体如图6-1所示。

表6-3 环境不确定性调节作用回归结果

变量	团队信息交换			团队激情氛围		
	M1	M2	M3	M4	M5	M6
控制变量:						
团队规模	-0.05	0.01	0.00	-0.23***	-0.20**	-0.20**
任务互依性	0.93***	0.98***	1.06***	-0.09	-0.07	-0.14
自变量:						
共享型领导		0.65***	0.64***		0.23*	0.24*
调节变量:						
环境不确定性		-0.20	-0.19		-0.11	-0.12
交互项:						
共享型领导×环境不确定性			-0.29			0.28*
R^2	0.20	0.38	0.40	0.19	0.25	0.30
ΔR^2	0.20	0.18	0.02	0.19	0.06	0.05
F	9.34***	11.37***	9.77***	8.81***	6.31***	6.27***

注: *代表$P<0.05$,**代表$P<0.01$,***代表$P<0.001$。

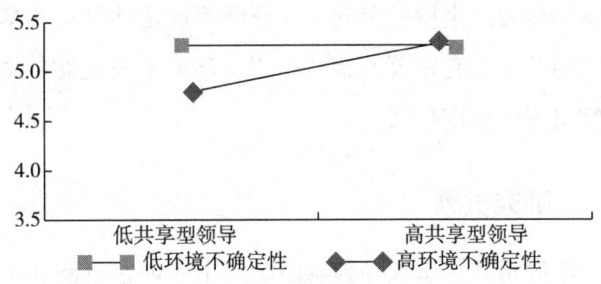

图6-1 环境不确定性对共享型领导与团队激情氛围之间关系的调节作用

由于环境不确定性只显著调节共享型领导与团队激情氛围之间的关系(H6b),且团队激情氛围仅会中介共享型领导与团队创造力之间的关系(H5b),故而本章进一步检验了环境不确定性对团队激情氛围在共享型领导与团队创造力之间中介作用的调节作用(H8b)。以两种不确定性下共享型领导对团队激情氛围的作用效果,团队激情氛围对团队创造力的作用效果为基础,通过Monte Carlo方法计算间接效应。结果表明,在高不确定性下,团队激情氛围的间接作用显著($P<0.05$, $CI=$ [0.02,

0.32]），在低不确定性下，这一间接作用却不显著（$P > 0.05$，$CI =$ [−0.11，0.10]），而在高低两种情况下这一间接作用的差异则十分显著（$P < 0.05$，$CI =$ [0.02，0.32]），进一步表明环境不确定性越高，共享型领导通过团队激情氛围对团队创造力的间接作用越显著，H8b 得到验证。

6.4 研究结论与贡献

6.4.1 研究结论

本章采用问卷调查法，以 79 名部门主管和 286 名员工的配对数据为研究样本，考察了共享型领导对团队产出的影响及其作用机制。层级线性模型分析结果表明：①共享型领导通过团队信息交换这一认知性的中介仅对团队绩效产生积极影响。②共享型领导通过团队激情氛围这一情感性的中介仅对团队创造力产生积极影响。③环境不确定性仅对共享型领导与团队激情氛围之间的关系有显著的调节作用，环境不确定性越高，共享型领导对团队激情氛围的作用越强。

6.4.2 研究贡献

本章对于揭示共享型领导影响团队产出的内在机制和边界条件具有重要理论意义，主要体现在以下两点：

首先，本章从认知与情感两个视角挖掘了共享型领导与团队产出之间的"黑箱"机制，且通过整合与系统性对比分析两种机制的作用，发现了共享型领导通过这两种机制对团队绩效和团队创造力有差异化的影响，即在共享型领导情境下，团队成员有时可能会靠理性工作，有时可能会靠激情工作，在理性状态下可能更有利于团队绩效，而在激情状态下可能更有利于团队创造力。本章研究结果不仅证实了共享型领导对团队产出的积极影响，更深化与丰富了以往单一视角下对共享型领导作用效果的研究。具体表现为：

一方面，研究结果表明共享型领导通过团队信息交换这一认知机制仅会显著影响团队绩效，对团队创造力的作用则不显著。Hoch 和 Dulebohn（2013）在其理论性研究中指出，认知是共享型领导与结果变量间重要的机制，而团队信息交换作为一种主动的学习行为，体现了成员的认知过程（Hoch and Kozlowski, 2014）。至于为什么团队信息交换没有在共享型领导与团队创造力之间产生预期的中介作用，本章认为可能由于：①存在其他边界条件，即团队信息交换在共享型领导与团队创造力之间能否发挥中介作用还取决于其他的边界条件。Gong 等（2013）认为信息交换和创造性行为都存在一定的风险性，即使较鲜明的团队学习导向也未必能够激发团队信息交换和团队创造性行为，因而他们发现只有在对领导高信任的情境下，团队信息交换在团队学习导向与团队创造力之间的间接作用才显著。②存在其他中介机制，De Dreu（2007）发现团队信息共享会通过团队学习行为这一中介变量间接影响团队效率，Gong 等（2012）也发现个体成员的信息交换行为会通过领导信任这一中介对其创造力产生影响，因而在团队信息交换与团队创造力之间可能也会存在其他中介机制。

另一方面，研究结果发现共享型领导通过团队激情氛围这一情感机制仅对团队创造力产生显著影响，对团队绩效的作用却不显著。Zaccaro 等（2001）认为团队领导力的一个重要作用就是影响团队情感氛围，进而有效地降低内部冲突以提升团队效率。团队激情氛围作为一种比积极情感氛围更强烈的团队情感氛围，反映了集体成员对团队任务的强烈的偏爱（Chen et al., 2015），故而可以传递共享型领导对团队产出的作用效果。且由于共享型领导强调成员之间为了实现集体目标而相互领导，这种高互依性和高凝聚力也会有助于集体激情氛围的形成（Bartel and Saavedra, 2000）。而团队激情氛围没有对团队绩效产生预期的结果，可能由于：①激情的内涵。激情是一种包含情感和动机的混合体（Hybrid），而其中所包含的情感成分可能更容易促进创造力的提升。②个体激情与团队激情氛围的作用差异。已有研究发现，个体激情与个体绩效显著正相关（Chen et al.，2015），但团队激情氛围与团队绩效之间的关系可能会存在其他影响因素或机制。此外，现有的关于工作激情在组织管理领域的研究很少，更没有团队层次的研究。本章不仅将个体工作激情拓展到了团队层次，还通过实证研究验证了团队激情氛围的中介作用。同时，团队激情氛围不仅从情感视角丰富了团队过程的相关研究，也从情感动机性视角丰富了团队激励的相关研究。

其次，本章还加入外部环境不确定性，拓展了共享型领导的边界条件。以往关于共享型领导边界条件的研究仅局限于团队内部，并没有涉及团队外部因素，而外部环境的不确定性则是影响共享型领导有效性的重要因素（Burke et al.，2003）。本章研究结果表明，环境不确定性会显著地调节共享型领导与团队激情氛围之间的关系，即不确定性越高，共享型领导对团队激情氛围的作用效果越强。但是，本章研究却发现环境不确定性对共享型领导与团队信息交换之间关系的调节作用不显著，且作用方向为负向，即不确定性越高，共享型领导对团队信息交换的作用效果越弱。本章认为，这一不一致结论背后的原因与成员对环境不确定性的归因有很大关系（Staw, Sandelands, and Dutton, 1981）。

具体地，Staw 等（1981）认为，当环境不确定性被视为一种外部可用资源时，团队成员会觉得团队能成功地应对这种威胁。在这种情况下，团队成员会寻求内部高凝聚力和一致性来支持现有的政策或维护现有团队领导的职位，从而会导致两种团队过程，一种是限制团队内部信息加工与交换，即减少成员之间的讨论次数、信息交换和信息使用的数量等；另一种是约束控制，即降低团队成员影响力的分布程度和增加决策的集中度（Gladstein and Reilly, 1985）。此时，在高环境不确定性下，团队成员会通过限制内部信息加工和交换与降低团队内部成员之间的领导力分布两种形式，削弱共享型领导对团队信息交换的作用。同时也有研究表明，在高环境不确定性下，团队成员会认为学习行为会花费时间且不一定会产生理想的结果（Edmondson, 1999），且更加集中的领导力可能有利于团队发展（Hollenbeck et al.，2011）。鉴于此，共享型领导对团队信息交换的作用可能在低环境不确定性下更为强烈。

反之,当环境不确定性被视为是由于团队内部没有能力或无法成功应对时,这种失败的体验会激发团队内部新观点的产生,且认为现有领导能力较弱,因而团队成员之间会更加积极地交换信息,并会在群体内部选出新的领导者来应对这种外部不确定性。此时,在高环境不确定性下,共享型领导可能会更有利于团队信息交换的提升。除上述归因视角可能会影响环境不确定性对共享型领导与团队信息交换之间的关系外,成员本身对领导行为的归因在高环境不确定性下也会存在偏差。在高环境不确定性下,他们不能对每个表现出领导行为的团队成员的能力作出适当的评价(Dust and Ziegert, 2012),从而也就无法非常有效地、有目标地进行信息交换。鉴于此,当团队经历危机或骤变时,由团队成员承担的领导责任可能会受到限制甚至随着时间而降低,进而会降低成员的认知、行为弹性与反应(Staw et al., 1981)。

本章研究结论对于团队管理和团队激励有以下几点启示:第一,由于共享型领导在一定程度上可以有效地解决团队管理问题,因而在实际管理工作中,可以适当地实施共享型领导,如可以通过设置期望鼓励成员参与到团队内部的领导角色中,也可以通过为成员提供培训来树立一种领导力在团队中共享的愿景,让成员感知到参与到共享型领导中是被期望和被奖励的。第二,因为团队信息交换对提升团队绩效、团队激情氛围对提升团队创造力都至关重要,管理者一方面应该加强与培养团队成员之间的相互交流,另一方面也可以通过培训和轮岗来丰富员工在情感和认知方面的知识。第三,管理者应该关注组织或团队外部环境的动态变化,对于那些环境不确定性较高的部门,可以通过共享型领导来营造团队整体的激情氛围,并强调共享型领导的积极作用;而对那些比较稳定的部门,管理者则应适当地进行垂直管理以减少放权来保证团队正常运作。

7 VUCA环境对悖论式领导及团队适应性的作用机制研究

VUCA环境下组织不可避免地面临各种矛盾和冲突，领导者如何有效应对这些矛盾和冲突，对组织的生存和发展至关重要。将悖论思想引入领导研究中来，使悖论式领导成为当前能够更好地应对矛盾和冲突的新型领导方式。本章将基于问卷调查数据，实证研究并揭示VUCA环境下悖论式领导及团队适应性的作用机制。

7.1 问题的提出和研究假设

7.1.1 问题的提出及研究模型构建

随着2019年底暴发的新冠疫情以及世界范围内数字技术的高速发展，组织面临的环境日渐复杂多变，充满着各种不确定因素。在这种环境下，员工面对的工作任务也日益复杂多变，逐渐超出了个人的能力范围，使团队绩效的重要性越来越突出。想要在当前复杂多变的不确定性环境下保持高水平的团队绩效和团队工作有效性，团队需要关注灵活调整以适应工作变化的能力的培养和提高。团队必须具有高度的适应性（适应性绩效），以实现在多变环境下工作需求和环境需求的满足（吴新辉、袁登华，2010）。因此，企业如何在不确定性环境中提高团队适应性绩效，以及通过何种机制实现团队适应性绩效的提高，成为学界亟须探索的重要研究问题。

已有研究指出领导行为对适应性绩效的关键影响作用。比如，Wang 等（2017）指出，与变革型领导共事会促使员工在工作中寻求工作资源并降低工作需求的消极影响，帮助员工整合资源并实现适应性绩效的提高；Qurrahtulain 等（2020）研究发现，包容型领导能够帮助员工更好地接受环境变化，提升其工作的活力和精力，由此提高适应性绩效；此外，Rousseau 和 Aubé（2020）的研究证明，授权型领导能够提高团队内员工的共享领导力水平，进而提高团队适应性绩效。尽管当前研究展示了领导力作为工作环境中的关键情境因素对员工个体的适应性绩效和团队集体的适应性绩效的重要作用，其重点还是在于考察领导者的特定行为的影响，而较少关注领导者针对复杂环境和工作需求而采取的动作对团队的影响。已有研究指出，领导者对员工的帮助和支持行为会提高员工的工作满意度，促使员工在工作中投入更多的精力，更好地运用资源满足工作和环境需求，最终实现适应性绩效的提高（Kaya and Karatepe, 2020）；而团队适应性绩效体现应对和满足不断变化的环境需求的重要性，反映团队内部角色结构的变化以适应环境中的来自不确定性和动态性的挑战（徐哲，2022），进而突出了领导在处理多变的工作需求和环境需求方面的要求和作用，对团队适应性绩效具有潜在影响。因此，有必要深入探索在不确定性环境下领导是如何对团队适应性绩效产生影响的。

针对领导对动态环境中不同需求的应对，本章引入近年来提出的一个重要领导力概念——悖论式领导（Paradoxical Leadership Behavior）（Smith and Lewis, 2011; Zhang et al., 2015），并进一步探索其在不确定性环境中对团队适应性绩效提升的有效性。矛盾管理领域的学者提出，组织管理过程和环境中充满着矛盾因素和需求，尤其是在更为动态多变的情境下，这些矛盾需求越发明显，对组织管理的影响越大；只有将这些看似对立的元素结合起来而非只关注其中一个方面的领导，即采取"两者都/既又"的动态平衡的处理方式，才可能实现更理想的管理结果（Smith and Lewis, 2011）。已有学者发现悖论式领导对员工适应性具有积极促进作用（Zhang et al., 2015；李锡元、夏艺熙，2021），但却忽视了悖论式领导对团队适应性绩效的影响。由此，本章将主要关注悖论式领导与团队适应性绩效之间的关系，探讨悖论式领导将如何影响团队适应性绩效。

此外，在有关悖论式领导如何影响工作适应性研究中，学者更多地从资源视角探讨其影响机制，如工作活力和角色压力（李锡元、夏艺熙，2021），且有更多研究揭示了悖论式领导对员工认知水平和思考方式的影响（Zhang et al.，2015；Miron-Spektor et al.，2018；Pan，2021），但目前从认知视角思考悖论式领导对工作适应性影响的研究仍然较少。社会信息处理理论认为，个体所处的社会环境中含有各种能够影响其态度和行为的社会信息，对这些信息的认识和解读会相应地影响其随后的态度和行为，即人们的认知、态度和行为将在很大程度上受到周围社会环境的影响（Salancik and Pfeffer，1978）。因此，本章将基于社会信息处理理论，并引入团队观点采择——反映团队员工接受及整合不同观点的认知能力（李宏利等，2013；Ku, Wang, and Galinsky，2015）——作为中介变量，进一步分析悖论式领导对团队适应性绩效的影响和作用机制。

最后，团队适应性绩效的形成受到动态环境作用的影响，且悖论式领导有效性更多地体现在复杂多变的不确定性环境中（Smith and Lewis，2011；Zhang et al.，2015），由此我们进一步探索不确定性环境下悖论式领导对团队适应性绩效的影响效果。社会信息处理理论指出，个体从环境中感知到的不确定性会驱使他们去寻找社会信息的来源，更关注确定的社会信息，获取更清晰的社会线索以指导他们的态度和行为（Salancik and Pfeffer，1978）。领导者作为员工组织环境中的重要角色，是员工重要的社会信息来源，对员工具有深刻影响，在不确定性环境下对员工而言作用更为突出，可能在不确定性环境中得到员工更多的关注，也因此可能对员工集体产生更为显著的影响（Shamir, House, and Arthur，1993；谭乐、宋合义、杨晓，2016）。因此，本书引入环境不确定性作为调节变量，进一步考察环境不确定性与悖论式领导对团队适应性绩效的影响和机制。基于以上分析，本章的理论研究模型如图7-1所示。

本章研究的理论贡献主要包括以下3点：首先，本章探索了悖论式领

7 VUCA环境对悖论式领导及团队适应性的作用机制研究

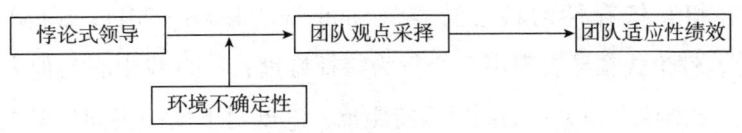

图7-1 本章理论研究模型

资料来源：笔者研究整理。

导与团队层面的适应性绩效之间的关系，填补了现有研究领域的空白。目前对悖论式领导有效性的探索主要集中在个体层面，且学界对团队适应性绩效影响因素的探索也非常有限。本章认为，悖论式领导对员工个体的积极影响能够进一步体现在团队层面的积极结果，并认为当团队领导在工作中采取悖论式领导行为时，团队的适应性绩效将得到提高。其次，本章揭示了悖论式领导对团队适应性绩效的作用机制。本章基于社会信息处理理论，首次从集体认知的视角对悖论式领导对团队结果的影响进行检验，引入了团队观点采择作为中介变量，认为团队悖论式领导能够激发团队成员接纳和整合他人观点、信息和态度的认知能力，提高团队认知水平和对环境变化的理解能力，进而帮助团队更好地适应，由此揭开了悖论式领导对团队适应性绩效影响的机制"黑箱"。最后，本章揭示了在不确定性环境下悖论式领导的有效性。虽然学者强调了悖论式领导在动态环境下的独特作用（Smith and Lewis, 2011; Zhang et al., 2015），但目前考察动态环境下的悖论式领导行为作用的研究仍然较少。本章基于社会信息处理理论，提出悖论式领导在不确定性环境下的突出作用，激发员工在认知水平上的提高，为动态环境下悖论式领导的积极作用提供了直观的研究证据。

7.1.2 悖论式领导对团队适应性绩效的中介机制假设

7.1.2.1 悖论式领导与团队适应性绩效

悖论式领导是指在人员管理时同时采用既相互矛盾又相互关联的领导行为，实现对工作中的竞争性需求的同时满足，如组织结构性需求和员工的个人性需求，展现出"二者皆"的逻辑和整体性思维，有利于更好地应对管理过程中的矛盾冲突（Zhang et al., 2015）。基于"悖论"的相互矛盾性和相互依存性的核心特点（Smith and Lewis, 2011; Schad et al., 2016），悖论式领导表现出 5 个行为特征维度：①自我中心与他人中心相结合；②维持亲密关系的同时保持距离；③既对下属一视同仁又允许下属的个性化；④强化工作要求的同时保持工作灵活性；⑤维持决策控制时允许员工自主性发挥。悖论式领导能够在与员工的工作接触中塑造角色和行为模范，并为员工创造一个既严格有序又允许员工自主性发挥的工作环境，进而促进员工认知水平、工作灵活性、开放性、适应性和主动性的提高（Zhang et al., 2015）。已有研究证实，悖论式领导对强化员工矛盾思维（Pan, 2021）、适应性绩效（李锡元、夏艺熙，2022）、创造力（苏勇、雷霆，2018；Zhang et al., 2022；Zhang and Liu, 2022）、创新（Zhang, Zhang, and Law, 2021）和绩效（Zhang et al., 2015）均有正向促进作用。

适应性绩效指个体应对工作角色和环境变化的行为（Allworth and Hesketh, 1999; Griffin, Neal, and Parker, 2007），而团队适应性绩效进一步反映为应对非预期工作环境和角色变化的团队内部成员角色的改变，本质上是通过单个或多个团队成员功能性地改变认知和行为等以满足动态工作要求的行为（Burke et al., 2006；吴新辉、袁登华，2010），依赖于员工个体的适应性表现。已有研究发现，个人特征（如认知能力）（Pulakos et al., 2002; Allworth and Hesketh, 1999）和情境因素（如环境不确定性、团队学习和领导力特征）（Pulakos et al., 2000; Rosen et al., 2011; Pan and Sun, 2019）等都对适应性绩效有正向影响（Christian et al., 2017；张志明、汪荟萃，2020）。

基于悖论式领导在工作过程中对员工产生影响的直接和间接机制，我们提出悖论式领导能够正向影响工作团队的适应性绩效。首先，领导是工作场所中的关键角色，悖论式领导能够为员工提供行为模范，向员工展示应如何正确认识矛盾（Zhang et al., 2015; Shao, Nijstad, and Täuber, 2019）。由此，员工的开放思维、大局观和整合性意识能够得到培养，能够帮助员工以开放的态度对待环境中的不确定性和矛盾现象（Zhang et al., 2015），提高员工的认知能力（Shao, Nijstad, and Täuber, 2019），促使员工更熟练地主动地调整自己的工作角色认知和行为（Morgeson, Delaney‐Klinger, and Hemingway, 2005），进而提高员工在工作中的适应能力。其次，悖论式领导的整合思维向员工示范了应如何在工作环境中不断学习和成长。为实现对当前工作环境更为全面的认识和理解，悖论式领导会对环境进行持续探索，吸收新的观点（Zhang et al., 2015; Sparr, Van Knippenberg, and Kearney, 2022）。由此，基于领导对员工的行为模范作用，悖论式领导的下属更可能在工作中发展出学习导向，追求对环境更全面的认识并乐于吸收新的观点（Zhang et al., 2015），追求持续性进步并做好变革准备（Sparr, Van Knippenberg, and Kearney, 2022），进而实现对工作要求和环境变化的适应性（即适应性绩效）（Jundt, Shoss, and Huang, 2015）。再次，悖论式领导将矛盾观融入管理过程，能够灵活切换看待问题的视角，并依此选择领导方式应对矛盾问题，体现出领导的认知灵活性和复杂性（Zhang et al., 2015）。员工继而可以学习领导主动调整工作视角和方式，提高在工作中全面认识问题并采取灵活方式应对矛盾性挑战的能力，进而实现工作适应性的提高。最后，悖论式领导为员工创造了既有限制又能充分发挥员工自主性的工作环境，如通过保持高工作要求、领导的角色控制权和距离来明确员工的正式角色，同时又赋予员工一定的工作自主性和个性化表达、允许员工在工作中展现一定的灵活性，有利于实现员工的工作主动性（Parker, Williams, and Turner, 2006），也帮助员工更好地激励自己去满足工作要求（即使是矛盾要求），适应工作中的变化（De Jong, De Ruyter, and Lemmink, 2004）。

更进一步地，从团队视角来看，适应性绩效依靠团队内成员角色网络的调整以应对动态环境或非预期变化，因而取决于员工对工作角色变动的适应能力，即员工适应性绩效。因此，我们认为团队内成员对工作的适应性提高即代表员工实现团队内工作角色调整的能力提高，适应新的要求和环境的能力增强，进而反映在更高水平的团队适应性绩效上。由此提出以下假设：

H1：悖论式领导正向影响团队适应性绩效。

7.1.2.2 观点采择的中介作用

观点采择是一种接纳他人观点和信息、推测他人观点和态度的认知过程，体现组织或员工接受及整合不同观点的能力（李宏利等，2013；Ku, Wang, and Galinsky, 2015；石冠峰等，2020）。在团队中，观点采择体现团队成员站在对方立场、处境和角色上对工作的认识和思考（Horwitz and Horwitz, 2017），有利于成员之间的相互理解和包容合作，有利于产生积极的团队结果（如团队创新绩效）（Li, She, and Yang, 2018）。在观点采择发生的过程中，个体需要站在对方的立场对目标对象准确地理解和认识，有时需要接纳与个人立场相矛盾的观点，这就要求个体具有较高水平的认知能力（李宏利等，2013）。已有研究发现，认知复杂性是影响观点采择的一个重要前因变量，即当员工能够有效处理和认识到不同观点的特征并理解其间的复杂联系时，他们的认知资源就能够支持其观点采择的有效进行（Galinsky et al., 2008），促进团队内部认知能力的提升和合作（Todd, Galinsky, and Bodenhausen, 2012），进而产生积极的团队结果。在本书中，我们基于社会信息加工理论，加入观点采择完善悖论式领导影响团队适应性绩效的机制。

社会信息加工理论提出，人通常会根据所处的社会环境和情境，不断调整自己的认知、态度、行为和信念（Salancik and Pfeffer, 1978）。社会环境中包含各种信息，这些信息帮助人们更好地理解他们所处的环境和状态，进而调整其行为方式作为反应或应对方式。基于社会信息加工理论，我们提出悖论式领导将正向影响团队观点采择的理由有以下几点：首先，悖论式领导作为员工工作中的行为榜样和范例，其拥抱矛盾、接受矛盾、从大处着眼的行为方式，在某种程度上代表了他们的认知模式和思考习惯，即全面性和整体性（Zhang et al., 2015），可能被员工视为工作场所中对其工作认知、态度和方式的重要提醒。在这些社会信息线索的提示和影响下，员工可能会调整他们看待工作的思维方式，从更为整体的视角对待工作（Salancik and Pfeffer, 1978）。这反映了员工认知复杂性和认知能力的提升，意味着他们可能会采取更加积极的方式应对工作中的问题和挑战

(Galinsky et al.，2006）；而观点采择体现了对不同观点、信息和视角的吸收、接纳和整合的认知过程（Ku，Wang，and Galinsky，2015），由此推测接受悖论式领导的员工可能会依据领导给出的"整体性"导向思维的社会信息线索和领导的整合性工作行为，调整其对工作要求的整体理解，由此促进其观点采择的出现。其次，悖论式领导为获取对组织环境和整体环境的全面认识以更好地把握和识别潜在矛盾，在工作中展现出一种持续性学习导向，持续对新的观点和情境因素进行探索（Zhang et al.，2015）。这种工作和学习模式可能会被下属员工视为重要的社会信息，进而跟随领导调整自己在工作中的学习行为，对新的视角观点保持开放态度。已有研究发现，在工作中的交流能够帮助员工增强认知能力，使其愿意更多地向他人学习如工作方式和观点等，并保持对工作角色认知的灵活性（Wilson et al.，2007；Bell，Kozlowski，and Blawath，2012），有利于观点采择的顺利进行（Parker，Wall，and Jackson，1997）。最后，悖论式领导能够创造一种更为包容的环境促进观点采择的实现。悖论式领导在维持个人的中心影响力的同时允许下属成为影响力的焦点，减少过度的个人关注造成的对观点采择的阻碍；在对员工一视同仁的情况下允许其个性化发展，很好地平衡了员工的归属需求和个性需求，并且在控制决策权和高工作要求的同时维护员工的自主权和灵活性，有利于促使员工获得更多的信息和来自同事的观点、提高员工多视角看待问题的能力和灵活性等（Zhang et al.，2015），继而促进团队内的观点采择（Parker and Axtell，2001）。

我们进一步预期观点采择对团队适应性绩效具有正向影响作用。理论上，观点采择反映认知复杂性，意味着要接受和整合来自他人的观点（李宏利等，2013）。由此，具有更高观点采择水平的团队可能会有更高层次的信息分享，不仅能帮助成员交换相互之间对环境（变化）的认识和理解，还能帮助团队成员互相之间更了解对方的立场和工作角色，更能理解环境变化可能导致的工作变化和他人的角色变动，从而更好地发觉自己和团队工作条件的变化和潜在挑战，实现更好的应对，展现出更高的适应性绩效。此外，当团队内观点采择水平较高时，团队内更容易出现高水平的合作、有效沟通和人际信任（Falk and Johnson, 1977; Ku, Wang, and Galinsky, 2015），降低团队内的人际冲突，在团队成员面对变化时给予更多相互支持（如同事支持和助人行为）（Parker and Axtell, 2001; 钟毅平、杨子鹿、范伟, 2015），有效地就角色任务调整进行沟通和协调。已有研究证实，积极的人际交往关系和团队合作能帮助团队成员对变化情境进行有效应对和处理，团队内的互动支持（关系）也是提高团队适应性绩效的关键因素（Griffin et al., 2007）。

综上所述，我们基于社会信息加工理论提出，悖论式领导作为员工社会信息线索的关键来源之一，能够在一定程度上影响员工开放性和整体性认知、持续学习和探索的态度和行为，帮助员工提高认知能力，进而促进观点采择，帮助团队成员之间更好地理解对方的立场和角色，并由此促进相互理解和合作，提高员工和团队整体的适应性绩效。由此，我们提出以下假设：

H2a：悖论式领导正向影响团队观点采择。

H2b：团队观点采择正向影响团队适应性绩效。

H2c：团队观点采择中介悖论式领导对团队适应性绩效的影响。

7.1.3　环境不确定性的有调节的中介假设

环境不确定性是组织面临的具有关键影响作用的重要情境，指外部环境的一种持续变化的状态，且对组织和团队影响不可预知（Milliken, 1987）。社会信息加工理论提出，人的态度、行为和表现在很大程度上受到其周围社会环境的影响，尤其是在感知到身边的社会环境具有很高的不确定性时，人们将更加依赖社会环境中的信息，促使其关注所处环境中的关键角色，如领导者，以便获得更清晰的态度和行为线索（Salancik and Pfeffer, 1978）。因此，我们认为环境不确定性会影响悖论式领导的效果，在悖论式领导和团队观点采择之间发挥调节作用。

不确定性环境会促使环境中的潜在矛盾凸显（Smith and Lewis, 2011），进而突出悖论式领导发挥的关键作用，增强其行为作为重要的社会信息的提示作用和模范作用（Zhang et al., 2015）。此外，Milliken（1987）指出个体面临高不确定性环境时的3种不确定感知,包括状态不确定性感知(无法预估事件可能性)、效果不确定性感知(无法获知因果关系)和反应不确定性感知(无法预估决策后果)。因此,一方面,在高不确定性环境下,员工更依赖能够在不确定性环境下发挥有效作用的领导,关注和学习其认知方式和行为方式,并依此调整自己的思维方式、工作态度和行为。悖论式领导强调对环境的整体全面的认识,注重探索和吸收新的视角和观点,且善于通过调整行为视角和行为方式应对和平衡矛盾(Zhang et al., 2015),因此更有利于关注并学习整合性和整体性的认知和行为方式,促进团队成员之间的主动的信息交换和观点交流,有利于成员获得和理解多元视角和观点,进而能够站在他人的立场上看待问题,即观点采择。另一方面,在高不确定环境中,员工获得更多环境信息和变化信息的动力较大,而悖论式领导为平衡员工和组织矛盾性需求而塑造的既严格又自主的工作环境,为团队成员之间在工作上的主动沟通和协调提供了空间,也有利于进一步增强矛盾型领导对团队观点采择的正向作用。相反,在低环境不确定性的情况下,悖论式领导行为作为社会信息线索对员工而言的重要性和凸显度可能稍低,受到团队成员的关注程度较低,使领导对员工的示范性作用效果减弱,进而削弱悖论式领导和观点采择之间的关系。综上所述,我们提出以下假设:

H3:环境不确定性正向调节悖论式领导对团队观点采择的直接影响,即当环境不确定性更高时,悖论式领导对团队观点采择的影响更大。

根据上述假设,我们最后提出,环境不确定性会调节团队观点采择在悖论式领导和团队适应性绩效之间发挥的间接作用,构成有调节的中介作用。具体而言,当环境不确定性水平较高时,悖论式领导会对团队观点采纳产生更显著的正向作用,进而对团队适应性绩效产生更大的影响;反之,当环境不确定性水平较低时,悖论式领导通过团队观点采择对团队适应性绩效产生的间接作用较弱。基于以上分析,我们提出以下假设:

H4:环境不确定性正向调节悖论式领导对团队适应性绩效的间接影响,即当环境不确定性更高时,悖论式领导对团队适应性绩效的间接影响更大。

7.2 研究设计

7.2.1 研究对象及数据收集

本章采用多源、多时点收集的方式,通过随机抽样与方便抽样相结合,选取了来自不同行业不同地区的企业,邀请企业中高层管理者及其直接下属参与调查。为了更有效地进行样本配对,要求每个被试领导者有 2 名以上直接下属,而且填写问卷的下属与该被试领导者共同工作时间必须在 6 个月以上。在问卷填写方面,T1 时点由下属填写悖论式领导问卷,领导填写环境不确定性及人口统计学变量问卷;T2 时点(3 周后)由下属填写观点采择问卷,领导者填写团队适应性绩效问卷。采取不同问卷是由于本章研究属跨层分析,采用"自评"和"他评"相结合的方式将有助于减少可能出现的"共同方法偏差"。

本章研究共发放中高层领导者问卷 66 份、下属问卷 240 份。最终得到有效中高层领导者问卷 64 份、下属问卷 224 份,有效回收率分别为 96.97%、93.33%。对于领导者有效样本来说,男性(64.06%)多于女性(35.94%),平均年龄 36.39 岁(SD =6.32),87.25% 的样本具有本科以上学历,平均在公司工作年限 6.35 年(SD =3.16)。对于直接下属样本来说,男性(46.88%)略少于女性(53.12%),平均年龄 27.95 岁(SD =5.21),91.52% 的样本具有本科以上学历,平均在公司工作年限 3.32 年(SD =3.25)。

7.2.2 研究变量测量

本章研究数据属于由个体层面数据聚合的团队层数据。除控制变量外,其他变量均采用 Likert – 5 点量表(1 = 完全不同意,5 = 完全同意)。变量测量具体如下:

(1)悖论式领导:采用 Zhang 等(2015)开发的 22 题项量表,如"会为员工确立最终目标,但也允许员工控制具体工作流程""会与员工有立场差异，但也会维护员工尊严"等。该量表内部一致性 Cronbach's α 系数为 0.95。该变量基于下属评估得分的加总平均，组内一致性 r_{wg} 平均值为 0.97，中位数为 0.98，*ICC*1 和 *ICC*2 分别为 0.57 与 0.83，均满足聚合标准。

（2）团队适应性绩效：采用 Griffin 等（2007）开发的量表，共 3 个题项，如"有效地处理给本部门带来影响的变化（如新成员）"。该量表内部一致性 Cronbach's α 系数为 0.80。

（3）团队观点采择：采用 Davis 等（1996）开发的量表，共 4 个题项，如"我经常尝试采取其他人的观点"。该量表内部一致性 Cronbach's α 系数为 0.91。该变量基于员工评估得分的加总平均，组内一致性 r_{wg} 平均值为 0.93，中位数为 0.95，*ICC*1 和 *ICC*2 分别为 0.56 与 0.83，均满足聚合标准。

（4）环境不确定性：采用 Liu 等（2014）开发的量表，共 5 个题项，如"非常有活力，技术和政策调整迅速"。该量表内部一致性 Cronbach's α 系数为 0.87。

（5）控制变量：已有研究表明，个体人口统计学变量可能对员工绩效产生影响。因此，本章选取个体层面变量——员工性别（1 = 男，2 = 女）、年龄和教育水平（1 = 高中及以下；2 = 大专或专科；3 = 本科；4 = 硕士研究生、MBA；5 = 博士生及以上）。

7.2.3 数据分析方法

本章使用 SPSS 27.0 和 LISREL 8.80 对数据进行分析，对理论模型和研究假设进行验证。具体分析包括：首先，通过 SPSS 27.0 软件计算 Cronbach's α 系数，该指标高于 0.60 则表示量表具有较高信度。其次，通过 LISREL 8.80 进行验证性因素分析，将本章提出的四因子模型与其他三因子、两因子及单因子模型整体拟合优度进行比较，主要通过卡方与 χ^2/df、*RMSEA*、*CFI*、*NNFI* 等指标加以判定。最后，使用 SPSS 27.0 和 PROCESS 4.0 插件进行分层回归和调节中介模型检验，对主效应、中介效应和调节效应的相关假设进行检验。

7.3 实证分析结果

7.3.1 描述性统计分析结果

本章相关变量的平均值、标准差、变量间相关系数如表7-1所示。相关分析结果表明，团队适应性绩效与悖论式领导在 $P<0.01$ 水平上显著正相关，相关系数为0.59；团队适应性绩效与团队观点采择在 $P<0.01$ 水平上显著正相关，相关系数为0.69；悖论式领导与团队观点采择在 $P<0.01$ 水平上显著正相关，相关系数为0.60。这些为相关研究假设提供了初步支持。

表7-1 相关变量的平均值、标准差以及变量间相关系数

变量	平均值	标准差	1	2	3	4	5	6	7
1. 员工年龄	36.39	6.32							
2. 员工性别	1.36	0.48	0.09						
3. 教育水平	3.56	0.91	-0.15	0.002					
4. 悖论式领导	3.64	0.63	0.09	0.004	-0.07	(0.95)			
5. 团队观点采择	3.66	0.56	0.10	-0.05	-0.10	0.60**	(0.91)		
6. 团队适应性绩效	3.66	0.79	-0.07	0.01	0.11	0.59**	0.69**	(0.80)	
7. 环境不确定性	3.36	0.80	-0.07	0.09	0.09	0.08	-0.20	-0.06	(0.87)

注：使用双尾检验；**代表 $P<0.01$。

7.3.2 量表信度及效度验证结果

本章研究运用验证性因子分析检验悖论式领导、团队适应性绩效、团队观点采择和环境不确定性之间的区分效度。如表7-2所示，四因子模型拟合效果最好（$\chi^2/df=1.21$，$RMSEA=0.06$，$GFI=0.91$，$CFI=0.97>0.9$，$TLI=0.97$，$SRMR=0.09$），即证明本章研究4个构念具有较好的区分效度。

表 7-2 验证性因子分析结果

模型	所含因子	χ^2/df	RMSEA	GFI	CFI	TLI	SRMR
模型 1	4 因子：PL；PT；AP；EU	1.21	0.06	0.91	0.97	0.97	0.09
模型 2	3 因子：PL；AP；PT + EU	1.89	0.12	0.86	0.95	0.94	0.15
模型 3	2 因子：PL + AP；PT + EU	2.04	0.13	0.84	0.93	0.92	0.16
模型 4	1 因子：PL + PT + AP + EU	2.12	0.13	0.80	0.92	0.90	0.18

注：PL 表示悖论式领导；PT 表示团队观点采择；AP 表示团队适应性绩效；EU 表示环境不确定性。

7.3.3 中介效应相关假设验证结果

本章采用 SPSS 27.0 软件对主效应假设进行验证。H1 认为悖论式领导会正向影响团队适应性绩效。利用 SPSS 27.0 软件进行多元回归分析，在控制了员工性别、年龄和教育水平后，悖论式领导对团队适应性绩效具有显著的积极作用（$\gamma = 0.62$，$P < 0.001$），见表 7-3 中的 M4，由此认为 H1 成立。

关于团队观点采择的中介效应假设检验（H2a 至 H2c），表 7-3 中 M2 结果表明，在控制了员工性别、年龄和教育水平后，悖论式领导对团队观点采择具有显著的正向影响（$\gamma = 0.59$，$t = 5.68$，$P < 0.001$），支持 H2a。M5 结果显示，团队观点采择显著正向影响适应性绩效（$\gamma = 0.72$，$t = 7.85$，$P < 0.001$），支持 H2b。最后，M6（中介模型）结果显示，当悖论式领导、团队观点采择和团队适应性绩效同时放入回归方程，悖论式领导对团队适应性绩效的影响由原来的 $\gamma = 0.62$，$t = 5.87$，$P < 0.001$ 变为 $\gamma = 0.28$，$t = 2.61$，$P < 0.05$，表明团队观点采择在悖论式领导对团队适应性绩效的影响中起部分中介作用，支持了 H2c。具体中介效应检验结果如表 7-4 所示。

表 7-3 中介效应回归分析结果

变量	团队观点采择			团队适应性绩效		
	M1	M2	M3	M4	M5	M6
员工年龄	0.10	0.05	-0.06	-0.11	-0.13	-0.13

续表

变量	团队观点采择			团队适应性绩效		
	M1	M2	M3	M4	M5	M6
员工性别	-0.06	-0.06	0.01	0.01	0.05	0.04
教育水平	-0.09	-0.05	0.10	0.13	0.16	0.16
悖论式领导		0.59***		0.62***		0.28*
团队观点采择					0.72***	0.55***
R^2	0.02	0.37	0.02	0.38	0.52	0.53
ΔR^2		0.35		0.36	0.50	0.51

注：使用双尾检验；***代表 $P<0.001$，*代表 $P<0.05$。

表7-4 中介效应检验结果

	效应值	SE	t值	P值	LLCI	ULCI
总效应	0.76	0.13	5.87	<0.001	0.50	1.02
直接效应	0.35	0.13	2.61	<0.05	0.08	0.62
间接效应	0.41	0.11			0.20	0.65

7.3.4 有调节的中介效应相关假设验证结果

关于环境不确定性对悖论式领导与团队观点采择的调节效应（H3），多层回归分析结果表明，在控制了相关变量影响之后，悖论式领导与环境不确定性的交互项对团队观点采择具有显著正向影响（$\gamma=0.32$，$t=3.18$，$P<0.01$），支持H3，具体的调节效应结果如图7-2所示。

进一步地，被调节的中介效应分析结果表明，在环境不确定性水平较高时，悖论式领导通过团队观点采择对团队适应性绩效的间接效应为0.55（95% CI = [0.33，0.85]），而在环境不确定性水平较低时，悖论式领导通过团队观点采择对团队适应性绩效的间接效应为0.19（95% CI = [0.003，0.40]），两者差异为0.36（95% CI = [0.12，0.66]），95%置信区间不包含0，即达到显著水平，因此支持H4。

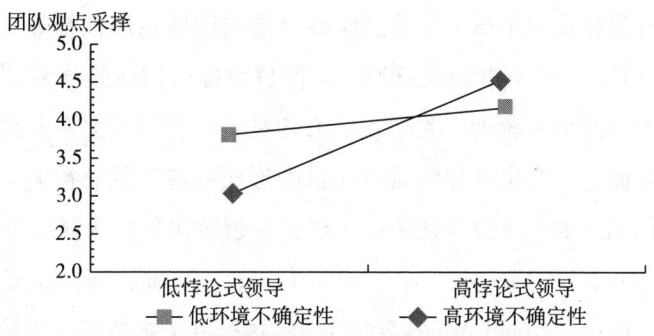

图 7-2 环境不确定性的调节效应

资料来源：笔者研究整理。

7.4 研究结论、贡献、局限性和未来展望

7.4.1 研究结论

本章基于社会信息处理视角，检验了不确定性环境下悖论式领导对团队适应性绩效的影响及作用机制。研究结果表明，悖论式领导能够通过增强团队观点采择来促进团队适应性绩效的提高；此外，研究结果还证明了环境不确定性不仅调节了悖论式领导与团队观点采择的关系，而且调节了悖论式领导通过团队观点采择影响团队适应性绩效的间接效应。结果显示，当环境不确定性水平更高时，悖论式领导能够更好地促进团队观点采择，从而实现更高水平的团队适应性绩效。

7.4.2 研究贡献

7.4.2.1 研究的理论贡献

本章研究对于团队适应性绩效、悖论式领导以及不确定性环境下领导有效性等方面具有重要的理论意义。

首先，本章探索了团队适应性绩效的领导力前因，揭示了悖论式领导对团队适应性发展的促进作用。学界关于团队适应性绩效的研究较为匮乏，虽然已有研究指出了员工个体适应性绩效与团队适应性绩效之间密切的正向关系（Han and Williams，2008），但目前探讨团队领导对团队适应性绩效影响的研究仍然较少；关于领导力和员工适应性的关系研究也主要集中在个体层面，且突出领导针对不同目的形成的特定领导行为对员工适应性的影响作用，如上下级交换关系，授权型领导和变革型领导等（Charbonnier‑Voirin，El Akremi，and Vandenberghe，2010；Sweet，Witt，and Shoss，2015；Rousseau and Aubé，2020）。本章提供了新的探讨领导行为作用的视角，即悖论式领导，聚焦于针对工作环境和员工管理中的矛盾问题的领导行为，为面对复杂环境中的矛盾问题的团队成员提供了处理范式，促进了员工矛盾观和大局观的形成，并为团队塑造有限但灵活的工作环境，帮助团队更好地应对环境中的矛盾问题（Zhang et al.，2015），实现适应性绩效的提高和发展。近年来的研究开始关注悖论式领导对团队积极结果的有效性，且主要集中在团队创新方面（Dashuai and Bin，2020；Li，She，and Yang，2018；Zhang，Zhang，and Law，2022）。本章拓展了对悖论式领导在团队层面影响结果的探索，拓展了 Zhang 等（2015）对悖论式领导和员工适应性之间关系的团队层次上的探索，并证实了在环境不确定情境下悖论式领导对组织可持续生存和发展的有效性（Smith and Lewis，2011）。

其次，基于社会信息处理视角，本章从认知角度丰富了悖论式领导作用机制的研究。本章结果表明，悖论式领导作为团队内社会信息线索的重要来源，通过其矛盾处理行为向团队成员传递出正确处理复杂多变环境中的矛盾问题的态度，并由此引导成员持开放、认同和接纳的态度和认知方式，处理团队内的不同观点和想法，促进团队观点采择发展，并由此促进团队对矛盾问题形成更全面的看法，更好地平衡不同的工作和环境需求，提高团队适应性绩效。悖论式领导及其潜在社会信息线索，能够通过激发团队观点采择提高团队适应性绩效，这一影响路径的发现有助于更好地理解不确定性环境背景下领导对团队影响的深层作用机制，拓展了对悖论式领导作用机制的认知视角探索空间，进一步打开了领导行为如何影响团队适应性绩效的"黑箱"。

最后，本章验证并表明了环境不确定性的调节作用，进一步突出了不确定性环境下悖论式领导的积极作用。本章研究结果发现，悖论式领导在环境不确定性水平更高的情况下对团队观点采择的正向影响更大，即领导在团队中的作用更为明显，从而使团队成员更好地接受社会信息的引导，促使团队适应性绩效提高。研究者已从理论视角强调了悖论式领导在动态环境中的作用（Smith and Lewis，2011；Zhang et al.，2015），也有学者通过实证发现了动态环境下悖论式领导对提高团队创新的更强的效果（罗瑾琏、花常花、钟竞，2015），本章的研究结果进一步证明了悖论式领导在不确定性环境中的重要作用，突出了悖论式领导发挥作用的情境条件。

7.4.2.2 研究的实践启示

本章的研究结论对于环境不确定情境下的组织管理和团队管理具有重要的实践意义。首先，本章研究证实悖论式领导能够在一定程度上提高团队适应性绩效。因此，在面对复杂的不确定性环境时，组织可以采取培训的方式帮助团队领导采取悖论式领导行为来管理团队，帮助团队在面对不确定的动态环境时保持对工作绩效要求的坚守和灵活应对环境中出现的要求，在维持团队领导者中心控制的同时，发挥团队成员的自主性和能动性，帮助团队更好地调整和应对工作要求。其次，在不确定性环境中，应该重视团队对情境的认知和态度，使团队成员对不同的观点持开放和认可的积极态度，实现团队内部观点采择的积极发现，并促进团队对工作环境和矛盾问题的全面考量，实现更强的团队适应性。因此，团队领导应该更注重对团队面对矛盾问题时的态度的引导和认知方式的培养，帮助团队成员形成更全面和更平衡的观点。最后，领导者应该意识到他们在充满不确定性的环境中工作时对其团队成员的引领作用，注意对自己矛盾管理行为进行一定的解释，以帮助自己更好地发挥示范作用，促进团队成员的认同和理解，并最终帮助团队更好地适应和平衡矛盾。

7.4.3 研究局限性和未来展望

尽管本章研究在理论层面和实践层面都具有重要启示，但仍存在以下几点不足：首先，本章研究采用多时点多来源方法收集了问卷调查数据，并通过聚合获得团队层数据。但是本章研究使用的团队数据较少，虽然获得的数据分析结果均非常明确，但未来研究中可以收集更多样本数据来支撑研究假设的检验，提高数据结果的说服力。其次，本章研究基于社会信息处理视角探讨了悖论式领导影响团队适应性绩效的机制，并检验了团队观点采择的中介效应，未来研究可探索更多悖论式领导的团队层面结果和作用机制。最后，本章研究探讨了环境不确定情境条件下悖论式领导的有效性，揭示了悖论式领导在动态情境中的作用，未来研究一方面可以探讨更多更具体的情境条件来反映环境中的动态性和不确定性，如组织的感知的频繁变革（Rafferty and Griffin, 2006）；另一方面，本章研究仅考虑了情境因素，未来研究还可以考虑领导、员工或团队的特征因素，以及这些因素与情境因素的交互作用，以进一步探索悖论式领导在不确定性环境下效果的边界条件。

8 VUCA环境下领导者特质对领导有效性影响模式的案例研究

为了进一步揭示VUCA环境下领导者特质对领导有效性影响模式和作用机制，本章采用多案例比较的研究方法，选取字节跳动、华为、农夫山泉与格力4家企业作为案例研究对象，将组织印记纳入领导有效性形成的研究范畴。多案例比较分析解构领导特质对领导有效性的影响模式，进一步打开了VUCA环境下领导系统内部要素之间相互作用机制的"黑箱"。

8.1 问题的提出及研究设计

8.1.1 问题的提出

稳定的市场环境是维持经济健康、高质量发展的基础与前提，然而由于新冠疫情等公共危机事件频频发生，如今的市场环境早已比以往任何时候都要变幻莫测，易变性、复杂性、模糊性成为当今时代的"主旋律"（李平，2020）。如何在不确定性环境中维持生存与可持续发展，是每一家企业的领导者都需要思考的问题。随着组织内外部环境不确定性的增加，如面对美国制裁、新冠疫情，一些企业能够有效抵御危机，涅槃重生；而另一些企业却轰然倒塌。我们感叹于这些成功归来企业的生命力，也惊叹于它们的领导者。Kirkpatrick和Locke（1991）总结指出："成功的领导者不一定都是天才、伟人或者无所不知的预言家，但是他们确实都具备'恰当的特质'，这些特质并非人人都有。"特质是使个体行为具有恒常性的心理结构（Allport，1970）。领导者特质是相对稳定和一致的个人特征，能促使领导者在不同的组织情境中形成一贯的领导绩效模式，保持领导的有效性（Tuncdogan et al.，2017）。那么，这些在危机中成功的企业领导者具备哪些使企业度过危机的特质？这些特质又是如何影响危机情境下的领导有效性的？这是既有成果尚未得到有效解释且较少被研究的现象和事实，也是推动危机情境下领导理论发展的重要议题（Dirani et al.，2020；Crayne and Medeiros，2021）。

早期领导特质理论认为，特质对个体行为具有支配作用，领导者与追随者存在特质上的先天差异（Kirkpatrick and Locke，1991）。但是，早期领导特质理论忽视了对情境因素的考虑，故而导致领导特质理论的发展一度停滞。直到20世纪90年代以后，科学技术的发展使组织面临的管理环境日趋复杂，需要领导者激发下属的激情和动力，引导组织变革和创新，领导特质理论研究才再度复苏，以变革型和魅力型领导理论为代表的"新领导理论"得以构建。领导者特质研究复兴以后，研究者认为，复兴后该领域的研究应该集中在与领导效能相关的特质方面，因为"效能是判断领导者成功与否的标准"（Xu，Fu，and Xi，2014）。进入21世纪以后，追求标准化、规模化的工业经济开始向个性化、多样化的知识经济转型，因为领导者特质会随着时间和经历的变化而发生演变，所以要求研究结合具体情境进行（Xu，Fu，Xi，et al.，2014；张悦、段鑫星，2020）。

目前关于领导者特质对领导有效性的影响研究的探讨取得了一些进展。比如不仅研究领导者天生的特质，而且研究其后天获得的特质，以及领导者所具有的价值观、文化观念和知识结构等；不再只关注单一特质对领导效能的影响，而是通过对不同的领导者特质进行组合来预测领导效能；部分研究已经开始考虑情境因素的影响等（谭乐等，2017）。研究涉及的情境因素包括组织外情境、组织层面情境、团队层面情境以及个体层面情境等因素，克服了仅关注组织内部上下级关系等有限情境因素的不足（谭乐等，2017）。虽然当前关于领导者特质与领导有效性的研究已经取得了一定的成果，但是仍存在几个方面的不足。首先，当前仍缺乏直接嵌入情境中对有效领导者特质的研究，少有学者将样本限定在一定行业或者时代中，探究时代、行业等情境因素对领导者特质的激活作用，即缺乏"特定情境"的研究，未能更深层次地揭示情境在领导研究中扮演的重要角色（谭乐等，2017）；其次，现有的大量研究大多以学生、军队领导者以及企业中低层领导者为样本，有关企业高层领导者特别是总裁或者 CEO 特质或行为的研究较少，而真正在企业生存和发展中起决定性作用的是高层领导者；再次，虽然现有研究探讨了多种领导者特质对领导效能等结果变量的影响，但仍然没有说清楚这些影响是如何发生的，也就是说没有解释清楚领导者特质影响领导有效性机制的"黑箱"；最后，虽然已有学者引入个体和组织层面的情境变量作为调节变量来研究领导者特质对领导效能的影响，但是大量的研究仍然不同程度地忽视了情境因素的影响，特别是 VUCA 环境以及危机情境下领导者特质如何影响领导有效性的模式和作用机制仍未得到足够关注（谭乐、宋合义、杨晓，2016）。可见，有必要结合危机情境深入探讨 VUCA 环境下高层领导者特质为什么以及如何影响领导有效性的深层影响模式和作用机制。

要想打开 VUCA 环境下高层领导者特质为什么以及如何影响领导有效性的深层影响模式和作用机制的"黑箱"，组织印记理论提供了重要的理论视角。组织印记的概念和思想最初源于 Stinchcombe（1965），他将印记概念引入组织领域，通过研究发现组织成立时期特定的社会技术条件能够形塑组织的结构特征，并且这些特征在组织成立之后长期存在，即组织的结构和类型具有历史性，这些历史性决定了组织现有的一些结构特征，随后组织印记不断发展与丰富。组织印记一般形成于特定的敏感时期，由一定时期的经济、技术、文化等多种因素影响形成且对组织未来发展产生一定的影响。Marquis 和 Tilcsik（2013）对组织印记作出了系统化的概念界定，提出"组织印记是一个过程，企业在一个短暂的敏感时期，形成了与特定环境相匹配的特点，尽管后续环境发生了变化，但这些特点依然持续地对企业产生影响"。关于组织印记的研究表明，组织印记的来源主要是成立者和成立时的外部环境（Marquis and Tilcsik，2013；黄勇、彭纪生，2014；朱蓉、曹丽卿，2018）。成立者是企业最初的塑造者，往往是企业的最高层领导者，其为组织构建了初始文化和知识，而且其个体特质、个体价值观塑造了组织的基本哲学、组织系统和过程，尤其是最高层领导者对关键事件和危机的反应，在重要时期的故事和传奇，成为组织文化塑造和行为惯例的重要基础（Phillips，2005；王砚羽、谢伟，2016）。已有研究也进一步表明，领导者个人的印记与环境互动、适配，对组织会产生持续的影响，从而促进组织的发展（曾颢、赵曙明，2017；崔宝玉、孙迪，2020；朱蓉、曹丽卿、赵佳鑫，2021）。然而，现有的研究很少关注危机情境下组织印记的作用，尤其是领导者表现出来的特质如何印记于组织应对危机行为，进而体现领导有效性，其背后的影响模式和作用机制尚需进一步深入挖掘。

针对上述理论缺口，本章采用多案例比较的研究方法，将研究问题聚焦于两个方面：第一，危机情境下领导者会表现出什么样的领导特质；第二，领导特质对领导有效性的影响模式和作用机制如何。领导有效性也称领导效能，是指领导者在扮演领导角色时，为实现组织目标而带领下属工作所产生的工作绩效与结果效应（王震等，2012；吕鸿江等，2018；Cheong et al.，2019），在本章研究中体现为领导者能够带领企业度过危机。通过回答上述两个问题，本章解构了领导特质对领导有效性的影响模式，创新性地将组织印记纳入领导有效性形成的研究范畴，能够弥补现有文献对领导有效性形成考量不足所造成的研究缺口。

8.1.2 研究设计

8.1.2.1 研究方法

根据 Yin（2002）对案例研究的分类，将其分为四类：单案例研究、整体性案例研究与嵌入性案例研究、多案例研究、整体性多案例研究与嵌入性多案例研究。本章主要采用多案例研究的方法，通过对比 4 家企业的情况而得出研究结论。采取多案例研究方法包括以下几方面原因：第一，通过采用复制逻辑的思路，一个案例的研究发现可以在其他案例上得到印证或被否定，在对多个案例的比较分析过程中，可以从不同角度对研究问题进行细致生动的分析，有助于识别出企业关键核心技术，获取背后共性的影响因素（许晖等，2020；韩炜等，2021）。第二，与单案例研究相比，多案例研究在发现普适性理论上具有优势，有助于提炼出具有普适性与代表性的研究结论（Yin，2002）。第三，根据 Eisenhardt（1989）的观点，基于多案例的探索性分析宜选择 4~10 个案例来进行。

此外，本章也将事件分析法融入案例研究中。我们认为，要想分析领导者特质为什么以及如何影响领导有效性，需要基于关键事件中领导者的行为加以分析。也就是通过事件分析法，从事件中把握领导认知和行为，看领导者到底做了什么、与谁互动、互动的过程、互动的情境，再从事件的结果来看领导的行为是否有效以及为什么有效。使用"事件分析法"的关键是结合事件呈现出的情境，在整个过程中不断问"为什么"，逐层剖析，不断提炼与升级构念，建构理论，寻找规律。因此，本章将事件分析法融入案例研究中，来分析领导者特质为什么以及如何影响领导有效性的模式和作用机制。

8.1.2.2 案例选择

首先，本文选择字节跳动、华为应对美国制裁的事件具有一定的时效性，与社会热点相符合，具有研究价值，且遵循"差别复制"的原则。同时，2020 年暴发的新冠疫情也给很多企业带来了危机与挑战，选择农夫山泉与格力的案例联系社会热点，有一定研究价值，且遵循"逐项复制"的原则。其次，这 4 家公司属于较知名、实力较强的公司，大众关注度高，公开发表的资料较多，相较于其他企业资料更好获得，同时对这几家公司先前的研究也相对多一些。最后，这 4 家企业都具有特质鲜明的领导人风格，与本章的研究主题关联性较高。案例企业的基本情况如表 8-1 所示。

表8-1 案例企业概况

背景信息	华为	字节跳动	格力	农夫山泉
所处行业	计算机、通信和其他电子设备制造业	信息科技	商务服务业	食品饮料加工行业
主导产品	智能手机、终端路由器、交换机、电脑	今日头条、抖音短视频	电器	饮用水、功能饮料、咖啡
行业地位	全球通信产业龙头企业	互联网行业全球领先企业	空调行业龙头企业	中国饮料工业"十强"
危机	美国制裁	美国制裁	新冠疫情	新冠疫情
时任领导者	任正非	张一鸣	董明珠	钟睒睒

资料来源：各企业官网。

8.1.2.3 数据收集

本章案例研究的数据主要来源于二手数据，包括：①文献资料；②企业官网与公众号资料；③领导人访谈资料；④新闻、微博等公众平台资料。本章所收集的案例企业资料如表8-2所示。

表8-2 案例企业资料

资料来源	华为	字节跳动	格力	农夫山泉
数据资料与编码	媒体报道（10） 媒体访谈（45） 任正非访南方四校讲话记录（2） 图书文献（3） 官网资料（5） 其他资料若干	官网资料（5） 媒体报道（30） 张一鸣内部信（1） 其他资料若干	官网资料（6） 媒体报道（8） 媒体访谈（15） 图书文献（1） 董明珠在线直播（1） 其他资料若干	官网资料（10） 媒体报道（6） 媒体访谈（4） 其他资料若干

8.1.2.4 数据分析方法

以关键事件为线索，本章遵循多案例数据对比分析的次序，首先进行案例内分析，然后进行跨案例分析（Eisenhardt，1989），以此完成单案例所得条目向多案例分析所需场景的转换。在进行案例内分析时，本章采用了一阶/二阶（1st-order/2nd-order）的结构化数据分析方法（Gioia，Corley，and Hamilton，2013），通过一阶分析（使用忠实于受访者所用的语言)和二阶分析(使用以研究者为中心的概念、主题和维度),产生严谨的质性分析结果,展示数据与新归纳概念之间的联系并形成聚合构念。

8.2 华为领导者特质对领导有效性影响模式

华为事件以美国向加拿大引渡孟晚舟为导火索,美国对华为进行了一系列的封锁与打击,包括对华为的禁令与限制等。华为同时也采取了一系列的回击措施,包括发布员工内部信,稳定员工情绪,增强员工信心;对外发表声明,获得大众支持;利用美国法律起诉美国,利用法律武器进行危机处理;不断进行技术开发,促进发展;更换供应商等。对华为领导者特质、组织印记以及企业应对危机的编码如表8-3所示。

8.2.1 华为领导者展现出的领导特质

基于对案例资料的编码,本章研究发现华为最高领导者展现出乐观型人格、企业家精神、适应能力等典型领导特质。

(1)乐观型人格。从案例资料中可以发现,华为最高领导者任正非在面对美国的"刁难"时呈现出积极乐观的态度,表现出较强的自信心。正如案例编码资料中任正非在面对美国打压时说过的:"美国实体清单第二轮今年再继续打击我们呢,我们有去年打击我们的经验和队伍的锻炼应对今年的打击,我们更胸有成竹不会出现问题……"同时任正非也指出,华为是准备打持久战的,持久战越打越强大,企业度过磨合阶段,产品切换磨合这个阶段,其实可能更强大了。这些均表明华为最高领导者任正非的乐观型人格特质。乐观是积极的心态和奋力进取的行为(杨宏斌,2016)。积极心理学的研究认为,和一般人相比,那些具有较强积极观念的人具有更良好的社会道德和更强的社会适应能力,他们能更轻松地面对压力、逆境和损失,即使面临最不利的社会环境,他们也能应对自如。这是因为乐观积极的态度使他们在面对困难和挑战时有着更大的灵活性和创造性,总是能勇敢面对并采取有效的手段去克服。

表 8-3 华为案例编码

典型证据援引	一阶概念	二阶主题	领导者特质	组织印记	企业应对危机
"美国实体清单第二轮再今年继续打击我们呢，我们有去年打击我们的经验和队伍的锻炼来应对今年的打击，我们更胸有成竹不会出现问题……"	应对第二轮打击胸有成竹	乐观、自信	乐观型人格	华为崇尚狼性文化，"像狼群一样战斗"	公司全体精神振奋，准备打持久战
"我们本来就是准备打持久战，我们持久战越打，我们没有准备打持久战，我们持久战越打能越强大，我们度过磨合这个阶段、产品切换磨合阶段，其实我们可能更强大了。"	持久战越打能越强大				
"20 年前，我租 30 多平米的房子住，因为我们公司研发上，把钱都用到了公司研发上，因为我们没有安全感，我们就做了备份，花了几千亿做了这个"备胎"，所以第一轮打击我们应对了。"	始终将自己置于危机之中	危机意识、忧患意识、艰苦奋斗	基于长期发展的战略思维（企业家精神）	始终将自己置于危机之中的企业意识。"艰苦奋斗"是华为的企业文化之一	向美国某家公司独家授权全套 5G 技术，以帮助美国赶上电信技术的发展。按照任正非先生的解释，只有这样做，华为才能避免在将来的人工智能领域遭受美国的第二次"实体清单"打击

8 VUCA环境下领导者特质对领导有效性影响模式的案例研究

续表

典型证据援引	一阶概念	二阶主题	领导者特质	组织印记	企业应对危机
"我们公司过去是依托全球化平台，集中精力十几年攻击同一个'城墙口'，取得了一点点成功。我们过去的理论基地选在美国，十几年前加大了对英国和欧洲的投入，后来又增加了日本、俄罗斯的投入。华为在全球不计成本招募人才，华为每年在科研上的投入大大约在30亿~50亿美元，有6万多名产品研发人员，约15000人从事基础研究工作，包括700多位数学家，800多位物理学家，120多位化学家。"	以人才无国界的行为来支持创新、创新是一种全球性的协作	支持创新	创新精神（企业家精神）	"自主创新"的企业精神	美国将华为纳入"实体清单"后，华为把俄罗斯的投资转移到俄罗斯，加大了俄罗斯的投入，壮大了俄罗斯的科学家队伍，提高了俄罗斯科学家的工资
"科学发现、技术创新中最主要的是宽容。我们要耐得住科学家的寂寞与无奈。就如我司5G Massive MIMO，起初没有人认同，搞了八年终于成功上市，成为核心竞争力。又如，2G与3G之间的算法打通，没有公司莫斯科研究所的小伙子安德烈默默无闻的几年，就没有华为的无线成功。"	鼓励创新、宽容失败				加大创新投入力度，2021年研发投入达到1427亿元人民币，创下历史新高，占全年收入的22.4%，10年累计投入的研发费用超过8450亿元人民币

257

续表

典型证据援引	一阶概念	二阶主题	领导者特质	组织印记	企业应对危机
"目前华为所背负的'信任赤字'在很大程度上不是华为自己造成的，而是长期以来，欧美国家对中国政治体制的不信任。华为背负了国家面上的信任赤字问题。但是，这既是华为不应该背负的重担，这是华为的义务，也是华为的光荣。责任（尤其是国企）走向海外之时必须面对的共同挑战。"	任正非认为华为不应背负中国国家层面上的"信任赤字"是华为背负的义务和光荣	使命感		华为是把背负国家层面的"信任赤字"看作华为的义务、责任和光荣的社会责任型企业	华为可持续发展战略分为4个部分：消除数字鸿沟，保障网络安全稳定运行，推进绿色环保和实现共同发展
"美国今天把我们从北坡上往下打，我们顺着雪往下滑一点，再起来爬坡，但是总有一天，两军会爬到山顶，这个时候会不会和美国人拼刺刀，我们的时候会拥抱，这个时候会不会和美国人数字化欢呼，我们的理想是为人类服务，不是为了赚钱，也不是为了消灭别人，大家共同能实现为人类服务不更好吗？"	呼吁共同造福人类，而不是"拼刺刀"，"天下观"：世界意义和合作精神	大局观	社会责任感（企业家精神）	华为的理想是为人类服务。华为秉承"开放合作共赢"的宗旨	(1) 2019年12月5日，华为起诉美国联邦通信委员会违反美国宪法；2019年3月7日，华为起诉美国政府销售限制法案违宪。 (2) 任正非在美国的打压之下，仍然坚持合作共赢
在美国以举国之力打压华为时，任正非和华为选择的应对策略是"以打促和"，和才是目的，打只是手段而已					

续表

典型证据援引	一阶概念	二阶主题	领导者特质	组织印记	企业应对危机
任正非说："我 20 年主要是务虚，务虚占七成，务实占三成。"他将自己的角色定位于学习、思考、交流、传播。20 多年来，任正非走遍了全球绝大多数国家，从最落后到最发达。与全球数百位政治人物、商业巨子、学者、竞争对手、科学家乃至艺术家、寺院中的僧侣等有过无数次沟通、观点交流的任正非，无疑有着更广阔的视野。他经常把刚看过的好书、好文章、好电视剧忙不迭地推荐给中高管。用这些氛陶高层，也影响了整个公司，将华为的事业日渐推升到哲学与历史的高度	任正非将自己定位于学习、思考、交流、传播	善于思考、不断学习	学习思考能力（适应能力）	开放型的学习型组织	华为向全球 3000 多名记者敞开大门，一向低调的任正非先生史无前例地接受超过 45 场全球各国媒体采访

（2）企业家精神。企业家精神是企业家所具有的独特个人特质、价值取向以及思维模式的抽象表达，是企业家在创立、经营、管理企业过程中展现出的特殊才能（Gioia, Corley, and Hamilton, 2013）。企业家精神是一种综合性的精神品质和意志，最早被经济学家熊彼特描述为一种创新精神，被奈特描述为对不确定性的挑战和对风险的承担，被舒尔茨描述为企业家发现潜在机会、合理分配资源并创造利润的能力（王娟、刘伟，2019）。随着时代的发展，企业家精神的内涵也在不断丰富，工匠精神、承担社会责任、战略精神是新时代对企业家精神提出的新要求（郝晓彤、唐元虎，2003）。任正非的企业家精神主要体现在战略思维、创新精神和社会责任感3个方面。

①基于长期发展的战略思维是企业家精神的形态之一，领导者通过战略制定和选择对有限资源进行最优化配置，构建企业核心竞争力（李政，2019）。面对复杂的外部环境，战略思维能够使领导者在关键时刻作出正确的战略选择。任正非经常说"要把自己置于危机之中"，早在20年前，就把公司大部分的钱用在研发上，因而才得以从容应对第一轮打击。

②创新精神是企业家精神的核心内涵（宋玉禄、陈欣，2020），能够促进企业创新能力和创新效率的提高，构建企业竞争优势（欧雪银，2009）。正如编码资料显示，华为领导者任正非认为人才无国界，在全球不计成本地招募人才。华为每年在科研上的投入大约在30亿~50亿美元，有6万多名产品研发人员，约15000人从事基础研究的工作，包括700多位数学家、800多位物理学家、120多位化学家。此外，华为一直鼓励创新，宽容失败。华为的5G Massive MIMO，起初没有人认同，搞了8年终于成功上市，成为核心竞争力。正是由于华为员工默默无闻的奉献和努力，才使得2G与3G之间的算法顺利打通。更为重要的是，这些成功很大程度上也得益于公司最高领导者的创新精神的鼓舞和激励。

③社会责任感是新时代企业家精神的重要特征。工业时代主要通过传统财务分析对企业进行评价，在追求社会全面发展的新经济时代，社会责任成为评价企业的重要指标（陈修德、彭玉莲、卢春源，2011）。华为把

背负国家层面的"信任赤字"看作华为的义务、责任和光荣；华为也一直秉持"开放合作共赢"的宗旨，在面对美国打压时，任正非提到"美国今天把我们从北坡上往下打，我们顺着雪往下滑一点，再起来爬坡，但是总有一天，两军会爬到山顶，这个时候绝不会和美国人拼刺刀，我们会去拥抱，我们为人类数字化欢呼，我们的理想是为人类服务，不是为了赚钱，也不是为了消灭别人"。这些理念体现了领导者的社会责任感，对于企业通过树立更高的愿景和使命来凝聚应对危机的力量颇为关键。

(3) 适应能力。适应能力是指领导者适应不断变化的环境和市场条件的能力，在领导者创建新企业的过程中起决定作用（阳镇、陈劲，2020）。适应能力包含坚毅、观察力、学习能力、创造力和把握机会的能力，是领导者适应"熔炉"（关键事件）的核心特质（Schulze and Pinkow，2020）。任正非的适应能力体现在学习思考能力上。外部环境的复杂性、模糊性，需要领导者通过学习不断扩充、吸收和转化新知识，调整组织以适应快速变化的环境（王娟、李婷，2022）。无论是落后国家还是发达国家，无论是竞争对手、创业伙伴、各行业精英还是身边的普通人，都是任正非学习的对象。资料表明，任正非20多年来与全球数百位政治人物、商业巨子、学者等均进行过沟通以及观点交流，通过不断学习具有了更广阔的视野。在危机频发的VUCA环境下，作为企业领导者，这种不断学习思考，适应变化的能力成为企业应对危机的关键因素之一。

8.2.2 华为领导者特质对组织应对危机的影响机制

正如前文所述，领导者尤其是企业成立者的人格特征等个人印记作为组织印记的关键来源，会影响组织印记的形成，进而对组织的发展产生持久影响，如影响组织的经营业绩、战略、组织行为、创新、组织应对危机措施等（Marquis and Tilcsik，2013；王砚羽、谢伟，2016）。在本章中，我们重点阐释领导者特质影响下的组织印记形成，进而影响组织应对危机时采取的措施，即组织危机管理方法。

危机管理理论启发组织在应对危机时，应该在危机发生前做好准备，危机发生时快速应对，危机发生后及时调整与恢复（William et al.，2017）。通过案例我们可以看出，华为在应对美国封锁危机时，领导者的人格特征为组织烙上了不同的印记，帮助其在危机发生前、危机发生时和危机发生后均采取了较为完善的应对策略。

首先，华为领导者任正非一直拥有基于长期发展的战略思维和居安思危的意识，给组织烙上了"将自己置于危机之中"的发展意识，帮助华为在危机发生前就时刻做好准备。因此，海思的存在即是危机发生前的准备，即使是美国突然封锁，也有海思的支持帮助华为从容应对。

其次，华为领导者任正非的乐观型人格使华为不惧困难，崇尚"狼性文化"。创新精神给组织烙上创新的印记，形成"自主创新"的企业精神，并且使华为秉承"开放合作共赢"的宗旨等，这些领导者特质给组织烙下的印记，都成为华为应对危机的助力。因此在危机发生时，华为坚定地提起诉讼，不妥协。同时华为向全球3000多名记者敞开大门，一向低调的任正非先生史无前例地接受超过45场全球各国媒体采访，与世界沟通。在此过程中，华为也一直专注于技术研究，专注创新：在美国将华为纳入实体清单后，华为把对美国的投资转移到俄罗斯，加大了对俄罗斯的投入，壮大了俄罗斯的科学家队伍，提高了俄罗斯科学家的工资；加大创新投入力度，2021年研发投入达到1427亿元人民币，创下历史新高，占全年收入的22.4%。

最后，基于华为领导者长期发展的战略思维、善于思考学习以及强烈的社会责任感，华为以为人类服务为理想，把背负国家层面的"信任赤字"看作华为的义务、责任和光荣；秉承"开放合作共赢"的宗旨，形成了开放式学习型组织，并成为社会责任型企业的典型代表。从资料编码结果中也可以看到，经历危机之后华为依然愿意通过向美国某家公司独家授权全套5G技术，帮助美国推进电信技术发展。针对华为这样的举措，任正非先生认为，"只有这样做，华为才能避免在将来的人工智能领域遭受美国的第二次'实体清单'打击"。领导者这种危机后的及时调整与长远思虑，将为组织应对未来新的危机提前做好发展备案。

总之，可以看出，华为领导者的人格特质深深烙印在组织的基本哲学和战略思维中，帮助组织在应对危机的整个过程中不卑不亢、坚定自我、勇敢面对，坚定地走自己的路，从而有效地"危"中求"机"，实现成功应对和反弹，体现了较高的组织韧性。

8.3 字节跳动领导者特质对领导有效性影响模式

2020年7月20日，美国众议院通过一项法案，禁止联邦雇员在政府设备上使用字节跳动旗下的应用程序TikTok。随后，美国总统特朗普发布行政命令，禁止TikTok在美国的运营，TikTok陷入了被封禁的危机，面临着丧失美国市场与被收购的风险。在这一背景下，字节跳动采取了一系列的应对措施，包括张一鸣发布内部信，同意美国公司收购，同时不放弃其他可能，比如发布针对美国行政命令的声明，向美国法律提起诉讼，维护权益等。对字节跳动领导者特质、组织印记以及企业应对危机的编码如表8-4所示。

表8-4 字节跳动案例编码

典型证据援引	一阶概念	二阶主题	领导者特质	组织印记	企业应对危机
张一鸣在2020年8月3日的内部公开信中提到"我们也必须面对CFIUS的决定和美国总统的行政命令，同时不放弃探索任何可能性。我们尝试与一家科技公司就合作方案做初步讨论，形成方案以确保TikTok能继续服务美国用户"。字节跳动在遭遇美国的封锁之前，曾经被印度封锁，要求下架，有经验，但没有做好准备。	不认同决定，但希望能够留住美国用户，意在出售TikTok美国业务	一定程度的妥协	妥协型领导特质	温和型妥协型	从有意出售美国业务，愿意协商解决到对美方相关行政命令提起诉讼，最后是受到国家政令的影响，字节跳动对于业务的核心技术才不会出卖

8.3.1 字节跳动领导者展现出的领导特质

基于对上述案例资料的编码，研究发现字节跳动领导者展现出妥协型的领导特质。从案例资料中可以看出，字节跳动领导者张一鸣在应对危机事件时呈现出妥协型特征。相较于华为领导者任正非，字节跳动领导者张一鸣在此次危机事件应对时少了一分坚定和抗争。诚然，张一鸣向大众展现出的个人特征相较于任正非而言较少，提到任正非，我们就会想到外向型、魅力型等词，而张一鸣相对来说较为低调，其个人魅力型特征展现较少。在此次面对美国制裁的危机事件中，正如案例编码资料中显示，张一鸣在 2020 年 8 月 3 日的内部公开信中提到，"我们也必须面对 CFIUS 的决定和美国总统的行政命令，同时不放弃探索任何可能性。我们尝试与一家科技公司就合作方案做初步讨论，形成方案以确保 TikTok 能继续服务美国用户"。从中可以看出，张一鸣虽然在态度上不认同，但是希望能够留住美国用户，意在出售 TikTok 美国业务，有一定程度的妥协倾向。而且字节跳动相较于华为来说，是一家成立时间较短的企业，加之其领导人的特征，其组织中自信的因素较少。此外，在危机事件面前，字节跳动面向大众的外部公关相对较少。这些都可能促使字节跳动面对危机时的应对策略相对温和。

8.3.2 字节跳动领导者特质对组织应对危机的影响机制

领导者的特质成为影响组织印记形成的关键来源之一。从字节跳动领导者应对危机事件的案例来看，领导者的妥协型特质在一定程度上影响了组织应对危机策略的选择。在该案例中，字节跳动从有意出售美国业务，愿意协商解决到对美方相关行政命令提起诉讼，最后是受到国家政令的影响，字节跳动对于业务的核心技术才不会出卖。从中可以看出，字节跳动在应对危机时所采取的应对措施体现了一定程度的妥协，且危机前的准备也不是非常充分。早在遭遇美国的封锁之前，字节跳动曾经被印度封锁，要求下架。相较而言，在应对美国所带来的危机时应该有一定的危机应对经验。但是从案例材料来看，其应对准备并未充分体现出来，且危机应对过程中也是妥协与一定程度的反抗相结合，反映了字节跳动面临危机时的一种相对妥协的策略。

8.4 格力领导者特质对领导有效性影响模式

格力应对 2020 年突然暴发的新冠疫情所采取的一系列措施，主要有以下几个方面：积极向疫情严重地区捐钱捐物，履行社会责任；向医疗设备领域进军，在危难中看到新的商机；线上直播，在疫情期间促进产品的销售等。对格力领导者特质、组织印记以及企业应对危机的编码如表 8-5 所示。

8.4.1 格力领导者展现出的领导特质

基于对案例资料的编码，本章研究发现格力领导者展现出乐观型人格、适应能力、正直公平、企业家精神等典型领导特质。

（1）乐观型人格。此次危机对于格力而言是突然的、没有任何预警的，格力领导者董明珠在谈及此次疫情时总是乐观看待。她谈及此次疫情所带来的感受，用《从头再来》这首歌来表达心境。她认为，"由疫情造成的影响是短期的，从长远来看，我们现在已经处于恢复阶段"；虽然"任何一个企业都会受到影响，但我认为这些影响都是短暂的，市场还是在的，只不过是一个时间的问题"；"这一次疫情给大家带来很多困难和危机，但我认为未来还是很有希望的，是阳光的"。董明珠在访谈中谈及疫情时，希望大家都能积极看待，看到希望，看到危机中也是存在转机的。从这些案例资料来看，格力领导者面对突如其来的危机事件，呈现出典型的乐观型人格特质。

（2）适应能力。基于案例资料分析，在应对疫情这一突发危机事件时，格力领导者董明珠的适应能力体现在市场捕捉能力和危机灵活应对能力两个方面。

表 8-5 格力案例编码

典型证据摘引	一阶概念	二阶主题	领导者特质	组织印记	企业应对危机
谈到此次疫情危机下最大的感受，董明珠引用了一首曾经感动和激励无数人的老歌——《从头再来》。这一次疫情给大家带来很多困难和危机，但他他认为未来还是很有希望的，是阳光的。	未来是阳光的、有希望的				
"疫情确实给我们带来了困难和危机，有些中小企业甚至都生存不下去了，但是一旦大型企业全部启动，物流打通，可以带动多少中小企业。因此，未来是阳光的。"		乐观、自信、积极	乐观型人格	企业坚定的性格	(1) 第一是要研究用户未来的需求方向，第二是要围绕健康领域研究未来； (2) 直播带货与当下产品热销方式相结合； (3) 向医疗设备领域进军，在危难中看到新的商机
"格力电器今年一季度的销售下滑严重，一方面原因是商场关门，流动性特别少；另一方面是客上门服务，这都是客观原因。由疫情造成的影响是短期的，从长远来看，我们现在已经处于恢复期阶段。"	疫情造成的影响是暂时的				
"这一个多月来，我相信任何一个企业都会受到影响，但我认为这些影响都是短暂的，市场还是在的，只是过一个时间的问题。"					
"此次疫情给制造企业带来了不小的打击，但从另一方面来说，这也给制造企业点明了未来发展应该补足的'功课'。" 董明珠坦言感到了危机，但她更多看到的是扭转机。这个事件反而给格力电器带来了新的机会	危机中蕴藏转机	敏锐的洞察力	市场捕捉能力（适应能力）	"适应性"文化品格	

续表

典型证据援引	一阶概念	二阶主题	领导者特质	组织印记	企业应对危机
尽管疫情发生突然，来势汹汹，"铁娘子"董明珠不改钢铁意志，直言勇敢面对、主动出击才是共克时艰的必由之路。"疫情暴发时，我想到的第一件事就是怎么去面对，被动地等、要、靠，疫情之下每个人都遭遇困难，我觉得更重要的是解决困难，不能单靠依赖别人，而是要靠自己主动出击。"	对待疫情勇敢面对、主动出击，"化被动为主动"	"化被动为主动"	危机灵活应对能力（适应能力）	"危中求机"的发展意识	9万格力人立足自身"严格抗疫"、"复工复产"的同时，还"多线作战"，驰援疫区，深耕抗疫科技：（1）"紧急跨界"生产口罩；（2）战疫物资"驰援武汉"；（3）主动出击研发抗疫科技产品
"前段时间有位员工因为她的小孩跟外面的人有接触，然后他们几家人聚会，虽然最后病例检查是阴性，也不是被传染，但格力最后还是把她开除了，因为格力当时规定不能聚会聚餐，特定的环境下，每一个人都要自觉，这不仅是对自己负责，也是对别人负责。我们对于这种不遵守防疫规则的人，一律严肃处理，哪怕你是领导，我们也把他免掉……"	坚决开除不遵守防疫规则的员工	原则性很强，坚毅果断	正直公平（心理能力）	格力带给利益相关者的印象就是"值得信任"	开除不遵守规则的员工
"疫情之下更应该冷静面对，不能通过简单粗暴的裁员来解决全局角度来做选择。"	简单粗暴地裁员解决不了问题	全局观	基于长期发展的战略思维（企业家精神）	不局限于眼前的短暂利润，选择长远目标，"立足长远"的视野格局	虽然2020年第一季度格力电器销售大幅下滑，但是并没有裁员
"医疗领域的高端产品，格力并不足以支持经济发展，所以我觉得它应该全方位的。就如同格力智能装备我们也会参与医疗业务一样，高端医疗产品我们也有所投入，我们并没有把健康归为一个新产业，事实上，受新冠疫情等多重因素影响，我觉得更要努力所能及地去做好。"	仅仅参与医疗领域的高端产品并不足以支持格力的全方位发展	全局观	基于长期发展的战略思维（企业家精神）	不局限于眼前的短暂利润，选择长远目标，"立足长远"的视野格局	格力不仅涉足医疗领域的高端产品，而且在智能装备、自动化、机器人等领域都有所投入

续表

典型证据援引	一阶概念	二阶主题	领导者特质	组织印记	企业应对危机
面对疫情影响和"新基建"风口,董明珠认为中国制造要自我破局,一定要创新,自主研发,自主培养人才,同时这也是格力电器长期以来一直坚定的方向,就是坚定不移地走自力更生、自主创新之路。格力电器董事长兼总裁董明珠接受新华社直播专访时表示,疫情面前喊困难没有用,而是要坚持自主创新,以专注一件事的精神不断提升产品品质。"格力从最初的时代工利和贴牌,到今成为一家多元化、世界型的工业制造集团,成为世界空调技术当之无愧的引领者,归功于格力坚持自主研发、掌握核心科技,也离不开对自主培养人才。""告诉深入人心,格力电器成立以来,以'一个没有创新的企业是一个没有灵魂的企业','为座右铭,为组织打上了'始终寻求创新'的格印	坚持自主创新、自主研发、自主培养人才、掌握核心科技	支持创新	创新精神（企业家精神）	"始终寻求创新"的"自主创新"企业精神	(1)格力在生产口罩等防疫物资时,因原材料价格上涨,产品报废率高等问题,格力一度亏损,但是其依然不放弃追求高品质,格力自主研发核心科技一可杀新冠病毒的空气净化器; (2)格力电器自主研发核心科技一可杀新冠病毒的空气净化器; (3)格力拿10亿元投资高端医疗; (4)未来格力将增加对智能装备、自动化、机器人等领域的投入
"企业不应该只关注短期内的困难,而是更应该保持一种战斗力。评价一个企业,不仅是看能赚多少钱,更多是看如何做到履行社会职责,如何去承担社会责任。"	董明珠认为应该从社会责任方面来评价企业	使命感	社会责任感（企业家精神）	社会责任型企业	(1)积极参与抗疫"3天3夜""30小时"; (2)"紧急跨界""10天66套"等驰物资"1天16万"; (3)全力研发出了一款杀新冠病毒的空气净化器; (4)疫情发生以后,看到国家因为没有掌握技术而出现的医疗设备短板,格力拿出10亿元投资高端医疗

268

8　VUCA环境下领导者特质对领导有效性影响模式的案例研究

续表

典型证据摘引	一阶概念	二阶主题	领导者特质	组织印记	企业应对危机
抗击新冠疫情期间，董明珠说"国家需要，格力就造"	"国家需要，格力就造"				(1) 格力安装工紧急驰援火神山医院，雷神山医院，为了和工程基建同步完工，安装工人三天三夜不合眼，还主动向公司建议赠给格力捐赠最好的空调给医院；
在"新基建"的风口下，格力相关领域的人才缺口很大，作为中国有责任的企业，格力每年给国家纳税超过100亿元	董明珠认为企业有责任为国家发展出一份力				(2) 因雷神山医院需要尽快收治病人，格力焊工不停不休30小时，完成了1000多个焊接点
"从自主生产口罩设备到生产口罩本身，在这个过程中，我们报废了很多的材料，还是要有'吃亏精神'，你今天愿意帮助别人，明天别人也会回报你。"	吃亏精神、奉献精神	奉献精神，国家为先	社会责任感（企业家精神）	社会责任型企业	(3) 格力自主生产的口罩，每日量产达到100万~200万只；
"疫情当下，要拥有一种忘我舍我的精神。要有这种关爱社会、关爱别人的精神才能干成大事，克服疫情的影响。"					(4) 格力自主生产口罩过程中，虽然报废了很多材料，一度亏损，但仍坚持生产，驰援疫区
公司口号"让世界爱上中国造"，坚持打造民族品牌，格力电器现已拥有国内外专利技术94645项，"国际领先"技术33项					

269

①市场捕捉能力。敏锐的洞察力是企业领导者所应具备的特质（王娟、李婷，2022）。在新冠疫情期间，格力领导者董明珠坦言感到了危机，但她更多看到的是转机，其机会表现在两个方面：一是要聚焦关注研究用户未来的需求方向；二是要围绕健康领域来研究未来并拓展企业未来发展路径。同时，疫情期间，线下商店纷纷关门，董明珠抓住线上直播的机会，通过直播带货发展线上业务；格力在抗疫期间紧急生产口罩等抗疫物资时，发现国家在医疗设备方面存在短板，再结合格力已经成立的健康研究院，决定向医疗设备领域进军。这些都体现出格力领导者面对危机时的敏锐的市场洞察力。

②危机灵活应对能力。企业所处的外部环境是复杂多变的，互联网的渗透和经济全球化使企业面对的危机更易发、更复杂，需要企业领导者具备更强的危机灵活应对能力（王娟、李婷，2022）。质性资料表明，格力最高领导者董明珠在面对来势汹汹的新冠疫情时，采取了主动出击、勇敢应对的态度，带领格力共克危机。化被动地等、要、靠为主动出击应对危机。格力领导者带领9万格力人在自主"严格抗疫"，努力"复工达产"的同时，还"多线作战"，驰援疫区且深耕抗疫科技。这些都体现出格力领导者面对危机时的灵活应对能力。

（3）正直公平。所谓正直，就是对责任与正确价值观的坚守，把所在组织的利益放在第一位；公平就是以公心用权，奖惩激励以组织整体利益为目的，以对组织的价值贡献为依据，做到制度本身公平，执行制度公平（杨宏斌，2016）。董明珠在疫情期间坚决开除不遵守防疫规则的员工，并直言"我们对于这种不遵守防疫规则的人，一律严肃处理，哪怕是领导，我们也把他免掉……"。故而可以看出，格力领导者董明珠是一位原则性很强、正直公平的领导者。

（4）企业家精神。基于案例资料分析，在应对新冠疫情这一突发危机事件时，格力领导者董明珠的企业家精神主要体现在战略思维、创新精神和社会责任感3个方面。

①战略思维。在面对危机事件时，格力领导者应对策略中体现出较为

典型的基于长期发展的战略思维。具体来说,一方面,董明珠在疫情期间没有通过简单粗暴的裁员来解决问题,而是站在全局角度来做选择;另一方面,在企业已经成立的健康研究院的基础上,董明珠认为医疗领域的高端产品,格力应该参与进去,但如果仅仅是医疗产品,并不足以支持经济发展,它应该是全方位的。这些都体现出领导者的全观局和长远发展的战略思维。

②创新精神。在面对危机事件时,格力领导者应对策略中体现出较为典型的创新精神。正如案例编码资料显示,面对疫情影响和"新基建"风口,格力领导者董明珠提出只有不断创新、自主研发、自主培养人才,才能更好地帮助中国制造实现自我破局,而这也与格力电器长期以来一直坚定地走自力更生、自主创新之路的目标相契合。也正是这种坚持自主研发、自主培养人才的创新精神,助力格力电器从最初的代工和贴牌企业成长为当前多元化、世界型的工业制造集团,同时也成为世界空调技术当之无愧的引领者。从中可以看出,董明珠一直奉行"自主创新、自主研发、自主培养人才、掌握核心科技"的经营理念。这些都体现出领导者的创新精神和创新意识。

③社会责任感。在面对危机事件时,格力领导者应对策略中体现出较为强烈的社会责任感。面对突如其来的疫情,在驰援疫区方面,在董明珠坚持"勇敢面对、主动出击"和履行社会责任的特质下,格力提出"安全生产第一位,激发斗志想办法"的口号,9万格力人立足自身"严格抗疫""复工达产"的同时,还"多线作战",援驰疫区,深耕抗疫科技。"紧急跨界"生产口罩,"10天66套""1天16万";开展战疫物资"驰援战"——格力安装工紧急驰援火神山医院、雷神山医院,为了和工程基建同步完工,安装工人三天三夜不合眼,还主动向公司建议希望格力捐赠最好的空调给医院;主动出击研发抗疫科技产品等来抗击疫情。格力集团在疫情发生后,还主动出资10亿元投资高端医疗,以补齐国家因为没有掌握技术而出现的医疗设备短板。同时,格力也认为,作为企业有责任搭建平台来培养更多年轻的科技人才,助力中国拥有自己的研发团队和核心技

术，从而更主动地应对危机。格力领导者董明珠一直强调，"评价一个企业，不仅是看能赚多少钱，更多是看如何做到履行社会职责，如何去承担社会责任"；在新冠疫情期间，董明珠直接说"国家需要，格力就造""疫情当下，要拥有一种忘我舍我的精神""要有这种关爱社会、关爱别人的精神才能干成大事，克服疫情的影响"。上述这些都可以看出格力领导者董明珠一直都有一种使命感和强烈的社会责任感。

8.4.2 格力领导者特质对组织应对危机的影响机制

基于上述案例资料可以发现，格力领导者的特质影响了组织印记的形成，进而影响组织应对危机时采取的措施，即组织危机管理方法。具体表现在以下几个方面：第一，格力领导者董明珠积极乐观的态度和敏锐的市场捕捉能力给组织烙上了"危中求机"的发展意识，塑造了企业坚定的性格以及"适应性"文化品格，激发格力的斗志，勇敢出击，在危机中看到转机。格力领导者提出格力不仅要研究用户未来的需求方向，还要围绕健康领域研究未来；将直播带货与当下产品热销方式相结合；向医疗设备领域进军，在危难中看到新的商机。第二，格力领导者董明珠一直有基于长期发展的战略思维，使得企业拥有了不局限于眼前的短暂利润，选择长远目标的组织印记，塑造了企业"立足长远"的视野格局。虽然2020年第一季度格力电器销售大幅下滑，但是并没有裁员；格力不仅涉足医疗领域的高端产品，而且注重在智能装备、自动化、机器人等领域的投入。第三，创新精神是格力领导者董明珠一直坚持的。同时格力电器自成立以来，以"一个没有创新的企业是一个没有灵魂的企业"为座右铭，为组织打上了"始终寻求创新"的烙印，形成了"自主创新"的企业精神。因此在新冠疫情危机期间，格力也一直追求通过创新应对危机，持续发展。新冠疫情危机期间，格力电器自主研发核心科技——可杀新冠病毒的空气净化器；格力拿出10亿元投资高端医疗；未来格力将增加对智能装备、自动化、机器人等领域的投入。第四，格力领导者正直公平的特质以及强烈的社会责任感为格力烙上了"值得信任"的印记，并使得格力成为典型的社会责任型企业。尤其是企业在面临疫情给企业自身发展带来的危机时,仍然让格力安装工紧急驰援火神山医院、雷神山医院,且因雷神山医院需要尽快收治病人,格力焊工不停不休30小时,完成了1000多个焊接点。此外,格力"紧急跨界"生产口罩等紧急物资,看到国内的医疗设备短板,格力主动拿出10亿元投资高端医疗,而且全力研发出了一款专杀新冠病毒的空气净化器。这些行为不仅带来"值得信任"的认知,更为重要的是充分体现了格力的社会责任感,使其成为社会责任型企业的典型代表。

综上可见,格力领导者积极乐观的态度、敏锐的市场捕捉能力、基于长期发展的战略思维、正直公平以及企业家创新精神这些重要的特质,为组织烙上了"危中求机"的发展意识、"立足长远"的视野格局以及"自主创新"的企业精神等关键的组织印记,塑造了企业坚定的性格以及"适应性"文化品格,进而帮助格力很好地应对新冠疫情带来的发展危机,成功反弹并提升了组织韧性。

8.5 农夫山泉领导者特质对领导有效性影响模式

农夫山泉在新冠疫情期间的表现也非常突出。面对疫情,农夫山泉推出5000多个无人售卖点,为居民服务,同时向疫情严重地区捐款。对农夫山泉领导者特质、组织印记以及企业应对危机的编码如表8-6所示。

8.5.1 农夫山泉领导者展现出的领导特质

基于对案例资料的编码,本章研究发现农夫山泉领导者展现出企业家精神、适应能力等典型领导特质。

(1)企业家精神。农夫山泉领导者钟睒睒的企业家精神也主要体现在社会责任感和创新精神两个方面。

①社会责任感。基于案例资料编码,农夫山泉领导者钟睒睒一直是一位具有社会责任感的领导者,他不仅坚持不懈地关心社会公益事业,参与社

表 8-6 农夫山泉案例编码

典型证据援引	一阶概念	二阶主题	领导者特质	组织印记	企业应对危机
钟睒睒坚持不懈地关心社会公益事业，参与社会公益活动。发掘祖国传统医学宝库，扎根于民族文化土壤，吸收现代医学研究成果。作为专利权人，他亲手开发研制的龟鳖丸已获得中、美、日、韩四国发明专利权。农夫山泉把自己定位为民族品牌；2008年抗震救灾中被评为"抗震救灾最受尊敬十大企业"	关心社会公益事业，参与社会公益活动	使命感	社会责任感（企业家精神）	社会责任型企业	为抗疫工作者送去"爱心水"，从最初无条件免费开放武汉600万瓶库存，到全力保障供应武汉防疫医用水，再到各地对医院、公益组织和防疫站点等抗疫人员持续进行的捐赠行动。此外，农夫山泉母公司养生堂集团旗下的其他子公司也都行动起来。养生堂食品公司的经销商放弃了休息，重新回到工作岗位，开仓送货，为各大医院配送养生堂母亲系列的各项食品
钟睒睒曾说："我们要生产的不仅仅是有形的产品，更是无形的知识。知识的产生速度、人才的集聚速度与产品的创新程度一定是正相关关系。" 他还经常与科研人员交心："我不会要求科研项目有明确的商业产出目标。如果科研人员一天到晚想着商业，想着市场回报，创新精神就变味了。用创新精神探索、认知未来，这才是我们要做的事情。" 在产品创新上，不断推出新产品。从1999年向大众宣布不再生产纯净水转而生产天然水，到2015年推出高端玻璃瓶天然矿泉水。在农夫山泉，科研岗位的员工地位是最高的	用创新精神探索、认知未来	注重创新	创新精神（企业家精神）	"自主创新"的企业精神	疫情下的数字化变革，农夫山泉在过去早就已经开始在做无人零售芝麻店，芝麻店通过收集用户的消费行为数据，围绕消费者的消费行为场景来做供应链层面上的转型和升级，进行全产业链上的供应布局

续表

典型证据援引	一阶概念	二阶主题	领导者特质	组织印记	企业应对危机
钟睒睒在行业内一直有"独狼"的称号。"领导者必须要抓住一切机会，一旦发现有市场潜力的产品就立刻出手……"企业一直奉行"走慢一步，抢先机"的策略。一方面，稳健推进每个阶段，每个环节的工作；另一方面，在创新上不遗余力，寻求突破，以差异化竞争树立品牌优势。如主打的"天然水"概念，在饮用水行业就是一次大颠覆，公司也由此占得了天然水的市场先机；率先引进无菌生产线，解决了困扰全世界饮料行业几十年的"脐橙榨汁"难题，推出了全世界第一款脐橙NFC产品	领导者必须抓住一切机会，一旦发现有市场潜力的产品就立刻出手	敏锐的洞察力	市场捕捉能力（适应能力）	"危中求机"的发展意识	针对到家、免接触这两个用户的紧迫需求，整合免接触业务。结合5000个无人售货便民点提供饮品产品，在新冠疫情期间布局少用户接触；在公司官方微信群、"送水到府"App，针对饮用水、米等刚需产品，提供免费送货服务

会公益活动，而且从农夫山泉创立开始，就将自身定位于民族品牌。企业也一直将承担社会责任作为使命，在 2008 年抗震救灾中被评为"抗震救灾最受尊敬十大企业"。

②创新精神。基于案例资料编码，农夫山泉领导者钟睒睒非常注重创新，曾说"我们要生产的不仅仅是有形的产品，更是无形的知识"，而且明确提出知识产生速度、人才集聚速度与产品创新程度必然呈现正相关关系。此外，钟睒睒也激励研发人员，提出企业不会要求科研项目有明确商业产出指标，如果研发人员一味地关注商业市场回报，那么将难以激活创新精神。农夫山泉从生产纯净水转向生产天然水，再到推出高端玻璃瓶天然矿泉水的一系列行为，都是对践行创新宣言的实际行动，同时对研发岗位员工的地位认同也体现了其对创新精神的不断求索。"用创新精神探索、认知未来，这才是我们要做的事情"，领导者的认知也给农夫山泉烙上了创新的印记。

（2）适应能力。农夫山泉领导者钟睒睒的适应能力体现为市场捕捉能力。钟睒睒在行业内一直有"独狼"的称号，他说过，"领导者必须要抓住一切机会，一旦发现有市场潜力的产品就立刻出手……"。钟睒睒在一片反对声中下定了转型的决心，提出农夫山泉要主打"天然水"的概念，这在饮用水行业是一次大的颠覆，公司也由此占得了天然水的市场先机。2011 年，钟睒睒带队去日本考察生产设备，第一次得知了百万级无菌生产线，钟睒睒认为农夫山泉饮料升级的机会到了。他决定，以最快的速度引进无菌线，农夫山泉的这次冲刺，促成了中国饮料行业一款具有里程碑意义的产品——无糖茶饮料东方树叶的诞生。钟睒睒一直拥有敏锐的洞察力和超高的行动力，因此企业也一直奉行"走慢步、抢先机"的策略。通过稳步推进各阶段各环节工作，同时不断寻求突破，追求创新，建立差异化品牌竞争优势，钟睒睒帮助企业积蓄能量，在面对危机和突发事件时能游刃有余地灵活应对，提升企业适应能力和组织韧性。

8.5.2 农夫山泉领导者特质对组织应对危机的影响机制

基于上述案例资料可以发现,农夫山泉领导者的特质影响了组织印记的形成,进而影响组织应对危机时采取的措施。具体表现在以下几个方面:

首先,农夫山泉领导者强烈的社会责任感,使得农夫山泉成为典型的社会责任型企业。面对突如其来的疫情,在驰援疫区方面,农夫山泉为抗疫工作者送去"爱心水"。从质性编码资料来看,农夫山泉在面对疫情危机时采取的无条件免费开放武汉600万瓶库存产品、全力保障供应武汉方舱医院用水的行动,以及对各地医院、公益组织和防疫站点等抗疫人员的多次捐赠行动,均体现了企业强烈的社会责任感。此外,农夫山泉公司经销商主动放弃休息迅速回归工作岗位,开仓为各大医院配送相关食品,这些行为也帮助企业在承担社会责任的同时,获取了抗击危机的能量和资源,助力实现"多方共赢"。

其次,农夫山泉领导者敏锐的市场捕捉能力使得组织具有较高的市场洞察力,形成了企业"危中求机"的发展意识。从案例编码资料来看,农夫山泉敏锐地捕捉到疫情发生后配送到家、免接触这两个用户的紧迫需求,迅速调整业务。一方面,通过公司官方微信群、"送水到府"App,免费配送大众刚需的饮用水、米等产品,满足了配送到家的客户需求;另一方面,疫情期间迅速布局了5000多个提供饮品产品的无人售货便民销售点,满足了客户免接触的紧迫需求。针对用户新型需求调整的业务,成为农夫山泉在疫情危机下持续发展的重要利润增长点。

最后,农夫山泉领导者的创新精神为组织打上了"始终寻求创新"的企业精神烙印,触发了农夫山泉产品重构的数字化变革。农夫山泉在疫情下进行了数字化变革和数字化转型,建立了无人零售芝麻店,主要销售自家产品,包括农夫山泉瓶装水和桶装饮用水、饮料、东北香米、农夫山泉面膜和脐橙等,进而通过收集和分析用户的消费行为数据,围绕消费行为场景布局供应链转型和升级。农夫山泉从经销商变成零售商,从B2B变成了 B2C，商业模式也变了，供应链已经完完全全地发生了变革。不断追求创新为企业进行变革提供了思路和动力源泉，从而助力企业灵活应对疫情危机，做到"危中求机"，成功反弹并提升了组织韧性。

8.6 案例对比研究与总结

8.6.1 案例对比研究结论与讨论

本章围绕 VUCA 环境下领导者会表现出什么样的领导特质以及领导特质如何影响领导有效性的模式及作用机制这两个核心问题，针对 4 个代表性案例企业应对危机的实践，通过严谨的结构化数据分析方法，系统探索了危机情境下的领导者特质，分析了领导者特质通过组织印记对领导有效性的作用机制，最终提炼出领导特质如何影响领导有效性的模式及作用机制的理论框架（见图 8-1）。接下来的讨论中，本章将围绕该理论框架进行重点论述。

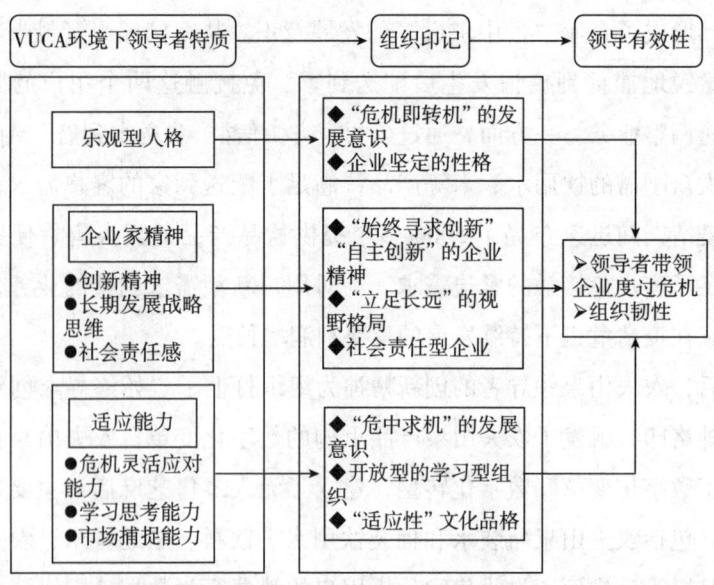

图 8-1　VUCA 环境下领导者特质对领导有效性的影响模式模型

8.6.1.1 VUCA环境下的领导者特质

通过多案例对比分析，本章发现了 VUCA 环境下尤其是面对危机时有效的领导者特质。危机通常被视为在时间和空间上孤立的、具有严重影响且不可预期的偶然事件（Williams et al., 2017）。在危机情境下，组织所面对的外部环境表现出高度的易变性、不确定性、复杂性和模糊性特征，突发危机事件会严重影响领导者作出正确的判断和行为选择。通过案例对比分析，本章发现危机情境下优秀的领导者都具备以下 3 种特质：乐观型人格、企业家精神、适应能力。企业最高领导者的这 3 种优秀特质会烙印在组织中形成特定的组织印记，进而帮助企业度过危机，实现领导有效性。

首先，在面对突如其来的危机时，那些具有较强积极特质的领导者可能具有更良好的社会道德及更强的社会适应能力，从而有助于其更轻松地面对压力、逆境和损失，即使面临最不利的社会环境，他们也能应对自如。这是因为，当面对困难和挑战的时候，乐观积极的态度有助于领导者积蓄能量，通过提升灵活性和创造性，更勇敢并高效地应对困难和挫折。通过案例分析，本章发现不管是华为领导者任正非在面对美国制裁时还是格力领导者董明珠在面对新冠疫情时，他们都拥有强大的内心，呈现出乐观自信的状态，在"危机"中看到"机遇"。华为领导者任正非胸有成竹地表示应对第二轮打击不会出现问题，持久战越打越强大；格力领导者董明珠提到最多的是"未来还是很有希望的，是阳光的"。

其次，具有创新精神、社会责任感以及战略思维的企业家精神也是非常重要的，这是区分领导者和非领导者的关键，也是企业领导者必须具备的核心特质。其中，创新精神是企业家精神的核心内涵，能够促进企业创新能力和创新效率的提高，构建企业竞争优势（朱蓉、曹丽卿，2018；许昉昉，2015）。华为领导者任正非、格力领导者董明珠和农夫山泉领导者钟睒睒这 3 位领导者一直都在坚持科技和产品创新，也正是创新使他们能够在面对危机时立于不败之地。此外，社会责任感是新时代企业家精神的重要特征。所以，华为领导者任正非把背负国家层面的"信任赤字"看作华为的义务、责任和光荣，格力领导者董明珠和农夫山泉领导者钟睒睒在新冠疫情暴发时积极驰援疫区。基于长期发展的战略思维是企业家精神的形态之一，领导者通过战略制定和选择对有限资源进行最优化配置，积极构建企业核心竞争力（单宇等，2021）。华为任正非和格力董明珠这两位领导者都能够不拘泥于眼前利益，从全局出发进行战略布局，谋求企业长期发展。可见，具有创新精神、社会责任感以及战略思维的企业家精神，是危机时期有助于带领企业突围的有效领导者特质。

最后，领导者必须具备应对突如其来危机的适应能力，包括危机灵活应对能力、学习思考能力和市场捕捉能力。当前企业所处的环境越来越复杂多变且处处充满危机，领导者一定要不断培养自身处于不同危机情境下的适应能力（王娟、李婷，2022）。其中，危机灵活应对能力是企业处在复杂多变的外部环境中领导者必备的能力。这一点在格力领导者董明珠的身上体现得尤为突出。她能够在新冠疫情暴发时勇敢面对、主动出击，化被动为主动，带领格力在慌乱中有序地应对疫情。由于外部环境的复杂性、模糊性，需要领导者具备学习思考能力，不断扩充、吸收和转化新知识，调整组织以适应快速变化的环境。而华为领导者任正非能够在20年前就想到把企业资金投入研发，在面对美国制裁时临危不惧，这与他坚持学习思考密不可分。市场捕捉能力的关键是敏锐的洞察力。格力领导者董明珠在新冠疫情期间看到未来发展方向——不仅要研究用户未来的需求方向而且要围绕健康领域研究未来；农夫山泉领导者钟睒睒则坚信领导者必须要抓住一切机会，一旦发现有市场潜力的产品就立刻出手。所以农夫山泉在强大产品的基础上，在疫情形势下推进数字化变革，进行产品重构，转变商业模式，领先其他企业。

8.6.1.2 领导者特质对领导有效性的影响模式及作用机制

通过多案例对比分析，本章发现 VUCA 环境下尤其是面对危机时领导者特质会影响组织印记的形成，进而影响组织应对危机时采取的措施，从而影响领导有效性和组织韧性。组织韧性指组织面对逆境成功反弹的能力（Linenluecke，2017），具备感知、整合协同及资源重组等特征，可使组织应对从不利发展到重大危机等各种干扰（Hillmann and Guenther，2021），促使其在不稳定和不确定时期取得成功。组织印记是一个过程，企业在一个短暂的敏感时期，形成了与特定环境相匹配的特点，尽管后续环境发生了变化，但这些特点依然持续地对企业产生影响（Marquis and Tilcsik, 2013）。本章研究表明，VUCA 环境下领导者所展现出的特质通过激活组织印记，使企业产生相应的应对行为，在领导者的带领下度过危机，展现领导有效性，且提升组织韧性。

首先，领导者的乐观型人格塑造了企业坚定的性格，激发了企业早已烙下的"危机亦是转机"的印记，助力企业"危中求机"，提升韧性。领导者面对危机的乐观心态感染着企业员工，越是危难，就越要积极寻找出路和转机。所以华为能够在面对制裁时公司全体精神振奋，准备打持久战；格力 9 万人能够与企业同在，在立足自身"严格抗疫""复工达产"的同时，还"多线作战"，援驰疫区，深耕抗疫科技。可见，只有拥有强大的承受能力、坚定的性格品质，建立心理防线，才能在危机面前勇敢地采取行动，抵御危机，提升组织韧性。

其次，企业家精神作为领导者的核心特质所激发的组织印记，在企业度过危机中发挥中流砥柱的作用。其一，创新精神带来的是"十年如一日"坚持创新的印记以及"自主创新"的企业精神，这种主动求变使得企业在面临危机时能化被动为主动，寻求机会持续发展。华为在美国制裁中转变人才布局战略来支持创新；"格力掌握核心科技"已深入格力人的脑海，因此格力在新冠疫情期间发挥优势，不仅自主研发核心科技——可杀灭新冠病毒的空气净化器，而且拿 10 亿元投资高端医疗，并增加对智能装备、自动化、机器人等领域的投入；农夫山泉以疫情为契机进行数字化变革，进行供应链层面上的转型和升级。这使得企业在面对危机时拥有自救的能力。企业还应加强创新的内功修炼，这将成为企业成功应对危机的关键因素之一（王瑞琪、原长弘，2022）。其二，企业领导者基于长期发展的战略思维使企业在危机面前也不忘全面布局，追求长期利益，形成了"立足长远"的视野格局，助力企业应对危机。华为一直明白美国的制裁不会停止，因而提出向美国某家公司独家授权全套 5G 技术以避免在将来的人工智能领域遭受美国的第二次"实体清单"打击；虽然格力集团2020年第一季度电器销售大幅下滑，但是并没有通过裁员来解决问题。这样的战略思维不仅能够使企业度过危机，也能够帮助企业成长。其三，企业领导者的强烈的社会责任感促使企业即使在危机情境下也会主动承担社会责任，实现"多方共赢"。华为、格力和农夫山泉在领导人的影响下，在危机面前积极承担应有的社会责任，从而帮助企业树立良好的社会形象，谋求长远发展。在承担社会责任的同时，企业也获取了抵御风险和抗击危机的能量和资源，从而实现了"多方共赢"。

最后，领导者的适应能力所激发的组织印记为企业度过危机作出了巨大贡献。其一，领导者的危机灵活应对能力能够帮助企业及员工在面对危机时临危不惧，树立"危中求机"的发展意识。格力在领导者董明珠的带领下，面对突然暴发的疫情并没有慌了神，而是有序地进行复工，驰援疫区并谋求新的发展。这些举措提升了整个企业应对危机的能力，打响了防御反击战的第一枪。其二，领导者学习思考的能力营造了企业不断学习的氛围，通过形成开放的学习型组织积聚了应对危机的能力。华为领导者任正非将自己的角色定位于学习、思考、交流、传播。尤其是通过向华为高管推荐他看过的好书、好文章等，来熏陶高层并促使其提升认知，将华为事业提升到哲学与历史高度，进而影响整个公司的发展。因此，在被制裁后，任正非接受了45场采访，宣扬传播华为的思想文化等，为华为度过危机发挥了重要作用，并帮助企业不断思考，不断进步，形成了开放的学习型组织，积聚了应对危机的能力。其三，领导者作为企业的"掌舵者"，带领企业"抓住市场机遇"，谋求长远发展，通过塑造"适应性"的文化品格，灵活应对环境变化，有效抵御危机且助推企业持续发展。格力在疫情期间指明了企业未来的发展方向：一是要研究用户未来的需求方向；二是要围绕健康领域研究未来。农夫山泉在复杂的环境中寻找到了企业新的出路：推进数字化变革，进行产品重构，转变商业模式。这对企业来说是至关重要的能力，企业不仅要能够度过危机，更要谋求危机后的生存（张建平等，2021）。基于组织韧性的过程观点，企业在危机后的反思学习、长远调整及变革的能力,也是提升组织韧性的关键因素(Duchek,2020)。

8.6.2 研究贡献

本章运用探索性案例研究方法,以国内4家应对危机的知名企业为研究对象,探讨了领导者特质对领导有效性影响模式的关键因素与内在机理,从而拓展和丰富了领导者特质与领导有效性的研究,为未来的实证研究提供了参考。本章的理论贡献、实践启示以及研究局限与未来展望总结如下。

8.6.2.1 理论贡献

本章分析了VUCA环境下领导者所展现出的特质以及领导者特质对领导有效性的影响模式及作用机制,并且提炼出领导特质对领导有效性影响模式的理论框架。本章的理论贡献主要包括以下几个方面:

第一,本章对VUCA环境下领导者所展现出的特质进行了探讨,解构了领导者在面对危机时应该具备的关键特质,对VUCA环境下有效领导者特质研究作出了理论贡献。受制于研究情境的限制,现有研究缺乏直接嵌入情境中对领导者特质的研究,少有学者将样本限定在一定行业或者时代中探究时代、行业等情境因素对领导者特质的激活作用,即缺乏"特定情境"的研究(谭乐等,2017),未能更深层次地揭示情境在领导研究中扮演的重要角色。本章"嵌入"危机情境下识别出VUCA环境尤其是危机情境下领导者应该具备乐观型人格、企业家精神、适应能力等有效特质,拓展了危机情境下的领导者特质理论研究,对情境领导理论也作出了贡献。

第二,本章剖析了VUCA环境下领导者特质如何影响领导有效性的影响模式和作用机制,对VUCA环境下领导理论作出了贡献。本章创新性地将组织印记纳入考量范畴,解释了危机情境下领导特质通过组织印记影响领导有效性的模式和作用机制,拓展了现有文献对二者的理论研究边界,同时弥补了特定情境下领导者特质对领导效能影响机制的研究缺口(谭乐、宋合义、富萍萍,2010)。本章提炼出VUCA环境下领导者展现的特质,以及其形成的不同组织印记,进而使企业产生相应的危机应对行为,在领导者的带领下度过危机，展现了领导有效性且提升了组织韧性，对 VUCA 环境下领导理论作出了贡献。

第三，本章从领导力视角揭示了危机情境下组织韧性的提升机制，对 VUCA 环境下组织韧性理论作出了贡献。已有研究更多地从资源视角揭示组织韧性的影响因素，尽管少量研究发现领导者特征（如自我效能感、乐观情绪等）及领导行为有助于促进组织韧性提升（Hillmann and Guenther, 2021），但是很少有研究深入揭示领导者特质如何提升组织韧性的作用机制。本章通过多案例对比研究，深入揭示了领导者特质通过组织印记提升组织韧性的作用机制，从领导力视角拓展了 VUCA 环境下组织韧性的研究，对组织韧性理论作出了贡献。

8.6.2.2 实践启示

本章的实践启示主要包括以下几个方面：第一，组织要重视领导者在危机情境下的关键作用。领导者在组织发展过程中尤其是面临危机时起着极为关键的作用，对于组织的战略方针、行为方式、组织文化等多方面都有着重大的影响，会形成组织典型印记，进而影响组织应对危机的策略选择。因此，组织应该看到领导者在组织发展中的重要作用，发挥领导者的积极作用。第二，本章研究结论对于危机情境下领导者的选拔具有理论指引。本章发现了危机情境下一些关键的有效领导者特质，危机情境下的领导者选拔应更加关注乐观型、具有企业家精神及社会责任感等重要特质。随着组织的发展，领导者要不断发展自身，提高自身特质。第三，组织要重视危机前的预防，危机发生时积极采取措施，危机后注重学习反思和变革。组织在发展过程中总会遇到各种各样的危机，因而积极应对处理危机，对于组织来说是极为重要的。因此，组织要认识到危机管理的重要性，做好一系列应对危机的准备并采取相应措施，从而更好地提升面对逆境成功反弹的能力，提升组织韧性。

8.6.2.3 研究局限与未来展望

尽管本章基于多案例研究对 VUCA 环境下领导者所展现出的特质以及领导特质对领导有效性的影响模式及作用机制进行了探讨，但仍有一些不足之处有待未来研究继续完善。首先，研究资料以二手资料为主，缺少对案例企业的实地调研和人员访谈所形成的一手资料，且由于能获取的不同企业资料的丰富性存在差异，也可能导致本章的诠释存在一定的主观性和片面性。比如案例企业字节跳动相关二手资料获取有限，也许企业领导者采取了更多有效应对危机的策略。因此，这在一定程度上局限了我们对领导者特质及领导有效性影响模式的解读，有待未来获取更丰富的资料。同时，若能结合一手案例与二手案例资料来进一步探讨领导者特质对领导有效性影响模式，可能会得出更为客观和系统化的研究结论。其次，探讨了领导者特质通过组织印记对领导有效性产生影响，虽然本章拓展和丰富了领导者特质与领导有效性的研究，可以为未来的实证研究提供参考，但是未来还可以继续讨论是否还存在其他的影响路径（Williams et. al., 2017）。最后，由于案例研究方法的局限性，本章研究结论的普适性有待提高，未来仍然需要运用大样本实证分析来增强研究结论的普适性。

9 研究结论及展望

本章主要介绍上述研究工作得出的主要结论及对实践的管理启示，并且进一步指出未来研究的方向和建议，从而推动本领域研究的不断发展。

9.1 研究的主要结论和管理启示

9.1.1 主要结论

本书在回顾了大量的文献的基础上，基于系统论视角，对领导者特质、领导行为与 VUCA 环境下不确定性多要素对领导有效性的互动影响展开了研究。通过理论探讨、量化与质性研究并举对上述问题进行系统研究，本书深入剖析了 VUCA 环境下领导要素互动影响领导有效性的作用机制和深层机理，得到的主要研究结论如下，且这些结论为领导者有效应对不确定性的管理实践活动提供了借鉴和启示。

9.1.1.1 领导者特质、领导行为、情境对 VUCA 环境下领导有效性的互动作用机制

本书通过量化实证研究及质性探索研究，系统探讨了领导者特质、领导行为、情境对 VUCA 环境下领导有效性的作用机制。研究表明，领导者人格类型通过变革型领导行为间接影响领导者的任务绩效、关系绩效以及适应性绩效，且上述间接影响机制在不同程度的环境不确定性下存在差异。本书基于我国 8 个省市的 43 家企业的调查数据分析发现，领导者人格类型、领导行为、情境互动影响领导绩效，具体研究结论如表 9-1 所示，

具体从以下几个方面加以总结。

表9–1 领导者特质对 VUCA 环境下领导有效性作用机制的研究结论

研究结论	一般心理倾向 (E–I)	信息获取方式 (S–N)	信息处理方式 (T–F)	行动方式 (J–P)	变革型 领导行为
(1) 人格类型在领导者中的分布情况	E > I	S > N	T > F	J > P	
(2) 人格类型对领导绩效的直接影响					
任务绩效	I > E	S > N	F > T	J > P	
关系绩效	——	——	F > T		
适应性绩效	E > I	N > S	F > T		
(3) 变革型领导行为的中介作用					
变革型领导	E > I	N > S	——	P > J	/
任务绩效	部分中介	部分中介	无中介	部分中介	负向
关系绩效	部分中介	部分中介	无中介	完全中介	正向
适应性绩效	部分中介	部分中介	无中介	完全中介	正向
(4) 环境不确定性的主调节作用					
状态不确定性					
任务绩效	/	负向调节(−) S > N	/	/	
关系绩效	/	正向调节(+) N > S	/	/	
适应性绩效	/	正向调节(+) N > S	/	/	
影响不确定性					
任务绩效	/	/	负向调节(−) T > F	/	
关系绩效	/	/	正向调节(+) F > T	/	
适应性绩效	/	/	正向调节(+) F > T	/	
响应不确定性					
任务绩效	/	/	/	——	

续表

研究结论	一般心理倾向 (E-I)	信息获取方式 (S-N)	信息处理方式 (T-F)	行动方式 (J-P)	变革型 领导行为
关系绩效	/	/	/	正向调节(+) P>J	
适应性绩效	/	/	/	正向调节(+) P>J	
(5) 环境不确定性的有调节的中介作用					
状态不确定性		N>S			
任务绩效	/	有调节中介 (-)	/	/	
关系绩效	/	有调节中介 (+)	/	/	
适应性绩效	/	有调节中介 (+)	/	/	
影响不确定性					
任务绩效	/	/	直接调节(-) T>F		
关系绩效	/	/	直接调节(+) F>T		
适应性绩效	/	/	直接调节(+) F>T		
响应不确定性				P>J	
任务绩效	/	/	/	有调节中介 (-)	
关系绩效	/	/	/	有调节中介 (+)	
适应性绩效	/	/	/	有调节中介 (+)	

注:"——"代表验证结果不显著;"/"代表依据理论未提出相关假设。

首先,在领导者人格类型的分布上,具有一些相对共性的特征,比如在一般心理倾向上,外倾型领导者的人数显著高于内倾型领导者的人数;

在信息获取方式上，感觉型领导者的人数显著高于直觉型领导者的人数；在信息处理方式上，思考型领导者的人数显著高于情感型领导者的人数；在行动方式上，判断型领导者的人数显著高于知觉型领导者的人数。而由人格类型的4个维度8个极所构成的16种类各类型组合中，外倾—感觉—思考—判断（ESTJ）型占统治地位，其次是内倾—感觉—思考—判断（ISTJ）型。

其次，领导者人格类型不同维度通过领导行为间接影响领导绩效的作用机制存在差异。研究结果表明，领导者人格类型的一般心理倾向、信息获取方式、行动方式维度确实可以通过变革型领导行为来间接预测领导者的任务绩效、关系绩效和适应性绩效，而信息处理方式维度直接预测领导者的任务绩效、关系绩效和适应性绩效。具体来说，外倾型、直觉型、知觉型领导者更容易表现出变革型领导行为，进而导致更低的任务绩效、更高的关系绩效以及更高的适应性绩效。研究表明，领导行为是领导者人格类型对领导绩效的重要的作用机制之一。这一实证结果支持了过去学者的观点，表明领导者所处的管理情境更加复杂和多变，领导者个人特质在预测领导有效性时将更具有决定性作用（Zaccaro，2001；Zaccaro et al.，2004；Tuncdogan et al.，2017）。

再次，本书更重要的目的之一是通过探讨环境不确定性情境对人格类型通过领导行为间接影响领导绩效关系的调节效应，意在寻求在环境不确定性情境下，人格类型通过领导行为对领导绩效的不同作用机制，最终发现人格类型、领导行为与情境的合理匹配模式。研究结果表明，状态不确定性调节了领导者信息获取方式、变革型领导行为和领导者绩效之间的中介效应；影响不确定性则直接调节了领导者信息处理方式与领导者绩效之间的影响关系；响应不确定性调节的则是领导者行动方式、变革型领导行为和领导绩效之间的中介效应。可见，由于领导者感知到的环境不确定性程度不同，会影响不同人格类型的领导者采取变革型领导行为所产生的效能。具体来说，当领导者无法判断或预测环境事件发生的可能性时，与感觉型领导者相比，直觉型领导者的优势会得到更好的激活，故更可能通过采取变革型领导行为促使领导效能的提升。当领导者难以预测环境事件发生及变化给企业带来的影响时，思考型领导者将会取得更高的任务绩效，情感型领导者的柔性使其能够取得更高的关系绩效和适应性绩效，但是均未采用变革型领导行为的途径或方式。当领导者无法预测如何应对环境事件及其变化时，与判断型领导者相比，擅长灵活性和领导柔性的知觉型领导者的优势会进一步被激活，进而通过采取变革型领导行为，正确地作出决策来提升领导绩效。

最后，研究表明不同情境下，领导者人格类型通过领导行为对领导绩效的作用机制不同，有些情境下中介作用加强，有些情境下中介作用减弱。这就说明领导特质、领导行为与领导绩效的关系受到条件的限制。不存在一成不变的领导特质、领导行为与领导绩效的关系，三者的关系是动态和发展的，在不同情境下会有不同的结论。只有将情境、特质以及行为进行合理匹配，才能更好地作用于领导有效性。

9.1.1.2　VUCA环境下共享型领导对团队结果的作用机制

作为VUCA环境下具有典型代表性的新型领导行为，本书基于问卷调查法，量化实证研究了共享型领导这一水平集体领导力模式对团队产出的影响及其作用机制。基于对79名部门领导者及其286名下属员工的配对数据的统计分析，研究得出以下几个方面的主要结论：

第一，共享型领导通过团队信息交换以及团队激情氛围这两种机制间接影响团队产出，但是对团队绩效和团队创造力的间接作用机制存在差异化的结果。具体来说，共享型领导通过团队信息交换这一认知机制仅会显著影响团队绩效，对团队创造力的作用则不显著；而共享型领导通过团队激情氛围这一情感机制仅对团队创造力产生显著影响，对团队绩效的作用却不显著。可见，在共享型水平领导情境下，团队成员有时可能会靠理性认知工作，有时可能会靠激情工作，这在理性状态下可能更有利于团队绩效，而在激情状态下可能更有利于团队创造力。总之，VUCA环境下共享型领导对团队绩效的影响机制更多的是通过认知路径发挥作用，而对团队创造力的影响机制更多的是通过情感路径发挥作用。

第二，VUCA 环境下共享型领导发挥作用存在边界条件。本书的研究结果从外部环境视角拓展了共享型领导对团队产出作用的边界条件，结果表明，环境不确定性对共享型领导与团队激情氛围之间的关系起到正向显著调节作用，即环境不确定性程度越高，共享型领导对团队激情氛围的正向影响会越强。当然，研究也表明，环境不确定性并未显著调节共享型领导与团队信息交换之间的关系，而且与假设的作用方向相反，呈现出负向影响，即环境不确定性程度越高，共享型领导正向作用于团队信息交换的效果越弱。可见，VUCA 环境下共享型领导要想发挥作用不仅取决于客观的环境不确定性，还需同时考虑成员对环境不确定性的认知及归因。

9.1.1.3　VUCA 环境下悖论式领导对团队结果的作用机制

作为 VUCA 环境下具有典型代表性的新型领导行为，本书基于问卷调查法，量化实证研究了悖论式领导这一基于中国传统阴阳哲学理论提出的"二者皆"逻辑的协同领导力模式对团队结果的影响及其作用机制。基于对 64 名部门领导者及其 224 名下属员工的配对数据的统计分析，研究得出以下几个方面的主要结论：

第一，采用"二者皆"逻辑的悖论式领导通过增强团队观点采择来促使团队表现出更高的适应性绩效。团队观点采择体现了团队成员接受及整合不同观点的能力，而悖论式领导通过榜样示范及营造包容性氛围，向团队成员传递拥抱矛盾、接受矛盾的全面性和整体性思维以及持续性学习导向信息，促使团队成员提升认知灵活性，进而能更好地应对 VUCA 环境下的变化和危机，从而提升团队整体的适应性绩效。

第二，VUCA 环境下悖论式领导发挥作用存在边界条件。研究结果还进一步拓展了悖论式领导行为发挥效能的边界条件，即环境不确定性调节了悖论式领导对团队观点采择的影响以及悖论式领导通过团队观点采择间接作用于团队适应性绩效的影响。结果证明，随着组织所面临的环境不确定性程度的提高，悖论式领导将可以更有效地促进提升团队观点采择，进而帮助团队提升其适应性绩效。研究结论进一步支持了 VUCA 环境下悖论式领导对提升团队及组织可持续生存和发展的有效性和重要性（Smith and

Lewis，2011；Zhang et al.，2022）。同时，作为直接嵌入到情境中的"深度情境化研究""特定情境下的研究"，研究结论发展了含有丰富情境信息的理论（Context – Rich Theories），且进一步推进了本土化领导理论的发展。

9.1.1.4 VUCA 环境下领导特质为什么及如何影响领导有效性的模式和机制

为了进一步深入剖析 VUCA 环境下领导特质为什么以及如何影响领导有效性，本书通过多案例比较研究的质性方法深入挖掘和解构了 VUCA 环境下领导者特质对领导有效性的影响模式和作用机制。本书选取 4 家中国典型企业作为案例研究对象，基于对质性资料的编码和分析，建构了 VUCA 环境下领导特质影响领导有效性的不同模式理论。研究得出以下几个方面的结论：

第一，危机情境下领导者表现出不同的有效领导特质，但是这些有效领导特质存在一定的共性。通过是否成功带领企业度过危机的领导者特质的多案例比较发现，有助于成功应对 VUCA 环境尤其是危机情境的有效领导者特质包括以下几个方面：一是要保持积极乐观的心态，有助于企业在危机中看到希望和转机；二是领导者要具有创新精神、深度责任感以及长期战略思维等企业家精神，这些是带领企业更好地应变所需具备的核心特质；三是领导者必须具备应对突如其来危机的适应能力，包括危机应对能力、学习思考能力和市场捕捉能力等。

第二，领导者特质可以通过影响组织印记进而帮助企业更好地应对危机，提升组织韧性。研究表明，领导者的较为稳定的特质在企业发展的过程中，会潜移默化地影响企业处理日常事务的行为准则规范等，成为特定的组织印记；而这种植根于深层组织管理中的组织印记则会在企业遇到危机时帮助其突破阻碍，度过危机。通过多案例对比研究，本书有了几个重要的发现：首先，领导者的乐观型人格有助于塑造企业坚定的性格，进而强化"危机亦是转机"的印记，从而更好地助力企业"危中求机"，提升韧性。其次，领导者创新精神带来的是"十年如一日"坚持创新的印记以及"自主创新"的企业精神，这种主动求变使得企业在面临危机时能化被动为主动，寻求机会持续发展；领导者基于长期发展的战略思维使企业在危机面前也不忘全面布局，追求长期利益，形成了"立足长远"的视野格局，助力企业应对危机；企业领导者的强烈的社会责任感促使企业即使在危机情境下也会主动承担社会责任，且在承担社会责任的同时，也获取了抵御危机的力量和资源，实现了"多方共赢"。最后，领导者的危机灵活应对能力能够帮助企业及员工在面对危机时临危不惧，塑造"危中求机"的发展意识；领导者学习思考的能力营造了企业不断学习的氛围，通过形成开放的学习型组织来塑造和提升其应对危机的能力。领导者作为企业的"掌舵者"，能够带领企业"抓住市场机遇"，谋求长远发展，通过塑造"适应性"的文化品格，灵活应对环境变化，有效抵御危机且助推企业持续发展。可见，领导者的特质会深深植根于企业管理中，成为特定的组织印记，帮助企业及员工更好地认知困境中隐含的机会，学会"危中求机"，且能够临危不惧，灵活坚定地协同应对危机，从而提升组织应对VUCA环境及应对危机挫折的韧性。

9.1.1.5　VUCA 环境对领导有效性的作用路径及影响机理

本书通过理论探讨、量化与质性研究并举，从系统论视角深入剖析了VUCA环境对领导有效性的作用机制和深层机理，总结提炼出关键的作用路径和影响机理。在此基础上，通过建构VUCA环境下有效领导人格类型或领导特质、领导行为与情境的互动及匹配模型，进而系统化形成VUCA环境对领导有效性作用机制整合模型。本书以环境不确定性为切入点，深入挖掘了VUCA环境对领导有效性的作用路径及影响机理，得出的研究结论总结如下：

（1）VUCA环境影响了领导者特质与领导行为之间的关系，在不同类型及不同程度的环境不确定性下，领导者人格类型对领导行为的影响存在差异。本书研究结果表明：其一，当领导者感知到的环境不确定性程度较低即存在状态不确定性时，与感觉型领导者相比较，直觉型领导者的优势更容易被激活，进而更多表现出变革型领导行为。其二，当领导者感知到中等程度的环境不确定性即影响不确定性时，思考型和情感型领导者在变革型领导行为方面的差异并不显著。其三，当领导者感知到更高程度的环境不确定性即响应不确定性时，知觉型领导者比判断型领导者更多表现出变革型领导行为。变革型领导行为是不确定环境下学者们关注较多的领导行为之一，有助于促进下属绩效、团队绩效以及组织绩效提升。然而，对于领导者而言，只有某些特定特质才更容易被不确定情境激活，进而表现出变革型领导行为。因此，上述结论对于不确定环境下领导者选拔具有重要的指导作用。企业需要先判断当前所面临的环境不确定性程度，若环境不确定性程度较低即存在状态不确定性时，尽可能选拔直觉型领导者；若环境不确定性程度很高即存在响应不确定性时，尽可能选拔知觉型领导者。

（2）VUCA环境影响了领导行为与领导有效性之间的关系，如团队创造力、团队绩效以及领导绩效等。本书研究结果表明，环境不确定性显著改变了VUCA环境下共享型领导对团队激情氛围的影响，却未显著改变共享型领导对团队信息交换的影响。具体来说，环境不确定性程度越高，共享型领导越有助于促进团队激情氛围的营造，但是却不利于促进团队信息交换。本书研究结果也表明，环境不确定性显著改变了悖论式领导对团队观点采择的影响，同时还改变了悖论式领导通过团队观点采择影响团队适应性绩效的间接效应。具体来说，环境不确定性程度越高，悖论式领导越有助于促进团队观点采择，进而实现更高水平的团队适应性绩效。此外，本书研究结果还表明，环境不确定性显著改变了变革型领导对领导绩效的影响。具体来说，状态不确定性、影响不确定性以及响应不确定性程度越高，变革型领导行为将能够带来更低的任务绩效、更高的关系绩效和更高的适应性绩效。

（3）VUCA环境影响了领导者特质通过领导行为间接影响领导有效性的作用路径和机制。本书研究结果表明，领导者感知到的环境不确定性的程度和类型不同，对领导者不同人格类型维度的激活效应和机制存在差异。具体来说，当领导者感知到较低的环境不确定性即状态不确定性时，该不确定性情境对直觉型领导者的激活效应更强，促使其更多地通过变革型领导行为来提升领导绩效；当领导者感知到中等程度的环境不确定性即影响不确定性时,该不确定性情境对思考型领导者的激活效应更强,但并未通过变革型领导行为而是直接促进领导绩效提升;而当领导者感知到更高程度的环境不确定性即响应不确定性时,该不确定性情境对知觉型领导者的激活效应更强,促使其更多地通过变革型领导行为来促进领导绩效提升。可见,对于组织所面临的不同程度及不同类型的环境不确定情境,需要不同人格类型的领导者通过采取变革型领导行为来更好地提升领导绩效,从而更有效地应对 VUCA 环境给组织带来的挑战。

(4) VUCA 环境触发了一些新型领导行为的产生及有效性。本书研究中关注的新型领导行为,如共享型领导以及悖论式领导,都是由于组织所面临的环境变得越来越复杂多变,为了更好地应变而产生的一些领导行为。本书研究结果也进一步表明,VUCA 环境的不确定性会促进共享型领导、悖论式领导以及变革型领导行为的有效性。也就是说,与稳定环境相比,共享型领导、悖论式领导以及变革型领导行为在不确定性环境下将发挥更大的效能,更好地帮助团队提升创造力及适应性绩效,同时帮助领导者更好地提升关系绩效和适应性绩效。

(5) VUCA 环境会激活一些特定领导者特质进而影响领导有效性。自 20 世纪 90 年代以来,随着组织所面临的环境不确定性的增强,领导特质理论再度复苏,形成了第二个研究高峰期(第一个研究高峰期是 20 世纪 20 年代到 50 年代)。这意味着在 VUCA 环境下,领导者特质将发挥更为关键的作用。本书研究结果表明,VUCA 环境下尤其是当组织面临困境和危机时,领导者保持积极乐观的心态,具有创新精神、深度责任感及战略思维等企业家精神,具备应对突如其来危机的适应能力,包括危机应对能力、学习思考能力和市场捕捉能力等,将有助于带领组织成功地应对危机,从而提升组织韧性。此外,本书采用质性研究方法,通过与特定情境相关的组织关键事件来分析领导者与客体的互动行为,透视领导者所展现的特质,探索情境、特质、行为对领导有效性的共同作用。本书研究发现,危机情境下领导者的这些特质可以通过影响组织印记进而帮助企业更好地应对危机,进一步揭示了领导者特质影响领导有效性的组织层面作用机制。

9.1.2 管理启示

基于本书的量化实证和质性探索研究结果,可以为组织管理实践提供如下几方面启示:

(1) 利用人格测验鉴别领导者的特质和人格类型。心理学和领导科学的发展与研究已经为我们提供了大量研究成果,并可为组织所用。本书发现,领导者人格类型的4个维度均与领导有效性显著相关,这一研究结果同样可以为人格测量在领导实践中的应用提供指导。Humber(2004)指出,"如果能适当运用 MBTI、CPI、16 因素等测量工具,都能够较好地达到甄选的目的"。人格类型没有好坏对错之分,不同人格类型的领导者具有各自的优势和劣势,因此,领导者需要清晰地认识到自己性格中的优势和不足,并且努力在工作中发挥优势,避免不足,这样才能在领导岗位上取得更好的绩效。

(2) 本书建立的领导者特质、领导行为、情境与领导有效性的系统匹配模型,在实践上将为 VUCA 环境下领导者选拔和培训提供理论依据。同时,也可应用于职业测评咨询及指导等,具有重要的实践指导意义。一方面,本书研究得出的特定情境下领导者人格类型对领导有效性的影响以及作用机制的研究结论及相应规律,能够帮助预测哪些人格类型的领导者更适合特定环境下的某种职位,为领导者选拔提供依据。在组织选用领导者时,要充分考虑组织自身的情境状况,组织要选择的不是最优秀的经理人,而是最合适的领导者。比如,基层领导岗位面对的更多是常规事务性的工作,因此感觉型领导者比直觉型领导者更适合;而高层领导者需要把握企业整体战略方向,直觉型领导者比感觉型领导者更适合。另一方面,VUCA 环境下对领导者的选拔要注重危机情境下的有效领导者特质,比如,选拔具备积极乐观的心态,具有创新精神、深度责任感以及战略思维等企业家精神,具备应对突如其来危机的适应能力的领导者,将更有助于带领组织应对危机和不确定性,提升 VUCA 环境下的组织有效性。因此，对领导者的选拔，需要考虑其特质、行为与情境的匹配性，这正是把握领导艺术的体现。

（3）本书的研究在实践上将为 VUCA 环境下领导者的培训提供依据。理论的研究是为了指导实践，本书的研究可以为组织对领导者的培训提供指导和依据。一方面，本书的研究结果帮助人们理解不同人格类型偏好的领导者自身具备哪些优点和哪些方面的不足，为企业结合岗位需求、针对不同人格类型偏好向领导者提供适合的培训方式提供了依据。比如，判断型领导者在决策前，需要花时间思考问题的所有方面；思考型领导者需要学会认同和看重感情。另一方面，本书的研究结果表明，VUCA 环境下共享型领导和悖论式领导对提升领导绩效、团队创造力及适应性绩效具有更为显著的促进作用，因此为 VUCA 环境下的领导和团队培训提供了思路和方向。由于共享型领导有助于提升 VUCA 环境下的团队绩效，因此在实践中要通过相应的激励制度，更多地鼓励团队成员参与到团队内部的领导角色中，也可以通过培训让团队成员感受到共享领导权力的愿景和氛围，促使垂直领导与共享领导共同发挥效能。此外，在面对复杂的不确定性环境时，组织可以推动发挥悖论式领导者的榜样作用以及示范效应，引导和鼓励团队成员学会平衡 VUCA 环境下更为显著的矛盾需求，也可以通过培训领导者形成悖论思维方式，发展悖论式领导行为来管理团队，帮助团队成员更好地、更灵活地调整和应对 VUCA 环境下多变和矛盾的工作要求，从而提升 VUCA 环境下的团队有效性。

（4）本书的研究在实践上还有助于 VUCA 环境下组织对领导者工作和任务的设计。设计和安排能够提供挑战和适合的工作，是帮助领导者提升领导信心的一种重要方式（Day，2001）。本书研究表明，环境不确定情境下直觉型和知觉型领导者更可能通过变革型领导行为提高领导绩效。因此，结合特定情境，针对每位领导者的行为倾向，安排适合其发挥优势的工作将有助于领导发展和提高领导有效性。这一发现与 Fiedler（1997）的建议相一致，即在了解了个体潜在的领导才能之后，组织还应该提供特定的情境以帮助其最大化地发挥个体潜能。

（5）本书的研究结论对于 VUCA 环境下本土化组织情境中团队有效管理和团队有效激励实践提供了关键理论指导。本书研究表明，悖论式领导在 VUCA 环境下有助于促进团队适应性绩效，而这种新型领导行为是在中国阴阳哲学理论基础上提出的，因此体现了本土化领导思维，为当前中国企业领导者如何有效应对不确定性环境提供了非常重要的管理思路。华为领导者任正非的"灰度管理"正是悖论思维在管理实践中的应用典范，值得其他企业领导者加以借鉴。此外，本书基于中国企业领导者和下属匹配样本得出的研究结论表明，环境不确定性程度越高，共享型领导越有助于促进团队激情氛围的营造，但是却不利于促进团队信息交换。可见，在 VUCA 环境下本土化团队管理和团队激励实践中，需要同时应用垂直领导与水平领导（如共享型领导）来提升 VUCA 环境下的团队有效性。

9.2 研究的创新点

本书基于系统论视角，通过理论探讨、量化研究与质性研究并举的研究范式，综合深入探讨了领导者特质、传统及新型领导行为与 VUCA 环境不确定性等多要素对领导有效性的互动影响，阐明了 VUCA 环境下领导多重要素互动影响领导有效性的作用机制和深层机理。基于研究结果及其与相关文献结论的比照，并考虑研究情境，本书作出了相应的理论贡献，具体的创新点如下：

（1）本书的最大理论贡献和创新点在于聚焦 VUCA 环境，将领导者特质、领导行为、情境以及领导有效性综合在一个模型中加以系统化探讨。通过系统深入的分析，深刻揭示了领导者特质、领导行为、情境以及领导有效性之间的相互关系。研究发现，领导特质、领导行为与领导绩效三者的互动关系是动态和发展的，在不同情境下，会有不同的互动关系及互动效能。可见，片面地只研究领导要素中的特质、行为，或者特质与情境、情境与行为，均无法深入探讨领导这个"黑箱"中更深层次的作用机理问题。只有以系统的观点，综合不同的领导要素共同研究对领导有效性的作用，才能得出更加完善的研究结论。此外，聚焦于 VUCA 环境下的环境不确定性及危机情境，从个体层面、团队层面以及组织层面揭示了领导者特质、领导行为、情境以及领导有效性之间的相互关系，从微观和宏观的视角探讨了 VUCA 环境下领导有效性的原因。因此，本书基于系统论的观点昭示这些要素之间的相互关系，对领导理论及不确定性管理理论的发展均作出了新的贡献。

（2）将环境不确定性作为情境因素切入点，围绕环境不确定性系统探讨 VUCA 环境下领导有效性问题，也是本书的创新之处。过去领导理论中的情境因素更多关注普适情境下的组织因素，如组织结构、组织文化、领导者与被领导者之间的关系等，反而忽略了 VUCA 环境不确定性和信息缺乏对组织管理的影响。本书聚焦于 VUCA 环境下的环境不确定性及危机情境，将环境不确定性理论与领导理论相结合，进一步揭示了 VUCA 环境对领导有效性的影响路径和作用机制，包括 VUCA 环境影响领导者特质与行为的关系、VUCA 环境影响领导行为与领导有效性的关系、VUCA 环境影响领导者特质通过领导行为影响领导有效性的作用机制、VUCA 环境触发一些新型的领导行为涌现以及 VUCA 环境激活一些特定领导者特质，进而影响不确定情境下的领导有效性。这些研究结论将环境不确定性理论与领导理论相结合，从而丰富了 VUCA 环境下的领导理论研究。

（3）本书的研究结果对 VUCA 环境下的新型领导行为理论作出了一定的贡献。研究结果不仅发现了变革型领导行为过去研究遗漏的一个重要前因变量——领导者人格类型，而且表明只有特定的领导特质被激活后才更容易表现出变革型领导行为，进而带来更高的领导绩效。VUCA 环境下，只有更进一步地关注领导者特质与领导行为的匹配性，才能更好地提升领导绩效。进一步地，本书的研究表明 VUCA 环境下水平式的共享型领导对团队管理的重要作用，揭示了共享型领导影响团队产出的内在机制和边界条件，对共享型领导理论的发展作出了重要贡献。此外，本书的研究揭示了 VUCA 环境下悖论式领导促进团队适应性绩效的内在机制和边界条件，拓展了 Zhang 等（2015）对悖论式领导和员工适应性之间关系的团队层次上的探索，并证实了在环境不确定情境下悖论式领导对组织可持续生存和发展的有效性（Smith and Lewis，2011），对悖论式领导理论的发展作出了重要贡献。

（4）本书的研究对象聚焦中国企业领导者，且相关研究作为"特定情境下的研究"（Tsui，2007，2009），为推进本土化领导研究和管理创新作出了贡献。本书研究基于中国企业领导者样本的调查数据，实证验证了VUCA环境下领导者特质、新型领导行为及环境不确定性互动影响领导有效性的作用路径和机制，这些理论分析和实证研究结果为MBTI理论、变革型领导理论、共享型领导理论等理论跨文化背景的应用提供了重要依据，为不确定性环境尤其是后疫情时代中国企业领导者提升领导有效性提供了管理思路和方法。此外，本书研究结论表明了基于中国传统阴阳哲学理论提出的典型领导行为——悖论式领导行为在VUCA环境下的有效性，本书关注了悖论式领导行为在VUCA环境下如何发挥有效性。而且，本书选取中国典型企业作为案例研究对象，通过多案例对比研究，挖掘出了中国文化情境下哪些领导特质，"为什么"以及"如何"助力领导者有效应对危机和不确定性的不同模式，这些研究结果为VUCA环境下中国企业领导者如何吸收本土优秀企业实践经验、提升领导有效性提供了重要的借鉴。

（5）本书采用理论探讨、量化实证与质性研究相结合，探索和经验研究并举，是本书的一大特色和创新。基于理论探讨梳理底层逻辑，在此基础上结合调查数据量化实证研究VUCA环境下领导者特质、新型领导行为及环境不确定性互动影响领导有效性的作用路径和机制，进而通过建构扎根理论、案例研究等质性研究方法探索性深入揭示分析VUCA环境下领导者特质"为什么"及"如何"作用于领导有效性的影响模式，作为对量化研究的补充，有助于深入研究现场，逼近管理事件真相。总之，体现了质性研究与量化研究的良好结合，提高了研究的效度和科学性。

（6）本书的研究结论具有良好的应用前景。随着新冠疫情的发生、发展及后疫情时代的到来，随着数字化智能化转型的不断涌现，如何应对环境不确定性,如何应对 VUCA 以及 BANI 的挑战,已经成为当前组织管理和领导实践的关键问题。本书通过理论探讨、量化与质性研究并举建立的 VUCA 环境下有效领导人格类型或领导特质、领导行为与情境的互动及匹配模型,不仅为 VUCA 环境下领导者选拔和培训等提供了重要的理论指导,还可以应用于 VUCA 环境下的职业测评咨询及指导,应用前景广阔。此外,本书研究得出的在量化和质性分析结论基础上建构的 VUCA 环境对领导有效性作用机制整合模型,为 VUCA 环境下团队管理、团队激励实践以及领导实践提供了创新思路和切实指导。

9.3 研究的不足之处与后续研究方向及建议

9.3.1 研究的不足之处

尽管本研究取得了很多重要的研究成果,但是依然存在一些不足之处,主要表现在以下几个方面:

第一,量化研究中抽样方式的局限。抽样方式会影响研究的效度。限于在企业调研的诸多限制性因素,本书的研究采用了随机抽样和方便抽样两种方式的结合。方便抽样有助于提高问卷回收率。研究样本反映出的企业分布状况与中国学者对领导研究的相关调查是基本一致的。此外,本书的研究采取了上级(中高层领导者)—下属相互配对的方式收集问卷,尽管采取了相应的措施确保调查的独立性和保密性,但也无法完全排除不同层级领导者之间存在的沟通和交流行为,这可能在一定程度上影响数据质量。

第二,无法证实因果关系。本书中多项研究主要是基于量化研究的范式来探讨领导者人格类型、领导行为以及领导有效性之间的关系。尽管研究结果在相当程度上支持了本书的理论假设,表明领导者人格类型、领导行为以及领导有效性之间存在因果关系,尽管我们在收集某些变量时存在时间间隔(如自变量和中介变量),然而,我们的研究设计仍无法确切地表明领导者人格类型导致了变革型领导行为。同时，本书的量化研究属于田野研究，也无法证明变革型领导行为与领导有效性的因果关系。非纵向研究对因果分析而言存在局限性，未来的研究可以采用纵向研究设计或者实验设计，对本研究的模型做进一步的因果验证。此外，问卷调查法本身的局限性，可能会使我们在研究中忽略了其他更深层次的作用机理。比如，除了外显的领导行为方式外，还会有许多内隐特征（如认知方式、认知过滤机制）难以通过问卷调查加以衡量。尽管本书采用质性与量化相结合的方式，继续深入探讨并发现了 VUCA 环境下领导者特质通过组织印记对领导有效性产生影响的深层作用机理，但是还需进一步结合其他情境因素（如组织类型等），以及领导行为因素，继续深入挖掘领导者特质、行为、情境互动影响领导有效性的系统作用机理。

第三，领导行为和领导层级的完备性需提升。在领导行为方面，本书的研究只关注了变革型领导行为、共享型领导行为以及悖论式领导行为对 VUCA 环境下领导绩效及团队绩效等的影响及作用机制，但是未关注 VUCA 环境下的其他领导行为的有效性。由于本书研究只是系统性地将领导者特质、行为、情境、绩效综合起来进行探讨的一个初步尝试，因此选择了 VUCA 环境下更能有效应变的几种典型领导行为作为切入点，但是还有一些领导行为值得关注，比如双元领导行为、数字化领导行为等都是 VUCA 及 BANI 环境下非常重要的领导行为，需要进一步引入模型进行系统综合的分析。此外，在领导层级方面，本书研究只选取了中高层领导，尚未涉及基层领导，但是不同层级领导者的行为由于其角色要求不同存在显著差异，同时基层领导在管理链条上的传递性也非常重要。因此，进一步开展的研究可具体关注不同层级领导者的相应领导特色。

第四，系统化研究模型尚需进一步扩展。尽管本书基于系统论视角，通过理论探讨、量化与质性研究并举，综合深入地探讨了领导者特质、领导行为与 VUCA 环境不确定性多要素对领导有效性的互动影响机制，但是系统化研究模型尚需进一步扩展。本书研究中领导有效性的表征变量，包括领导绩效（任务绩效、关系绩效以及适应性绩效）、团队创造力、团队绩效，均来自被试样本上级或者下属的主观性评估。主观性评估在一定程度上会受到下属归因及含蓄领导理论的影响，在一定程度上会降低研究的效度。未来的研究需要对领导有效性进行多元化测量和评估。此外，本书更多地基于认知和情感视角揭示了领导者特质、领导行为与 VUCA 环境不确定性多要素对领导有效性的互动影响机制，未来研究需拓展研究视角。还有，本书研究仅将 VUCA 的"环境不确定性"作为切入点探讨 VUCA 环境对领导有效性的作用机制。未来研究需要进一步关注 VUCA 的其他要素对领导有效性的影响。最后，本书的质性研究仅基于 4 家中国典型案例企业，通过多案例比较探索了危机情境下领导者特质通过组织层面因素——组织印记影响领导有效性的模式和作用机制，未来尚需拓展研究层面，结合领导行为模式，通过多种研究方法并举，进一步系统深入挖掘领导者特质、领导行为、情境对领导有效性多重影响模式及系统化的深层作用机制。

9.3.2　后续研究方向及建议

本研究仅初步探讨了 VUCA 环境下领导者特质、领导行为、情境与领导有效性之间的关系，未来研究可以开展更深入、更周全的探索。针对进一步的研究展望，本书提出如下建议：

第一，研究设计的改进。尽管本研究是非纵向的研究设计，但是，未来的研究可以考虑在此基础上进行追踪，对中介变量和结果变量重新进行收集。本书建议通过纵向研究的方式，进一步验证领导者人格类型及其他相关变量之间的因果关系，或者加入实验设计追踪因果关系，以更加清楚地表明变量之间真实存在的关系，进而深入探讨变量之间相互作用的深层机理。

第二，跨层面的研究。尽管本书的研究基本上建立了 VUCA 环境下领导者特质、领导行为、情境以及领导有效性之间的相互匹配模型，但是本书研究的这些变量基本都属于个体层面和团队层面的变量。由于 VUCA 环境下部门的边界被打破，组织的边界变得模糊，无边界组织成为一种新型的组织模式，因此未来的研究可以考虑继续探讨领导者特质通过二元层面、组织层面或者组织间层面的变量对领导有效性的作用，从而从不同角度探讨领导者特质对 VUCA 环境下领导有效性的深层作用机制。组织是多层面的，工作在组织中的个体会与直接上下级、团队、组织相互影响。没有一个构念是单一层面的，因此研究组织中的问题就难以避免多层面的命题（Klein, Dansereau, and Hall, 1994）。

第三，研究模型在不同层级领导者中的比较。本书研究的样本既包括中层领导者也包括高层领导者，未来的研究可以考虑进一步探讨并比较不同层级领导者人格对领导有效性的不同作用机制。研究已经表明，在心理学和领导领域，基于中低层领导者得出的与心理特征相关的研究结论并不总是可以完全复制到高层管理者中（Nadkarni and Herrmann, 2010）。因此，未来研究可以将领导层级视为一种潜在的情境因素，研究结果将为高层梯队理论和 VUCA 环境下的多层级领导理论发展同时作出贡献。

第四，系统化研究模型的进一步扩展。本书的系统化研究模型可以从以下几个方面进一步加以扩展：首先，系统化研究模型可以通过多元化测评领导有效性以及验证其他重要的领导结果变量来加以扩展。未来的研究也可以验证对领导有效性的非感知的测量，如工作晋升、职业成就或者客观的团队绩效（Judge et al., 2002）。而且，正如 Hiller 等（2011）在领导综述研究中提出的，通过下属的态度和动机也可以从其他角度验证领导有效性。其次，系统化研究模型可以通过其他研究视角加以拓展，比如结合上下级二元互动视角进一步挖掘领导者特质、领导行为与 VUCA 环境不确定性多要素对领导有效性的不同作用路径和机制。再次，系统化研究模型还可以通过加入其他情境因素、丰富研究层面等加以扩展。比如，未来研究可以将 VUCA 其他要素如环境易变性、环境复杂性和环境模糊性作为切入点，进一步探讨 VUCA 环境对领导有效性的不同作用机制和影响模式。最后，未来研究可以进一步结合量化研究与质性研究，综合经验主义与建构主义，通过个体、团队、组织、组织间层次多重互动，综合深入分析 VUCA 环境下领导者特质"为什么"及"如何"作用于领导有效性的影响模式，在拓展系统化研究模型的同时，进一步提高研究的效度和科学性。

参考文献

[1] ABRAMSON N R, LANE H W, NAGAI H, et al. A comparison of Canadian and Japanese cognitive styles: implications for management interaction [J]. Journal of international business studies, 1993, 24(3):575-587.

[2] AGLE B R, NAGARAJAN N J, SONNENFELD J A, et al. Does CEO charisma matter? An empirical analysis of the relationships among organizational performance, environmental uncertainty, and top management team perceptions of CEO charisma [J]. Academy of management journal, 2006, 49(1): 161-174.

[3] AHEARNE M, MATHIEU J, RAPP A. To empower or not to empower your sales force? An empirical examination of the influence of leadership empowerment behavior on customer satisfaction and performance [J]. Journal of applied psychology, 2005, 90(5):945-955.

[4] AIME F, HUMPHREY S, DERUE D, et al. The riddle of hierarchy: power transitions in cross-functional teams [J]. Academy of management journal, 2014, 57(2):327-352.

[5] ALLWORTH E, HESKETH B. Construct-oriented biodata: capturing change-related and contextually relevant future performance [J]. International journal of selection and assessment, 1999, 7(2): 97-111.

[6] AMABILE T M. Creativity and innovation in organizations[M]. Boston: Harvard Business School, 1996.

[7] ANTONAKIS J, CIANCIOLO A T, STERNBERG R J. Leadership: past, present and future [M]// AOTONAKIS J, CIANCIOLO A T, STERN-

BERG R J. The nature of leadership. Thousand Oaks, CA, London, New Dehli: Sage Publications,2004.

[8]ANTONAKIS J, HOUSE R J. The full – range leadership theory: the way forward [M]// AVOLIOB J, YAMMARINO, F J. Transformational and charismatic leadership: the road ahead. Amsterdam: JAI Press, 2002.

[9]ASHILL N J, JOBBER D. Measuring state, effect, and response uncertainty: theoretical construct development and empirical validation [J]. Journal of management, 2010, 36(5):1278 – 1308.

[10]ATWATER L, YAMMARINO F. Personal attributes as predictors of superiors' and subordinates' perceptions of military academy leadership [J]. Human relations, 1993, 46(5):645 – 668.

[11]AVOLIO B J. Promoting more integrative strategies for leadership theory building [J]. American psychologist, 2007, 62(1):25 – 33.

[12]AVOLIO B J, SIVASUBRAMANIAM N, MURRY W D, et al. Assessing shared leadership: development and preliminary validation of a team multifactor leadership questionnaire [M]// PEARCE C L, CONGER J A. Shared leadership: reframing the hows and whys of leadership. Thousand Oaks, CA: Sage, 2003.

[13] AYMAN R. Situational and contingency approaches to leadership [M]// ANTONAKIS J, CIANCIOLO A T, STERNBERG R J. The nature of leadership. Thousand Oaks, CA, London, New Dehli: Sage Publications,2004.

[14]BAARD S K, RENCH T A, KOZLOWSKI S W J. Performance adaptation: a theoretical integration and review [J]. Journal of management, 2014, 40(1): 48 – 99.

[15]BAKER D E, WALSH M B, MARJERISON L. High – performance leadership at the process level [J]. Advances in developing human resources, 2000, 2(2): 47 – 72.

[16]BALKUNDI P, HARRISON D A. Ties, leaders, and time in teams:

strong inference about network structure's effects on team viability and performance [J]. Academy of management journal, 2006, 49(1):49 - 68.

[17] BANDURA A. Aggression: a social learning analysis [M]. 10th ed. Englewood Cliffs, NJ: Prentice Hall, 1973.

[18] BANDURA A. Social foundations of thought and action: a social cognitive theory [M]. Englewood Cliffs, NJ: Prentice - Hall, 1986.

[19] BARON R M, KENNY D A. The moderator - mediator variable distinction in social psychological research: conceptual, strategic, and statistical considerations [J]. Journal of personality and social psychology, 1986, 51(6): 1173 - 1182.

[20] BARR L, BARR N. The leadership equation: leadership, management, and the myers - briggs [M]. Austin, TX: Eakin Press, 1989.

[21] BARRICK M R, STEWART G L, PIOTROWSKI M. Personality and job performance: test of the mediating effects of motivation among sales representatives [J]. Journal of applied psychology, 2002, 87(1): 43 - 51.

[22] BARTEL C A, SAAVEDRA R. The collective construction of work group moods [J]. Administrative science quarterly, 2000, 45(2): 197 - 231.

[23] BASS B M. Leadership and performance beyond expectations [M]. New York: Free Press, 1985.

[24] BASS B M, AVOLIO B J. Developing transformational leadership: 1992 and beyond [J]. Journal of European industrial training, 1990, 14(5): 21 - 27.

[25] BASS B M, AVOLIO B J. Transformational leadership: a response to critiques [M]//CHEMERS M M, AYMAN R. Leadership theory and research: perspectives and directions. San Diego, CA: Academic Press, 1993.

[26] BELL B S, KOZLOWSKI S W J, BLAWATH S. Team learning: an integration and review [M]// KOZLOWSKI S W J. The Oxford handbook of organizational psychology. New York, NY: Oxford University Press, 2012.

[27] BENNETT N, LEMOINE J. What VUCA really means for you [J]. Harvard business review, 2014, 92(1):1-2.

[28] BENNIS W G. The challenges of leadership in the modern world: an introduction to the special issue [J]. American psychologist, 2007, 62(1):2-5.

[29] BERR S A, CHURCH A H, WACLAWSKI J. The right relationship is everything: linking personality preferences to managerial behaviors [J]. Human resource development quarterly, 2000, 11(2):133-157.

[30] BERSON Y, WALDMAN D A, PEARCE C L. Enhancing our understanding of vision in organizations: toward an integration of leader and follower processes [J]. Organizational psychology review, 2016, 6(2):171-191.

[31] BLAKE R R, MOUTON J S. The managerial grid [M]. Houston: Gulf Publishing Co, 1964.

[32] BLIESE B D. Within-group agreement, non-independence, and reliability: implications for data aggregation and analyses [M]//KLEIN K J, KOZLOWSKI S W J. Multilevel theory, research, and methods in organizations: foundations, extensions, and new directions. San Francisco, CA: Jossey-Bass, 2000.

[33] BOIES K, LVINA E, MARTENS M L. Shared leadership and team performance in a business strategy simulation [J]. Journal of personal psychology, 2010, 9(4):195-202.

[34] BONO J E, JUDGE T A. Personality and transformational and transactional leadership: a meta-analysis [J]. Journal of applied psychology, 2004, 89(5):901-910.

[35] BORMAN W C, MOTOWIDLO S J. Task performance and contextual performance: the meaning for personnel selection research [J]. Human performance, 1997, 10(2):99-109.

[36] BROCKMANN E N, Simmonds P G. Strategic decision making: the influence of CEO experience and use of tacit knowledge [J]. Journal of manage-

rial issues, 1997:454 - 467.

[37]BROWN M E, TREVINO L K, HSRRISON D A. Ethical leadership: a social learning perspective for construct development and testing [J]. Organizational behavior and human decision processes, 2005, 97(2):117 - 134.

[38]BSTIELER L, GROSS C W. Measuring the effect of environmental uncertainty on process activities, project team characteristics, and new product success [J]. Journal of business & industrial marketing, 2003,18(2/3): 146 - 162.

[39]BURGER J M. Individual differences in preference for solitudec [J]. Journal of research in personality, 1995, 29(1): 85 - 108.

[40]BURKE C S, FIORE S M, SALA S E. The role of shared cognition in enabling shared leadership and team adaptability [M]// PEARCE C L, CONGER J A. Shared leadership: reframing the hows and whys of leadership. Thousand Oaks, CA: Sage, 2003.

[41]BURKE C S, STAGL K C, KLEIN C, et al. What type of leadership behaviors are functional in teams? A meta - analysis [J]. The leadership quarterly, 2006, 17(3):288 - 307.

[42]BURKE C S, STAGL K C, SALAS E, et al. Understanding team adaptation: a conceptual analysis and model [J]. Journal of applied psychology, 2006, 91(6): 1189 - 1207.

[43] BURMEISTER A, LI Y, WANG M, et al. Team knowledge exchange: how and when does transformational leadership have an effect? [J]. Journal of organizational behavior, 2020, 41(1):17 - 31.

[44] BURNS J M. Leadership [M]. New York, NY: Harper and Row, 1978.

[45]CABLE D M, JUDGE T A. Managers' upward influence tactic strategies: the role of manager personality and supervisor leadership style [J]. Journal of organizational behavior,2003, 24(2): 197 - 214.

[46] CAMPION M A, MEDSKER G J, HIGGS A C. Relations between

work group characteristics and effectiveness: implications for designing effective work groups [J]. Personnel psychology, 1993, 46(4): 823 – 847.

[47]CANELLA A J, PETTIGREW W, HAMBRICK D. Upper echelons: donald hambrick on executives and strategy [J]. Academy of management executive, 2001, 15 (3): 36 – 45.

[48]CARPINI J A, PARKER S K, GRIFFIN M A. A look back and a leap forward: a review and synthesis of the individual work performance literature [J]. Academy of management annals, 2017, 11(2): 825 – 885.

[49]CARSON J B, TESLUK P E, MARRONE J A. Shared leadership in teams: an investigation of antecedent conditions and performance [J]. Academy of management journal, 2007, 50(5):1217 – 1234.

[50]CARTER D R, DECHURCH L A, BRAUN M T, et al. Social network approaches to leadership: an integrative conceptual review [J]. Journal of applied psychology, 2015, 100(3):597 – 622.

[51]CHARBONNIER – VOIRIN A, EL AKREMI A, VANDENBERGHE C. A multilevel model of transformational leadership and adaptive performance and the moderating role of climate for innovation [J]. Group & organization management, 2010, 35(6): 699 – 726.

[52]CHEMERS M M. An integrative theory of leadership[M]. Mahwah, NJ: Lawrence Earlbaum Publishers,1997.

[53]CHEN X P, LIU D, HE W. Does passion fuel entrepreneurship and job creativity? A review and preview of passion research[M]//SHALLEY C E, HITT M, ZHOU J. The oxford handbook of creativity, innovation, and entrepreneurship: multilevel linkages. Oxford: Oxford University Press, 2015.

[54]CHEONG M, YAMMARINO F J, DIONNE S D, et al. A review of the effectiveness of empowering leadership [J]. The leadership quarterly, 2019, 30(1): 34 – 58.

[55]CHOI I, NISBETT R E. Cultural psychology of surprise:holistic theo-

ries and recognition of contradiction [J]. Journal of personality and social psychology, 2000, 79(6):890 –905.

[56]CHRISTIAN J S, CHRISTIAN M S, PEARSALL M J, et al. Team adaptation in context: an integrated conceptual model and meta – analytic review [J]. Organizational behavior and human decision processes, 2017,140(3): 62 –89.

[57]CHURCH A H, WACLAWSKI J. The relationship between individual personality orientation and executive leadership behavior [J]. Journal of occupational and organizational psychology, 1998, 71(2):99 –125.

[58]CHURCH A H, WACLAWSKI J, BURKE W W. OD practitioners as facilitators of change:analysis of survey results [J]. Group and organization management, 1996, 21(1):22 –66.

[59]COLBERT A E, KRISTOF – BROWN A L, BRADLEY B H, et al. CEO transformational leadership: the role of goal importance congruence in top management teams [J]. Academy of management journal, 2008, 51(1): 81 –96.

[60]COLLINS D B, LOWE J S, ARNETT C R. High – performance leadership at the organization level [J]. Advances in developing human resources, 2000, 2(2): 18 –46.

[61]CONGER J A, KANUNGO R N. Toward a behavioral theory of charismatic leadership in organizational settings [J]. Academy of management review, 1987, 12(4):637 –647.

[62]CONNELLY M S, GILBERT J A, ZACCARO S J, et al. Exploring the relationship of leadership skills and knowledge to leader performance [J]. The leadership quarterly, 2000, 11(1): 65 –86.

[63]CONTRACTOR N S, DECHURCH L A, CARSON J, et al. The topology of collective leadership [J]. The leadership quarterly, 2012, 23(6):994 –1011.

[64]CONWAY J M. Distinguishing contextual performance from task performance for managerial jobs [J]. Journal of applied psychology, 1999, 84(1):

3-13.

[65] CORBIN J M, STRAUSS A. Grounded theory research: procedures, canons, and evaluative criteria [J]. Qualitative sociology, 1990, 13(1):3-21.

[66] CRAYNE M P, MEDEIROS K E. Making sense of crisis: charismatic, ideological, and pragmatic leadership in response to COVID-19 [J]. American psychologist, 2021, 76(3): 462-474.

[67] CRONBACH L J. The two disciplines of scientific psychology [J]. American psychologist, 1957, 12(11):671-684.

[68] D'INNOCENZO L, MAYHIEU J E, KUKENBERGER M R. A meta-analysis of different forms of shared leadership-team performance relation [J]. Journal of management, 2016, 42(7):1964-1991.

[69] DAFT R L, WEICK K E. Toward a model of organizations as interpretation systems [J]. Academy of management review, 1984, 9(2): 284-295.

[70] DASHUAI R, BIN Z. How does paradoxical leadership affect innovation in teams: an integrated multilevel dual process model [J]. Human systems management, 2020, 39(1): 11-26.

[71] DAVEY J A, SCHELL B H, MORRISON K. The Myers-Briggs personality indicator and its usefulness for problem solving by mining industry personnel [J]. Group & organization management, 1993, 18(1): 50-65.

[72] DAVIS D L, ELNICKI R A. User cognitive types for decision support systems [J]. Omega, 1984, 12(6): 601-614.

[73] DAY D V. Leadership[M]// KOZLOWSKI S W J. The Oxford handbook of industrial and organizational psychology. Oxford, UK: Oxford University, 2013.

[74] DAY D V. Assessment of leadership outcomes[M]// ZACCARO S J, KLIMOSKI R J. The nature of organizational leadership. San Francisco: Jossey-Bass,2001:384-409.

[75] DAY D V, DRAGONI L. Leadership development: an outcome-ori-

ented review based on time and levels of analyses [J]. Annual review of organizational psychology and organizational behavior, 2015, 2(1):133-156.

[76]DAY D V, GRONN P, SALAS E. Leadership capacity in teams [J]. The leadership quarterly, 2004, 15(6):857-880.

[77]DE DREU C K W. Cooperative outcome interdependence, task reflexivity, and team effectiveness: a motivated information processing perspective [J]. Journal of applied psychology, 2007, 92(3): 628-638.

[78]DE JONG A, DE RUYTER K, LEMMINK J. Antecedents and consequences of the service climate in boundary-spanning self-managing service teams [J]. Journal of marketing, 2004, 68(2): 18-35.

[79]DE HOOGH A H, DEN HARTOG D N, KOOPMAN P L. Linking the Big Five-Factors of personality to charismatic and transactional leadership: perceived dynamic work environment as a moderator [J]. Journal of organizational behavior,2005, 26(7):839-865.

[80]DECI E L, RYAN R M. The "what" and "why" of goal pursuits: human needs and the self-determination of behavior [J]. Psychological inquiry, 2000, 11(4):227-268.

[81]DENIS J L, LANGLEY A, SERGI V. Leadership in the plural [J]. Academy of management annuls, 2012, 6(1):211-283.

[82]DERUE D S. Adaptive leadership theory: leading and following as a complex adaptive process [J]. Research in organizational behavior, 2011(31): 125-150.

[83]DERUE D S, ASHFORD S J. Who will lead and who will follow? A social process of leadership identity construction in organizations [J]. Academy of management review, 2010, 35(4): 627-647.

[84]DERUE D S, NAHRGANG J D, ASHFORD S J. Interpersonal perceptions and the emergence of leadership structures in groups: a network perspective [J]. Organization science, 2015, 26(4):1192-1209.

[85] DERUE D S, NAHRGANG J D, WELLMAN N, et al. Trait and behavioral theories of leadership: an integration and meta - analytic test of their relative validity [J]. Personnel psychology, 2011, 64(1):7 - 52.

[86] DIONNE S D, GUPTA A, SOTAK K L, et al. A 25 - year perspective on levels of analysis in leadership research [J]. The leadership quarterly, 2014, 25(1):6 - 35.

[87] DIRANI K M, ABADI M, ALIZADEH A, et al. Leadership competencies and the essential role of human resource development in times of crisis: a response to COVID - 19 pandemic [J]. Human resource development international, 2020, 23(4): 380 - 394.

[88] DOTY D H, BATTACHARYA M, WHEATLEY K K, et al. Divergence between informant and archival measures of the environment: real differences, artifact, or perceptual error? [J]. Journal of business research, 2006, 59 (2):268 - 277.

[89] DOTY D H, GLICK W H, HUBER G P. Fit, equifinality, and organizational effectiveness: a test of two configurational theories [J]. Academy of management journal, 1993, 36(6): 1196 - 1250.

[90] DRATH W H, MCCAULEY C D, PALUS C J, et al. Direction, alignment, commitment: toward a more integrative ontology of leadership [J]. The leadership quarterly, 2008,19(6): 635 - 653.

[91] DRESCHER M A, KORSGAARD M A, WELPE I M, et al. The dynamics of shared leadership: building trust and enhancing performance [J]. Journal of applied psychology, 2014, 99(5):771 - 783.

[92] DUCHEK S. Organizational resilience: a capability - based conceptualization [J]. Business research, 2020, 13(1): 215 - 246.

[93] DUNCAN R B. Characteristics of organizational environments and perceived environmental uncertainty [J]. Administrative science quarterly, 1972, 17(3):313 - 327.

[94]DUST S B, ZIEGERT J C. When and how are multiple leaders most effective? it's complex [J]. Industrial and organizational psychology, 2012, 5(4): 421-424.

[95]DVIR T, EDEN D, AVOLIO B J, et al. Impact of transformational leadership on follower development and performance: a field experiment [J]. Academy of management journal, 2002, 45(4):735-744.

[96]EDMONDSON A. Psychological safety and learning behavior in work teams [J]. Administrative science quarterly, 1999, 44(2): 350-383.

[97]EDWARDS J R, LAMBERT L S. Methods for integrating moderation and mediation: a general analytical framework using moderated path analysis [J]. Psychological methods, 2007, 12(1): 1-22.

[98]EGGLESTONL K K, BHAGAT R S. Organizational contexts and contingent leadership roles: a theoretical exploration [J]. Human relations, 1993, 46(10): 1177-1192.

[99]EISENHARDT K M. Building theories from case study research [J]. Academy of management review, 1989, 14(4): 532-550.

[100]EISENHARDT K M. Making fast strategic decisions in high-velocity environments [J]. Academy of management journal, 1989, 32(3):543-576.

[101]ENSLEY M D, HMIELESKI K M, PEARCE C L. The importance of vertical and shared leadership within new venture top management teams: Implications for the performance of startups [J]. The leadership quarterly, 2006, 17(3):217-231.

[102]FALK D R, JOHNSON D W. The effects of perspective-taking and egocentrism on problem solving in heterogeneous and homogeneous groups [J]. The journal of social psychology, 1977, 102(1): 63-72.

[103]FARH J L, LEE C, FARH C I C. Task conflict and team creativity: a question of how much and when [J]. Journal of applied psychology, 2010, 95(6): 1173-1180.

[104] FIEDLER F E. A Theory of leadership effectiveness[M]. New York: McGraw-Hill,1967.

[105] FINKELSTEIN S, HAMBRICK D C. Strategic leadership: top executives and their effects on organizations[M]. St. Paul:West,1996.

[106] FISS P C. Case studies and the configurational analysis of organizational phenomena [M]// RAGIN C, BYRNE D. Handbook of case study methods: thousand Oaks. CA: Publications,2009.

[107] FOX C, DAVIS P, BAUCUS M. Corporate social responsibility during unprecedented crises: the role of authentic leadership and business model flexibility [J]. Management decision, 2020, 58(10):2213-2233.

[108] FRY L, KRIGER M. Towards a theory of being-centered leadership: multiple levels of being as context for effective leadership [J]. Human relations, 2009, 62(11):1667-1696.

[109] FU P P, TSUI A S, LIU J, et al. Pursuit of whose happiness? executive leaders' transformational behaviors and personal values [J]. Administrative science quarterly, 2010, 55(2): 222-254.

[110] FUNDER D C. The personality puzzle[M]. 2nd ed. New York: Norton,2001.

[111] GAGNÉ M, DECI E L. Self-determination theory and work motivation [J]. Journal of organizational behavior, 2005, 26(4): 331-362.

[112] GALINSKY A D, MADDUX W W, GILIN D, et al. Why it pays to get inside the head of your opponent: the differential effects of perspective taking and empathy in negotiations [J]. Psychological science, 2008, 19(4): 378-384.

[113] GALINSKY A D, MAGEE J C, INESI M E, et al. Power and perspectives not taken [J]. Psychological science, 2006, 17(12): 1068-1074.

[114] GALLEN T. Managers and strategic decisions: does the cognitive style matter? [J]. The journal of management development, 2006, 25(2):118-133.

[115] GARDNER J G. On leadership[M]. New York: Free Press,1990.

[116] GARDNER W L, MARTINKO M J. The relationship between psychological type, managerial behavior, and managerial effectiveness: an Empirical Study [J]. Journal of psychological type, 1990,19(1):35 -43.

[117] GARDNER W L, MARTINKO M J. Using the myers - briggs type indicator to study mangers: a literature review and research agenda [J]. Journal of management, 1996, 22(1):45 -83.

[118] GEHRING D R. Applying traits theory of leadership to project management [J]. Project management journal, 2007, 38(1):44 -54.

[119] GENTRY W A, MONDORE S P, COX B D. A study of managerial derailment characteristics and personality preferences [J]. Journal of management development, 2007, 26(9):857 -873.

[120] GIBB C A. Leadership[M]// LINDZEY G. Handbook of social psychology. Reading, MA: Addison - Wesley, 1954.

[121] GIOIA D A, CORLEY K G, HAMILTON A L. Seeking qualitative rigor in inductive research: notes on the Gioia methodology [J]. Organizational research methods, 2013, 16(1): 15 -31.

[122] GLADSTEIN D L, REILLY N P. Group decision making under threat: the tycoon game [J]. Academy of management journal, 1985, 28(3): 613 -627.

[123] GONG Y P, CHEUNG S Y, WANG M, et al. Unfolding the proactive process for creativity: integration of the employee proactivity, information exchange, and psychological safety perspectives [J]. Journal of management, 2012, 38(5): 1611 -1633.

[124] GONG Y, HUANG J C, FARH J L. Employee learning orientation, transformational leadership, and employee creativity: the mediating role of employee creative self - efficacy [J]. Academy of management journal, 2009, 52(4):765 -778.

[125] GONG Y P, KIM T Y, LEE D R, et al. A multilevel model of team

goal orientation, information exchange, and creativity [J]. Academy of management journal, 2013, 56(3): 827 - 851.

[126] GORDON C, ANNE S. Leadership effectiveness and behavior [J]. Leadership and management in engineering, 2005, 5(2):39 - 48.

[127] GOTTFREDSON R K, REINA C S. Exploring why leaders do what they do: an integrative review of the situation - trait approach and situation - encoding schemas [J]. The leadership quarterly, 2020, 31(1):1 - 20.

[128] GRAEN G B, UHL - BIEN M. Development of leader - member exchange (LMX) theory of leadership over 25 years: applying a multi - level multi - domain perspective [J]. Leadership quarterly, 1995, 6(2): 219 - 247.

[129] GRIFFIN M A, NEAL A, PARKER S K. A new model of work role performance: positive behavior in uncertain and interdependent contexts [J]. Academy of management journal, 2007, 50(2):327 - 347.

[130] GRONN P. Distributed leadership as a unit of analysis [J]. The leadership quarterly, 2002, 13(4):423 - 451.

[131] GUZMAN F A, FU X. Leader - subordinate congruence in power distance values and voice behaviour: a person - supervisor fit approach [J]. Applied psychology, 2022, 71(1):271 - 295.

[132] HACKMAN J R, WAGEMAN R. Asking the right questions about leadership [J]. American psychologist, 2007, 62(1):43 - 47.

[133] HAMBRICK D C. Environmental scanning and organizational strategy [J]. Strategic management journal, 1982, 3(2): 159 - 174.

[134] HAN T Y, WILLIAMS K J. Multilevel investigation of adaptive performance: individual - and team - level relationships [J]. Group & organization management, 2008, 33(6): 657 - 684.

[135] HANBRICK D C, FINKELSTEIN S, MOONEY A C. Executive job demands: new insights for explaining strategic decisions and leader behaviors [J]. Academy of management review, 2005, 30(3):472 - 491.

[136]HANELT A, BOHNSACK R, MARZ D, et al. A systematic review of the literature on digital transformation: insights and implications for strategy and organizational change [J]. Journal of management studies, 2021, 58(5): 1159-1197.

[137]FLEETHAM C, GRIESMER S K. Leveraging personality for business success [J]. Leadership & management in engineering, 2006, 6(4):160-163.

[138]HAUTALA T M. The relationship between personality and transformational leadership [J]. Journal of management development, 2006, 25(8): 777-794.

[139]HAYES J, ALLISON C W. Personality type and its relevance for management practice [J]. British journal of management, 1994, 5(1):53-71.

[140]HENDERIKX M, STOFFERS J. An exploratory literature study into digital transformation and leadership: toward future-proof middle managers [J]. Sustainability, 2022, 14(2):1-18.

[141]HILLER N J, DAY D V, VANCE R J. Collective enactment of leadership roles and team effectiveness: a field study [J]. The leadership quarterly, 2006, 17(4):387-397.

[142]HILLMANN J, GUENTHER E. Organizational resilience: a valuable construct for management research? [J]. International journal of management reviews, 2021, 23(1): 7-44.

[143]HIRSH S K, KUMMEROW J K. Introduction to type in organizations [M]. Palo Alto, CA: Consulting Psychologists Press, 1990.

[144]HMIELESKI K M, COLE M S, BARON R A. Shared authentic leadership and new venture performance [J]. Journal of management, 2012, 38(5):1476-1499.

[145]HO V T, WONG S S, LEE C H. A tale of passion: linking job passion and cognitive engagement to employee work performance [J]. Journal of management studies, 2011, 48(1): 26-47.

[146] HOCH J E. Shared leadership and innovation: the role of vertical leadership and employee integrity [J]. Journal of business and psychology, 2013, 28(2): 159-174.

[147] HOCH J E, KOZLOWSKI S W J. Leading virtual teams: hierarchical leadership, structural supports, and shared team leadership [J]. Journal of applied psychology, 2014, 99(3): 390-403.

[148] HOCH J E, PEARCE C L, WELZEL L. Is the most effective team leadership shared? the impact of shared leadership, age diversity and coordination on team performance [J]. Journal of personnel psychology, 2010, 9(3): 105-116.

[149] HOEVER I J, VAN KNIPPENBERG D, VAN GINKEL W P, et al. Fostering team creativity: perspective taking as key to unlocking diversity's potential [J]. Journal of applied psychology, 2012, 97(5):982-996.

[150] HOGAN R, CURPHY G J, HOGAN J. What we know about leadership: effectiveness and personality [J]. American psychologist, 1994, 49(6): 493-504.

[151] HOLLENBECK J R, ELLIS A P J, HUMPHREY S E, et al. Asymmetry in structural adaptation: the differential impact of centralizing versus decentralizing team decision-making structures [J]. Organizational behavior and human decision processes, 2011, 114(1): 64-74.

[152] HOLMES JR R M, HITT M A, PERREWE P L, et al. Building cross-disciplinary bridges in leadership: integrating top executive personality and leadership theory and research [J]. The leadership quarterly, 2021, 32(1): 101490.

[153] HORWITZ S K, HORWITZ I B. The effects of team diversity on team outcomes: a meta-analytic review of team demography [J]. Journal of management, 2007, 33(6): 987-1015.

[154] HOUGH J R, OGILVIE D T. An empirical test of cognitive style and

strategic decision outcomes [J]. Journal of management studies, 2005, 42(2): 417-448.

[155] HOUGH J R, WHITE M A. Scanning actions and environmental dynamism: gathering information for strategic decision making [J]. Management decision, 2004, 42(5/6): 781-793.

[156] HOUSE R J. Path-goal theory of leadership: lessons, legacy, and a reformulated theory [J] The leadership quarterly, 1996, 7(3):323-352.

[157] HOUSE R J, ADITYA N. The social scientific study of leadership: quo vadis? [J] Journal of management, 1997, 23(3):409-473.

[158] HOWARD A, BRAY D W. Managerial lives in transition: advancing age and changing times[M]. New York: Guilford, 1988.

[159] ILGEN D R, PULAKOS E D. Employee performance in today's organizations[M]// ILGEN D R, PULAKOS E D. The changing nature of work performance: implications for staffing, motivation, and development. San Francisco: Jossey-Bass, 1999:1-18.

[160] ISHAQ E, BASHIR S, KHAN A K. Paradoxical leader behaviors: leader personality and follower outcomes [J]. Applied psychology, 2021, 70(1): 342-357.

[161] JACOBS T O, JAQUES E. Military executive leadership [M]// CLARK K E, CLARK M B. Measure of leadership. Greensboro, NC: Center for Creative Leadership, 1990.

[162] JAMES L R, BRETT J M. Mediators, moderators, and tests for mediation [J]. Journal of applied psychology, 1984, 69(2): 307-321.

[163] JIA J, YAN J, CAI Y, et al. Paradoxical leadership incongruence and Chinese individuals' followership behaviors: moderation effects of hierarchical culture and perceived strength of human resource management system [J]. Asian business & management, 2018, 17(5):313-338.

[164] JIANG W, GU Q, WANG G G. To guide or to divide: the dual-

side effects of transformational leadership on team innovation [J]. Journal of business and psychology, 2015, 30(4):677-691.

[165] JOHNS G. The essential impact of context on organizational behavior [J]. Academy of management review, 2006, 31(2):386-408.

[166] JOHNSON D A. Predicting promotion to management in the wholesale grocery industry using the type differentiation indicator [J]. Journal of psychology type, 1992, 23(4):51-59.

[167] JOHNSON M D, HOLLENBECK J R, HUMPHREY S E, et al. Cutthroat cooperation: asymmetrical adaptation to changes in team reward structures [J]. Academy of management journal, 2006, 49(1): 103-119.

[168] JOHNSON P D, SMITH M B, WALLACE J C, et al. A review of multilevel regulatory focus in organizations [J]. Journal of management, 2015, 41(5):1501-1529.

[169] JUDGE T A, BONO J E. Five-factor model of personality and transformational leadership [J]. Journal of applied psychology, 2000, 85(5):751.

[170] JUDGE T A, BONO J E, ILIES R, et al. Personality and leadership: a qualitative and quantitative review [J]. Journal of applied psychology, 2002, 87(4): 765-780.

[171] JUDGE T A, PICCOLO R F. Transformational and transactional leadership: a meta-analytic test of their relative validity [J]. Journal of applied psychology, 2004, 89(5): 755-768.

[172] JUDGE T A, WOOLF E F, HURST C, et al. Charismatic and transformational leadership: a review and an agenda for future research [J]. Zeitschrift für arbeits-und organisations psychologie A&O, 2006, 50(4): 203-214.

[173] JUNDT D K, SHOSS M K, HUANG J L. Individual adaptive performance in organizations: a review [J]. Journal of organizational behavior, 2015, 36(S1): 53-71.

[174] JUNG C G. The collected works of CG Jung: psychological types

[M]. Princeton, NJ: Princeton University Press,1971.

[175]JUNG D D, WU A, CHOW C W. Towards understanding the direct and indirect effects of CEOs' transformational leadership on firm innovation [J]. The leadership quarterly, 2008, 19(5): 582 – 594.

[176]KARADAYI – USTA S. An interpretive structural analysis for Industry 4.0 adoption challenges [J]. IEEE transactions on engineering management, 2020, 67(3):973 – 978.

[177]KARIMI J, SOMERS T M, GUPTA Y P. Impact of environmental uncertainty and task characteristics on user satisfaction with data [J]. Information systems research, 2004, 15(2): 175 – 193.

[178]KARK R, VAN DIJK D. Motivation to lead, motivation to follow: the role of the self – regulatory focus in leadership processes [J]. Academy of management review, 2007, 32(2):500 – 528.

[179]KATZ D, KAHN R L. The social psychology of organizations [M]. 2nd Ed. New York, NY: Wiley, 1978.

[180]KAUPPILA O P, TEMPELAAR M P. The social – cognitive underpinnings of employees' ambidextrous behaviour and the supportive role of group managers' leadership [J]. Journal of management studies, 2016, 53(6):1019 – 1044.

[181]KAYA B, KARATEPE O M. Does servant leadership better explain work engagement, career satisfaction and adaptive performance than authentic leadership? [J]. International journal of contemporary hospitality management, 2020, 32(6): 2075 – 2095.

[182]KEMPSTER S, PARRY K W. Grounded theory and leadership research: a critical realist perspective [J]. The leadership quarterly, 2011, 22(1):106 – 120.

[183]KEPNER C G. An experiment in the relationship of types of written feedback to the development of second – language writing skills [J]. Modern language journal, 1991, 75(3): 305 – 313.

[184] KIRKPATICK S A, LOCKE E A. Leadership: do traits matter? [J]. Academy of management perspectives, 1991, 5(2): 48 – 60.

[185] KOH D, LEE K, JOSHI K. Transformational leadership and creativity: a meta – analytic review and identification of an integrated model [J]. Journal of organizational behavior, 2019, 40(6):625 – 650.

[186] KOZLOWSKIS W J, BELL B S. Work groups and teams in organizations [M]//BORMAN W C, ILGEN D R, KLIMOSKI R J. Handbook of psychology. New York, NY: Wiley, 2003.

[187] KU G, WANG C S, GALINSKY A D. The promise and perversity of perspective – taking in organizations [J]. Research in organizational behavior, 2015, 35(1): 79 – 102.

[188] LEROY S, SCHMIDT A M, MADJAR N. Working from home during COVID – 19: a study of the interruption landscape [J]. Journal of applied psychology, 2021, 106(10):1448 – 1465.

[189] LEWIN K. Conceptual representation and the measurement of psychological forces [M]. Durham: Duke University Press, 1938.

[190] LEWIS M W. Exploring paradox: toward more comprehensive guide [J]. Academy of management review, 2000, 25(4):760 – 776.

[191] LEWIS M W, ANDRIOPOULOS C, SMITH W K. Paradoxical leadership to enable strategic agility [J]. California management review, 2014, 56(3):58 – 77.

[192] LI H, BINGHAM J B, UMPHRESS E E. Fairness from the top: perceived procedural justice and collaborative problem solving in new product development [J]. Organization science, 2007, 18(2): 200 – 216.

[193] LI A N, LIAO H. How do Leader – member exchange quality and differentiation affect performance in teams? an integrated multilevel dual process model [J]. The journal of applied psychology, 2014, 99(5):847 – 866.

[194] LI Q, SHE Z, YANG B. Promoting innovative performance in multi-

disciplinary teams: the roles of paradoxical leadership and team perspective taking [J]. Frontiers in psychology, 2018,9(7):1083.

[195] LIDEN R C, ANTONAKIS J. Considering context in psychological leadership research [J]. Human relations, 2009, 62(11): 1587-1605.

[196] LIM B C, PLOYHART R E. Transformational leadership: relations to the five-factor model and team performance in typical and maximum contextsc [J]. Journal of applied psychology, 2004, 89(4): 610-621.

[197] LINN G, CASEY K M, JOHNSON G H, et al. Do broad scope managerial accounting systems moderate the effects of budget emphasis, budget participation and perceived environmental uncertainty on the propensity to create budgetary slack? [J]. Journal of computer information systems, 2001, 42(1): 90-96.

[198] LINNENLUECKE M K. Resilience in business and management research: a review of influential publications and a research agenda [J]. International journal of management reviews, 2017, 19(1): 4-30.

[199] LIU D, CHEN X P, YAO X. From autonomy to creativity: a multilevel investigation of the mediating role of harmonious passion [J]. Journal of applied psychology, 2011, 96(2): 294-309.

[200] LIU W, GONG Y P, LIU J. When do business units benefit more from collective citizenship behavior of management teams? an upper echelons perspective [J]. Journal of applied psychology, 2014, 99(3): 523-534.

[201] LIU S B, HU J, LI Y H, et al. Examining the cross-level relationship between shared leadership and learning in teams: evidence from China [J]. The leadership quarterly, 2014, 25(2): 282-295.

[202] LIU S, WU Y H, LIN Z. Building identity in diverse teams: the effect of paradoxical leadership on team creativity[C]//Academy of Management Proceedings. Briarcliff Manor, NY 10510: Academy of Management, 2017 (1): 16140.

[203] LORD R G, FOTI R J, PHILLIPS J S. A theory of leadership categorization[M]// HUNT J G, SEKARAN U, SCHRIESHEIM C. Leadership: beyond establishment views. Carbondale, IL: Southern Illinois University Press, 1982.

[204] LOWE K B, GARDNER W L. Ten years of the leadership quarterly: contributions and challenges for the future [J]. Leadership quarterly, 2000, 11(4):459-514.

[205] LOWE K B, KROECK K G, SIVAAUBRAMANIAM N. Effectiveness correlates of transformational and transactional leadership: a meta-analytic review of the MLQ literature [J]. The leadership quarterly, 1996, 7(3):385-425.

[206] LUEDER D C. Psychological types and leadership styles of the 100 top executive educators in North America [J]. Journal of psychological type, 1986, 12(2): 8-12.

[207] MAMMASSIS C S, SCHMID P C. The role of power asymmetry and paradoxical leadership in software development team agility[M]// SUND K J, GALAVAN R J, BRUSONI S. Cognition and Innovation. Bingley Emerald Publishing Limited, 2018.

[208] MARQUIS C, TILCSIK A. Imprinting: toward a multilevel theory [J]. Academy of management annals, 2013, 7(1): 195-245.

[209] MATHIEU J E, KUKENBERGER M R, D'INNOCENZO L, et al. Modeling reciprocal team cohesion-performance relationships, as impacted by shared leadership and members' competence [J]. Journal of applied psychology, 2015, 100(3):713-734.

[210] MAYER J D. A systems framework for the field personality [J]. Psychological inquiry, 1998, 9(2): 118-144.

[211] MCCAULEY C D. Successful and unsuccessful leadership. [M]// ANTONAKIS J, CIANCIOLO A T, STERNBERG R J. The nature of leadership. Thousand Oaks, CA, London, New Dehli: Sage Publications, 2004.

[212] MCCAULEY M H. The myers-briggs type indicator and leadership

[M]// CLARK K E, CLARK M B. Measure of leadership. West Orange, NJ: Leadership Library of America, 1990.

[213] MCCAULLEY M H. Research on the MBTI and leadership: taking the critical step[C]// The myers - briggs type indicator and leadership: an international conference. College Park, MD: National Leadership Institute, 1994: 3-16.

[214] MCCLELLAND D C. Human motivation[M]. Cambridge: Cambridge University Press, 1990.

[215] MCCRAE R R, COSTA P T. Adding liebe und arbeit: the full five - factor model and well - being [J]. Personality and social psychology bulletin, 1991, 17(2): 227-232.

[216] MEHRA A, SMITH B, DIXON A L, et al. Distributed leadership in teams: the network of leadership perceptions and team performance [J]. The leadership quarterly, 2006, 17(3): 232-245.

[217] MESMER - MAGNUS J R, DECHURCH L A. Information sharing and team performance: a meta - analysis [J]. Journal of applied psychology, 2009, 94(2): 535-546.

[218] MILLAR C C, GROTH O, MAHON J F. Management innovation in a VUCA world: challenges and recommendations [J]. California management review, 2018, 61(1): 5-14.

[219] MILLER D C. Handbook of research design and social measurement [M]. Newbury Park, Calif.: Sage Publications, 1991.

[220] MILLER D, DRÖGE C. Psychological and traditional determinants of structure [J]. Administrative science quarterly, 1986, 31(4): 539-560.

[221] MILLIKEN F J. Three types of perceived uncertainty about the environment: state, effect, and response uncertainty [J]. Academy of management review, 1987, 12(1): 133-143.

[222] MILLIKEN F J. Perceiving and interpreting environmental change:

an examination of college administrators' interpretation of changing demographics [J]. Academy of management journal, 1990, 33(1): 42 -63.

[223]MIRON - SPEKTOR E, INGRAM A, KELLER J, et al. Microfoundations of organizational paradox: the problem is how we think about the problem [J]. Academy of management journal, 2018, 61(1): 26 -45.

[224]MORGESON F P, DELANEY - KLINGER K, HEMINGWAY M A. The importance of job autonomy, cognitive ability, and job - related skill for predicting role breadth and job performance [J]. Journal of applied psychology, 2005, 90(2): 399 -406.

[225]MORGESON F P, DERUE D S, KARAM E P. Leadership in teams: a functional approach to understanding leadership structures and processes [J]. Journal of management, 2010, 36(1): 5 -39.

[226]MORGESON F P, MITCHELL T R, LIU D. Event system theory: an event - oriented approach to the organizational sciences [J]. Academy of management review, 2015, 40(4):515 -537.

[227]MUETHEL M, GEHRLEIN S, HOEGL M. Socio - demographic factors and shared leadership behaviors in dispersed teams: implications for human resource management [J]. Human resource management, 2012, 51 (4): 525 -548.

[228]MULLER D, JUDD C M, YZERBYT V Y. When moderation is mediated and mediation is moderated [J]. Journal of personality and social psychology, 2005, 89(6): 852 -863.

[229] MULLIN L. Management and organizational behavior [M]. Upper Saddle River, NJ: Prentice Hall,1999.

[230]MUMFORD M D, CONNELLY M S. Leaders as creators: leader performance and problem solving in ill - defined domains [J]. The leadership quarterly, 1991, 2(4):289 -315.

[231]MUMFORD M D, MARKS M A, CONNELLY M S, et al. Develop-

ment of leadership skills: experience and timing [J]. The leadership quarterly, 2000, 11(1):87 –114.

[232] MUMFORD M D, ZACCARO S J, HARDING F D, et al. Leadership skills for a changing world: solving complex social problems [J]. Leadership quarterly, 2000, 11(1):11 –35.

[233] MURPHY P R, JACKSON S E. Managing work role performance: challenges for twenty – first century organizations[M]// ILGEN D R, PULAKOS E D. The changing nature of work performance: implications for staffing, motivation, and development. San Francisco: Jossey – Bass, 1999.

[234] MYERS I B. Introduction to type[M]. Palo Alto, CA: Consulting Psychologists Press, 1998.

[235] MYERS I B, MCCAULLEY M H. Manual: a guide to the development and use of the Myers – Briggs Type Indicator[M]. Palo Alto, CA: Consulting Psychologists Press, 1985.

[236] MYERS I B, MCCAULLEY M H, QUENK, N L, et al. MBTI manual: a guide to the development and use of the Myers – Briggs Type Indicator [M]. 3rd ed. Mountain Veiw, CA: CPP, 1998.

[237] NADKARNI S, HERRMANN P. CEO personality, strategic flexibility, and firm performance: the case of the Indian business process outsourcing industry [J]. Academy of management journal, 2010, 53(5): 1050 –1073.

[238] NADKARNI S, PRUGL R. Digital transformation: a review, synthesis and opportunities for future research [J]. Management review quarterly, 2021, 71(2):233 –341.

[239] NEUBERT M J, TAGGAR S. Pathways to informal leadership: the moderating role of gender on the relationship of individual differences and team member network centrality to informal leadership emergence [J]. The leadership quarterly, 2004, 15(2): 175 –194.

[240] NG K Y, ANG S, CHAN K Y. Personality and leader effectiveness:

a moderated mediation model of leadership self-efficacy, job demands, and job autonomy [J]. Journal of applied psychology, 2008, 93(4): 733-743.

[241] NG T W, FELDMAN D C. Employee voice behavior: a meta-analytic test of the conservation of resources framework [J]. Journal of organizational behavior, 2012, 33(2):216-234.

[242] NG T W H, WANG M, HSU D Y, et al. Changes in perceptions of ethical leadership: effects on associative and dissociative outcomes [J]. Journal of applied psychology, 2021, 106(1):92-121.

[243] NICOLAIDES V C, LAPORT K A, CHEN T R, et al. The shared leadership of teams: a meta-analysis of proximal, distal, and moderating relationships [J]. The leadership quarterly, 2014, 25(5):923-942.

[244] NOHE C, HERTEL G. Transformational leadership and organizational citizenship behavior: a meta-analytic test of underlying mechanisms [J]. Frontiers in psychology, 2017,8(8):1364.

[245] NORTHHOUSE P G. Leadership: theory and practice [M]. Sage Publications,2003.

[246] OC B. Contextual leadership: a systematic review of how contextual factors shape leadership and its outcomes [J]. The leadership quarterly, 2018, 29(1): 218-235.

[247] O'LEARY-KELLY S W, VOKURKA R J. The empirical assessment of construct validity [J]. Journal of operations management, 1998, 16(4): 387-405.

[248] OSBORN R N, HUNT J G, JAUCH L R. Toward a contextual theory of leadership [J]. Leadership quarterly, 2002,13(6):797-837.

[249] OSBORN R N, MARION R. Contextual leadership, transformational leadership and the performance of international innovation seeking alliances [J]. The leadership quarterly, 2009, 20(2): 191-206.

[250] O'TOOLE J, GALBRAITH J, LAWLER E E, III. The promise and pitfalls of shared leadership: when two (or more) heads are better than one

[M]// PEARCE C L, CONGER J A. Shared leadership: reframing the hows and whys of leadership. Thousand Oaks, CA: Sage,2003.

[251] OZTEMEL E, GURSEV S. Literature review of Industry 4.0 and related technologies [J]. Journal of intelligent manufacturing, 2020, 31(1):127-182.

[252] PACCHINI A P T, LUCATO W C, FACCHINI F, et al. The degree of readiness for the implementation of Industry 4.0 [J]. Computers in industry, 2019,113(12):103-125.

[253] PAN Z. Paradoxical leadership and organizational citizenship behaviour: the serial mediating effect of a paradoxical mindset and personal service orientation [J]. Leadership & organization development journal, 2021, 42(6): 869-881.

[254] PAN W, SUN L Y. Leaders' cognitive style and team adaptive performance: an indigenous Chinese perspective[C]//Academy of Management Proceedings. Briarcliff Manor, NY 10510: Academy of Management, 2019 (1): 14713.

[255] PARKER S K, AXTELL C M. Seeing another viewpoint: antecedents and outcomes of employee perspective taking [J]. Academy of management journal, 2001, 44(6): 1085-1100.

[256] PARKER S K, BINDL U K, STRAUSS K. Making things happen: a model of proactive motivation [J]. Journal of management, 2010, 36(4):827-856.

[257] PARKER S K, WILLIAMS H M, TURNER N. Modeling the antecedents of proactive behavior at work [J]. Journal of applied psychology, 2006, 91(3): 636-652.

[258] PATEL P C, MESSERSMITH J G, LEPAK D P. Walking the tightrope: an assessment of the relationship between high-performance work systems and organizational ambidexterity [J]. Academy of management journal, 2013, 56(5):1420-1442.

[259] PAWAR B S, EASTMAN K K. The nature and implications of contextual influences on transformational leadership: a conceptual examination [J]. Academy of management review, 1997, 22(1):80-109.

[260] PEARCE C L, CONGER J A. All those years ago: the historical underpinnings of shared leadership[M]//PEARCE C L, CONGER J A. Shared Leadership: reframing the hows and whys of leadership. Thousand Oaks, CA: Sage, 2003.

[261] PEARCE C L, SIMS JR H P. Vertical versus shared leadership as predictors of the effectiveness of change management teams: an examination of aversive, directive, transactional, transformational, and empowering leader behaviors [J]. Group dynamics: theory, research, and practice, 2002, 6(2): 172-197.

[262] PENG J, CHEN X, ZOU Y, et al. Environmentally specific transformational leadership and team pro-environmental behaviors: the roles of pro-environmental goal clarity, pro-environmental harmonious passion, and power distance [J]. Human relations, 2021, 74(11):1864-1888.

[263] PERREAULT JR W D, LEIGH L E. Reliability of nominal data based on qualitative judgments [J]. Journal of marketing research, 1989, 26(2): 135-148.

[264] PETERSON D B. The DNA of VUCA: a framework for building learning agility in an accelerating world[M]// HARVEY V S, De MEUSE K P. The age of agility: building learning agile leaders and organizations. Society for Industrial and Organizational Psychology. Oxford: Oxford University Press, 2021.

[265] PETERSON R S, SMITH D B, MARTORANA P V, et al. The impact of chief executive officer personality on top management team dynamics: One mechanism by which leadership affects organizational performance [J]. Journal of applied psychology, 2003, 88(5): 795-808.

[266]PETERSON S J, WALUMBWA F O, BYRON K, et al. CEO positive psychological traits, transformational leadership, and firm performance in high-technology start-up and established firms [J]. Journal of management, 2009, 35(2):348-368.

[267]PHANEUF J É, BOUDRIAS J S, ROUSSEAU V, et al. Personality and transformational leadership: the moderating effect of organizational context [J]. Personality and individual differences, 2016,102(15): 30-35.

[268]PHILLIPS D J. Organizational genealogies and the persistence of gender inequality: the case of Silicon Valley law firms [J]. Administrative science quarterly, 2005, 50(3): 440-472.

[269]PICCOLO R F, GREENBAUM R, HARTOG D N D, et al. The relationship between ethical leadership and core job characteristics [J]. Journal of organizational behavior, 2010, 31(2-3):259-278.

[270]PILLAI R, WILLIAMS E A, LOWE K B, et al. Personality, transformational leadership, trust, and the 2000 US presidential vote [J]. The leadership quarterly, 2003, 14(2):161-192.

[271]PIROLA-MERLO A, HÄRTEL C, MANN L, et al. How leaders influence the impact of affective events on team climate and performance in R&D teams [J]. The leadership quarterly, 2002, 13(5): 561-581.

[272]PLOYHART R E, LIM B C, CHAN K Y. Exploring relations between typical and maximum performance ratings and the five factor model of personality [J]. Personnel psychology, 2001, 54(4): 809-843.

[273]PODSAKOFF P M, MACKENZIE S B, BOMMER W H. Transformational leader behaviors and substitutes for leadership as determinants of employee satisfaction, commitment, trust, and organizational citizenship behaviors [J]. Journal of management, 1996, 22(2):259-298.

[274]POOLE M S, VAN DE VEN A H. Using paradox to build management and organization theories [J]. Academy of management review, 1989, 14

(4):562 - 578.

[275] PORTER L W, Mclaughlin G B. Leadership and the organizational context: like the weather [J]. The leadership quarterly, 2006, 17(6):559 - 576.

[276] PREACHER K J, RUCKER D D, HAYES A F. Addressing moderated mediation hypotheses: theory, methods, and prescriptions [J]. Multivariate behavioral research, 2007, 42(1): 185 - 227.

[277] PREACHER K J, ZYPHUR M J, ZHANG Z. A general multilevel SEM framework for assessing multilevel mediation [J]. Psychological methods, 2010, 15(3): 209 - 233.

[278] PULAKOS E D, ARAD S, DONOVAN M A, et al. Adaptability in the workplace: development of a taxonomy of adaptive performance [J]. Journal of applied pychology, 2000, 85(4): 612 - 624.

[279] PULAKOS E D, SCHMITT N, DORSEY D W, et al. Predicting adaptive performance: further tests of a model of adaptability [J]. Human performance, 2002, 15(4): 299 - 323.

[280] PURVANOVA R K, BONO J E. Transformational leadership in context: face - to - face and virtual teams [J]. The leadership quarterly, 2009, 20(3): 343 - 357.

[281] PUTNAM L L, FAIRHURST G T, BANGHART S. Contradictions, dialectics, and paradoxes in organizations: a constitutive approach [J]. The academy of management annals, 2016, 10(1):65 - 171.

[282] QURRAHTULAIN K, BASHIR T, HUSSAIN I, et al. Impact of inclusive leadership on adaptive performance with the mediation of vigor at work and moderation of internal locus of control [J]. Journal of public affairs, 2022, 22(1): e2380.

[283] RAFFERTY A E, GRIFFIN M A. Perceptions of organizational change: a stress and coping perspective [J]. Journal of applied psychology, 2006, 91(5): 1154 - 1162.

[284]RATH C R, GROSSKOPF S, BARMEYER C. Leadership in the VUCA world – a systematic literature review and its link to intercultural competencies [J]. European journal of cross – cultural competence and management, 2021, 5 (3):195 – 219.

[285]REYNIERSE J H. The psychological types of putplaced executives [J]. Journal of psychological type, 1991,22(3): 27 – 32.

[286]ROACH B. Organizational decision makers: different types for different levels [J]. Journal of psychological type,1986, 12(3):16 – 24.

[287]ROBERTS B W, DELVECCHIO W F. The rank – order consistency of personality traits from childhood to old age: a quantitative review of longitudinal studies [J]. Psychological bulletin, 2000, 126(1): 3 – 25.

[288]ROSEN M A, BEDWELL W L, WILDMAN J L, et al. Managing adaptive performance in teams: guiding principles and behavioral markers for measurement [J]. Human resource management review, 2011, 21 (2): 107 – 122.

[289]ROSING K, FRESE M, BAUSCH A. Explaining the heterogeneity of the leadership – innovation relationship: ambidextrous leadership [J]. The leadership quarterly, 2011, 22(5):956 – 974.

[290]ROST J. Leadership for the twenty – first Century[M]. New York: Praeger,1991.

[291]ROUSSEAU V,AUBÉ C. Disentangling the relationship between empowering leader behaviors and adaptive performance in work teams [J]. Group processes & intergroup relations, 2020, 23(5): 761 – 777.

[292]RUBIN R S, MUNZ D C, BOMMER W H. Leading from within: the effects of emotion recognition and personality on transformational leadership behavior [J]. Academy of management journal, 2005, 48(5):845 – 858.

[293]SALEH A, WATSON R. Business excellence in a volatile, uncertain, complex and ambiguous environment (BEVUCA) [J]. TQM journal, 2017, 29

(5):705-724.

[294] SAMPLE J. The myers-briggs type indicator and OD: implication for practice from research [J]. Organization development journal, 2004, 22(1):69-76.

[295] SCHAD J, LEWIS M W, RAISCH S, et al. Paradox research in management science: looking back to move forward [J]. Academy of management annals, 2016, 10(1):5-64.

[296] SCHAUBROECK J M, HANNAH S T, AVOLIO B J, et al. Embedding ethical leadership within and across organization levels [J]. Academy of management journal, 2012, 55(5):1053-1078.

[297] SCHAUBROECK J, LAM S S K, CHA S E. Embracing transformational leadership: team values and the impact of leader behavior on team performance [J]. Journal of applied psychology, 2007, 92(4):1020-1030.

[298] SCHEIN E H, SCHEIN P A. Organizational culture and leadership [M]. New York: John Wiley & Sons, 2017.

[299] SCHNEIDER B, EHRHART K H, EHRHART M G. Understanding high school student leader: II. peer nominations of leaders and their correlates [J]. The leadership quarterly, 2002, 13(3):275-299.

[300] SCHULZE J H, PINKOW F. Leadership for organisational adaptability: how enabling leaders create adaptive space [J]. Administrative sciences, 2020, 10(3):37.

[301] SENGE P M. The fifth discipline: the art and practice of the learning organization [M]. New York: Doubleday Currency, 1990.

[302] SHAMIR B, HOWELL J M. Organizational and contextual influences on the emergence and effectiveness of charismatic leadership [M]//KATZ R, EILAM-SHAMIR G, KARK R, et al. Leadership now: Reflections on the legacy of Boas Shamir. Bingley, UK: Emerald Publishing Limited, 2018.

[303] SHAMIR B, HOWELL J M. Organizational and contextual influences

on the emergence and effectiveness of charismatic leadership [J]. The leadership quarterly, 1999, 10(2):257-283.

[304]SHAO Y, NIJSTAD B A, TÄUBER S. Creativity under workload pressure and integrative complexity: the double-edged sword of paradoxical leadership [J]. Organizational behavior and human decision processes, 2019, 155(6): 7-19.

[305]SHE Z, LI Q. Paradoxical leader behaviors and follower job performance: examining a moderated mediation model [C]//Academy of Management Proceedings. Briarcliff Manor, NY 10510: Academy of Management, 2017 (1): 13558.

[306]SHIN S J, ZHOU J. When is educational specialization heterogeneity related to creativity in research and development teams? transformational leadership as a moderator [J]. Journal of applied psychology, 2007, 92(6): 1709-1721.

[307]SIMIC J, RISTIC M R, MILOSEVIC T K, et al. The relationship between personality traits and managersleadership styles [J]. Humanities today: proceedings, 2022, 1(2): 87-95.

[308]SIMON H A. Bounded rationality and organizational learning [J]. Organization science, 1991, 2(1): 125-134.

[309]SIVASUBRAMANIAM N, MURRY W D, AVOLIO B J, et al. A longitudinal model of the effects of team leadership and group potency on group performance [J]. Group & organization management, 2002, 27(1):66-96.

[310]SLAWINSKI N, BABSAL P. Short on time: intertemporal tensions in business sustainability [J]. Organization Science, 2015, 26(2):531-549.

[311]SMITH W K. Dynamic decision making: a model of senior leaders managing strategic paradoxes [J]. Academy of management journal, 2014, 57(6):1592-1623.

[312]SMITH W K, BESHAROV M L, WESSELS A K, et al. A paradoxi-

cal leadership model for social entrepreneurs: challenges, leadership skills, and pedagogical tools for managing social and commercial demands [J]. Academy of management learning & education, 2012, 11(3):463-478.

[313]SMITH W K, LEWIS M W. Toward a theory of paradox: a dynamic equilibrium model of organizing [J]. Academy of management review, 2011, 36(2): 381-403.

[314]SOLANSKY S T. Leadership style and team processes in self-managed teams [J]. Journal of leadership & organizational studies, 2008, 14(4): 332-341.

[315]SPANGLER W D, HOUSE R J, PALRECHA R. Personality and leadership[M]// SCHNEIDER B, SMITH D B. Personality and organizations. Mahwah, NJ: Erlbaum, 2004.

[316]SPARR J L, VAN KNIPPENBERG D, KEARNEY E. Paradoxical leadership as sensegiving: stimulating change-readiness and change-oriented performance [J]. Leadership & organization development journal, 2022, 43(2): 225-237.

[317]SRIVASTAVA A, BARTOL K M, LOCKE E A. Empowering leadership in management teams: effects on knowledge sharing, efficacy, and performance [J]. Academy of management journal, 2006, 49(6): 1239-1251.

[318]STAVROU E T, KLEANTHOUS T, ANASTASIOU T. Leadership personality and firm culture during hereditary transitions in family firms: model development and empirical investigation [J]. Journal of small business management, 2005, 43(2): 187-206.

[319]STAW B M, SANDELANDS L E, DUTTON J E. Threat rigidity effects in organizational behavior: a multi level analysis[J]. Administrative science quarterly, 1981, 26(4): 501-524.

[320]STINCHCOMBE A L. Social structure and organizations [M]// MARCH J G. Handbook of organizations. NewYork: Rand McNally,1965.

[321]STOGDILL R M. Handbook of leadership: a survey of the literature [M]. New York: Free Press,1974.

[322]STOGDILL R M, COONS A E. Leader behavior:It's description and measurement [M]. The Ohio State University, 1957.

[323]SWEET K M, WITT L A, SHOSS M M. The interactive effect of leader – member exchange and perceived organizational support on employee adaptive performance [J]. Journal of organizational psychology, 2015, 15(1): 49 –62.

[324]TEDDLIE C, TASHAKKORI A. Overview of contemporary issues in mixed methods research [M]//TASHAKKORI A, TEDDLIE C. Handbook of mixed methods in social and behavioral research:Sage publications,2010.

[325]TETT R P, BURNETT D D. A personality trait –based interactionist model of job performance [J]. Journal of applied psychology, 2003, 88(3): 500 –517.

[326]TETT R P, GUTERMAN H A. Situation trait relevance, trait expression, and cross – situational consistency: testing a principle of trait activation [J]. Journal of research in personality, 2000, 34(4): 397 –423.

[327]TODD A R, GALINSKY A D, BODENHAUSEN G V. Perspective taking undermines stereotype maintenance processes: evidence from social memory, behavior explanation, and information solicitation [J]. Social cognition, 2012, 30(1): 94 –108.

[328]TROISE C, CORVELLA V, GHOBADIAN A, et al. How can SMEs successfully navigate VUCA environment: the role of agility in the digital transformation era [J]. Technological forecasting and social change, 2022, 174:121227.

[329]TSAI W C, CHI N W, GRANDEY A A, et al. Positive group affective tone and team creativity: negative group affective tone and team trust as boundary conditions [J]. Journal of organizational behavior, 2012, 33(5): 638 –656.

[330]TSUI A. Editorial: contextualization in Chinese management research

[J]. Management and organization review, 2006, 2(1): 1-13.

[331] TSUI A S. Editor's introduction - autonomy of inquiry: shaping the future of emerging scientific communities [J]. Management and organization review, 2009, 5(1):1-14.

[332] TSUI A S, NIFADKAR S S, OU A Y. Cross - national, cross - cultural organizational behavior research: advances, gaps, and recommendations [J]. Journal of management, 2007, 33(3):426-478.

[333] TUNCDOGAN A, ACAR O A, STAM D. Individual differences as antecedents of leader behavior: towards an understanding of multi - level outcomes [J]. The leadership quarterly, 2017, 28(1):40-64.

[334] VALLERAND R J, BLANCHARD C, MAGEAU G A, et al. Les passions de l'âme: on obsessive and harmonious passion [J]. Journal of personality and social psychology, 2003, 85(4): 756-767.

[335] VALLERAND R J, PAQUET Y, PHILIPPE F L, et al. On the role of passion for work in burnout: a process model [J]. Journal of personality, 2010, 78(1):289-312.

[336] VAN VELSOR E. FLEENOR J. Leadership skills and perspectives, gender and the MBTI [C]. Proceedings of the of the Myers - Briggs Type Indicator and Leadership: an International Research Conference, University of Maryland, MD,1994.

[337] VAN KNIPPENBERG D, DE DREU C K W, HOMAN A C. Work group diversity and group performance: an integrative model and research agenda [J]. Journal of applied psychology, 2004, 89(6): 1008-1022.

[338] VAN SCOTTER J R, MOTOWIDLO S J. Interpersonal facilitation and job dedication as separate facets of contextual performance [J]. Journal of applied psychology, 1996, 81(5): 525-531.

[339] VROOM V H, JAGO A G. The role of the situation in leadership [J]. American psychologist, 2007, 62(1):17-24.

[340] WALCK C L. The relationship between Indicator Type and "True Type": slight preferences and the verification process [J]. Journal of psychological type, 1992,23(2): 17-21.

[341] WALDMAN D A, BOWEN D E. Learning to be a paradox - savvy leader [J]. Academy of management perspectives, 2016, 30(3):316-327.

[342] WALDMAN D A, LITUCHY T, GOPALAKRISHNAN M, et al. A qualitative analysis of leadership and quality improvement [J]. The leadership quarterly, 1998, 9(2):177-201.

[343] WALDMAN D A, RAMIREZ G G, HOUSE R J, et al. Does leadership matter? CEO leadership attributes and profitability under conditions of perceived environmental uncertainty [J]. Academy of management journal, 2001, 44(1): 134-143.

[344] WANG H J, DEMEROUTI E, LE BLANC P. Transformational leadership, adaptability, and job crafting: the moderating role of organizational identification [J]. Journal of vocational behavior, 2017,100(3): 185-195.

[345] WANG X H, HOWELL J M. Exploring the dual - level effects of transformational leadership on followers [J]. Journal of applied psychology, 2010, 95(6):1134-1144.

[346] WANG Y, MA H S, YANG J H, et al. Industry 4.0: a way from mass customization to mass personalization production [J]. Advances in manufacturing, 2017, 5(4):311-320.

[347] WANG G, OH I S, COURTRIGHT S H, et al. Transformational leadership and performance across criteria and levels: a meta - analytic review of 25 years of research [J]. Group & organization management, 2011, 36(2):223-270.

[348] WANG D N, WALDMAN D A, ZHANG Z. A meta - analysis of shared leadership and team effectiveness [J]. Journal of applied psychology, 2014, 99(2): 181-198.

[349] WEICK K. Sensemaking in organizations[M]. London:Sage,1995.

[350] WEST M A, WALLACE M. Innovation in health care teams [J]. European journal of social psychology, 1991, 21(4):303-315.

[351] WHITTINGTON J L, GOODWIN V L, MURRAY B. Transformational leadership, goal difficulty, and job design: independent and interactive effects on employee outcomes [J]. The leadership quarterly, 2004, 15(5):593-606.

[352] WHYSALL Z, OWTRAM M, BRITTAIN S. The new talent management challenges of Industry 4.0 [J]. Journal of management development, 2019, 38(2):118-129.

[353] WILDEROM C P M, VAN DEN BERG P T, WIERSMA U J. A longitudinal study of the effects of charismatic leadership and organizational culture on objective and perceived corporate performance [J]. The leadership quarterly, 2012, 23(5):835-848.

[354] WILLIAMS L J, ANDERSON S E. Job satisfaction and organizational commitment as predictors of organizational citizenship and in-role behaviors [J]. Journal of management, 1991, 17(3): 601-617.

[355] WILLIAMS T A, GRUBER D A, SUTCLIFFE K M, et al. Organizational response to adversity: fusing crisis management and resilience research streams [J]. Academy of management annals, 2017, 11(2): 733-769.

[356] WILSON L S, BOUDREAUX M A, EDWARDS M. High-performance leadership at the individual level [J]. Advances in developing human resources, 2000, 2(2): 73-103.

[357] WILSON J M, GOODMAN P S, CRONIN M A. Group learning [J]. Academy of management review, 2007, 32(4): 1041-1059.

[358] WOOD M S. Determinants of shared leadership in management teams [J]. International journal of leadership studies, 2005, 1(1): 64-85.

[359] WOOD M S, FIELDS D. Exploring the impact of shared leadership on management team member job outcomes [J]. Baltic journal of management, 2007, 2(3): 251-272.

[360] WU J, LIDEN R C, LIAO C, et al. Does manager servant leadership lead to follower serving behaviors? It depends on follower self-interest [J]. Journal of applied psychology, 2021, 106(1):152-167.

[361] WU J B, TSUI A S, KINICKI A J. Consequences of differentiated leadership in groups [J]. Academy of management journal, 2010, 53(1):90-106.

[362] XU L, FU P, XI Y, et al. Adding dynamics to a static theory: how leader traits evolve and how they are expressed [J]. The leadership quarterly, 2014, 25(6): 1095-1119.

[363] YAMMARINO F J, SALAS E, SERBAN A, et al. Collectivistic leadership approaches: putting the "We" in leadership science and practice [J]. Industrial and organizational psychology: perspectives on science and practice, 2012, 5(1):382-402.

[364] YANG Y, LI Z, LIANG L, et al. Why and when paradoxical leader behavior impact employee creativity: thriving at work and psychological safety [J]. Current psychology, 2021, 40(4):1911-1922.

[365] Yin R K. Case study research: design and method [M]. London: Sage Publications, 2002.

[366] YUKL G. Leadership in organizations [M]. 5th ed. Upper Saddle River, NJ: Prentice Hall, 2002.

[367] YUKL G. How leaders influence organizational effectiveness [J]. The leadership quarterly, 2008, 19(6): 708-722.

[368] ZACCARO S J. The nature of executive leadership: a conceptual and empirical analysis of success [M]. Washington, DC: American Psychological Association, 2001.

[369] ZACCARO S J, GREEN J P, DUBROW S, et al. Leader individual differences, situational parameters, and leadership outcomes: A comprehensive review and integration [J]. The leadership quarterly, 2018, 29(1): 2-43.

[370]ZACCARO S J, KEMP C, BADER P. Leader traits and attributes [M]// ANTONAKIS J, CIANCIOLO A T, STERNBERG R J. The nature of leadership. Thousand Oaks, CA, London, New Dehli: Sage Publications,2004: 107-123.

[371]ZACCARO S J, KLIMOSKI R J. The nature of organizational leadership: understanding the performance imperatives confronting today's leaders [M]. John Wiley & Sons,2002.

[372]ZACCARO S J, KLIMOSKI R J. The nature of organizational leadership[M]// ZACCARO S J, KLIMOSKI R J. The nature of organizational leadership. San Francisco: Jossey-Bass,2001.

[373]ZACCARO S J, RITTMAN A L, MARKS M A. Team leadership [J]. The leadership quarterly, 2001, 12(4): 451-483.

[374]ZHANG Y, HAN Y L. Paradoxical leader behavior in long-term corporate development: antecedents and consequences [J]. Organizational behavior and human decision processes, 2019,155(6):42-54.

[375]ZHANG M J, LAW K S, ZHANG Y. Reconciling the innovation paradox: a multilevel study of paradoxical leadership and ambidexterity[C]// In Academy of Management Proceedings. Briarcliff Manor, 2016,76(1): 17687.

[376]ZHANG Y, LIU S M. Balancing employees' extrinsic requirements and intrinsic motivation: a paradoxical leader behaviour perspective [J]. European management journal, 2022, 40(1): 127-136.

[377]ZHANG A Y, TSUI A S, WANG D X. Leadership behaviors and group creativity in Chinese organizations: the role of group processes [J]. Leadership quarterly, 2011, 22(5):851-862.

[378]ZHANG Y, WALDMAN D A, HAN Y L, et al. Paradoxical leader behaviors in people management: antecedents and consequences [J]. Academy of management journal, 2015, 58(2): 538-566.

[379]ZHANG Z, WALDMAN D A, WANG Z. A multilevel investigation of

leader – member exchange, informal leader emergence, and individual and team performance [J]. Personnel psychology, 2012, 65(1):49 – 78.

[380]ZHANG W, WANG H, PEARCE C L. Consideration for future consequences as an antecedent of transformational leadership behavior: the moderating effects of perceived dynamic work environment [J]. The leadership quarterly, 2014, 25(2):329 – 343.

[381]ZHANG M J, ZHANG Y, LAW K S. Paradoxical leadership and innovation in work teams: the multilevel mediating role of ambidexterity and leader vision as a boundary condition [J]. Academy of management journal, 2022, 65(5): 1652 – 1679.

[382]ZHANG Y, ZHANG Y, LAW K S, et al. Paradoxical leadership, subjective ambivalence, and employee creativity: effects of employee holistic thinking [J]. Journal of management studies, 2022, 59(3): 695 – 723.

[383]蔡华俭,朱臻雯,杨治良.心理类型量表(MBTI)的修订初步[J].应用心理学,2001,7(2):33 – 37.

[384]陈修德,彭玉莲,卢春源.中国上市公司技术创新与企业价值关系的实证研究[J].科学学研究,2011,29(1):138 – 146.

[385]崔宝玉,孙迪.组织印记、生态位与农民合作社联合社发展[J].北京理工大学学报(社会科学版),2020,22(5):86 – 95.

[386]丁琳,张华.不同组织环境下领导与员工创造力的权变关系研究[J].管理评论,2013(7):111 – 119.

[387]段锦云,黄彩云.变革型领导对员工建言的影响机制再探:自我决定的视角[J].南开管理评论,2014,23(4):98 – 109.

[388]付正茂.悖论式领导对双元创新能力的影响:知识共享的中介作用[J].兰州财经大学学报,2017,33(1):11 – 20.

[389]过广宇,唐薇.麦氏人格模型与大五人格模型的比较[J].心理科学,2003,26(3):487 – 490.

[390]韩樱,宋合义,祝芳芳.任务结构性情景因素对变革型领导与员工

组织承诺关系的影响[J]. 软科学,2008,22(2):66-69.

[391]韩巍,席酉民.机会型领导、幻觉型领导:两个中国本土领导研究的关键构念[J].管理学报,2012,9(12):1725-1734.

[392]韩炜,杨俊,胡新华,等.商业模式创新如何塑造商业生态系统属性差异?——基于两家新创企业的跨案例纵向研究与理论模型构建[J].管理世界,2021,37(1):88-107.

[393]蒿坡,龙立荣,贺伟.共享型领导如何影响团队产出?信息交换、激情氛围与环境不确定性的作用[J].心理学报,2015,47(10):1288-1299.

[394]蒿坡,龙立荣,贺伟.领导力共享、垂直领导力与团队创造力:双视角研究[J].管理科学,2014,27(6):53-64.

[395]郝晓彤,唐元虎.刍议企业家精神[J].经济与管理研究,2003(5):17-19,80.

[396]黄芳铭.结构方程模式理论与应用[M].北京:中国税务出版社,2005.

[397]黄勇,彭纪生.组织印记研究回顾与展望[J].南大商学评论,2014,11(3):119-139.

[398]贾玉玺.企业管理人员与非管理人员人格类型比较研究[J].经济与管理,2007,21(1):48-51.

[399]李怀祖.管理研究方法论[M].西安:西安交通大学出版社,2004.

[400]李洁芳.分布式领导概念内涵、角色关系辨析与未来研究展望[J].外国经济与管理,2008,30(8):45-52.

[401]李平.VUCA条件下的组织韧性:分析框架与实践启示[J].清华管理评论,2020(6):72-83.

[402]李政.新时代企业家精神:内涵、作用与激发保护策略[J].社会科学辑刊,2019(1):79-85.

[403]李圭泉,葛京,席酉民,等.失败经历对领导行为的影响研究:基于史玉柱二手数据的分析[J].管理学报,2014,11(5):634-640.

[404]李宏利,邱瓅瑶,郁巧玲,等.员工观点采择的来源及作用[J].心理研究,2013,6(6):8-13.

[405]李超平,时勘.变革型领导的结构与测量[J].心理学报,2005,37(6):803-811.

[406]李艳,孙健敏,焦海涛.分化与整合:家长式领导研究的走向[J].心理科学进展,2013,21(7):1294-1306.

[407]李锡元,夏艺熙.悖论式领导对员工适应性绩效的双刃剑效应:工作活力和角色压力的作用[J].软科学,2022,36(2):104-109.

[408]李锡元,闫冬,王琳.悖论式领导对员工建言行为的影响:心理安全感和调节焦点的作用[J].企业经济,2018,37(3):102-109.

[409]刘玉新,陈晨,朱楠,等.何以近朱者赤、近墨者黑?特质激活理论的缘起、现状和未来[J].心理科学进展,2020,28(1):161-177.

[410]刘善堂,刘洪.复杂环境中悖论式领导的应对能力研究[J].现代管理科学,2015(10):13-15.

[411]罗瑾琏,胡文安,钟竞.悖论式领导,团队活力对团队创新的影响机制研究[J].管理评论,2017,29(7):122-134.

[412]罗瑾琏,花常花,钟竞.悖论式领导对知识团队创新的影响及作用机制研究[J].科技进步与对策,2015,32(11):121-125.

[413]罗正学,苗丹民,皇甫恩,等.MBTI—G人格类型量表中文版的修订[J].心理科学,2001(3):361-362.

[414]罗瑾琏,赵莉,韩杨,等.双元领导研究进展述评[J].管理学报,2016,13(12):1882-1889.

[415]吕鸿江,韩承轩,王道金.领导者情绪智力对领导力效能影响的元分析[J].心理科学进展,2018,26(2):204-220.

[416]苗丹民,皇甫恩,罗正学,等.MBTI人格类型量表的效标关联效度分析[J].第四军医大学学报,2000,21(11):1304-1306.

[417]欧雪银.企业家精神理论研究新进展[J].经济学动态,2009(8):98-102.

[418]彭伟,李慧.悖论式领导对员工主动行为的影响机制:团队内部网络连带强度与上下级关系的作用[J].外国经济与管理,2018,40(7):142-154.

[419]彭伟,马越.悖论式领导对团队创造力的影响机制[J].科技进步与对策,2018,35(22):145-152.

[420]邱皓政,林碧芳.结构方程模型的原理与应用[M].北京:中国轻工业出版社,2009.

[421]荣格.心理类型学[M].吴康,丁传林,赵善华,译.西安:华岳文艺出版社,1989.

[422]尚玉钒,李磊,席酉民.组织不确定情境下领导主题框定及其相关研究启示[J].管理学报,2010,7(9):1297-1302.

[423]宋玉禄,陈欣.新时代企业家精神与企业价值:基于战略决策和创新效率提升视角[J].华东经济管理,2020,34(4):108-119.

[424]宋合义,刘阿娜.不同组织文化情景间有效领导者性格差异的研究[J].预测,2004,23(5):43-47,60.

[425]宋合义,刘阿娜.不同组织文化中影响领导者有效性的性格因素研究[J].管理工程学报,2005,19(3):111-114.

[426]宋合义,朱丹.不同组织文化下影响领导绩效的领导素质因素研究[J].西安电子科技大学学报(社会科学版),2003,3(4):50-56.

[427]苏勇,雷霆.悖论式领导对员工创造力的影响:基于工作激情的中介作用[J].技术经济,2018,37(9):10-17.

[428]孙健敏,焦长泉.对管理者工作绩效结构的探索性研究[J].人类工效学,2002,8(3):1-10,69.

[429]谭乐,宋合义,富萍萍.西方领导者特质与领导效能研究综述与展望[J].外国经济与管理,2010,32(2):38-44,57.

[430]谭乐,宋合义,郝婵玉,等.基于情境对领导有效性影响的研究述评[J].管理学报,2017,14(11):1728-1736.

[431]谭乐,宋合义,毛娜.规则导向型组织文化下领导者动机组合对绩

效的影响研究[J].软科学,2008(10):100-105.

[432]谭乐,宋合义,薛贤.领导者信息获取偏好对领导有效性的权变影响机制研究[J].管理学报,2014,11(9):1340-1348.

[433]谭乐,宋合义,杨晓.基于认知视角探讨环境不确定性对领导有效性的影响机制[J].心理科学进展,2016,24(9):1339-1352.

[434]唐军.人力资源管理者的MBTI类型研究[J].人口与经济(增刊),2002,10:48-52.

[435]陶祁.适应性绩效结构分析及在培训评估中的应用[J].管理科学,2006,19(2):48-54.

[436]王朝晖.悖论式领导如何让员工两全其美?——心理安全感和工作繁荣感的多重中介作用[J].外国经济与管理,2018,40(3):107-120.

[437]王凤彬,陈建勋.动态环境下变革型领导行为对探索式技术创新和组织绩效的影响[J].南开管理评论,2011(1):4-16.

[438]王永丽,邓静怡,任荣伟.授权型领导、团队沟通对团队绩效的影响[J].管理世界,2009(4):119-127.

[439]王彦蓉,葛明磊,张丽华.矛盾领导如何促进组织二元性:以任正非和华为公司为例[J].中国人力资源开发,2018,35(7):134-145.

[440]王娟,李婷.互联网时代的旅游业领导者特质:基于季琦《创始人手记》分析[J].管理案例研究与评论,2022,15(2):115-128.

[441]王娟,刘伟.企业家精神的涌现:一个整合框架[J].管理现代化,2019,39(4):118-121.

[442]王震,孙健敏,赵一君.中国组织情境下的领导有效性:对变革型领导、领导—部属交换和破坏型领导的元分析[J].心理科学进展,2012,20(2):174-190.

[443]王砚羽,谢伟.历史的延续:组织印记研究述评与展望[J].外国经济与管理,2016,38(12):91-102.

[444]王瑞琪,原长弘.制造业领军企业关键核心技术突破因素:基于8家中国制造业500强企业的多案例研究[J].科技管理研究,2022,42(14):

85-93.

[445]王辉,张文慧,忻榕,等. 战略型领导行为与组织经营效果:组织文化的中介作用[J]. 管理世界,2011(9):93-104.

[446]卫海英,骆紫薇. 中国的服务企业如何与顾客建立长期关系?——企业互动导向、变革型领导和员工互动响应对中国式顾客关系的双驱动模型[J]. 管理世界,2014(1):105-119.

[447]温忠麟,张雷,侯杰泰. 有中介的调节变量和有调节的中介变量[J]. 心理学报,2006(3):448-452.

[448]吴明隆. 结构方程模型:AMOS的操作与应用[M]. 重庆:重庆大学出版社,2009.

[449]武亚军."战略框架式思考"、"悖论整合"与企业竞争优势:任正非的认知模式分析及管理启示[J]. 管理世界,2013(4):150-167.

[450]吴维库,刘军,黄前进. 下属情商作为调节变量的中国企业高层魅力型领导行为研究[J]. 系统工程理论与实践,2008(7):68-77.

[451]吴新辉,袁登华. 适应性绩效:一个尚需深入研究的领域[J]. 心理科学进展,2010,18(2):339-347.

[452]许昉昉. 成功领导者需要哪些特质:从通用前CEO杰克·韦尔奇谈杰出领导者特质[J]. 领导科学,2015(10):55-56.

[453]许晖,王亚君,单宇."化繁为简":跨文化情境下中国企业海外项目团队如何管控冲突?[J]. 管理世界,2020,36(9):128-140.

[454]杨宏斌. 成功领导者特质分析[J]. 领导科学,2016(1):34-35.

[455]杨柳. 悖论式领导对员工工作投入的影响:有调节的中介模型[J]. 心理科学,2019,42(3):646-652.

[456]阳镇,陈劲. 数智化时代下企业社会责任的创新与治理[J]. 上海财经大学学报,2020,22(6):33-51.

[457]杨慧芳,赵曙明. 企业管理者人格类型研究[J]. 心理科学,2004,27(4):983-985.

[458]曾维希,张进辅. MBTI人格类型量表的理论研究与实践应用[J].

心理科学进展,2006,14(2):255-260.

[459]曾颢,赵曙明.工匠精神的企业行为与省际实践[J].改革,2017(4):125-136.

[460]张悦,段鑫星.中国商界女性领导者特质研究[J].领导科学,2020(2):48-50.

[461]张建平,林澍倩,刘善仕,等.领导授权赋能与领导有效性的关系:基于元分析的检验[J].心理科学进展,2021(9):1576-1598.

[462]张志明,汪荟萃.适应性绩效研究进展:基于心理视角的梳理[J].苏州科技大学学报(社会科学版),2020,37(1):41-49.

[463]张亚军,张金隆,张千帆,等.考虑消极情绪和领导—成员交换影响的辱虐管理与用户抵制研究[J].管理学报,2015,12(12):1815-1823.

[464]赵红丹,郭利敏.组织中的双面娇娃:双元领导的概念结构与作用机制[J].中国人力资源开发,2017(4):55-65.

[465]赵鹏娟,赵国祥.知识型员工共享领导对团队绩效的影响:团队学习能力的中介效应[J].心理与行为研究,2013,11(3):374-379.

[466]郑晓明,李祎.共享型领导、团队情绪智力与团队绩效关系研究[J].中国管理科学,2009(17):503-508.

[467]钟毅平,杨子鹿,范伟.自我—他人重叠对助人行为的影响:观点采择的调节作用[J].心理学报,2015,47(8):1050-1057.

[468]朱蓉,曹丽卿.创业企业组织印记的来源、蛹变与绩效:以京东集团为例[J].管理案例研究与评论,2018,11(5):502-518.

[469]朱蓉,曹丽卿,赵佳鑫.中国上市互联网金融企业合法化战略研究:基于组织印记和制度创业视角[J].管理评论,2022,34(10):235-244.

[470]朱慧,周根贵.变革型领导行为有效吗?——基于Meta分析的变革型领导与组织绩效关系的研究[J].管理评论,2016,28(7):179-187.

附　录

附录1　中高层领导者 MBTI 问卷（被试领导者填写）

迈尔斯—布里格斯类型鉴别测验（F型）（部分）

指　导　语

下列问题无所谓对错。您的回答将会表明您通常是如何看待事物以及如何决策的。了解您自己的爱好与习惯，并了解别人的爱好与习惯，有助于您了解您的长处是什么；您可能喜爱什么样的工作；您干什么样的工作有可能成功。同时，它也有助于您理解具有不同的习惯、爱好的人对社会都是有价值的，而且这些人之间是可以相互协调的。

请仔细阅读每一道题，并选出一个答案在答卷纸上作答。请不要在问卷上做任何记号。您在答题时不必多加考虑。请您答题时一定务必小心使每道题的题号与答卷纸上的题号相对应。

请仔细阅读答卷纸上的指导语，并填写上您的姓名以及其他要求您填写的项目。请务必完成所有问题。

第一部分：请从下列各题的两个答案中选出最能表示您通常的感受或行为的一个。

_____ 1. 您认为按一个计划表办事会：

（A）吸引你　　　　　　　　（B）束缚你

_____ 2. 您通常与下列哪种人相处得更好：

（A）富有想象力的人　　　（B）现实的人

_____ 3. 如果在一群人中有一个陌生人盯着您，您：

（A）常常意识到这种情况　　（B）很少注意到这种情况

_____ 4. 您更关心的是：

（A）人们的感情　　　　　（B）人们的权利

_____ 5. 您喜欢：

（A）自己决定自己的事情　　（B）由环境来决定您的事情

_____ 6. 当您和一群人待在一起时，您常常更愿意：

（A）参与这群人的谈话　　（B）与一个您熟悉的人单独交谈

_____ 7. 当您在某些方面比你周围的人有更多的知识或技能时，您愿意：

（A）保持您的知识、技能优势

（B）把这些知识、技能传授给那些愿意学的人

……

第二部分：下面每对词中，您对哪一个更感兴趣（从词义上考虑，不要考虑字形与字音）。

_____ 72.（A）硬心肠　　　　　（B）软心肠

_____ 73.（A）富有想象力　　　（B）讲究实际

_____ 74.（A）有计划的　　　　（B）自发的

_____ 75.（A）意气相投的　　　（B）讲究实际的

_____ 76.（A）理论　　　　　　（B）确实

_____ 77.（A）参加社交性聚会　（B）去剧院

_____ 78.（A）建立　　　　　　（B）发明

_____ 79.（A）分析　　　　　　（B）赞同

_____ 80.（A）公开的　　　　　（B）隐秘的

_____ 81.（A）获益　　　　　　（B）祝福

……

第三部分：下列各题中哪个答案最能表示您通常的感受或行为，请选出。

_____ 124. 您觉得您一天中的日常工作是：

（A）平静的　　　　　　　　（B）无聊的

_____ 125. 如果您在您所属的俱乐部或球队中未得到公平的机会，您觉得最好：

（A）闭口忍受

（B）如果以辞职相威胁是得到您的权利所必需的，就以辞职相威胁

_____ 126. 您能：

（A）很容易地同您必须与之交谈的所有人进行交谈

（B）仅在一定条件下或同一定的人有话可谈

_____ 127. 当陌生人注意您时：

（A）令您不舒服　　　　　　（B）根本不妨碍您

_____ 128. 如果您是一个教师，你情愿教：

（A）实践课　　　　　　　　（B）理论课

_____ 129. 当某物开始趋于时髦时，您通常：

（A）首批使用它　　　　　　（B）不太关心

_____ 130. 在解决困难的个人问题时：

（A）常有一些过多的担忧　　（B）没有感到过多的担忧

……

请提供您的 e‐mail 地址，以便将分析报告寄给您：_____

附录 2　上级问卷调查（被试领导者上级填写）

上级问卷调查（部分）

_____您好！

非常感谢您参与本项调查。本研究目的是探讨领导者的领导风格与领导绩效的关系。您的回答无对错之分，您所提供的所有数据仅供研究使用，因此填写时请不要有任何顾虑。并且，第一印象往往最为准确，希望您首先认真阅读"答题指导"以及题项具体内容，然后根据您的理解凭直觉如实回答。问卷大约需要 10~20 分钟。

对您的支持和参与致以最诚挚的感谢！

A. **评估下属** ——请您根据您的感觉对直接下属进行评价。在每一栏里用 1~5 个类别（1 = 非常不同意，2 = 不同意，3 = 一般，4 = 同意，5 = 非常同意）给该下属的行为及实际工作表现打上相应的分。

我的这名下属_____ 注：请领导者评价下属 A ~ 下属 E。	下属 A	下属 B	下属 C	下属 D	下属 E
1. 工作知识：了解工作的职责、范围和方式					
2. 工作质量：根据工作要求准确、完整地完成任务					
3. 遵守规章制度：为人正直，遵守法律和规章制度，不做旷工等给组织或其他员工带来负面影响的行为					
4. 书面沟通：书面表达意思清晰、准确					
5. 口头沟通：口头表达意思清晰、准确					
6. 团队协作：为团队其他成员提供支持、解决冲突、实现团队职能，为团队作出自己的贡献					
7. 帮助他人：支持同事，能够协作、周到、有益地帮助同事实现绩效					

续表

我的这名下属＿＿＿＿＿ 注：请领导者评价下属 A ~ 下属 E。	下属 A	下属 B	下属 C	下属 D	下属 E
8. 经营管理：制定目标，为实现目标合理分配资源，并监督其过程					
9. 监督及领导：通过与他人沟通目标、明确实现目标的正确行为，为实现目标提供训练并强化目标					
……					

附录 3　下属问卷调查（被试领导者直接下属填写）

下属问卷调查（部分）

＿＿＿＿＿＿＿＿＿＿＿＿＿＿＿＿您好！

非常感谢您参与本项调查。本研究目的是探讨领导者的领导风格与领导绩效的关系。您的回答无对错之分，您所提供的所有数据仅供研究使用，因此填写时请不要有任何顾虑。并且，第一印象往往最为准确，希望您首先认真阅读"答题指导"以及题项具体内容，然后根据您的理解凭直觉如实回答。问卷大约需要 10 ~ 20 分钟。

对您的支持和参与致以最诚挚的感谢！

A. **工作感受** —— 请根据您对<u>下列各题</u>的<u>同意程度</u>，在每一行圈选一个最合适的数值。

我的直接领导＿＿＿＿＿	我的直接领导＿＿＿＿＿				
	非常不同意←→非常同意				
1. 让我感受到和他一起共事的自豪感	1	2	3	4	5
2. 愿意牺牲个人利益以保证团队利益	1	2	3	4	5
3. 行事方式得到我的尊敬和钦佩	1	2	3	4	5
4. 经常表现出较强的个人能力和信心	1	2	3	4	5
5. 同我经常谈论他/她认为重要的一些价值观	1	2	3	4	5

续表

我的直接领导＿＿＿＿＿＿＿＿	我的直接领导＿＿＿＿＿＿＿＿				
	非常不同意←→非常同意				
6. 是道德的楷模	1	2	3	4	5
7. 做决策时会考虑所产生的道德和伦理后果	1	2	3	4	5
8. 强调共同愿景的重要性	1	2	3	4	5
9. 对未来充满了乐观	1	2	3	4	5
10. 表现出实现目标的信心	1	2	3	4	5
……					

注：1. 横线处请被试填写自己的直接领导姓名，以匹配样本。
2. 非常不同意＝1；非常同意＝5

问卷到此结束，非常感谢您的支持！

索 引

B

变革型领导（ch2；ch4；ch5；ch9）

悖论式领导（ch1；ch2；ch7；ch9）

C

处理信息方式（思考 T – Thinking vs. 情感 F – Feeling）（ch2；ch4；ch5；ch9）

D

多案例研究（ch1；ch8）

多元回归分析（ch4；ch5；ch6；ch7）

G

共享型领导（ch1；ch2；ch6；ch9）

关系绩效（ch4；ch5；ch9）

H

环境不确定性（ch1；ch2；ch3；ch4；ch5；ch6；ch7；ch8；ch9）

获取信息方式（感觉 S – Sensing vs. 直觉 N – Intuition）（ch2；ch4；ch5；ch9）

索 引

J

结构方程模型（ch4；ch5）

L

领导（ch1；ch2；ch3；ch4；ch5；ch6；ch7；ch8；ch9）
领导者（ch1；ch2；ch3；ch4；ch5；ch6；ch7；ch8；ch9）
领导者特质（ch1；ch2；ch3；ch4；ch5；ch8；ch9）
领导行为（ch1；ch2；ch3；ch4；ch5；ch7；ch9）
领导有效性（ch1；ch2；ch3；ch4；ch5；ch8；ch9）
领导特质理论（ch2；ch8；ch9）
领导行为理论（ch2；ch3；ch9）
乐观型人格（ch8）

M

MBTI（ch2；ch4；ch5；ch9）

P

培训（ch1；ch9）

Q

权变领导理论（ch2；ch3；ch5；ch9）
情境（ch2；ch3；ch5；ch6；ch7；ch9）
企业家精神（ch8）

R

人格类型（ch2；ch4；ch5；ch9）
任务绩效（ch4；ch5；ch9）

S

数字化转型（ch1；ch8；ch9）

适应性绩效（ch4；ch5；ch7；ch9）

社会认知理论（ch6）

社会信息加工理论（ch7）

事件分析法（ch1；ch8）

适应能力（ch8）

T

特质激活理论（ch5；ch9）

团队产出（ch6）

团队信息交换（ch6）

团队激情氛围（ch5）

团队绩效（ch6；ch7）

团队创造力（ch6）

团队观点采择（ch7）

V

VUCA 环境（ch1；ch2；ch3；ch4；ch5；ch6；ch7；ch8；ch9）

W

危机（ch8）

X

行动方式（判断 J – Judging vs. 知觉 P – Perceiving）（ch2；ch4；ch5；ch9）

系统论（ch1；ch2；ch3；ch5；ch8；ch9）

心理类型论（ch2；ch4；ch5；ch9）

信度（ch4；ch5；ch6；ch7）
效度（ch4；ch5；ch6；ch7）
响应不确定性（ch3；ch5；ch9）
选拔（ch1；ch9）

Y

一般心理倾向（外倾 E – Extraversion vs. 内倾 I – Introversion）（ch2；ch4；ch5；ch9）
有调节的中介效应（ch5；ch6；ch7）
影响不确定性（ch3；ch5；ch9）

Z

状态不确定性（ch3；ch5；ch9）
组织印记（ch8）
组织韧性（ch8）

后　记

攻读博士研究生以来，师从西安交通大学管理学院宋合义教授，感觉才真正开始踏上了科学研究之路。阅读了数千篇的英文文献，参加了无数次的师门例会讨论，一遍遍地修改稚嫩的项目申请书，记录了科研之路的点点滴滴。在这一过程中，感触最深的就是在导师的指导下撰写项目申请书，这是攻读博士期间的一项课程要求，尽管只有一个学分，但是在导师的严格要求下我对撰写的项目申请书进行了一次又一次修改，而正是在这一过程中收获了希望，也收获了成长。非常幸运，读博期间与导师合作撰写的项目申请书"环境不确定条件下领导者人格类型对领导有效性作用机制研究"获得了国家自然科学基金面上项目资助。此后，真正开启了领导科学的科研探索之路。从进一步获得资助的国家自然科学基金项目"环境不确定性对领导有效性的影响机制研究：认知透镜下的质性与实证研究"，到中国博士后科学基金项目"情境对领导有效性的影响：系统视角下的质性与经验研究"，再到教育部人文社会科学研究规划基金项目"悖论式领导的前因及对适应性绩效的多重影响机制研究"以及最新获批的陕西省社会科学基金项目"数字化准备度对陕西制造业企业组织韧性的影响研究"，一步步不断深入探索了 VUCA 环境下的领导力问题。执行这些项目的几年来，我对科学研究的理解越发深刻，借此机会对前期的部分研究发现加以总结，结合近年来一直保持紧密合作的蒿坡老师的部分相关研究发现，因而得以诞生此书。

最想感谢的是我的导师宋合义教授。如果不是宋老师慷慨地为我提供了继续求学的机会，就不会有我今日的成长和收获。几年来，从成长到成才，从学业到学术，老师一方面充满殷切期望，另一方面坚持严格要求，不断鼓励和督促。在老师的指导下，我完成了从"会学习"到"会研究"的转变。这种转变不仅体现在思维方式上，更体现在生活方式上。撰写博士论文期间，从确定选题、研究设计、数据收集一直到论文成稿，无不凝聚着老师的心血、智慧和期待；进入工作岗位之后，老师也在一直持续督促和引导着我不断前行。我的每一点进步，都凝聚着恩师的心血，对老师的感激尚难用文字来表达，唯愿以不懈的努力和进步来回报恩师的关爱。

感谢西北大学经济管理学院的各位领导和老师的支持和帮助。感恩进入西北大学经济管理学院这个温暖的大家庭，感谢杜勇书记的谆谆教导和关怀，感谢任保平院长的鼓励支持和帮助，感谢吴振磊院长、马莉莉院长、惠宁副院长、师博副院长、李辉副院长、康蓉副院长、岳丽萍副院长、张华岭副院长、徐自成副书记给予的关心和支持！也非常感恩遇到科研路上的志同道合的合作伙伴杨晓老师和蒿坡老师！本书第6章全部内容和第2章的部分内容由蒿坡老师撰写完成，特别感谢蒿坡老师对本书的重要贡献！还要感谢安立仁老师、李纯青老师、马晓强老师、陈关聚老师、白嘉老师、张洁老师、张宸璐老师、谢莹老师、刘伟老师、李晓华老师等对我科研工作的大力帮助！感恩的心，难以言表，只愿大家未来工作和生活一帆风顺！

感谢我的家人们！家人的关爱、照顾和理解是我前进的动力，家人永远坚定的支持是我面对困难时的力量源泉。感谢一百零二岁高龄寿终正寝的姥爷，您的大爱一直伴随着我成长！正是家人们的关爱、理解和支持，让我有信心和勇气踏上这条并不轻松的科研之路！

最后，特别感谢中国经济出版社的贺静老师、杨元丽老师以及各位编辑细致认真的工作，是她们敬业的精神和悉心的指导，才使得本书的质量得以保证。当然，还要感谢我的学生陈孟夏、孟云娇、洪嘉琪、裴娅祺、刘露、王肖男、陈思慧以及和我一起合作研究的高涵钰同学等对本书文献整理、格式修正等方面的细致工作和付出。

可以说，此书既记录了一段曲折丰富的科研之路，又满载着对导师、领导、同事、家人、编辑老师以及学生满满的感恩，更承载着在领导科学研究之路继续前行的信心和希望。学术的探索永远没有终点，我愿穷尽我的智慧和毕生精力去追逐，用不懈的努力去回报所有关心、帮助我的人。

西北大学　谭乐